4. Die Französische Revolution: Bürger übernehmen die Macht 86–125

5. Die Industrialisierung verändert die Gesellschaft 128–177

6. Einigkeit, Recht und Freiheit? – Deutschland im 19. Jahrhundert 178–229

So arbeitest du mit diesem Buch

Liebe Schülerin, lieber Schüler!

Vor dir liegt der dritte Band von **Forum Geschichte**, mit dem du in diesem Jahr im Fach Geschichte arbeiten wirst. Die Verfasserinnen und Verfasser des Buches haben für dich Texte, Bilder, Karten, Schaubilder und Tabellen zusammengestellt. Sie geben Auskunft darüber, was Menschen in der Vergangenheit bewegt hat und womit sich Menschen in unserer Zeit noch beschäftigen.

Auftaktseiten

Jedes Kapitel beginnt mit einer Doppelseite, die in das Thema einführt. Bilder und Texte geben dir eine erste Vorstellung von den Themen und Fragen, um die es in den nächsten Geschichtsstunden gehen wird.

Themenseiten

Die Themenseiten bilden den Kern des Kapitels. Meistens sind zwei bis acht Seiten jeweils zu einer Themeneinheit zusammengefasst. In den Themeneinheiten kannst du – mit der ganzen Klasse oder in Gruppen – ein wichtiges Problem aus der Geschichte erarbeiten.

M1 M1 M1 M1

Dazu findest du **Materialien** wie schriftliche Quellen und Darstellungen, Bilder, Karten, Schaubilder und Statistiken, die du mithilfe von Arbeitsaufträgen befragst und auswertest. Die Materialien erkennst du an einem Punkt.
Alle **Textmaterialien** sind in blauer Schrift abgedruckt, ihre Materialpunkte haben unterschiedliche Farben: Gelb für Quellen aus vergangener Zeit und für Äußerungen von heutigen Zeitzeugen, Rot für Darstellungen von heutigen Wissenschaftlern und Grün für literarische Texte. Alle übrigen Materialien haben einen blauen Punkt.

1
2

Die **Arbeitsaufträge** erkennst du an einer blauen Zahl. Wie die Materialien sind sie innerhalb einer Themeneinheit durchnummeriert. Die **Darstellungstexte** vermitteln dir den Überblick über das Thema. Sie geben dir außerdem einen roten Faden in die Hand, der dich durch die Arbeit mit den Materialien leitet.

Die **Kästen,** die mit einem aufgeschlagenen Buch gekennzeichnet sind, informieren dich über wichtige Personen, Begriffe oder Ereignisse.
Auf vielen Themenseiten findest du **Aktivitätskästen.** Hier schlagen dir die Verfasserinnen und Verfasser vor, wie du dich einmal auf ganz andere, abwechslungsreiche Weise mit einem geschichtlichen Thema beschäftigen kannst. Einen Aktivitätskasten erkennst du an dem roten Punkt mit der kleinen Figur.
Zu einigen Themen findest du einen **Lese- oder Internet-Tipp**. Achte auf den blauen Punkt mit dem Bücherstapel!

Workshopseiten

In jedem Kapitel findest du Werkstattseiten und Methodenseiten.
Auf den **Methodenseiten** kannst du lernen, mit welchem „Handwerkszeug" du aus den Materialien Erkenntnisse und Urteile gewinnst. Du findest hier Arbeitsschritte, mit deren Hilfe du zum Beispiel ein Bild, eine Karikatur oder eine schriftliche Quelle auswertest.
Die **Werkstattseiten** eröffnen dir einen anderen Zugang zur Geschichte.

„Im Blickpunkt"-Seiten

Die Blickpunkt-Seiten sollen dir ermöglichen, größere Zusammenhänge zwischen Entwicklungen in der Vergangenheit und Fragen, die uns heute bewegen, herzustellen.

Zusammenfassungen

Jedes Kapitel hat am Schluss eine Zusammenfassung. Ein kurzer **Text** fasst noch einmal das Wichtigste aus dem Kapitel zusammen.
Auf **Karteikarten** stehen die Begriffe und Methoden, die du dir unbedingt merken solltest.
In einem Kapitel kannst du dich mithilfe von **Zeitbogen** über den zeitlichen Ablauf der wichtigsten Entwicklungen und Ereignisse orientieren. Du findest Zeitbogen auf den Auftakt- oder Zusammenfassungsseiten.

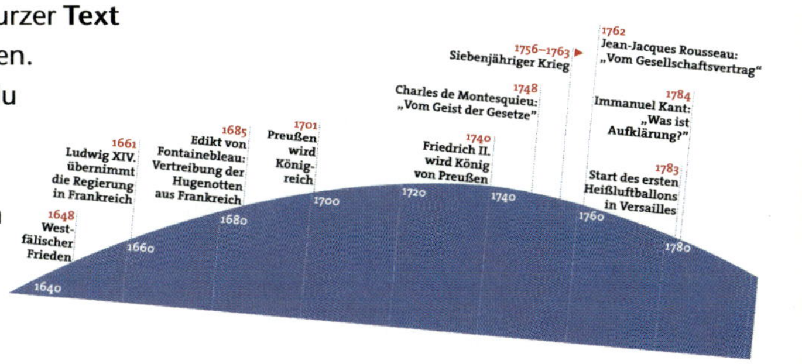

Anhang und Umschlag

Auf den Themenseiten sind manche Wörter mit einem * gekennzeichnet. Diese Begriffe werden im **Lexikon** dieses Buches erklärt.
Alle **Arbeitsschritte**, die du auf den Methodenseiten kennen lernst, sind noch einmal im Anhang zusammengestellt. Du findest hier auch die Arbeitsschritte für Methoden, die bereits in den ersten Bänden von Forum Geschichte eingeführt worden sind.
Das alphabetische **Register** am Ende des Buches hilft dir, Informationen über Personen, Ereignisse und wichtige Begriffe im Buch schnell zu finden. Damit du beim Lesen und Untersuchen Zusammenhänge schneller ermitteln kannst, gibt es auf den Themenseiten und im Lexikon manchmal Querverweise „(siehe S.)". Zum Vergleich mit den Verfassungen verschiedener Staaten, die du in diesem Buch kennen lernen wirst, findest du auf Seite 280f. einen Auszug aus dem **Grundgesetz** und ein Verfassungsschema der Bundesrepublik Deutschland. Im Buchumschlag findest du eine Übersicht über die Fraktur-Schrift. Sie hilft dir Quellen zu lesen, die im Buch in Originalschrift abgedruckt sind.

Deine Geschichtskartei

Wie in den ersten beiden Bänden von Forum Geschichte findest du in diesem Buch am Ende jedes Kapitels Karteikarten. Darauf sind die wichtigsten „Merk-Begriffe" und Methoden verzeichnet, die du kennen gelernt hast. Vielleicht hast du bereits in den ersten Bänden die zentralen Begriffe und Methoden auf Karteikarten übertragen und dir eine **Geschichtskartei** angelegt. Deine Kartei kannst du nun fortführen.
Für die **Methoden** haben wir im Anhang (siehe S. 287ff.) mit den blauen Überschriften eine Untergliederung gefunden, die du übernehmen kannst. Entscheide, ob sie dir gefällt, oder ob du eine eigene Einteilung vornimmst, die deiner Arbeitsweise besser entspricht.

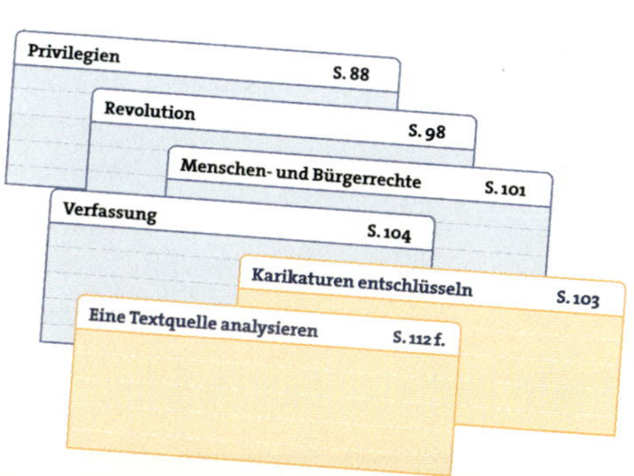

Was wird die Welt – was ist die Zukunft?

Auf der Schwelle zum 21. Jahrhundert

Sich über die Zukunft Gedanken zu machen – könnte man meinen – sei sinnlos, weil man ja nicht wisse, was geschehen werde. Der Künstler Joseph Beuys (1921–1986) hat dagegen behauptet, dass wir nur dann die Zukunft bekommen, die wir uns wünschen, wenn wir sie selbst erfinden. Und tatsächlich: Die Zukunft vorhersehen kann niemand – aber mitgestalten kann sie jeder. So ist z. B. nicht zu bestreiten, dass das Engagement vieler Menschen für den Umweltschutz in den 80er-Jahren des vergangenen Jahrhunderts die politischen Parteien und insbesondere die Regierung unter Druck setzte. Das Ergebnis: Es wurden Gesetze verabschiedet, Maßnahmen zur Sicherung des ökologischen Gleichgewichts angeordnet und es wurden zahlreiche Forschungen in Auftrag gegeben und finanziert, die Prognosen für unsere Zukunft auf der Erde erstellen sollten.

Auch jetzt, im 21. Jahrhundert, beschäftigt uns das Thema. In diesem Zusammenhang werden einige Fragen immer wichtiger, z. B. welche Folgen der technologische Fortschritt der letzten Jahre haben wird, wohin die raschen Veränderungen in der Informationsverarbeitung (Computer) oder die Gentechnologie (siehe S. 174 f.) führen. Wir fragen uns nach der zunehmenden Bedeutung von Elektronik und elektronischen Medien für unsere Kommunikation, unsere Arbeit, für unser Leben schlechthin.

… und zum „langen 19. Jahrhundert"

Band 3 von Forum Geschichte spannt den zeitlichen Bogen vom 18. bis zum Beginn des 20. Jahrhunderts. Diesen Zeitraum bezeichnen die Historiker oft als das „lange 19. Jahrhundert". Zum einen, weil sie davon ausgehen, dass die Ereignisse und Entwicklungen im 19. Jahrhundert in Ideen und Vorstellungen begründet sind, die Gelehrte und politisch interessierte (oder einflussreiche) Menschen bereits im 18. Jahrhundert hatten. Zum anderen, weil die revolutionären Veränderungen des 19. Jahrhunderts – in Politik, Wirtschaft, Technologie, Kultur und Gesellschaft – bis ins 20. Jahrhundert hinein wirkten, zumindest bis zum Ausbruch des Ersten Weltkriegs 1914.

Kritik an der Gegenwart und Visionen für eine „bessere Welt" in der Zukunft, Angst vor dem Unbekannten, aber auch Überlegungen, wie in der Gegenwart schon die Zukunft gestaltet werden kann – das gibt es nicht erst heute. Dies beschäftigte gerade an der Schwelle „zum langen 19. Jahrhundert" viele Menschen, vor allem Philosophen, Schriftsteller und Naturwissenschaftler. Welche Pläne entwarfen die Menschen dieser Zeit für eine „bessere Welt"? Dazu liefern die Materialien der nächsten Seiten Antworten. Inwiefern beruhten diese Entwürfe auf Erfahrungen in der damaligen Gegenwart oder auch in Kritik an ihr? Wurden sie Wirklichkeit im „langen 19. Jahrhundert"? Trugen sie – wie Beuys meint – dazu bei, die Zukunft zu gestalten? Mit diesen Fragen wirst du dich bei der Arbeit mit diesem Buch auseinander setzen können.

Vorschlag für eine Gruppenarbeit – eine Zukunftskonferenz in der Klasse

Zukunftskonferenzen befassen sich mit der Zukunft der Erde. Motto eurer Konferenz könnte z. B. sein: „Wir wollen eine bessere Welt".

Erarbeitet die Materialien M1 bis M5. Diskutiert, ob die Zukunftsbilder dort „realistisch" sind.

1. Kritikphase: Schreibt einzeln auf maximal 3 Karten Kritik und Befürchtungen für Gegenwart und Zukunft. Heftet die Karten an ein großes Plakat oder eine Pinnwand. Klebt die thematisch ähnlichen Karten untereinander und gebt ihnen Überschriften. Stimmt ab, welche Themen ihr in Kleingruppen bearbeiten wollt, und verteilt euch.

2. Utopiephase: In den Gruppen tauscht ihr aus, wie ihr euch die Zukunft (des Themas) wünscht. Schreibt, malt oder inszeniert die Ergebnisse und stellt sie der Klasse vor. Die Zuschauer kommentieren und bewerten.

3. Verwirklichungsphase: Ihr besprecht – wiederum in Kleingruppen – inwieweit eure Wunschvorstellungen verwirklicht werden können. Präsentiert die Vorschläge. Dann schreibt jeder auf ein Plakat, wie er dazu beitragen kann, damit die Welt von morgen eine „bessere Welt" wird.

Der Blick über die Schwelle zum 21. Jahrhundert

M1 „Cyber City" – die neue Stadt?

Der Wissenschaftler Eckhart Ribbeck schreibt 2000 über die Zukunftsstadt bzw. Stadtzukunft:

Faszinierend und beängstigend zugleich schaffen neue Medien und die Telekommunikation eine ... Stadt, die vor allem aus Netzen, Bildern und Simulationen besteht, weniger aus Gebäuden, Straßen und Plätzen. Schon ersetzt Telechatting/-shopping/-surfing teilweise die Nachbarschaft, den Laden und den Boulevard. Natürlich saugen die neuen Medien auch die Politik und Kultur aus der gebauten Stadt heraus und verlagern sie ins Netz ... Wird „Cyber City" zur ... eigentlichen Stadt und das Gebaute zur entleerten Hülle? ... Vielleicht läuft sich die Informations- und Bilderflut, die niemand mehr überschauen kann, aber auch bald tot und ruft eine neue Begeisterung am Persönlichen, am Örtlichen und am Konkreten hervor.

Eckhart Ribbeck, Die Welt wird Stadt. In: Landesmuseum für Technik und Arbeit in Mannheim, Mythos Jahrhundertwende, Baden-Baden (Nomos) 2000, S. 282 f.

M2 Mit Tatjana am Stau vorbei

Im Jahr 2010 wird – so meint der Journalist Burkhard Strassmann – der Joystick den Autofahrer lenken:

„Fahr doch mal raus aus der Comfort-Lane", quengelt Jonas, „ich will wissen, was die Karre läuft." Papa zuckt mit den Schultern und sagt laut: „Kontrolle." – „Autopilot aus?", fragt eine Frauenstimme ... „Autopilot aus, Tatjana." Er legt die Linke auf den Joystick. „Sie kontrollieren", stellt Tatjana fest. Hilbert spürt einen leichten Druck im Joystick und schert auf die Sport-Lane aus. Ein Blick auf den Monitor verrät: Abstand zum vorausfahrenden Auto: 253 Meter, dessen Tempo 136 Kilometer pro Stunde. Hilbert betätigt den S-Boom ... Das Fahrzeug ruckt bei jedem virtuellen Gangwechsel. 140, 150, die Ziffern im Display werden knallrot ... „Bitte halten Sie das Tempolimit von 140 ein! ZB droht." Was ZB bedeutet, weiß seit 2005, seit der flächendeckenden Einführung von SATC (satellitengestützte Verkehrsüberwachung), jedes Kind: Wer Tempolimits missachtet, wird automatisch abgebremst.

Burkhard Strassmann, Mit Tatjana am Stau vorbei. In: ZEIT Punkte 3/2000, S. 68.

M3 „Am Anfang war das Wort ...", Karikatur, 1996

M4 Die „Kennedy-Schule" – eine Vision?

In seinem 1971 veröffentlichten Buch beschreibt der amerikanische Journalist G. B. Leonard eine Schule 2001:

Um uns herum sind vierzig Lerntruhen; vor jeder sitzt ein Kind zwischen drei und sieben Jahren mit Blick auf die Kombinationsbilder ... Wenn ein Kind sich hinsetzt, um mit dem Lernen zu beginnen, dann teilt ein ... Empfänger dem zentralen Lerncomputer seine Anwesenheit mithilfe der Identifikationskarte mit, der dann die individuelle Lerngeschichte des Kindes einschaltet. Das Kind setzt seine Kombinationskopfhörer mit den Gehirnwellensensoren auf, damit die fortlaufende Hirnwellenanalyse ein Bestandteil des Dialogs werden kann ... Nachdem der Computer einmal die fortlaufenden Hirnwellen des Kindes aufgenommen hat, beginnt er sofort ... die letzte Lernsitzung zu wiederholen.

Zit. nach Hans-Günter Rolff u. a. (Hg.), Jahrbuch der Schulentwicklung, Bd. 10, Weinheim (Juventa) 1998, S. 337 f.

M5 Emanzipation – Wohin?, Cartoon, 1999

Der Blick über die Schwelle zum „langen 19. Jahrhundert“

M1 **Planstadt Karlsruhe,** Foto, 1999. Markgraf Karl Wilhelm von Baden–Durlach beschloss 1714 seine Residenz Durlach zu verlassen und eine neue zu bauen. Er beauftragte Friedrich von Batzendorf mit der Planung. Das Ergebnis ist eine fächerförmige Anlage, in deren Mittelpunkt das Schloss des Markgrafen liegt. Die Stadt ist durch 32 radial auf das Schloss zulaufende Straßen mit diesem verbunden.

M2 Regierende und Regierte

Der englische Philosoph John Locke (1632–1704), der erst im 18. Jahrhundert als Verfasser der Schrift „Zwei Abhandlungen über die Regierung“ bekannt wurde, schrieb dem Menschen naturgegebene Rechte zu, die ihm niemand nehmen dürfe:

Die einzige Möglichkeit, mit der jemand diese natürliche Freiheit aufgibt und die Fesseln der bürgerlichen Gesellschaft anlegt, liegt in der Übereinkunft, mit anderen sich zusammenzuschließen ..., mit dem Ziel eines behaglichen, sicheren und friedlichen Miteinanderlebens, in dem sicheren Genuss ihres Eigentums und in ... Sicherheit gegenüber allen, die nicht zu dieser Gemeinschaft gehören ... Wenn eine Anzahl von Menschen darin eingewilligt hat, eine einzige Gemeinschaft oder eine Regierung zu bilden, ... bilden [sie] einen einzigen politischen Körper, in dem die Mehrheit das Recht hat zu handeln und die Übrigen mitzuverpflichten ... Das geschieht durch die bloße Übereinkunft, sich zu einer politischen Gesellschaft zu vereinigen ... Und allein nur das ist es, was jeder rechtmäßigen Regierung auf der Welt den Anfang gegeben hat oder geben konnte.

John Locke, Zwei Abhandlungen über die Regierung, hg. v. Walter Euchner, Frankfurt a. M. (Suhrkamp) 1977, § 95 ff.

1. Erläutere, wie sich in M1 und M2 jeweils die Beziehung zwischen Regierten und Regierenden darstellt. Wie erklärst du dir die Unterschiede?
2. Handelt es sich bei M4 um utopische Fantasien oder sind die dort dargestellten Entwicklungen heute schon möglich oder bereits realisiert? Erläutere deine Meinung.
3. Erarbeite aus M3A und M3B die Ziele, die Rousseau und von Meyern der Erziehung von Jungen zuweisen.

M3 Was wird die „richtige“ Erziehung sein?

Die Schrift „Emile“ von Jean-Jaques Rousseau (1757–1760 entstanden) wandte sich gegen die Erziehungspraxis in adligen Kreisen des 18. Jahrhunderts und deren Ziele. Der Junge Emile sollte aber nicht Mitglied einer utopischen Gesellschaft sein, sondern an der realen teilhaben:

3A [Die] Erziehung kommt uns von der Natur oder den Menschen oder den Dingen. Die innere Entwicklung unserer Fähigkeiten und unserer Organe ist die Erziehung durch die Natur. Der Gebrauch, den man uns von dieser Entwicklung zu machen lehrt, ist die Erziehung durch die Menschen und der Gewinn unserer eigenen Erfahrung mit den Gegenständen ... ist die Erziehung durch die Dinge ... Was ist ... [das] Ziel? Es ist die Natur selbst ... Der natürliche Mensch ist sich selbst alles. Er ist die ungebrochene Einheit, das absolut Ganze, das nur zu sich selbst oder seinesgleichen eine Beziehung hat. Der bürgerliche Mensch ist nur eine Bruchzahl, die von ihrem Nenner abhängig ist und deren Wert in ihrer Beziehung zum Ganzen besteht, das heißt dem gesellschaftlich Ganzen.

Jean-Jaques Rousseau, Emile, hg. v. M. Rang, Stuttgart (Reclam) 1978, S. 109 ff.

Der Roman „Dya-Na-Sore oder: die Wanderer“ des Autors und Diplomaten Wilhelm Friedrich von Meyern erschien 1787 anonym. Er erzählt die im Himalaya angesiedelte Geschichte von vier Brüdern. Einer von ihnen will nach militärischen Erfolgen in der besiegten Region einen Idealstaat errichten. Für die Erziehung der Jungen (Mädchen und Frauen haben keinen Stellenwert!) sollen u. a. folgende Richtlinien gelten:

3B 1. Die allgemein anerkannten Vorzüge eines Knaben sind das einzige Anrecht zum Eintritt in diese Schule ...

3. Nie werde Lob oder Belohnung die Triebkraft meiner Jünglinge ...

5. Jünglinge, deren gröberer Sinn das Edlere nicht fasset, bleiben dennoch unter den Übrigen ...

7. Dass einige vielleicht untergehen, ist ein Opfer dem Ganzen.

8. Lange wird oft der edle Jüngling in stiller, anspruchsloser Bescheidenheit dem mindern Verdienste untergeordnet bleiben.

Zit. nach Claudia Michels, Idealstaat ohne Volk, Stuttgart (Kohlhammer) 1999, S. 271 f.

M4 Große Post-Luft-Kugel für das Jahr 2440, kolorierte Umrissradierung, um 1785. 1783 ließen die Brüder Montgolfier den ersten Heißluftballon steigen, damit verwirklichte sich der Traum der Menschheit vom Fliegen. Der Schweizer Künstler Balthasar Anton Dunker gestaltete zwei Jahre später seine Vision eines ballonbetriebenen Luftschiffs. Dessen luxuriöse Ausstattung erklärt sich aus dem Verwendungszweck: eine Vergnügungsfahrt für Männer nach China.

1. Auf der Suche nach Europa

Großes Bild: **Völkerfrühling. Festzug der Nationen Europas,** Lithographie von Frédéric Sorrieu, um 1848. Christus segnet den Zug. Vorn: zerstörte Kronen, Urkunden, Wappen.

„Wenn sich alle zusammentun, müsste eigentlich etwas Vernünftiges dabei herauskommen." – „Ich will gar kein vereintes Europa. Die Unterschiede zwischen den Ländern sind zu groß." – „Europa, das ist für mich Reisen, Urlaub, offene Grenzen, aber auch Schmuggel und Kriminalität." – „Zuerst fühle ich mich als Kölner, dann als Deutscher und dann als Europäer." Meinungen wie diese kennst du bestimmt. Viele weitere könnten hinzugefügt werden. Offensichtlich ist es nicht einfach zu sagen, was „Europa" ist. Vielleicht ist diese Frage auch falsch gestellt. Aus der Gegenwart heraus lässt sie sich wohl ohnehin nicht beantworten. Also – zurück in die Geschichte? Nach Europa suchen? In diesem Kapitel wird dir dieser Weg vorgeschlagen. In einem historischen Längsschnitt kannst du von der Antike, dem Mittelalter und der Neuzeit bis in die Gegenwart hinein erarbeiten,
– was unter Europa in verschiedenen Zeiten verstanden wurde,
– welche Traditionen Europa begründet haben,
– wie sich die Geschichte Europas zwischen Vielfalt und Einheit zeigt,
– wo sich Europa in seiner Entwicklung heute befindet und wie seine Zukunft aussehen könnte.

1 Tragt anhand der Materialien auf der Auftaktseite eure Kenntnisse über Europa zusammen und tauscht eure Meinungen aus.

2 Formuliert Fragen zum Begriff „Europa". Versucht sie im Laufe der Arbeit mit diesem Kapitel zu beantworten.

Rechts oben: **Symbolische Figuren von vier Völkern. Römer, Gallier, Germanen und Slawen huldigen Kaiser Otto III.** (im Bild-Ausschnitt nicht sichtbar), Buchmalerei, Ende 10. Jh.
Rechts unten: **Demonstration in Prag gegen die kommunistische Regierung für Demokratie und Bürgerrechte,** Foto, November 1989

Richard von Weizsäcker (Bundespräsident von 1984 bis 1994) am 2. Dezember 1993:

Europa … ist unteilbar … Prag und Hamburg, Krakau und Salamanca, Reval und Lissabon sind Schwesterstädte. Das Lebens- und Weltgefühl der Europäer beruht auf Gemeinsamkeiten der Religion und der Philosophie, der Dichtung und der Musik und der Baustile. Die selbstständigen Nationalkulturen haben nie ein gesamteuropäisches Bewusstsein verhindert, sie haben sich ihm weithin zu verdanken.

Antike Spuren im Wissen und Denken

Europa – Mythos, Raum, Geschichte

Europa: Was ist das?

Woher hat der Erdteil „Europa" seinen Namen? Wie haben Europäer „ihre" Welt gesehen? Mithilfe der Materialien auf dieser Doppelseite kannst du dazu Antworten erarbeiten.

M1 Europa auf dem Stier, Vasenmalerei, 4. Jh. v. Chr.

M2 War „Europa" eine Frau?

Der französische Historiker Jacques Le Goff schreibt in seinem Buch über die Geschichte Europas (1997):

In Tyros an der asiatischen Mittelmeerküste (im heutigen Libanon) lebte der Legende nach eine Prinzessin, die Europa hieß. Sie war die Tocher des Königs Agenor. Eines Nachts hatte sie folgenden Traum: Zwei Länder in Gestalt zweier Frauen stritten sich um sie. Die eine, das „Land Asien", wollte sie behalten, die andere, das „Land gegenüber", wollte sie auf Befehl des Götterkönigs Zeus aufs Meer hinausziehen. Als die Prinzessin am nächsten Morgen erwachte, pflückte sie am Ufer des Meeres Blumen. Ein mächtiger, aber friedlicher Stier entstieg dem Wasser und brachte die Prinzessin schließlich dazu, sich auf seinen Rücken zu setzen. Daraufhin flog er davon und offenbarte ihr, dass er Zeus sei und sich in ein Tier verwandelt habe. Auf der griechischen Insel Kreta vereinigte er sich mit ihr und sie wurde „die Mutter edler Söhne".

Jacques Le Goff, Geschichte Europas, Frankfurt a. M. u. a. (Campus) 1997, S. 19.

M3 Von Europa aber weiß kein Mensch ...

Der griechische Schriftsteller Herodot (um 484–425 v. Chr.) schrieb in seinen „Historien":

Von Europa aber weiß kein Mensch, weder ob es vom Meere umflossen ist, noch wonach es benannt ist, noch wer es war, der ihm den Namen Europa gegeben hat. Oder sollen wir annehmen, dass es seinen Namen nach der Europa von Tyros hat und vor deren Zeit namenlos war wie die anderen Erdteile? Aber diese Europa stammt doch aus Asien und ist nie in das Land gekommen, das man heute in Hellas[1] Europa nennt. Sie ist nur von Phoinikien nach Kreta und von Kreta nach Lykien gekommen.

Herodot, Historien, hg. v. Hans-Wilhelm Haussig, Stuttgart (Kröner) 1955, S. 37f.

1 Griechenland

Europa

Nach dem griechischen Mythos ist Europa der Kontinent, an dessen Ufer die Prinzessin „Europa" mit Zeus landete. Untersuchungen zur Wortgeschichte ergaben, dass der Begriff vom semitisch-akkadischen Wort „ereb" (dunkel), als dem Land der „untergehenden Sonne", dem „Abendland", stammen könnte. Die griechischen Wörter „euros" (weit) und „ops" (Auge, Gesicht) weisen auf Europa als Land mit „weitem Horizont" hin. Eine feste Definition „Europas" hat es in der Geschichte nie gegeben. Am ehesten lässt sich wohl eine Beschreibung von „Europa" finden, indem man nach kulturellen Gemeinsamkeiten, aber auch Unterschieden in der Geschichte fragt.

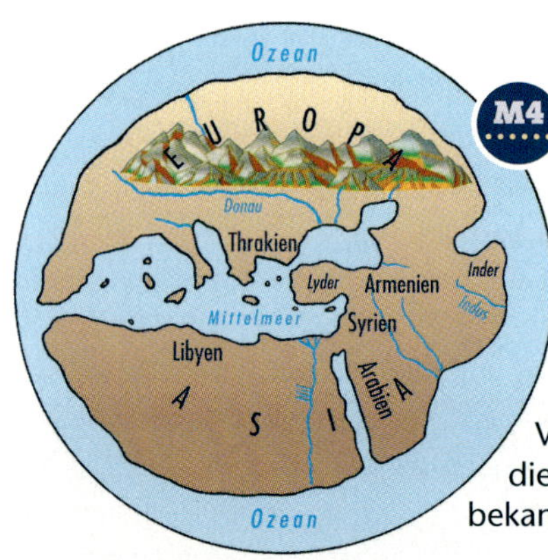

M4 Die Weltkarte des Hekataios von Milet (Nachzeichnung), um 560–480 v. Chr. Hekataios war Geschichtsschreiber und Reisender. Von ihm stammen die frühesten uns bekannten Weltkarten.

M5 Das christliche Weltbild, Buchillustration, 13. Jh.
Schema einer mittelalterlichen T-O-Karte: Dargestellt sind in einem Kreis (O) die drei damals bekannten Kontinente, der Nil , der Don, das Rote und das Schwarze Meer. Sie formen ein T, dessen Stamm das Mittelmeer bildet.

Kulturkreis

Ein geografischer Raum, in dem Menschen mit einheitlicher kultureller Tradition leben. Kultur (lat. cultura = Bebauung, Ausbildung) umfasst im weiteren Sinne die Gesamtheit der Lebensformen und Werte einer solchen Gruppe. Dazu werden vor allem Religion, Ethik, Recht, Sprache, Kunst, Technik, Wissenschaft, Regeln des Zusammenlebens (politische Kultur, Staatsbegriff) gezählt.

Lese- und CD-ROM-Tipp

Jacques Le Goff erzählt die Geschichte Europas, Frankfurt/M. u. a., 1997. Der Autor verbindet die Geschichte mit der Geografie Europas und zeigt in verständlicher Sprache die Vielfalt der europäischen Kultur.

CD-ROM: Europa – eine Zeitreise. Epochen – Persönlichkeiten – Ereignisse – Daten – Karten (TLC) 1999.

M6 Europa – Mittelpunkt der Welt?

Der Journalist Werner Birkenmaier schreibt 2000:

Was ist Europa, wo liegen seine Grenzen? … Genau genommen ist das, was wir bisher unter Europa verstanden haben, nur ein Wurmfortsatz Asiens, die größte Halbinsel der asiatischen Landmasse … Ist es sinnvoll, „Europa“ auf geografische Grenzen zu reduzieren? … Wenn aber die geografische Definition unzureichend ist, dann kann nur die kulturhistorische weiterhelfen … Kulturell, religiös, wirtschaftlich und politisch empfand sich Europa in seinem Selbstverständnis immer als der Nabel der Welt – als Mittelpunkt … Über zweitausend Jahre hinweg betrachteten die Europäer alles, was sonst in der Welt geschah, fast ausschließlich durch die Brille der abendländischen Kultur, die sich stets auch christlich verstand. Euro-Zentrismus heißt: die Welt ist so, wie man sie in Europa versteht. Aber erstens haben die Europäer durch zwei Weltkriege ihr Ansehen in der Welt beschädigt, zweitens werden mit den Erfahrungen weltweiter Vernetzung und multikulturellen Zusammenlebens die Konturen eines anderen Denkens deutlich. Europa ist nicht mehr der Mittelpunkt der Welt, sondern einer von mehreren.

Werner Birkenmaier, Was ist Europa?. In: Stuttgarter Zeitung Nr. 154 (7. Juli 2000), S. 6.

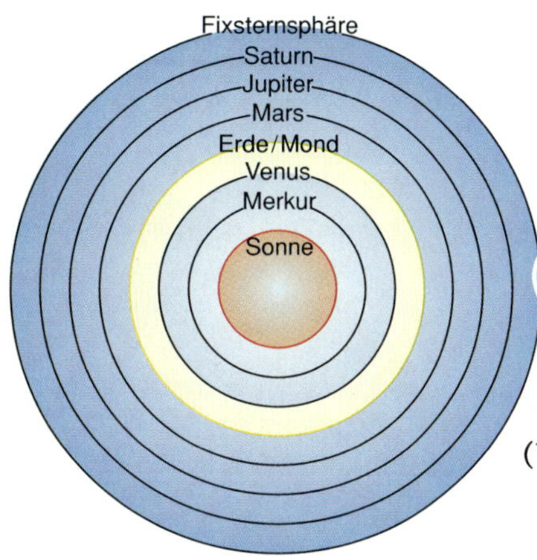

M7 Das heliozentrische Weltbild nach Kopernikus (16. Jahrhundert)

1. Erarbeite anhand von M1, M4, M5 und M7 die Bilder von der Welt. Ziehe zu M1 auch M2 heran. Welche Vorstellungen von Europa sind in M1, M4 und M5 erkennbar? Zeige Entwicklungen auf.
2. Vergleiche die Auffassungen von „Europa“ in M2 und M3.
3. Fasse die Aussagen von M6 zusammen und nimm zur Position des Autors Stellung.
4. Formuliere dein Ergebnis zu der Frage: Was ist „Europa“?

Griechische Bildung – für Europa?

Was bedeutet die griechische Kultur in Europa?

Olympische Spiele in der Antike, griechische Sagen und Götter, griechische Kunst, Wissenschaft und Philosophie – sicher ist dir das eine oder andere in der Schule oder in den Medien schon begegnet. Von der „Polis“, dem griechischen Stadtstaat, wie z. B. Athen, hast du im Geschichtsunterricht schon etwas gehört. Die Entwicklung von Staaten kennen wir bereits aus dem alten Ägypten und die Entstehung von Städten lässt sich für Gesellschaften nachweisen, die lange vor den Griechen existiert haben, z. B. für die Sumerer in Mesopotamien. Warum aber gelten gerade die griechischen Stadtstaaten und die Lebensweise ihrer Bewohner vor etwa 2500 Jahren für die Geschichte Europas als bedeutend?

In der heutigen Geschichtsforschung werden meist zwei Bereiche genannt, wenn von der Wirkung der griechischen Kultur auf Europa die Rede ist: „Wissen und Bildung“ und „Demokratie“. An diesen Begriffen kannst du im Folgenden untersuchen, wo Verbindungen zwischen der griechischen Antike und unserer Gegenwart in Europa gezogen werden können.

M1 Schule in Athen

Der klassische Archäologe Konrad Zimmermann schreibt 1995 über die schulische Erziehung in Athen:

Zur häuslichen Erziehung der Heranwachsenden trat der individuelle oder öffentliche Unterricht. Aus zunächst privat geführten Schulen entwickelte sich im Laufe der Zeit ein mehrgliedriges Schulsystem, innerhalb dessen auf die Elementarschule der Besuch einer nach Geschlechtern getrennten höheren Schule folgte. Diese vermittelte nicht nur Wissen in theoretischen Fächern, sondern eine vielseitige Ausbildung, die bei Mädchen mehr auf das Musische, bei den Jungen mehr auf sportliche Übungen und körperliche Ertüchtigung ausgerichtet war … Einzelunterricht steht neben dem Unterricht in Gruppen … Während die in der Regel bärtigen Lehrer, bisweilen einen Knotenstock bei sich führend, mit entblößtem Oberkörper dasitzen, werden ihre in Mäntel gehüllten, manchmal auch unbekleideten Zöglinge meist stehend dargestellt.

Konrad Zimmermann, Alltag in der Kleinkunst. In: Adolf H. Borbein, Das Alte Griechenland, München (Bertelsmann) 1995, S. 350 f.

M2 **„Die Schule von Athen“**, Gemälde von Raffael, 1509/10. Das Bild gehört zu einem Freskenzyklus und ist in seiner Deutung teilweise umstritten. Der Titel stammt aus einem französischen Reiseführer des 17. Jh. Dargestellt hat der Maler Philosophen des Altertums, wie Platon, Aristoteles, Sokrates, Euklid und Pythagoras, die teilweise Gesichtszüge von Zeitgenossen Raffaels tragen. Zum Beispiel hat Platon die Gesichtszüge des Leonardo da Vinci und Euklid die des Bramante.

M3 **Unterrichtsszenen,** attische Vasenmalerei, um 480 v. Chr.

M4 Ein vielseitiger Stundenplan

Die Lehrfächer der philosophischen Schulen in Athen hießen:

Logik, Ethik, Physik, Mathematik, Botanik, Zoologie, Meteorologie, Religion, Musik, Poetik, Rhetorik, Politik, Ökonomie , Psychologie.

Zusammengestellt nach Christian Habicht, Athen, München (C.H. Beck) 1995, S. 115.

M5 „Quellen" unseres Denkens?

Aussagen griechischer Philosophen und Naturforscher aus dem 5. und 4. Jh. v. Chr.:

Empedokles (um 494–434 v. Chr.): Denn die vier Wurzelkräfte aller Dinge höre zuerst: Zeus, der Schimmernde (das ätherische Feuer), und Here, die Lebenspendende (die Erde) sowie Aidoneus (die unsichtbare Luft) und Nestis (das Wasser), die durch ihre Tränen fließen lässt irdischen Sprungquell.

Anaxagoras (um 500–428 v. Chr.): Vom Entstehen und Vergehen aber haben die Griechen keine richtige Meinung. Denn kein Ding entsteht oder vergeht, sondern aus vorhandenen Dingen mischt es sich und scheidet sich wieder. Und so würden sie demnach richtig das Entstehen ein Sich-Mischen und das Vergehen ein Sich-Scheiden nennen.

Leukippos (um 440 v. Chr.): Kein Ding planlos entsteht, sondern alles aus Sinn (Logos) und unter Notwendigkeit.

Demokritos (um 460–370 v. Chr.): Der gebräuchlichen Redeweise nach gibt es Farbe, Süßes, Bitteres; in Wirklichkeit aber nur Atome und Leeres.

Der Mensch: eine kleine Welt (Mikrokosmos).

Zit. nach Geschichte in Quellen, Bd. 1, hg. v. Wolfgang Lautemann u. a., München (bsv) 1965, S. 195 ff.

1 Tragt eure Kenntnisse über die Kultur der Griechen in der Antike zusammen und begründet mithilfe des Darstellungstextes, worin die Bedeutung der griechischen Kultur für Europa gesehen wird.

2 Erarbeite anhand von M1, M3 und M6, wie wir uns Schule in Athen vorstellen können.

3 Vergleiche die „antiken" Fächer mit den Fächern deines Stundenplans (M4).

4 Erarbeitet in Gruppen die Aussagen griechischer Philosophen und Naturforscher (M5) und beurteilt, was euch daran modern erscheint.

5 Fertige mithilfe von Lexika Kurzbiografien der in M5 genannten Personen an (siehe Vorschlag für eine Wandzeitung S. 18).

6 Beschreibe M2 und überlege, warum das Bild „Die Schule von Athen" genannt wird.

M6 **Lesende Athenerin,** attische Vasenmalerei, 5. Jh. v. Chr.

Antike Spuren im Wissen und Denken

M7 „Heureka!“

Nach dem römischen Schriftsteller Vitruv (1. Jh. n. Chr.) soll sich die folgende Begebenheit in Syrakus ereignet haben:

[König Hieron II. wollte, nachdem er seine Herrschaft gefestigt hatte, den unsterblichen Göttern einen goldenen Kranz als Weihegabe darbringen. Einem Goldschmied gab er dazu das Gold genau abgewogen. Als Hieron später von einem möglichen Betrug erfuhr – Gold sollte weggenommen und stattdessen ebenso viel Silber verwendet worden sein –, bat er Archimedes um Hilfe, die Unterschlagung nachzuweisen.] Während dieser [Archimedes] darüber nachdachte, ging er zufällig in eine Badestube und, als er dort in die Badewanne stieg, bemerkte er, dass ebenso viel wie er von seinem Körper in die Wanne eintauchte, an Wasser aus der Wanne herausfloss. Weil dieser Vorgang einen Weg für die Lösung der Aufgabe gezeigt hatte, hielt er sich daher nicht weiter auf, sondern sprang voller Freude aus der Badewanne, lief nackt nach Hause und rief mit lauter Stimme, er habe das gefunden, was er suche. Im Laufen rief er nämlich immer wieder griechisch: „Heureka! Heureka! (Ich hab's gefunden! Ich hab's gefunden!).“

Vitruv, De architectura IX, 10. Zit. nach Praxis Geschichte, H. 4/2000, S. 24.

M8 Archimedes (285–212 v. Chr.), Marmorrelief in Medaillonform; antike Arbeit, o. J.

M9 Griechische Kultur – exportfähig

Der Archäologe Adolf H. Borbein schreibt 1995 über die Bedeutung der griechischen Kultur:

Gegenüber den Hochkulturen des Orients und Ägyptens waren die Griechen zunächst und vorwiegend die Empfangenden, doch konnten sie schon im 6. Jahrhundert v. Chr. ihre Kunst dorthin exportieren … [Im 4. Jahrhundert] propagierte der attische Redner Isokrates ein neues Verständnis der alten Unterscheidung von Hellenen[1] und Barbaren[2]: Nicht mehr Herkunft und Muttersprache, sondern die Teilhabe an der griechischen Bildung mache den Hellenen aus. Man konnte demnach kulturell zum Griechen werden – wie Alexander der Große, der als Makedone nicht zu den Griechen im engeren Sinne zählte und dennoch zum Repräsentanten Griechenlands und Verbreiter griechischer Kultur wurde.

Adolf H. Borbein, in: Adolf H. Borbein (Hg.), Das Alte Griechenland, München (Bertelsmann) 1995, S. 409 ff.

1 Griechen
2 ursprünglich: nicht Griechisch sprechende „Ungebildete“

7 Überlege, welche wissenschaftliche Erkenntnis Archimedes bei seinem „Badeerlebnis“ dazu verhalf, den Betrug nachzuweisen (M7).

8 Kläre mithilfe eines Lexikons, wodurch Archimedes außerdem bekannt geworden ist.

9 Erläutere die Aussage in M9: „Man konnte demnach kulturell zum Griechen werden …“ (Z. 10) und nimm Stellung.

Und die Römer? – eine Wandzeitung

Fertigt mithife von Lexika, Sachbüchern und des Internets Kurzbiografien über kulturell bedeutende Römer wie Cicero, Vitruv, Vergil, Ovid und Seneca an. Sucht dabei nach Beziehungen zur griechischen Kultur und ihrer Bedeutung für die europäische Kultur.

Entwerft eine Wandzeitung, in der ihr die Biografien präsentiert. Die Wandzeitung könnt ihr im Laufe dieses Kapitels mit weiteren europäischen Biografien füllen (siehe S. 17, 25 und 29).

M1 **Volksversammlung in Athen,**
Buchillustration nach Quellen, 1994

Demokratie als Lebensform

Demokratie – eine Erfindung der Griechen?

Fast alle Staaten in Europa haben sich zu Demokratien entwickelt. Die demokratische Staatsform ist heute eine wichtige Voraussetzung für die Aufnahme eines Landes in die Europäische Union (siehe S. 38 f.). Historiker wenden den aus dem Griechischen stammenden Begriff Demokratie bereits für die staatliche Ordnung der Athener im 5. Jh. v. Chr. an. Was genau hat die moderne Demokratie mit der athenischen (attischen) Demokratie der Antike zu tun?

M2 … dass man abwechselnd regiert wird

Der griechische Philosoph Aristoteles (384–322 v. Chr.) schrieb:

Grundlage der demokratischen Staatsform ist die Freiheit; man pflegt nämlich zu behaupten, dass die Menschen nur in dieser Staatsform an der Freiheit teilhaben, und erklärt, dass danach jede Demokratie strebe. Zur Freiheit gehört erstens, dass man abwechselnd regiert und regiert wird. Denn die demokratische Gerechtigkeit besteht darin, dass man nicht der Würde, sondern der Zahl nach die Gleichheit walten lässt … Dies ist das Zeichen der Demokratie … Ein anderes ist, dass man leben kann, wie man will. Sie sagen, dies eben sei die Leistung der Demokratie; denn nicht zu leben, wie man wolle, sei charakteristisch für Sklaven. Dies ist also die zweite Eigenschaft der Demokratie.

Aristoteles, Politik 6, 1317 a 39–1318 a 10.

M3 Die Herrschaft dem Volk übertragen?

Die Meinung eines Persers über die Demokratie der Athener gab der Grieche Herodot um 450 v. Chr. wieder:

Es ist nicht gut, dem Volk die Herrschaft zu übertragen; denn es gibt nichts Unverständigeres und Mutwilligeres als den blinden Haufen. Oder will man die Willkür eines Tyrannen[1] mit der Willkür des Volkes vertauschen? Ein Gewaltherrscher handelt wenigstens noch aus Einsicht. Wo aber will das Volk Einsicht und Vernunft hernehmen? Es weiß doch nichts und hat nichts gelernt. Es würde nur gedankenlos über die Staatsgeschäfte herfallen. Für Volksherrschaft tritt nur der ein, der uns Unheil wünscht. Lasst uns die Herrschaft den Adligen übertragen; sie sind auch in der Lage, die besten Entschlüsse zu fassen.

Herodot 3, 81. Zit. nach Heinz Dieter Schmid, Fragen an die Geschichte , Bd. 1, Berlin (Cornelsen) 1983, S. 77.

1 Gewaltherrscher

M4 **Tonscherbe als Stimmzettel** im „Scherbengericht“, 5. Jh. v. Chr.
Die Tonscherbe enthält den Namen des Politikers Themistokles, Sohn des Neokles. Mit dem Scherbengericht wurden Politiker, die als echte oder vermeintliche Tyrannen galten, aus Athen verbannt.

1 Tragt in der Klasse eure Kenntnisse über Geschichte und Formen der Demokratie zusammen. Nehmt die Abbildungen M1, M4, M5 und M8 und den Kasten (S. 20) zu Hilfe.

2 Erarbeite die Merkmale der Demokratie, die in M2 und M3 deutlich werden. Vergleiche sie und nimm Stellung.

M5 Volksversammlung auf dem Ratsplatz des Schweizer Kantons Glarus, Foto, 1996. 6000 Stimmbürger diskutieren und stimmen ab.

M6 Der Weg zur Demokratie in Athen

Der Historiker Christian Meier schreibt 1980:

Mit der Entmachtung des Areopags[1] wurde der herkömmliche Horizont des politischen Lebens durchbrochen. Ein wichtiger Widerpart der Volksversammlung fiel dahin … Innerhalb der Volksversammlung scheinen die untersten Schichten sich kräftiger geregt zu haben. Es entstand die Freiheit zu neuer, allein auf die Volksversammlung und den Rat der 500[2] gestützten Politik. Die Volksversammlung wurde gleichsam emanzipiert. Das politische Dach, das der Areopag gebildet hatte, war eingerissen; der Schritt ins Freie getan … Die Macht des Adels wurde begrenzt, die Adligen zu größerer Rücksicht auf das Volk veranlasst. Es gab neue Spielregeln … Wo vorher also gleichsam eine Opposition gestärkt worden war, wurde jetzt eine Regierungsform zerstört.

Christian Meier, Die Entstehung des Politischen bei den Griechen, Frankfurt a. M. (Suhrkamp) 1980, S. 147ff.

1 Gerichtshof und Leitung der Staatsgeschäfte während der griechischen Adelszeit
2 Bereitete die Volksversammlung und deren Beschlüsse vor (eigentliches Regierungsorgan)

Die Schweiz – Demokratiegründung in athenischer Tradition?

Im Jahre 1291 schworen die drei Kantone Uri, Schwyz und Unterwalden einen Eid auf ihren „Ewigen Bund". Damit war die Schweiz (lat. Confoederatio Helvetica, CH) als erste Demokratie in Europa „geboren", denn die Eidgenossen beschlossen über ihre Angelegenheiten nach demokratischen Grundsätzen: Jeder Bürger hat eine Stimme. Die Gewählten müssen Rechenschaft über ihre Herrschaft ablegen und können abgewählt werden. Wie in späteren Demokratien hatten allerdings auch die Schweizer Frauen bis in die 50er-Jahre kein Stimmrecht. Einige kleinere Gemeinden beschließen auch heute noch in Volksversammlungen über wichtige Fragen ihres Ortes. Andere haben diese offenen Abstimmungen durch Entscheidungen an der Wahlurne ersetzt. Eine reine „direkte" Demokratie ist die Schweiz nicht, denn Verfassungsreformen im 19. Jh. machten die Schweiz zu einem Staat mit „Bundesgewalt". Damit wurde die zentrale Gewalt gestärkt. Ein wichtiges demokratisches Element sind aber bis heute die Volksabstimmungen über wichtige Fragen, wie z. B. über einen Beitritt zur Europäischen Union (EU).

Staatsformen

In der Politikwissenschaft werden drei Staatsformen unterschieden:

Monarchie: Alleinherrschaft. An der Spitze des Staates steht ein König (Monarch). In Athen regierten zuerst Könige.

Aristokratie/Oligarchie: Herrschaft weniger, zum Beispiel die Herrschaft der Adligen, die gegenüber dem Volk Vorrechte besaßen. Eine Adelsherrschaft löste um 700 v. Chr. das Königtum in Athen ab.

Demokratie: Herrschaft des Volkes, das selbst über die Regierung des Staates bestimmt. In Athen wurde die Volksherrschaft nach langen politischen Konflikten im 5. Jahrhundert v. Chr. eingeführt. Bedeutendste Formen der Demokratie sind die „direkte Demokratie" (in der Polis Athen, in der Schweiz bis heute) und die „indirekte Demokratie" (in der Bundesrepublik Deutschland), die auch Elemente der direkten Demokratie enthalten kann, z. B. Volksabstimmungen.

M7 Rechtliche Grundlagen

Aus dem Grundgesetz der Bundesrepublik Deutschland:

Artikel 3:

(1) Alle Menschen sind vor dem Gesetz gleich.
(2) Männer und Frauen sind gleichberechtigt …
(3) Niemand darf wegen seines Geschlechtes, seiner Abstammung, seiner Rasse, seiner Sprache, seiner Heimat und Herkunft, seines Glaubens, seiner religiösen oder politischen Anschauungen benachteiligt oder bevorzugt werden. Niemand darf wegen seiner Behinderung benachteiligt werden.

Artikel 20:

(2) Alle Staatsgewalt geht vom Volke aus. Sie wird vom Volke in Wahlen und Abstimmungen und durch besondere Organe der Gesetzgebung, der vollziehenden Gewalt und der Rechtsprechung ausgeübt.

Artikel 38:

(1) Die Abgeordneten des Deutschen Bundestages werden in allgemeiner, unmittelbarer, freier, gleicher und geheimer Wahl gewählt.

Grundgesetz für die Bundesrepublik Deutschland, hg. vom Deutschen Bundestag, Bonn 1996.

Demokratie gleich Demokratie?

Allzu leicht wird eine direkte Linie von der Demokratie in Athen bis in unsere Zeit gezogen. Tatsächlich ist unser Demokratie-Modell erst etwa 200 Jahre alt und nach vielen Rückschlägen und harten Auseinandersetzungen mit anderen Formen von (monarchischer und diktatorischer) Herrschaft verwirklicht worden. Die oft zu hörende Behauptung, die Demokratie sei historisch das „normale" Modell für die Staaten Europas, ist deshalb nicht zutreffend.

Oft wird die attische Demokratie mit der modernen Form der parlamentarischen Demokratie in der Gegenwart gleichgesetzt. Die athenische Staatsform war aber auf der wirtschaftlichen Grundlage der Öl- und Weinproduktion geschaffen worden. Sie bedeutete keineswegs die Herrschaft des ganzen Volkes (demos), sondern die des ökonomisch herrschenden Mittelstandes, der Bauern und Handwerker und der adligen Oberschicht. Weitgehend rechtlos waren die Besitzlosen, die Fremden und die Sklaven. Auch alle Frauen waren von der politischen Mitsprache ausgeschlossen. Allerdings entstanden in der attischen Demokratie die Fragen, die bis heute aktuell geblieben sind: Wer soll regieren? Wie soll politisch entschieden werden? Wie soll Macht kontrolliert werden?

Demokratie – aber wie?

Entwerft mithilfe der Materialien S. 19 bis 21 Dialoge zur Frage: Demokratie – aber wie?

M8 Der Deutsche Bundestag in Berlin – Versammlung der gewählten Volksvertreter, Foto, 2000

3 Erarbeite anhand von M6, wie sich die Machtverhältnisse in Athen im 5. Jh. verändert haben. Ziehe den Begriffskasten S. 20 mit heran.

4 Vergleiche Demokratie-Grundsätze des Grundgesetzes in M7 mit denen der attischen Demokratie.

5 Beantworte die Frage in der Überschrift des Darstellungstextes dieser Seite: „Demokratie gleich Demokratie?".

Eine Internet-Recherche durchführen

M1 Internetseite der Europa-Schule Köln, Stand: Februar 2002

Europa-Schulen im Internet

Mit dem Internet hast du sicher schon Erfahrungen gesammelt. Je nach Fragestellung kommt man dabei mehr oder weniger schnell zum Ziel. Die Arbeitsschritte auf dieser Seite sollen dir helfen, möglichst systematisch an die Suchaufgabe heranzugehen und zu brauchbaren Ergebnissen zu kommen. Der Weg über allgemeine Suchmaschinen ist dann sinnvoll, wenn genauere Adressen fehlen.

Für diese Recherche wird das Thema „Europa-Schulen" vorgeschlagen. Fragen könnten beispielsweise sein: Was ist eine Europa-Schule? Welche Ziele hat sie? Welche Projekte führt sie durch? Wie präsentiert sie ihre Ergebnisse? Wie kann eine Einrichtung Europa-Schule werden? Wo kann ich persönlichen Kontakt aufnehmen?

Arbeitsschritte Eine Internet-Recherche durchführen

1. Schritt: Suchziel festlegen und Adressen bereitstellen
Formuliere das Suchziel nicht zu breit. Ein Suchbegriff wie „Europa" führt zu einer Fülle von Adressen, deren Auswahl und Sichtung viel Zeit kostet. Eine Kombination der Begriffe „Europa" und „Schule" grenzt die Möglichkeiten schon ein. Eine weitere Beschränkung wäre z. B. die Suche nach Projekten an Europa-Schulen.

2. Schritt: Suche durchführen und Informationen auswählen
Am besten wählst du vor der Online-Recherche eine Suchmaschine aus. Grenze die Suchbegriffe ein und bilde Wortfelder zum Thema. Oft hilft auch die fremdsprachige Schreibweise eines Suchbegriffs weiter (Europa – europe). Notiere die „abgehakten" Adressen, um eine unnötige Mehrfachsuche zu vermeiden (Musterformular M3 benutzen!). Kläre, wie du die Informationen sichern willst (z. B. sofort ausdrucken, speichern, über E-Mail schicken lassen, handschriftliche Notizen anfertigen).

3. Schritt: Ergebnisse ordnen und auswerten
Nicht alle Informationen, die du erhältst, sind auf dem neuesten Stand. Achte auf das Datum der letzten Bearbeitung der Webseiten („Infomüll" aussortieren!). Entscheide, wie du die wichtigsten Informationen ordnen willst.

4. Schritt: Ergebnisse bewerten und präsentieren
Die Ergebnisse der Recherche können im Austausch mit den anderen in der Klasse bewertet werden. Was war ergiebig? Wo lagen die Probleme (Zeitaufwand/Ergebnis)? Formen der Präsentation: Dokumentation erstellen (Broschüre, Intranet); Wandzeitung gestalten; Referat halten.

M2 Projekt zum Wandel der Esskultur in verschiedenen Regionen Europas

Das folgende Projekt „Strukturwandel des Ruhrgebiets und anderer europäischer Regionen“ eines Essener Gymnasiums, einer Europa-Schule, wurde 1997 bis 2000 mit französischen Partnern durchgeführt. Der folgende Projektplan zum Teilprojekt „Esskultur im Ruhrgebiet“ ist auf der Internetseite der Schule zu finden (2001):

Das Gesamtprojekt ist ein offenes Projekt, das aus der Grundidee (Essgewohnheiten) erwachsen ist. Dabei stehen sich Regionen gegenüber, die einen ähnlichen Wandel vollzogen haben (Ruhrgebiet/Bassin minier und andere, die einen solchen Wandel nicht kennen, z. B. Bretagne). In den folgenden Jahren werden die Länder und Regionen, in denen unsere Schule Partnerschulen besitzt (England, Russland, Ungarn, Thüringen), einbezogen.
Im Mittelpunkt des Projekts stehen Fragebogenaktionen und Interviews, die Schüler der Klassen 9 und 12 unterschiedlicher Schulformen (Gymnasium, Realschule) in Frankreich (Nord, Bretagne) durchführen und auswerten werden. Die Aktivitäten beziehen auch die historische Dimension ein (Essverhalten der Generationen der Eltern und Großeltern, deren sozialer Status etc.), um damit Art und Ausmaß des Wandels zu erkennen.

Zeitlicher Ablauf-/Arbeitsplan
1. Erstellen der Fragebogen (Herbst 1997).
2. Besuch der Arbeitsgruppe im Lycée Molière in Villeneuve d'Ascq (Okt. 1998 und 1999).
Feldforschung auf dem Markt, in den Familien etc. in Villeneuve (Fragebogen, Interviews).
Fahrt nach Paris: Besuch eines Marktes in Belleville.
Sammeln von Vergleichsdaten.
3. Zur gleichen Zeit (aus Gründen der Vergleichbarkeit) führen andere Schüler der Projektgruppe die gleiche Fragebogenaktion in Essen durch.
4. Die gleiche Aktion wird von Schülern der Bertha-Krupp-Realschule in Bain de Bretagne/Rennes durchgeführt (April 1999). Vorher werden die teilnehmenden Schüler bei zwei Arbeitstreffen mit den Schülern unserer Schule die Fragebogen mitgestalten.
5. Der Austausch der ermittelten Daten erfolgt über Internet, die Auswertung mit der entsprechenden Software.
Im Zeitraum von 1–2 Monaten werden sich die Projektleiter der beteiligten Schulen zu Erfahrungsaustausch und weiterer gemeinsamer Planung treffen. Mindestens im Abstand von sechs Monaten werden sich beteiligte Schülergruppen zur gegenseitigen Information über den Verlauf der Teilprojekte und zum Erfahrungsaustausch über die konkrete Arbeit treffen. Ziel ist eine Zwischendokumentation mindestens zum Ende eines jeden Schuljahres.

Mädchen-Gymnasium Borbeck, Projektdokumentation „EXPO 2000-Projekt: Strukturwandel des Ruhrgebiets“, 2000. Bearb. d. Verf.

Internettipps

Suchmaschinen stellen Adressen zu eingegebenen Stichwörtern bereit. Ein Klick auf einen Listentitel führt zur entsprechenden Website:
www.altavista.de
www.fireball.de
www.google.de
www.metager.de (Metasuchmaschine).
Unter der Adresse
www.suchfibel.de
findest du eine große Auswahl an kommentierten Suchmaschinen und weitere gute Tipps, wie du Suchmaschinen für deine Recherche einsetzen kannst.

M3 Vorschlag für ein Musterformular zur Internet-Recherche

Thema	Suchbegriff	Recherche bei (Adresse)	Ergebnis	Ausdruck/ Gespeichert unter

1 Führt – am besten in Partnerarbeit oder in Kleingruppen – mithilfe der Arbeitsschritte und der Materialien auf dieser Methodenseite eine Internet-Recherche zum Thema „Jugend – Schule – Europa“ durch.
2 Beurteilt die Ergebnisse eurer Recherche und überlegt Verbesserungen und Alternativen.
3 Erörtert, welche Möglichkeiten ihr seht, Kontakte mit Europa-Schulen aufzunehmen, Informationen darüber zu sammeln und eventuell in Sachen „Europa-Schule“ aktiv zu werden.
4 Stellt einen Zusammenhang zwischen Europa-Schule und griechischer Bildung (siehe S. 16–18) her.

Christentum und Herrschaft im Mittelalter

Die Ausbreitung des Christentums 300 bis 1054 n. Chr. **M1**

Ein einiges christliches Europa?

Christentum und Frankenreich: Wo endete Europa?

Wenn in unserer Zeit von „Europa" die Rede ist, dann wird häufig die Bezeichnung „christlich" hinzugefügt. Das könnte den Gedanken nahe legen, Europa sei in seiner Geschichte einheitlich christlich gewesen. Tatsächlich war die Christianisierung des Kontinents ein jahrhundertelanger, konfliktreicher Vorgang. Das Christentum zeigt in seiner geschichtlichen Entwicklung ein vielfältiges und in sich durchaus widersprüchliches Bild. Es entstand in der Welt des Nahen Ostens auf der Basis des Judentums. Dann breitete es sich – trotz langer Verfolgung im Römischen Reich – in der griechisch-römischen Welt des Mittelmeerraums aus, danach im nördlichen und dann im westlichen Europa.
Im 8. und 9. Jahrhundert schuf das fränkische Herrschergeschlecht der Karolinger ein Reich, in dem der größte Teil des Christentums vereint wurde. Dieses Reich trug den Namen Imperium oder Regnum Francorum, in anderen Quellen auch Imperium Romanum oder Imperium Christianum. Kulturell verband Karl der Große das Christentum mit der Wiederentdeckung der antiken römischen Kultur. Welche Rolle kam dem Frankenreich Karls des Großen in seiner Bedeutung für Europa zu, einem Reich, das seit dem 12. Jahrhundert „Heiliges Römisches Reich" genannt wurde? Welche Entwicklung nahm das Christentum in Europa?

Karlsbüste aus dem Aachener Domschatz, um 1350. Kreuz, antike Edelsteine, Wappen von Frankreich (Lilie) und Deutschland (Adler) stellen Karls Kaisertum dar. **M2**

Medaille des Karlspreises der Stadt Aachen **M3**

M4 Karl der Große – „Vater Europas"?

Der Historiker Josef Fleckenstein schreibt 1980 über die Bedeutung Karls des Großen für den Europa-Gedanken:

Karl der Große, der älteste Sohn Pippins, … hat … sein Reich in den ersten drei Jahrzehnten seiner sechsundvierzigjährigen Regierung nach außen wie nach innen so ausgebaut, dass jetzt Europa in ihm Gestalt gewann: Es trat mit der Erneuerung des Kaisertums im Jahre 800 für alle Welt sichtbar in Erscheinung. Die Kaiserkrone sollte zum Symbol der europäischen Einheit werden. Es entsprach der Besonderheit seiner Entstehung, dass dieses neue Europa zunächst mit dem karolingischen Machtbereich zusammenfiel. Ganz ging freilich die Gleichung zwischen Frankenreich und Europa oder dem Okzident[1] unter Karl dem Großen nicht auf, da die Reiche der Angelsachsen und der Westgoten im nordwestlichen Spanien wie auch die slawischen Stämme im Osten ihre Selbstständigkeit bewahrten … So hat das Werk Karls des Großen, historisch gesehen, doppelte Bedeutung: nämlich einmal als Grundlegung der europäischen Einheit im Frankenreich … und zum andern als Ermöglichung der nationalen Staaten, die aus dem Frankenreich heraus erwachsen sind … Das fränkische Reich … fasste die alten, relativ kleinen Völkerschaften … im gemeinsamen Reichsverband zusammen, verschmolz sie miteinander und entließ sie dann, als es zerfiel, als neue, größere geschichtliche Gebilde: die noch heute bestehenden europäischen Völker. Beides, die Gemeinsamkeit und die Tendenz zur Teilung, war offenbar von Anfang an im Reich der Karolinger angelegt: Die Spannung wurde zum europäischen Lebensgesetz.

Josef Fleckenstein, Grundlagen und Beginn der deutschen Geschichte, 2. Aufl., Göttingen (Vandenhoeck & Ruprecht) 1980, S. 93 f.

1 Westen, Abendland

M5 Europa – ein vielfältiges kulturelles Erbe

Aus der Begründung des Direktoriums für die Verleihung des Karlspreises im Jahre 2001 an den ungarischen Schriftsteller und Soziologen György Konrád:

Die menschliche Integration[1] Europas ist … im Bewusstsein wie in der Praxis unterentwickelt. Hier kommt der Kultur als pragmatischste Ebene der Begegnung und des Austauschs eine besondere Bedeutung für das „Gemeinsame Haus Europa" zu. Europa ist ein kulturpolitisches Ganzes, vereint durch das gemeinsame Erbe des Christentums, aber auch der besonderen europäischen Impulse der monotheistischen Religionen des Judentums und des Islams, der Renaissance und der Aufklärung sowie der großen philosophischen und sozialen Lehren des 19. und 20. Jahrhunderts. In diesem kulturellen Erbe liegt ein enormes Potenzial für eine Politik des Friedens, der Verständigung und der gutnachbarlichen Beziehungen. Kultur ist auch ein Mittel zur Einübung der Demokratie, deren Wurzel wir in Europa haben. Sie schafft menschliche Verbindungen, weckt Toleranz für andere Kulturen und für andere Menschen.

Zit. nach www.karlspreis.de (29. 04. 2001).

1 siehe Kasten S. 38

M6 **Verleihung des Karlspreises** der Stadt Aachen an den ungarischen Schriftsteller und Soziologen György Konrád, Foto, 2001.

Die Ottonen – europäische Herrscher?

Erarbeitet mithilfe von Lexika Kurzbiografien der sächsischen Kaiser Otto I. (936–973), Otto II. (973–983) und Otto. III. (983–1002) und untersucht ihre Beziehung zur römischen Kirche und zum Byzantinischen Reich. Achtet auf die Namen Theophano und Adelheid. Ergänzt eure Wandzeitung (siehe S. 18).

1. Beschreibe anhand von M1, wie sich die Religionen um das Jahr 1000 n. Chr. in Europa verteilten und welche geografischen Veränderungen sich seit 300 n. Chr. vollzogen haben.
2. Untersuche, wie der Autor die Rolle Karls bei der Entwicklung Europas im frühen Mittelalter sieht (M4).
3. Erarbeite an M5 den Europa-Gedanken und vergleiche ihn mit der Darstellung in M4.
4. Erörtere mithilfe von M2 bis M6 die Bedeutung Karls für den Europa-Gedanken.

M7 **Bronzener Stylus** zum Schreiben auf Wachstafeln. Fund auf einem Gräberfeld bei der Burg Giecz (Polen), 11. Jh. Wahrscheinlich gehörte der Stylus einem Kleriker.

Suche nach dem christlichen Europa um 1000

Vor etwa 1000 Jahren war nur der westliche Teil Europas christianisiert. Große Teile des mittleren und östliche Europas galten als heidnisch. Zwischen den slawischen Stämmen, dem byzantinischen Reich im Südosten und dem römisch-germanischen Reich im Westen gab es friedliche, aber auch kriegerische Kontakte: Fernhandel, Raubzüge, höfische Gesandtschaften, adlige Heiratspolitik und dörfliches Miteinander. Der Beginn der Christianisierung Ostmitteleuropas ist bisher nicht eindeutig festzulegen. Wichtiger als die spärlichen schriftlichen Quellen, zum Beispiel über die Einrichtung eines Bischofssitzes, sind archäologische Funde. Sicher ist, dass slawische Fürsten durch Otto III. und Papst Silvester II. zu „Mitaposteln" bei der Ausbreitung des Christentums gemacht wurden. In Polen und Ungarn richtete der Kaiser Erzbistümer ein. Die Christianisierung der Westslawen und Ungarn seit der zweiten Hälfte des 10. Jh. führte zu einer Erweiterung des christlich-lateinischen Abendlandes nach Osten. Welche archäologischen Funde können die Schriftquellen ergänzen? Was lässt sich an ihnen erkennen?

M8 **Bronzekreuz mit Christus-Darstellung,** Fund aus einem Grabhügel (Ungarn), 10./11. Jh. Kreuze dieses Typs wurden am Rande des byzantinischen Kulturkreises erzeugt.

M9 **Halskette mit drei Kreuzchen,** Fund aus einem Kindergrab (Tschechien), 9./10. Jh.

M10 **Überreste einer Holzkirche** in der Burg von Kalisz (Polen), Rekonstruktionszeichnung, 2001.
1 Außenwände,
2 Estrichreste,
3 Fundamentkante der jüngeren Steinkirche.

Heiliges Römisches Reich (Deutscher Nation)

Mit der Annahme des Kaisertitels durch Otto I. (962) wurde die Tradition des Römerreiches der Franken fortgesetzt. Die Bezeichung „heilig" sollte zeigen, dass die weltliche wie auch die geistliche Herrschaft göttlichen Ursprungs seien. Der seit dem 15. Jh. verwendete Zusatz „Deutscher Nation" betonte den Anspruch der deutschen Könige auf den Titel des Kaisers. Verfassungsrechtlich bestand das Reich bis 1806, verlor jedoch machtpolitisch durch den Aufstieg der Territorialherrschaften (siehe S. 28f.) immer mehr an Bedeutung.

M11 Staaten und Konfessionen in Europa um 1570

Konstantinopel – das „zweite“ Rom?

Seit dem Ende des Weströmischen Reiches (476 n. Chr.) sah sich „Ostrom“ mit seiner Hauptstadt Konstantinopel, der ursprünglich griechischen Stadt „Byzanz“ am Bosporus, in der Nachfolge des römischen Imperiums. Westgotische und fränkische Eigenständigkeit, vor allem aber die Bedrohungen durch Slawen, Awaren und Perser, begrenzten die Macht des Byzantinischen Reiches. Dauerhaft und bedeutend wirkte jedoch die durch Kaiser Justinian (527–565) eingeführte Sammlung römischer Kaisergesetze (Codex Justinianus). Sie prägte bis in unsere Zeit das Rechtswesen in Europa. Byzanz hielt an der Einheit von Staat und Kirche fest. Der Kaiser war „Autokrat“ (Alleinherrscher) – allerdings erhoben von Senat*, Heer und Volk. Als christliche Metropole beeinflusste Konstantinopel besonders den Balkan und Russland. Das Ende des Reiches kam 1453 mit der Einnahme Konstantinopels durch die Osmanen (Türken).

M12 Moskau – das „dritte“ Rom?

Nach dem Untergang des Byzantinischen Reiches verbreitete vor allem der russische Mönch Philotheos von Pskov (1. Hälfte des 16. Jahrhunderts) seine Meinung über die Rolle des erstarkenden Großfürstentums Moskau. Er schrieb an den russischen Herrscher Vassilij III.:

Das griechische [= byzantinische] Kaiserreich wurde zerstört und wird nicht wieder errichtet. Dies alles geschah um unserer Sünden willen. Weil sie den orthodoxen griechischen Glauben an das Lateinertum verraten haben … Einige Worte möchte ich über das heutige Zartum unseres allerdurchlauchtigsten, höchsten Herrschers sagen … Denn wisse, Christusliebender und Gotthebender, dass alle christlichen Reiche vergangen sind und gemäß den prophetischen Büchern in das Eine Zartum unseres Herrschers aufgegangen sind: das ist das russische Zartum. Denn zwei Rome sind gefallen, doch das dritte steht, und ein viertes wird es nicht geben.

Hagen Schulze/Ina Ulrike Paul (Hg.), Europäische Geschichte, München (bsv) 1994, S. 143.

5 Erarbeite mithilfe des Darstellungstextes und M7 bis M10 die Christianisierung Osteuropas und erörtere die Bedeutung archäologischer Funde bei der Suche nach dem „christlichen“ Europa.

6 Beschreibe die Stellung des Heiligen Römischen Reiches in Europa um 1570 (Kasten S. 26, M11).

7 Erläutere: das „zweite“ und „dritte“ Rom (Darstellungstext dieser Seite, M12) und bewerte, wie der Europa-Gedanke hier fortgesetzt wird.

8 Entwirf einen Dialog zwischen einem Franken, einem Byzantiner und einem Moskauer, in dem es um den jeweiligen Beitrag für Europa geht (siehe S. 24–27).

M1 **Reichstagssitzung** im Regensburger Reichstagssaal, kolorierter Kupferstich, 1598. Im Hintergrund thront der Kaiser, umgeben von den Kurfürsten (= Fürsten, die den Kaiser wählen). An der Längsseite sitzen rechts vom Kaiser die geistlichen, links die weltlichen Reichsfürsten. Im Vordergrund stehen die Vertreter der Freien Reichsstädte.

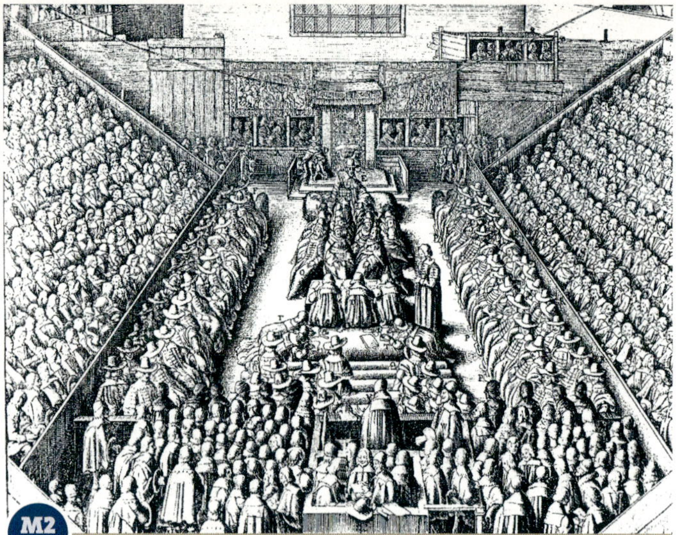

M2 **Das englische Unterhaus 1641**, Kupferstich, 17. Jh. Unter dem Baldachin der Thron des Königs, daneben der Kronprinz. Der König und seine Gefolgschaft verfolgen eine Gerichtsverhandlung von den Logen im Hintergrund aus. Die Mitglieder des Unterhauses (Abgeordnete der Städte und Grafschaften, gewählt von einer kleinen Oberschicht Vermögender und Grundbesitzer) sitzen auf den aufsteigenden Bankreihen. Die Oberhaus-Mitglieder (hohe Geistliche, hoher Adel) sitzen vor den Schranken (mit Hüten).

Europa zwischen Reichsidee und Territorialherrschaft

Wenn es um die Macht geht ...

Die Herrschaftsform des frühen Mittelalters, in der die Könige über die Vergabe von Lehen (= Land) an die Adligen und einen Treue-Eid persönliche Bindungen schufen, wandelte sich immer stärker zur eigenständigen Herrschaft der Lehnsmänner über das verliehene Gebiet. Der Einfluss der Könige wurde schwächer. Auf zwei Wegen reagierten sie auf diese Entwicklung: 1. Sie banden die adligen Lehnsmänner durch „Untertaneneide" in einer Art „Oberlehnsherrschaft" an sich. Damit versuchten sie sich eine starke zentrale Gewalt zu sichern. 2. Im Reich stärkten die Könige (Kaiser) den Einfluss und die Unabhängigkeit der Städte („Reichsstädte") gegenüber den Landesherren. Dennoch wurde die zentrale Macht geschwächt. Der König behielt zwar sein hohes Ansehen, war in wichtigen politischen Angelegenheiten jedoch auf die Zustimmung der Landesherren (Territorialherren) angewiesen.

Als „Hausmacht" blieb dem König allerdings seine eigene Territorialherrschaft, wie z. B. die der Habsburger, die seit 1438 die Kaiserwürde besaßen.
Anders als im Reich gelang es den englischen und französischen Königen, eine enge machtpolitische Bindung der Lehnsmänner an die zentrale Königsgewalt zu schaffen. Aus der persönlichen Bindung an die „Person" des Königs wurde eine Bindung an die „Institution" des Königtums. Das wird heute als ein wichtiger Schritt zum modernen Staat gesehen (siehe S. 44 ff.).
In England schafften es die Ständevertreter bereits seit dem 13. Jahrhundert, die alleinige Macht des Königs mehr und mehr einzuschränken. Die Ständeversammlung wurde zum mitbestimmenden „Parlament". Wie verlief die Entwicklung zwischen den Machtansprüchen der Könige, der adligen Herren und der wohlhabenden Bürger, die am Ende des Mittelalters zunehmend nach politischem Einfluss drängten?

M3 **Das englische Unterhaus heute,** Foto, 1996. Abgeordnete der Regierungspartei und der Opposition (wie in allen modernen Demokratien von der wahlberechtigten Bevölkerung gewählt) sitzen sich auf den Bankreihen gegenüber. Der thronartige Stuhl mit Baldachin im Hintergrund ist der Platz des so genannten Speakers, der die Sitzung leitet.

M4 **Ständeversammlung in Polen,** Holzschnitt, 1570. Die hohen polnischen Adligen und Geistlichen tagen im Reichstag („Sejm") unter dem Vorsitz des Königs Sigismund II. August von Polen.

M5 **Kaiser, Reichsstände und Reichstag um 1500.** An den Versammlungen des Reichstages nahmen seit 1489 auch die Reichsstädte teil. Sie verstanden sich zusammen mit dem Kaiser als Wahrer von Recht und Frieden im Reich. Da die Reichsfürsten jedoch nicht auf ihre Rechte verzichten wollten, blieb die Machtfrage offen. Ein Kompromiss auf dem Reichtstag von Worms 1495 brachte einige Beschlüsse, schwächte letztlich aber die Macht des Kaisers.

Menschen im mittelalterlichen Europa

Stellt in Partnerarbeit mithilfe von Lexika, biografischen Nachschlagewerken und dem Internet Kurzbiografien über die folgenden Personen zusammen und ergänzt eure Wandzeitung (siehe S. 18). Vergleicht die Biografien und sucht nach Übereinstimmungen: Augustinus, Benedikt von Nursia, Hedwig von Schlesien, Franz von Assisi,Thomas von Aquin, Elisabeth von Thüringen, Katharina von Siena, Hildegard von Bingen, Roswitha von Gandersheim.

1 Bearbeite mithilfe der Materialien auf dieser Doppelseite die folgenden Fragen:
a) Wie wird das Verhältnis zwischen dem König (Kaiser) und den Ständen auf den Abbildungen M1, M2 und M4 dargestellt?
b) Welche gesellschaftlichen Gruppen sind an der Macht beteiligt, welche nicht?
c) Welche Übereinstimmungen und Unterschiede zwischen dem Reich, England und Polen lassen sich feststellen?

2 Erörtere die These: Die Ständeversammlungen waren die Vorläufer der modernen Demokratie.

Europa – Einheit in der Vielfalt?

M1 Das Erdbeben von Lissabon, Stahlstich, 1836

Ein Erdbeben und die „Aufklärer“ in Europa

„Aufklärer“ bringen das Denken in Bewegung

Seit dem späten Mittelalter und vor allem seit der Reformation im 16. Jahrhundert waren manche Menschen nicht bereit, die Erklärung der Welt allein der Kirche zu überlassen. Im 17. und 18. Jahrhundert meldeten sich immer mehr Denker zu Wort, die die Menschen aufforderten, ihre eigene Vernunft zu gebrauchen. Sie ermutigten die Menschen, sich aus der Abhängigkeit von geistlichen, aber auch weltlichen „Herren“ zu befreien. Solche „Aufklärer“ verschafften sich durch ihre neuen Gedanken Einfluss in ganz Europa. Fast alle Lebensbereiche in Staat, Gesellschaft, Wirtschaft, Wissenschaft und Kunst wurden davon erfasst. Wegen der Bedeutung der Aufklärer spricht die Geschichtsforschung vom Zeitalter der Aufklärung (siehe S. 56 f.).

Was könnte aber ein Erdbeben, wie es M1 und M5 darstellen, mit der Aufklärung zu tun haben? Waren es die Erklärungen für dieses damals unfassbare Ereignis vom 1. November 1755, bei dem nach Schätzungen etwa 30 000 Menschen zu Tode kamen? Mithilfe der Materialien kannst du aus unterschiedlicher Sicht Erklärungen erarbeiten. Ein solcher „Sicht-Wechsel“ wird Multiperspektive genannt: Zu einem bestimmten Ereignis, Zustand oder Problem nehmen Zeitgenossen bestimmte Positionen ein. Dabei spielen das eigene Denken, aber auch Interessen und Ziele sowie die Zugehörigkeit zu einer gesellschaftlichen Gruppe offensichtlich eine wichtige Rolle.

M2 Der Welt ein Exempel geben

Ein anonym gebliebener protestantischer Pfarrer äußerte im Jahre 1756:

Man meinte es besser zu wissen und dachte, solche Zorngerichte [Gottes] könnten nicht kommen … Nun hat der Herr selbst gepredigt. Weil man seine Boten verachtete und ihre Predigten für Scherz hielt, so hat er selbst Zeugen und ein neues Exempel der heutigen Welt geben wollen, dass sie wusste, der alte Gott lebe noch … Das Erdbeben ist eine Warnung für die Sünder. Diese sind es, welche die Plagen des Allmächtigen mit Gewalt zu sich rufen … Ja Sünder, der du jetzt hörest, was Lissabon und ihren Schwestern geschehen ist, denke nicht, dass diese Stätte vor anderen sündig gewesen ist. Wo du und deine Mitbürger in der Stadt euch nicht bessert, werdet ihr alle also umkommen … Darum tut Buße, tut Buße, entflieht dem kommenden Zorn, dass er euch nicht treffe. Gott hat viele, sehr viele Mittel, womit er züchtigen kann. Es braucht nicht immer ein Erdbeben zu sein.

Gesammelte Nachrichten von dem Erdbeben in der Stadt Lissabon und anderer Orte nebst einer geistlichen Betrachtung über diese Materie, hg. v. J. H. R., Frankfurt/Leipzig 1756, S. 54 ff.

1 Erarbeite anhand von M2 bis M4 die Erklärungen für das Erdbeben und beschreibe die jeweilige Perspektive.

2 Zeige, welche Rolle die im Darstellungstext genannten Faktoren (Wissen, Interesse, Ziele usw.) bei den Autoren von M2 bis M4 jeweils spielten.

M3 „So ist der Mensch im Dunkeln …"

Der deutsche Philosoph Immanuel Kant (1724–1804) schrieb 1756:

Der Anblick so vieler Elenden, als die letztere Katastrophe unter unsern Mitbürgern gemacht hat, soll die Menschenliebe rege machen und uns einen Teil des Unglücks empfinden lassen, welches sie mit solcher Härte betroffen hat. Man verstößt aber gar sehr dawider, wenn man dergleichen Schicksale jederzeit als verhängte Strafgerichte ansieht, die die verheerten Städte um ihrer Übeltaten willen betreffen, und wenn wir diese Unglückseligen als das Ziel der Rache Gottes betrachten … Diese Art des Urteils ist ein sträflicher Vorwitz, der sich anmaßt, die Absichten der göttlichen Ratschlüsse einzusehen … Der Mensch ist von sich selbst so eingenommen, dass er sich lediglich als das einzige Ziel der Anstalten Gottes ansieht … Gleichwohl sehen wir, dass unendlich viele Bösewichter in Ruhe entschlafen, dass die Erdbeben gewisse Länder von jeher erschüttert haben … und dass viele Städte von dieser Verwüstung von Anbeginn befreit geblieben … So ist der Mensch im Dunkeln, wenn er die Absichten erraten will, die Gott in der Regierung der Welt vor Augen hat.

Immanuel Kant, Geschichte und Naturbeschreibung der merkwürdigen Vorfälle des Erdbebens, welches am Ende des 1755-sten Jahres einen großen Teil der Erde erschüttert hat. In: Wolfgang Breidert (Hg.), Die Erschütterung der vollkommenen Welt, Darmstadt (Wissenschaftliche Buchgesellschaft) 1994, S. 134 f.

M4 „Neue Erklärung der Erdbeben"

In den Hannoverschen gelehrten Anzeigen vom 2. Mai 1757 war zu lesen:

Der Eine stellet mit der Elektrisier = Maschine allerley Spiele an, und es schien ihm gewiss, dass die Electricität den ganzen Erdboden erschüttern könne; Ein Anderer fand unter der Erde sulphurische[1] Teile; Ein Dritter höret gar Gewitter unter der Erde; Ein Vierter roch unterirdische Dünste; Ein Fünfter wolte (!) schon, um solche auszuführen, aus dem Innersten der Erde Canäle bauen; einem Sechsten brauseten die unterirdischen Winde in seinen Ohren; Ein Siebter fand zwischen den feuerspeyenden Bergen und dem Erdbeben einen Zusammenhang; Ein Achter berief sich auf die unterirdischen Wasser; Ein Neunter verband die unterirdischen Feuer und Quellen zusammen; Ein Zehnter bemerkte in der magnetischen Materie eine ganze Zerrüttung; Ein Eilfter (!) sah weiter über sich, und fand in dem veränderten Drucke der Schwere eine neue Ursache, ohne zu bedenken, dass eine anderweitige würkende Ursache nöthig sey, von welcher dieser veränderte Druck in der Schwere herrühre; ein Zwölfter stieg wol gar mit seinen Gedanken in den Mond; und mich wundert, dass noch niemand seine Zuflucht zu des Pontoppidans[2] großem See-Ungeheuer, dem Kraken, oder zu dessen Seewurm genommen hat.

Zit. nach Wolfgang Breidert, Das Erdbeben von Lissabon und die Erschütterung seiner Zeitgenossen. In: Lichtenberg-Jahrbuch 1994, S. 59.

M5 Das Erdbeben in Lissabon, Kupferstich, 18. Jh.

3 Nimm zu den Positionen M2 bis M4 Stellung. Begründe deine Meinung.

4 Untersuche an den Abbildungen M1 und M5, wie sie das Ereignis darstellen. Beachte die Datierungen.

1 schwefelhaltig 2 dänischer Schriftsteller

Wunsch und Wirklichkeit – Europa im 18. und 19. Jahrhundert

Europa-Pläne im 18. Jahrhundert

Die Aufklärer hatten im 18. Jahrhundert durch ihr Denken neue Wege in vielen Lebensbereichen aufgezeigt. Auch im Bereich der Politik wurden Überlegungen angestellt, wie Europa sich künftig entwickeln sollte. Dabei spielten die schrecklichen Erfahrungen des Dreißigjährigen Krieges (1618–1648) eine große Rolle. Sie hatten gezeigt, wie aus religiösen und machtpolitischen Konflikten ein europäischer Krieg entstand, der eine bis dahin nicht gekannte Zerstörungskraft entwickelte und alle Völker und Länder in ihrer Entwicklung zurückwarf. Welche Vorstellungen gab es im 18. Jahrhundert zur Gestaltung Europas? Wie verlief die Entwicklung im 19. Jahrhundert weiter?

M1 Ein Friedensplan für Europa

William Penn (1644–1718) wurde in England wegen seiner Religionszugehörigkeit (Quäker) verfolgt und gründete in Amerika die Kolonie Pennsylvania, in der Religionsflüchtlinge Schutz fanden. 1693 schrieb er:

Die souveränen Fürsten von Europa sollen aus Liebe zum Frieden und zur Ordnung übereinkommen, durch ihre Bevollmächtigten in einem gemeinsamen Reichstag oder Staatenhaus oder Parlament sich zu treffen und da Rechtsbestimmungen festzusetzen für die souveränen Fürsten, die sie wechselseitig halten müssten.Weigert sich eine der Hoheiten, die Beschlüsse zu erfüllen, muss die Unterwerfung unter den Spruch erzwungen werden – mit Entschädigung für die benachteiligte Partei und Kostenzahlung an die Mächte, denen die Unterwerfung oblag. Und die Folge müsste sein, dass der Friede in Europa bewerkstelligt und fortdauernd erhalten wäre.

William Penn, Ein Essay zum gegenwärtigen und künftigen Frieden von Europa. Zit. nach Hagen Schulze/Ina Paul, Europäische Geschichte, München (bsv) 1994, S. 336. Übers. von K. von Raumer. Bearb. d. Verf.

1 Erarbeite anhand von M1 bis M3 die Europa-Pläne im 18. Jahrhundert und vergleiche sie.

2 Kläre mithilfe der Darstellungstexte S. 33 die Machtverhältnisse in Europa im 19. Jahrhundert. Stelle einen Bezug zu den Europa-Plänen im 18. Jahrhundert her.

M2 Über das europäische Gleichgewicht

Der englische Publizist John Campbell (1708–1775) schrieb über Europa:

Das Gleichgewicht der Mächte meint den Erhalt der verschiedenen Regierungen Europas in ihrer gegenwärtigen Verfassung und die Hinderung jedes Herrschers, einen solchen Machtzuwachs zu erreichen, der für die wechselseitigen Interessen der anderen Staaten gefährlich oder verheerend sein könnte. Neben diesem allgemeinen Gleichgewicht der Mächte gibt es drei spezielle Gleichgewichtssysteme, die man beachten und unterstützen sollte: das Gleichgewicht des Nordens mit der Macht Russlands; das Gleichgewicht Deutschlands, wo die Verfassung des Reiches unbedingt gewahrt werden sollte; das Gleichgewicht Italiens, wo mehrere Fürsten und Staaten ihre Eigeninteressen für die besten halten.

John Campbell, The Present State of Europe. Zit. nach Hagen Schulze/Ina Paul, Europäische Geschichte, übers.von Ina Paul, München (bsv) 1994, S. 340.

M3 Der europäische Friede und die Fürsten

Der aus Genf stammende Philosoph und Pädagoge Jean-Jacques Rousseau (1712–1778) schrieb 1761:

Die Beschäftigungen der Könige richten sich allein auf zwei Ziele: ihre Herrschaft nach außen auszudehnen und sie im Inneren unumschränkter zu machen. Jede andere Absicht bezieht sich entweder auf eines von beiden oder dient ihnen nur zum Vorwand. Solche Vorwände sind: das öffentliche Wohl, das Glück der Untertanen, der Ruhm der Nation. Nun, ich frage, ob in der Welt ein einziges Staatsoberhaupt, das für alle Zeiten in seinen geliebtesten Plänen, zum Beispiel durch einen europäischen Bundestag, einen bewaffneten Bund der Herrscher, eingeschränkt wäre, ohne Unwillen auch nur den Gedanken ertragen könnte, sich zur Gerechtigkeit gezwungen zu sehen, nicht allein den Fremden gegenüber, sondern selbst gegenüber seinen eigenen Untertanen.

Jean-Jacques Rousseau, Urteil über den ewigen Frieden. Zit. nach Hagen Schulze/Ina Paul, Europäische Geschichte, München (bsv) 1994, S. 345 f.

M5 **„Nach Ihnen"**, Lithographie von Honoré Daumier, 1868. Aufschrift auf der Tür: „Büro für Abrüstung".

Das Europa der Nationalstaaten …

Vom 18. zum 19. Jahrhundert veränderte sich Europa grundlegend; zum einen durch die Industrialisierung (siehe Kap. 5), zum anderen durch politische Umbrüche. Die Macht der herrschenden Monarchen, der Fürsten und des Adels geriet ins Wanken. Die Französische Revolution von 1789 (siehe Kap. 4) veränderte die Machtverhältnisse in Europa zu Gunsten des Bürgertums, wenngleich im Laufe des 19. Jahrhunderts die monarchischen Kräfte ihre führende Rolle wiederherstellen konnten. Die monarchische Herrschaft wurde aber mehr und mehr eingeschränkt durch Verfassungen, die auch die Rechte des einzelnen Bürgers stärkten. Es wurde weniger wichtig, welchem Stand jemand von Geburt an zugehörte. Bedeutender wurde die Stellung des Einzelnen in der Gesellschaft und zu seiner „Nation". Die europäischen Völker verstanden sich zunehmend als „Nationenstaaten". Kleinere Völker versuchten – oft im Kampf gegen die großen – sich in einem eigenen Staat zu organisieren.

und die Wirklichkeit des Nationalismus

Was wurde aus der Sehnsucht im 18. Jahrhundert nach einem einigen, friedlichen Europa? Die politische Landkarte Europas jedenfalls wurde im 19. Jahrhundert gründlich verändert. Kein europäisches Land blieb von Aufständen, Revolutionen, Abspaltungen und Kriegen verschont. Der Wiener Kongress von 1815 (siehe S. 180) legte nach dem „monarchischen Prinzip" die Grenzen fest. Rücksicht auf die betroffenen Einwohner, Minderheiten und kleineren Territorien wurde dabei nicht genommen. Vielmehr ging es um ein Gleichgewicht der großen europäischen Mächte. Diese Nationalstaaten wurden immer mehr für Zwecke der Eroberungen zu Gunsten der eigenen Nation – gegen die Nachbarn – in Europa und darüber hinaus eingespannt. Deshalb wird diese Epoche auch als Zeitalter des Nationalismus* bezeichnet.

M4 **Vom europäischen „Gleichgewicht"**, Karikatur aus dem „Süddeutschen Postillon", 1897. Die Nationalfiguren Deutschlands und Frankreichs: Germania mit Pickelhaube (auf einer Kanonenkugel), Marianne (siehe S. 34) mit Hahnenkamm. Daneben ein Mädchen mit Freiheitsmütze und ein Arbeiter.

3 Entschlüssele M4 und M5. Nimm die Methodenseite 103 zu Hilfe.

4 Nehmen wir an, Rousseau (M3) hätte das 19. Jh. im Rückblick sehen können: Schreibe aus seiner Sicht eine Stellungnahme.

M1 **La Liberté,** Gemälde von Nanine Vallin, 1793/94. Weibliche Verkörperung der Freiheit mit Lanze, Freiheitsmütze, Erklärung der Menschen- und Bürgerrechte von 1789.

M2 **Germania auf der Wacht am Rhein,** Gemälde von Lorenz Clasen, 1860. Die Inschrift auf dem Schild lautet: Das deutsche Schwert beschützt den deutschen Rhein.

Marianne und Germania: Nationalfiguren erzählen Geschichte

M3 **Germania und Marianne, 1848,** Lithographie von Lorenz Clasen (1812–1899). Um die beiden Figuren herum sind Vertreter verschiedener Stände und Berufe gruppiert.
Die Schrift in der Abbildung lautet:
Kein Preußen und kein Oestreich mehr,
Ein einig Deutschland, stark und hehr
So fest wie seine Berge.

M4 **Marianne und Germania.** Geschichte einer Mütze und eines Helms, Titelbild einer französischen Satirezeitschrift, 1918

Vorschlag für eine Gruppenarbeit

Auf dieser Doppelseite findest du Abbildungen, die die Beziehungen zwischen Frankreich und Deutschland in den vergangenen zwei Jahrhunderten thematisieren. Die Auswahl beschränkt sich auf nur einige Blickpunkte und Ereignisse.

a. Erarbeitet die Materialien arbeitsteilig. Jede Gruppe übernimmt ein Bild. Nehmt dabei die Methodenseiten „Eine Bildquelle entschlüsseln" S. 290 und „Karikaturen entschlüsseln" S. 103 zu Hilfe und schlagt zu den angegebenen Datierungen der Bilder, zu möglichen Ereignissen (wie z. B. 1848 und 1918) und zum geschichtlich-politischen Hintergrund in Lexika und Schulbüchern nach. Nutzt auch das Internet.

b. Tragt eure Ergebnisse zusammen, vergleicht und ergänzt sie.

c. Achtet auf Informationen über die gegenwärtigen Beziehungen zwischen Deutschland und Frankreich (Zeitungen, Fernsehen, Rundfunk usw.) und berichtet in der Klasse darüber.

M5 **Frei nach Delacroix,** Karikatur von Ernst Maria Lang, 1995.
Auf dem Gemälde des französischen Malers Delacroix von 1831 führt Marianne das Volk an. Hier stürmen neben Germania und Marianne die damaligen Regierungs- bzw. Staatschefs Kohl und Mitterand voran. Auf dem Boden der frühere britische Premierminister John Major und der ehemalige russische Präsident Jelzin.

Polen und Deutsche

Polen im Deutschen Kaiserreich

Seit der Aufteilung Polens (siehe Kasten S. 37) musste die Bevölkerung als Minderheit in den Staaten der Großmächte leben. Nach der Reichsgründung 1871 kam es im Deutschen Reich zu offenen Spannungen zwischen den Nationalitäten. Anders als im österreichischen Teilungsgebiet war die preußisch-deutsche Polenpolitik durch autoritäre Ziele und Methoden gegenüber den Polen gekennzeichnet. Selbst die zwischen 1871 und 1914 in das Ruhrgebiet zugewanderten polnischen Arbeiter und ihre Familien (siehe S. 148) standen unter dem Druck einer „Germanisierung", d. h. ihre Minderheitenrechte in Bezug auf Kultur und Sprache wurden ihnen weitgehend vorenthalten. Sie wurden gezwungen, sich an die deutsche Kultur anzupassen.

M1 **Ausweisung polnischer Landarbeiter,** Gemälde von Wojciech Kassak, 1909. Zwischen 1885 und 1887 wurden etwa 26 000 Polen aus dem Deutschen Reich ausgewiesen, die in den Jahren zuvor aus den russischen Teilungsgebieten eingewandert waren, aber keine deutsche Staatsbürgerschaft besaßen.

M2 „Zehn Gebote für Polen"

Auszug aus dem gleichnamigen Leitartikel der polnischsprachigen Bochumer Zeitschrift „Wiarus Polski" (12. Juni 1913), ins Deutsche übersetzt durch die Polizeibehörde:

Du sollst mir meine Kinder nicht stehlen, indem du sie germanisieren lässt. Verbiete ihnen untereinander Deutsch zu sprechen und sprich niemals selbst mit ihnen Deutsch. Erziehe deine Kinder in der Kenntnis und Hochschätzung der vaterländischen Literatur, Geschichte und Kultur, lehre sie die Muttersprache lieben. Lehre deine Kinder Polnisch lesen und schreiben, kaufe ihnen gute polnische Bücher.

Zit. nach Geschichte lernen, H. 12/1989, S. 29.

M3 ... der Germanisierung zuführen

Der Oberpräsident der preußischen Provinz Westfalen schrieb 1896 in einer vertraulichen Denkschrift*:

Die Anhäufung großer Arbeitermassen slawischer Abkunft im rheinisch-westfälischen Industriegebiete bringt, da es sich um Elemente handelt, welche dem Deutschtume feindlich gegenüberstehen, sich auf einer niedrigen Stufe der Bildung und Gesittung befinden und zu Ausschreitungen geneigt sind, in ruhigen Zeiten mannigfache Schwierigkeiten mit sich; in Zeiten innerer oder äußerer Unruhe und Verwicklungen bedeutet sie eine ernste Gefahr. Es entspricht dem wichtigsten Lebensinteresse des Staates, wenn diese Elemente möglichst rasch verschmolzen werden ... Scharfe Überwachung der Agitation[1] und Vereinstätigkeit, Fernhaltung nationalpolnischer Geistlicher, Beschränkung des Gebrauches der polnischen Sprache in öffentlichen Versammlungen, ausschließlich deutsche Schulbildung, das werden die Mittel sein, mit denen das Polentum im Westen der Monarchie dem Einflusse der deutsch-feindlichen Agitation entzogen und der Germanisierung zugeführt wird.

Zit. nach Christoph Kleßmann, Der Anteil der Polen an der Entwicklung des Ruhrgebietes. In: Paul Leidinger (Hg.), Deutsche und Polen im Kaiserreich und in der Industrialisierung, Paderborn (Schöningh) 1982, S. 69 f.

1 politische Aufklärungstätigkeit

1 Erarbeite anhand von M1 und M3 die Politik des Deutschen Reiches gegenüber der polnischen Minderheit und deren Reaktion in M2. Vergleiche die Art der Materialien und beurteile ihre Aussagemöglichkeiten.

M4 **Bundeskanzler Willy Brandt** vor dem Mahnmal im ehemaligen Warschauer Getto am 7. Dezember 1970, Foto, 1970

Datenauswahl zur polnischen Geschichte

1772–1795 Teilungen Polens durch Österreich, Preußen und Russland (siehe Kasten S. 119).

3. Mai 1791 Der polnische Reichstag verabschiedet eine moderne Verfassung (Prinzip der Volkssouveränität: die Staatsgewalt liegt beim Volk).

1815 Erneute Teilung Polens auf dem Wiener Kongress (Kongress-Polen).

1830/31 „Novemberaufstand" im russischen Teilungsgebiet. Niederlage der Aufständischen, Emigration nach Westeuropa. In Deutschland: Polenbegeisterung in der nationalen Bewegung.

Ab 1871 Antipolnische Politik der deutschen Reichsregierung; starke „Germanisierungsbestrebungen".

1916–1919 In der Folge des Ersten Weltkrieges wird Polen wieder ein unabhängiger Staat.

1934 Hitler schließt mit Polen eine Nichtangriffserklärung ab.

23. August 1939 Im geheimen Zusatzprotokoll zum „Hitler-Stalin-Pakt" wird die Aufteilung Polens zwischen Deutschland und der Sowjetunion vereinbart.

1. September 1939 Deutscher Angriff auf Polen. Beginn des Zweiten Weltkrieges.

April 1943 Blutige Niederschlagung des Aufstandes im Warschauer Getto* durch SS-Truppen und Wehrmacht.

1. August – 2. Oktober 1944 Warschauer Aufstand der polnischen Heimatarmee: endet mit der Zerstörung der Stadt durch die deutsche Wehrmacht.

1945 Polen erhält nach dem Potsdamer Abkommen die Verwaltung über die Gebiete östlich der Oder und Lausitzer Neiße, muss seinerseits aber seine Ostgebiete an die Sowjetunion abtreten. Flucht und Vertreibung der Deutschen aus den Ostgebieten, „Verbringen" der polnischen Bevölkerung aus Ostpolen in die ehemals deutschen Gebiete.

1950 Die DDR erkennt die Oder-Neiße-Linie als Westgrenze Polens an.

1970 Bundeskanzler Willy Brandt unterzeichnet den Warschauer Vertrag: Anerkennung der Grenzen und Gewaltverzicht.

1989 Zusammenbruch der kommunistischen Herrschaft in Osteuropa. „Westorientierung" Polens.

1999 Polen wird Mitglied der NATO.

2003 geplanter Beitritt Polens zur EU.

M5 Sich die Hand reichen

Bundespräsident Herzog sagt am 1. August 1994 bei der Gedenkfeier für die Opfer des Warschauer Aufstandes von 1944 in Warschau:

Im Laufe der letzten 40 Jahre hat die europäische Geschichte eine dramatische Wendung genommen. Die Völker haben begonnen sich in einem vereinten Europa zusammenzuschließen … Heute steht dieser Weg auch dem polnischen Volk offen, das doch stets zu Europa gehört hat und das die Europäer 40 Jahre lang schmerzlich vermisst haben. In diesem Rahmen werden sich Polen und Deutsche die Hand reichen können, so wie es zwischen Franzosen und Deutschen längst Wirklichkeit geworden ist … Heute aber verneige ich mich vor den Kämpfern des Warschauer Aufstandes wie vor allen polnischen Opfern des Krieges: Ich bitte um Vergebung für das, was ihnen von Deutschen angetan worden ist.

Zit. nach Roman Herzog, Rede des Bundespräsidenten zum 50. Jahrestag des Warschauer Aufstandes (1. 8. 1944). Veröffentlichung des Bundespräsidialamts im Internet, www.bundespraesident.de, Stand: 13. 5. 2001.

2 Vergleiche am Beispiel von M4 und M5 die Politik der Bundesrepublik Deutschland gegenüber Polen seit etwa 1970 mit der Polenpolitik des Kaiserreiches.

3 Untersuche mithilfe des Kastens und der anderen Materialien, wie sich die deutsch-polnischen Beziehungen der vergangenen 200 Jahre entwickelt haben.

4 Schreibe zwei Briefe zur deutsch-polnischen Geschichte: a) aus deiner Sicht, b) aus der Sicht eines polnischen Schülers/einer polnischen Schülerin.

Europa – Einheit in der Vielfalt?

M1 Europa als Integrationsraum, 2001

M2 Der Binnenmarkt der EU seit 1. 1. 1993

Europa – wohin?

Auf dem Weg zur Integration?

Zum ersten Mal in der Geschichte Europas haben sich im 20. Jahrhundert Staaten in freier Vereinbarung zu einer Gemeinschaft zusammengeschlossen, zunächst in der Europäischen Wirtschaftsgemeinschaft, dann in der Europäischen Gemeinschaft und seit 1993 in der Europäischen Union. Dabei spielten die Erfahrungen aus Konflikten und Kriegen des 19. und 20. Jahrhunderts, aber auch wirtschaftliche Interessen eine wichtige Rolle. Seit dem Zusammenbruch der kommunistischen Regierungssysteme in Mittel- und Osteuropa und der deutschen Einheit (1990) wäre der Weg für eine Integration nicht nur des westlichen, sondern des gesamten Europas frei. Aber – wo endet Europa? Welche weiteren europäischen Länder wollen (sollen) in die EU aufgenommen werden? Welche Gestalt wird Europa in der Zukunft haben?

Integration
(lat. integrare = wiederherstellen eines Ganzen). Grundsätzlich bezeichnet der Begriff das Verbinden und Zusammenfügen von Vielheiten zu einer Einheit. Politisch: Integration durch die Verfassung eines Staates, z. B. das Einfügen der ehemaligen DDR in die Bundesrepublik (1990) oder das Aufgeben von Souveränitätsrechten eines Staates zu Gunsten einer internationalen Organisation (EU, NATO). Wirtschaftlich: Zusammenfügen einzelner Einheiten, z. B. zu einem Binnenmarkt, wie dem der EU.

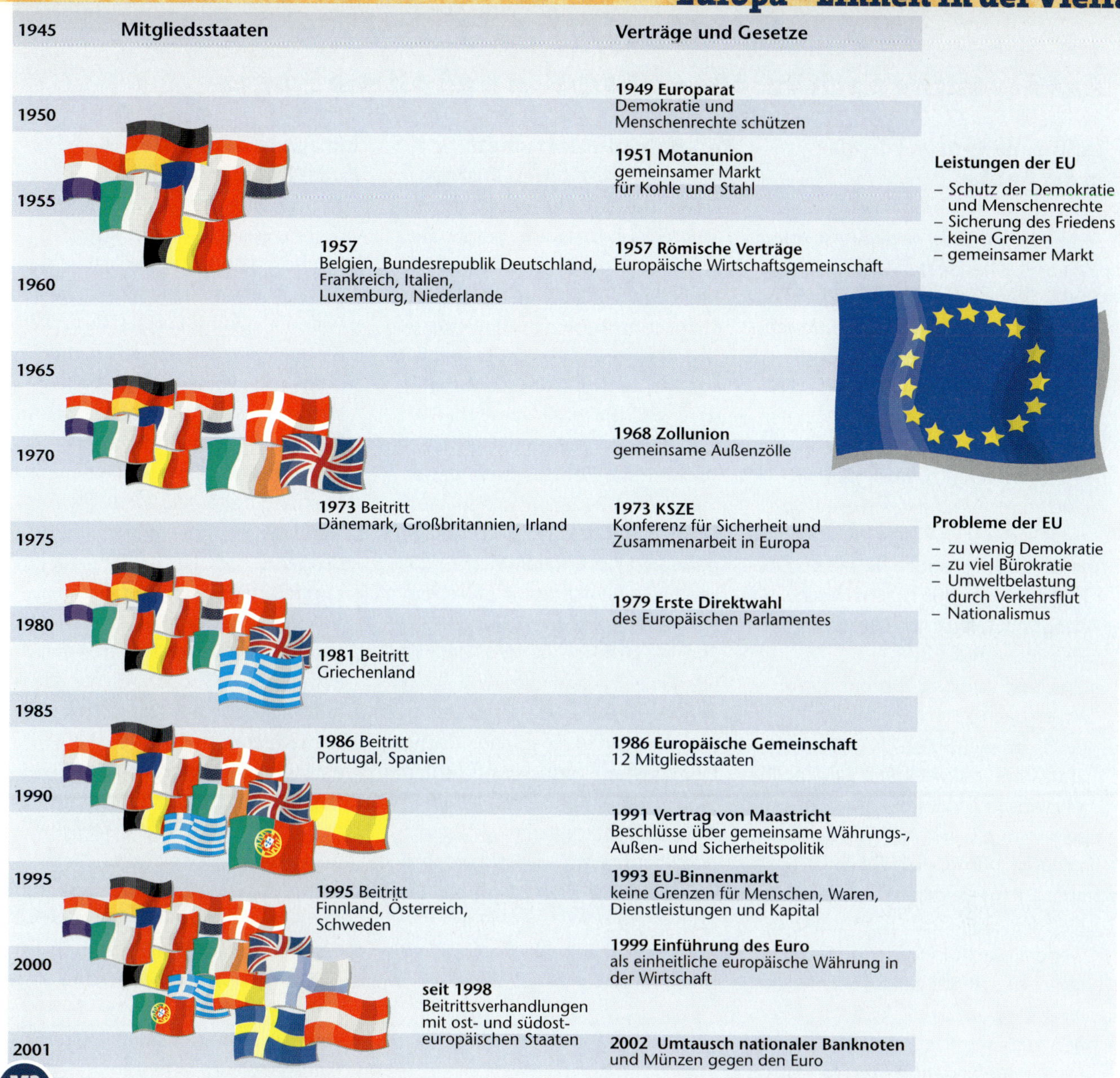

M3 Die europäische Einigungsbewegung nach dem Zweiten Weltkrieg

1 Erarbeite anhand der Materialien auf dieser Doppelseite Ziele und Stationen der europäischen Einigung nach dem Zweiten Weltkrieg. Achte auf politische Ziele und wirtschaftliche Interessen.

2 Beschaffe dir weitere Informationen (Schulbücher, Sachbücher, Internet) zur Europäischen Union (EU) und beschreibe den gegenwärtigen Stand der Integration. Versuche dabei etwas über die „Vertiefung" und die „Erweiterung" der EU zu erfahren.

3 Schreibe deine Gedanken über die Zukunft Europas auf.

Zukunft

Als Zukunft bezeichnet man die erwartete Zeit. Der Begriff wird häufig in Verbindung mit Vergangenheit und Gegenwart verwendet. Allgemein wird die Zukunft als „offen" angesehen und lässt demnach den Menschen einen Spielraum für politisches Handeln.

Auf der Suche nach Europa – Überblick und offene Fragen

Kulturelle Spuren Europas in der Antike

Der Ursprung Europas liegt im Mythos, das heißt in der Vorstellung der Menschen in der Antike, der Erdteil sei mit der sagenhaften Prinzessin „Europa" in Verbindung zu bringen. Auch Versuche, über den Wortursprung genaue Erkenntnissen zu gewinnen, führten bisher zu keinem eindeutigen Ergebnis. „Land der untergehenden Sonne", „Abendland" und „Land mit weitem Horizont" – das scheinen halbwegs nachweisbare Erklärungen für die Bezeichnung Europa zu sein. Auch geografisch lässt sich Europa nicht eindeutig abgrenzen.

Eine Beschreibung Europas dürfte am ehesten noch bei einer Suche nach den kulturellen Ursprüngen und Gemeinsamkeiten gelingen. Die gemeinsame kulturelle Tradition zeigt sich z. B. daran, wie gelernt und gedacht wurde, dass es Schulen gab, aber auch, wie das Zusammenleben der Menschen organisiert war und wer die Macht in Staat und Gesellschaft haben sollte. An der Entwicklung der Demokratie lässt sich erkennen, dass sie – trotz unterschiedlichster Formen in der Geschichte – nicht nur als eine Staatsform zu sehen ist, sondern eigentlich eine Lebensform darstellt.

Religion und Herrschaft im mittelalterlichen Europa

Das mittelalterliche Europa ist eng mit dem Christentum und der Herrschaft des Adels in den europäischen Monarchien verbunden. Das Frankenreich Karls des Großen legte den Grund für die Christianisierung Europas und zugleich für eine Verbindung zur griechisch-römischen Antike. Von ihm gingen die Impulse aus zur weiteren Christianisierung des mittel- und osteuropäischen Raumes. Die gemeinsame christliche Religion germanischer und slawischer Völker kann als ein wichtiges kulturelles Band für die weitere Geschichte Europas gesehen werden. Das mittelalterliche „Heilige Römische Reich" wurde im Laufe des Mittelalters immer mehr zu einer Idee. Machtpolitisch verlor es seinen Einfluss durch die entstehenden Territorialherrschaften. Anfänge der künftigen Nationalstaaten, wie England und Frankreich, wurden erkennbar. Der Adel setzte schrittweise eine Beschränkung der monarchischen Macht durch.

Europa in der Neuzeit – Einheit in der Vielfalt?

In der Epoche der Aufklärung wurden – angeregt vor allem durch Schrecken und Grausamkeit vergangener Kriege – auch neue Gedanken über die Zukunft Europas formuliert. Sie bewegten sich zwischen eher utopischen Plänen vom „ewigen Frieden" bis zur realistischen Beurteilung der Fürsten als „Egoisten", denen das Wohl der Menschen nach Meinung der Aufklärer nur als Vorwand diente, ihre eigenen Interessen durchzusetzen. Das 19. und 20. Jahrhundert, die Epoche der Nationalstaaten, zeigt zwei Gesichter in der Entwicklung Europas: Zum einen die Befreiung von monarchischer Alleinherrschaft durch Verfassungen und Bürgerrechte, zum anderen aber auch die Übersteigerung der „Idee des Nationalen" (Nationalismus) in der Abwertung und Unterdrückung des anderen. Der Nationalstaat wurde zum Werkzeug der Eroberung für die eigenen Zwecke. Die Versuche einer Integration West- und seit 1989 auch Osteuropas erscheinen viel versprechend. Werden sie zu einem vereinten, friedlichen, demokratischen Europa führen?

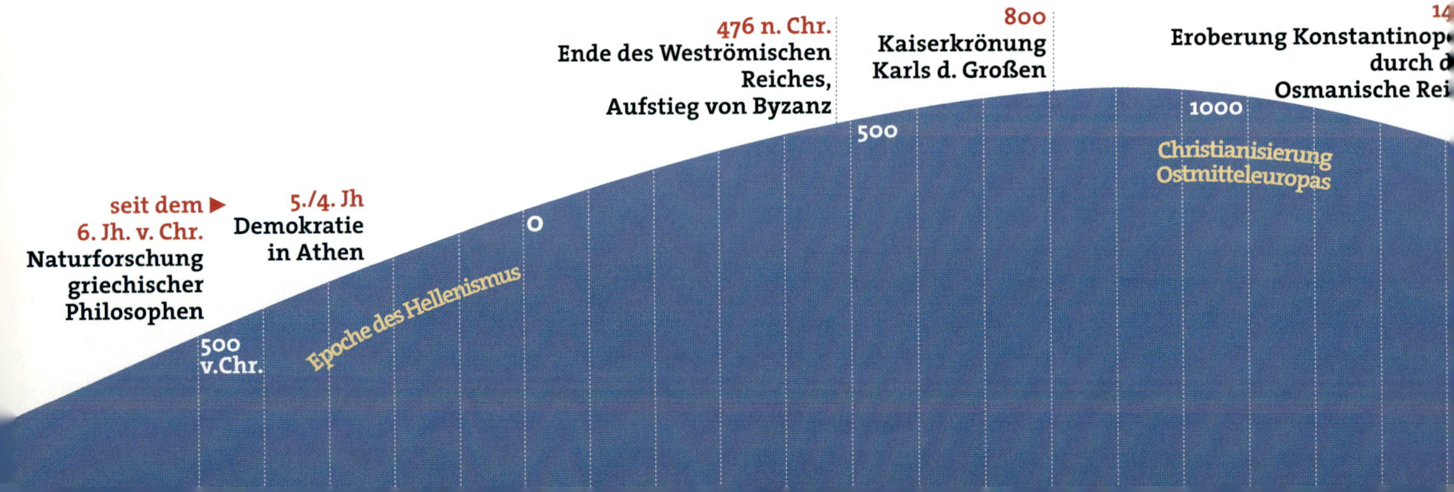

Wir wiederholen zentrale Begriffe und Methoden

- Europa S. 14
- Kulturkreis S. 15
- Staatsformen S. 20
- Heiliges Römisches Reich (Dt. Nat.) S. 26
- Integration S. 38
- Zukunft S. 39
- Internet-Recherche durchführen S. 22 f.

M2 „Festung Europa“, Karikatur, 1992

M3 Vereintes Europa, Karikatur, 1997

M1 „Festung Europa“, Karikatur, 1992

„Haus Europa“ – Vorschlag für eine Gruppenarbeit

a. Entschlüsselt die Karikaturen. Nehmt dabei S. 103 zu Hilfe.

b. Tragt eure Ergebnisse zusammen und stellt Unterschiede und Übereinstimmungen zwischen den Aussagen der Karikaturen fest. Nehmt Stellung.

c. Entwerft euer eigenes „Haus Europa“. Zieht das Kapitel mit heran, indem ihr prüft, welche Elemente für das Europa-Haus euch wichtig erscheinen bzw. was ihr ablehnt.

1500

seit 1949
Europäische Einigungsbewegung

Epoche der Aufklärung

Zeitalter des Nationalismus

2000

2002
Einführung des Euro im Bargeldverkehr

2. „Der Staat bin ich“ – Absolutismus und Aufklärung

„Der Staat bin ich!“ Nach diesem Prinzip handelte König Ludwig XIV., der 1661 die Führung der Regierungsgeschäfte in Frankreich übernahm. Er beanspruchte die „absolute“, von allen gesetzlichen Bindungen befreite Herrschaft über seine Untertanen. Anders als die Könige des Mittelalters wollte er die Ständeversammlungen, in denen Geistliche, Adlige und Bürger vertreten waren, nicht an der Macht beteiligen.
Sein Regierungsstil, der „Absolutismus“, wurde zum Vorbild für Europa. Auch in vielen deutschen Städten erinnern heute noch prächtige Bauten an den Glanz des höfischen Lebens dieser Zeit. So verwirklichte zum Beispiel in Bonn der Kölner Erzbischof und Kurfürst Clemens August (1700–1761) seinen Traum von einer barocken Schlösserlandschaft. Das große Residenzschloss beherbergte seine privaten Gemächer. Vom Schlafzimmer aus konnte er das Lustschloss „Clemensruhe“ in Poppelsdorf und die Kapelle mit der „Heiligen Stiege“ auf dem Kreuzberg betrachten. Der Machtanspruch der Landesherren stieß vor allem bei den Adligen, aber auch bei den Bürgern und Bauern auf Ablehnung. Harte Kritik an der Stellung der Fürsten übten besonders die Gelehrten und Schriftsteller, die sich „Aufklärer“ nannten.

– Wie mächtig waren die absolutistischen Herrscher und wie begründeten sie ihren Machtanspruch?
– Welche gesellschaftlichen Gruppen profitierten von ihrer Politik und welche litten darunter?
– Welche Elemente unseres heutigen Staates gehen auf den Absolutismus zurück?

Ansicht der Bonner **„Schlösserlandschaft“** von François Rousseau um 1760. Daneben: **Porträt des Herrschers Clemens August** im Gewand des Kurfürsten, dem Hermelinmantel (George Desmarées, 1746). Die um 1760 entstandene **„Große Jahrmarktszene“** stammt von dem Maler Johann Conrad Seekatz.

1 Beschreibe die Abbildungen. Stelle fest, welche Bevölkerungsgruppen zu erkennen sind und vergleiche.

2 Arbeite heraus, welche Rechte und welche Pflichten Bossuet dem Herrscher zuspricht. Stelle eine Beziehung zu den Abbildungen her.

Der Hofprediger Ludwigs XIV., Jacques-Bénigne Bossuet, war einer der wichtigsten Theoretiker des absolutistischen Staates. Er schrieb 1709:

Die königliche Gewalt ist erstens heilig, zweitens väterlich, drittens unumschränkt. Die Fürsten handeln als Diener Gottes und als dessen Stellvertreter auf Erden. Durch sie übt er seine Herrschaft aus …
Der Fürst braucht niemandem Rechenschaft abzulegen über das, was er verfügt … Wenn der Fürst gerichtet hat, gibt es kein anderes Urteil. Gott nur kann über die Entscheidungen der Herrscher und über ihre Person richten. Die Untertanen sind dem Fürsten unbedingten Gehorsam schuldig. Es gibt nur eine Ausnahme hinsichtlich des Gehorsams, den man dem Fürsten schuldig ist, nämlich wenn er etwas gebietet, was gegen Gott ist.

Frankreich: ein Modell für Europa

M1 **Ludwig XIV.**, Gemälde von Hyacinthe Rigaud, 1701. Ludwig XIV. war fünf Jahre alt, als er 1643 zum König gekrönt wurde. Die Regierungsgeschäfte führte zunächst sein Erster Minister, der Kardinal Jules Mazarin. Nach dessen Tod übernahm er 1661 selbst die Führung des Staates. Als Sinnbild seiner Herrschaft wählte Ludwig die Sonne, die den Planeten ihr Licht spendet.

Stände- oder Untertanengesellschaft?

Die mittelalterliche Gesellschaft bestand aus drei rechtlich voneinander getrennten Gruppen: dem Klerus (Erster Stand), dem Adel (Zweiter Stand) sowie den Bürgern und Bauern (Dritter Stand). Durch ihr Lehen (lat. feudum) standen die Adligen in einem persönlichen Pflicht- und Treueverhältnis zum König: Sie erhielten ihr Land und mussten dem König dafür im Kriegsfall militärische Hilfe leisten. Innerhalb ihrer Besitztümer übten die Adligen die Verwaltung und Rechtsprechung aus. Vor wichtigen Entscheidungen benötigte der König die Zustimmung der drei Stände. Im 17. Jahrhundert begannen die französischen Könige und ihre Minister, die Zentralgewalt auf Kosten des Adels (Lehnsmänner) zu stärken. Sie wollten die regional und sozial vielgestaltige französische Gesellschaft des Mittelalters in eine „Untertanengesellschaft" umwandeln, in der dem Monarchen die direkte Befehls- und Zwangsgewalt über alle Einwohner zukam. Seit 1614 verzichteten die französischen Könige darauf, die Generalstände einzuberufen. In einigen Gebieten existierten aber Provinzialstände, die unabhängig vom Willen des Herrschers zusammentraten. Die Könige missachteten den Willen dieser Ständeversammlungen, es gelang ihnen allerdings nicht, sie ganz abzuschaffen. Teile des Adels und des städtischen Bürgertums wehrten sich gegen ihre schleichende Entmachtung. 1648 rebellierten sie gegen Ludwig XIV., der zeitweilig sogar aus Paris flüchten musste. Die „Fronde" (dt. Schleuder), wie dieser Aufstand genannt wurde, brach 1653 zusammen. In den folgenden Jahrzehnten konnte Ludwig XIV. seine Macht weiter ausbauen. Wer unterstützte ihn dabei? Was waren die Säulen seiner Macht? Wie wirkte sein Vorbild auf andere europäische Staaten?

Die Säulen der Macht

M2 Der König und die Stände

Nachdem die Provinzialstände der Provence 1671 die Bewilligung einer Steuer in Höhe von 500 000 Livres abgelehnt hatten, schrieb der Minister Colbert an den obersten Verwaltungsbeamten der Provence François Grignan:

Ich habe dem König über das fortgesetzt schlechte Betragen der Ständeversammlung der Provence berichtet und da Seine Majestät nicht länger geneigt ist, dies zu dulden, hat er die nötigen Befehle gegeben, sie nach Hause zu schicken und zugleich zehn Lettres de cachet[1] zu erlassen, um die am übelsten Gesinnten unter den Deputierten nach Grandville, Cherbourg, St. Malo, Morlaix und Concarneau [Gefängnisse] zu verschicken.

Zit. nach Geschichte in Quellen, hg. v. Wolfgang Lautemann u. a., Bd. 3, 3. Aufl., München (bsv) 1982, S. 435.

1 Haftbefehle

Absolutismus

(von lat. absolutus = losgelöst). Bezeichnung für eine Regierungsform, die ihren Höhepunkt im 17. und 18. Jahrhundert fand. Der Monarch beanspruchte die uneingeschränkte Macht ohne Mitwirkung der Stände, weil er sich als Stellvertreter Gottes auf Erden verstand. Der Herrscher leitete die Verwaltung, gleichzeitig gingen von ihm die Gesetzgebung und die Rechtsprechung aus.
Der Begriff Absolutismus geht auf Staatstheoretiker des 16./17. Jahrhunderts zurück (Bodin, Hobbes).

Der Hof und die Verwaltung

Paris war zwar die Hauptstadt Frankreichs, aber nicht immer der Regierungssitz. Noch im 16. Jahrhundert waren die französischen Könige kreuz und quer durch das Land gezogen, um ihre Macht gegen innen- und außenpolitische Konkurrenten zu verteidigen.
Ludwig XIV. mochte das unruhige Paris nicht. Deshalb befahl er 1661 den Bau eines Schlosses in der Stadt Versailles, die 20 Kilometer vor der Hauptstadt lag. Ludwig XIV. strebte die Errichtung eines effektiven Behördenapparates an. Die Verwaltung sollte vor allem dafür sorgen, dass sein steigender Geldbedarf gedeckt wurde. Um seine Befehle vor Ort durchsetzen zu können, gestaltete Ludwig die politische Landkarte Frankreichs um: Parallel zu den 33 Provinzen entstanden 40 neue Verwaltungsbezirke. Sie wurden jeweils durch einen Intendanten geleitet, der für die Steuereinziehung, die Gerichte, das Militär, die Polizei und den Straßenbau verantwortlich war.

M3 Der Hofdienst: Zwang und Vergnügen

Ludwig XIV. erwartete von den Adligen, dass sie sich ständig in Versailles aufhielten. Dort fielen die Entscheidungen, wurden Ämter und Orden verteilt. Der Herzog Louis von Saint-Simon lebte seit 1691 in Versailles und schrieb:

Über alles liebte er [der König] Pracht, Glanz, verschwenderische Fülle und üppigen Aufwand. Aus Politik erhob er diese Neigung zum Grundsatz und flößte sie seinem ganzen Hof ein. Um ihm zu gefallen, stürzte man sich in Riesenausgaben für festliche Gelage, Gewänder, Pferde, Karossen und verausgabte sich bei der Errichtung von Bauwerken und beim Spiel. Das gab ihm Anlass, mit jemandem zu sprechen; was er in Wirklichkeit erstrebte und auch erreichte, war, die Geldmittel der Gesellschaft zu erschöpfen. Indem er den Luxus zur Ehrenpflicht und teils sogar zur Notwendigkeit machte, gedachte er allmählich jedermann in vollkommene Abhängigkeit von seinen Gunstbezeugungen und Zuwendungen zu bringen.

Die Memoiren des Herzogs von Saint-Simon, hg. und übers. von Sigrid von Massenbach, Bd. 3: 1790–1815, Frankfurt a.M./Berlin/Wien (Ullstein) 1985, S. 293f.

1. Beschreibe die Körperhaltung und die Kleidung des Königs in M1. Stelle Vermutungen an, wie das Gemälde auf die zeitgenössischen Betrachter gewirkt haben könnte.
2. Untersuche mithilfe von M2 und des Darstellungstextes S. 44, wie sich der Einfluss der Stände veränderte.
3. Beschreibe den Blick in M4. Überlege, warum sich das königliche Schlafzimmer im Zentrum des Schlosses befand.
4. Erläutere anhand von M3, wie der König die Adligen unter seine Kontrolle brachte.

M4 Schloss Versailles: Blick aus dem königlichen Schlaf- und Empfangszimmer, Ausschnitt aus einem Gemälde von Pierre Denis Martin, 1722. Versailles verfügte über 2000 Räume, die mit Gemälden, Teppichen und Spiegeln kostbar ausgestattet waren.

Ein „stehendes" Heer

Im Mittelalter hatten die französischen Könige vor jedem Krieg die Adligen um die Bereitstellung von Soldaten, Pferden und Waffen bitten müssen. Um ihre Abhängigkeit vom Adel zu verringern, warben sie seit dem 15. Jahrhundert Söldner an, die für die Dauer eines Krieges bezahlt und danach wieder entlassen wurden. Ludwig XIV. wollte eine Armee haben, die ihm direkt unterstand und über die er jederzeit verfügen konnte. Mit diesem Ziel bauten seine Kriegsminister ein so genanntes stehendes Heer* auf, dessen Soldaten auch in Friedenszeiten im Dienst blieben. Seit 1688 gab es in Frankreich neben angeworbenen, erstmals auch wehrpflichtige Soldaten (Milizsoldaten). Das Militär wurde sowohl gegen fremde Truppen eingesetzt als auch gegen das eigene Volk, z. B. bei Aufständen.

M5 **Medaille** zur Erinnerung an die erste von Ludwig XIV. abgenommene Militärparade, 1666. Bei diesem viel beachteten Ereignis traten 18 000 Soldaten an. Die Übersetzung der Inschriften lautet: „Vorspiel zu Siegen" (oben) und „Wiederherstellung der Militärdisziplin" (unten).

M7 Die Freiwilligen

Der Historiker François Bluche erläutert 1986, wie sich die französische Armee im 17. Jh. neue Soldaten verschaffte:

Während des Winterhalbjahres ... suchte jedes Regiment die Lücken aufzufüllen, die sich in den einzelnen Kompanien aufgetan hatten: Zu diesem Zweck wurde eine gewisse Anzahl von Offizieren ... als Werber ausgeschickt. Sie erhielten eine bestimmte Summe Geld ausgehändigt und versprachen, bis zum 1. April eine feste Zahl Söldner beizubringen ... Wenn jemand (auf Kosten des Königs) mit einem Werber auf das Wohl Seiner Majestät anstieß, galt er fortan als Soldat des Königs und fand sich unversehens in einem königlichen Regiment wieder. Eine andere List beruhte darauf, dass der Werber einem jungen Mann einige Schoppen Wein einflößte und ihm heimlich ein Geldstück zusteckte, um anschließend steif und fest zu behaupten, dass sein Gegenüber die Werbeprämie angenommen habe. Der Staat pflegte diese unlauteren Praktiken stillschweigend zu dulden und die Werber nur dann zur Rechenschaft zu ziehen, wenn sie sich allzu dreister Übergriffe schuldig gemacht hatten.

François Bluche, Im Schatten des Sonnenkönigs. Alltagsleben im Zeitalter Ludwigs XIV. von Frankreich, Freiburg (Ploetz/Hachette) 1986, S. 203, 206 f. Übers. von Christine Diefenbacher.

M6 Die Wehrpflichtigen

Seit 1688 musste jede Gemeinde einen Wehrpflichtigen stellen, der durch Los ermittelt wurde. Den Dienst der Wehrpflichtigen beschreibt der Historiker François Bluche 1986:

Die Milizsoldaten wurden ... auf weit entfernten Kriegsschauplätzen – in Italien oder Spanien – eingesetzt ... Sie waren zu einem mindestens dreijährigen Dienst verpflichtet, und man pflegte sie nur äußerst ungern wieder zu entlassen ... Dass Frankreich nunmehr über eine nationale Streitmacht verfügte, konnte ihnen keine große Begeisterung entlocken. Sie litten darunter, dass sie fern der Heimat weilten, in der das Land verödete, dass sie einer strengen Disziplin unterworfen wurden und großen Gefahren ausgesetzt waren, aus denen sie vielleicht nicht mehr zurückkehrten.

François Bluche, Im Schatten des Sonnenkönigs. Alltagsleben im Zeitalter Ludwigs XIV. von Frankreich, Freiburg (Ploetz/Hachette) 1986, S. 209 f. Übers. von Christine Diefenbacher.

M8 Das Wachstum der französischen Armee

Die Heeresstärke in Frankreich betrug:

1664	45 000 Mann
1672	120 000 Mann
1688	290 000 Mann
1703	400 000 Mann

Zusammengestellt nach Ricardo Krebs, Der europäische Absolutismus, 4. Aufl., Stuttgart (Klett) 1985, S. 39.

5 Überlege, was die Zuschauer der in M5 dargestellten Parade besonders beeindruckt haben könnte.

6 Beurteile anhand von M7 die Anwerbung von Freiwilligen. Beachte die Rolle des Staates.

7 Versetzt euch mithilfe von M6 in die Situation der Einwohner eines Dorfes, unter denen ein Wehrpflichtiger ausgelost werden soll. Bittet den König in einem Brief, euer Dorf zu verschonen.

Die Nationalkirche stützt die Staatsgewalt

Genauso wie der französische König die Verwaltung und das Heer unter zentrale staatliche Kontrolle gebracht hatte, begann er damit, die katholische französische Kirche in eine „Nationalkirche“ unter straffer, königlicher Aufsicht umzuwandeln. Diesen Versuchen aber standen die Position des Papstes zur Einheit der katholischen Kirche und vor allem die konfessionelle Spaltung Frankreichs entgegen. Denn während die Mehrheit der Bevölkerung dem katholischen Glauben angehörte, war etwa ein Zehntel der Franzosen Hugenotten, also Protestanten. Ihnen waren noch 1598 von Heinrich IV. die freie Religionsausübung und die politische Gleichberechtigung zugesichert worden (Edikt von Nantes). Ludwig XIV. dagegen ging mit militärischen Mitteln gegen die Hugenotten vor und verbot 1685 den protestantischen Glauben schließlich ganz. Etwa 250 000 Hugenotten flüchteten in die westlichen und nördlichen Nachbarländer, wie z. B. nach Preußen, wo sie bereitwillig aufgenommen wurden. Die Nationalkirche wurde schließlich zu einer wichtigen Säule der absolutistischen Herrschaft in Frankreich.

M9 „Zuverlässige und ehrenwerte Mittel, um die Ketzer zum katholischen Glauben zurückzuführen“, Kupferstich von G. Engelmann, um 1685. (Franz. moyen = Mittel)

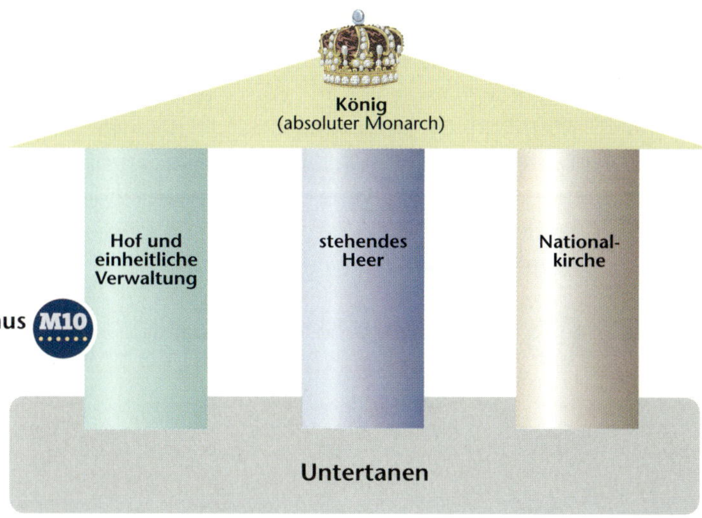

Herrschaft im Absolutismus M10

M11 Der moderne Staat

Die Historiker Ruggiero Romano und Alberto Tenenti nennen 1967 die Voraussetzungen des modernen Staates:

In den Anfängen der Neuzeit [waren] zur Bildung eines echten Staates im modernen Sinne … folgende Faktoren von grundlegender Bedeutung:
a) eine gewisse territoriale Grundlage,
b) eine genügend starke Zentralgewalt,
c) Vernichtung oder zumindest drastische Einschränkung der alten Feudalmacht,
d) Schaffung einer soliden Infrastruktur, d. h. Verwaltung, Finanzen, Heer, Diplomatie.
Wo alle vier Faktoren zur Entwicklung gelangten, setzte der moderne Staat sich durch.

Ruggiero Romano/Alberto Tenenti, Die Grundlegung der modernen Welt. Spätmittelalter – Renaissance – Reformation, Frankfurt a.M. (Fischer) 1967, S. 300.

8 Beschreibe M9 und überlege, was der Kupferstecher aussagen wollte.

9 Beschreibe das Modell M10. Prüfe, welche Faktoren aus M11 sich dem Modell zuordnen lassen.

10 Vorschlag für Partnerarbeit: Vergleicht M10 mit der staatlichen Ordnung der Bundesrepublik Deutschland (siehe S. 280f.). Nehmt die Methodenseite 79 zu Hilfe. Überlegt, in welcher Hinsicht ihr den Staat Ludwigs XIV. aus heutiger Sicht als modern bezeichnen würdet.

Der Merkantilismus: Wirtschaftspolitik für das Bürgertum?

Wirtschaft im Dienste des Staates

Die absolutistischen Herrscher kümmerten sich erstmals intensiv um einen Bereich, den ihre Vorgänger kaum beachtet hatten: die Wirtschaft. Dazu zwang sie ihr enormer Bedarf an Steuergeldern. Der wichtigste Wirtschaftspolitiker Ludwigs XIV. war Jean Baptiste Colbert (1619–1683), der seit 1661 als Generalkontrolleur der Finanzen tätig war. Er unterstützte die Gründung von großen Betrieben, vor allem von Verlagen* und Manufakturen. Die Landwirtschaft, in der mehr als zwei Drittel der Franzosen arbeiteten, interessierte ihn dagegen kaum. Wegen dieser einseitigen Ausrichtung wurde seine Wirtschaftspolitik von späteren Kritikern Merkantilismus* genannt (von lat. mercatus = Handel).

M1 Der französische Staatshaushalt

(in Livres)

Jahr	Einnahmen	Ausgaben	Defizit
1670	70 483 834	77 307 798	6 823 964
1690	106 642 985	149 319 381	42 676 396
1710	36 432 745	225 847 281	189 414 536

Zusammengestellt nach Alain Guéry, Les Finances de la Monarchie Française sous l'Ancien Regime. In: Annales. Economies – Sociétés – Civilisations, 33 (Arman-Colin) 1978, Tabelle 2.

M2 Eine positive Handelsbilanz

Der Finanzminister Jean B. Colbert schilderte Ludwig XIV. 1664 die Grundsätze seiner Wirtschaftspolitik:

Ich glaube, man wird ohne weiteres in dem Grundsatz einig sein, dass es einzig und allein der Reichtum an Geld ist, der die Unterschiede an Größe und Macht zwischen den Staaten begründet. Was dies betrifft, so ist es sicher, dass jährlich aus dem Königreich einheimische Erzeugnisse (Wein, Branntwein, Weinessig, Eisen, Obst, Papier, Leinwand, Eisenwaren, Seide, Kurzwaren) für den Verbrauch im Ausland im Wert von 12 bis 18 Millionen Livres hinausgehen. Das sind die Goldminen unseres Königreiches, um deren Erhaltung wir uns sorgfältig bemühen müssen ... Je mehr wir die Handelsgewinne, die die Holländer den Untertanen des Königs abnehmen, und den Konsum der von ihnen eingeführten Waren verringern können, desto mehr vergrößern wir die Menge des hereinströmenden Bargeldes und vermehren wir die Macht, Größe und Wohlhabenheit des Staates.

Jean Baptiste Colbert, Denkschrift über den Handel. Zit. nach Geschichte in Quellen, hg. v. Wolfgang Lautemann u. a., Bd. 3, 3. Aufl., München (bsv) 1982, S. 448.

M3 Wie erfolgreich war der Merkantilismus?

Der Historiker Ilja Mieck beschreibt 1993 die kurzfristigen und langfristigen Wirkungen des merkantilistischen Systems:

Angesichts der hohen Investitionen[1] und des dahinter stehenden wirtschaftspolitischen Druckes ... ist es nicht überraschend, dass sich Erfolge einstellten. Ganze Gewerbszweige oder auch einzelne von den Fürsten besonders geschätzte Unternehmen erlebten regelrechte Blütezeiten, aber fast immer waren es Scheinblüten, die aus dem Sumpf des Subventionsbeetes[2] emporwuchsen und beim leisesten Windhauch einer freien Konkurrenz rasch verdorrten ... Außerdem funktionierte der merkantilistische Außenhandel nur, solange die dahinter stehende Idee neu war: Wollten erst einmal alle Staaten nur noch wertvolle Fertigwaren exportieren und lediglich Rohstoffe einführen, musste ... der Welthandel theoretisch zusammenbrechen.

Zit. nach Ilja Mieck, Wirtschaft und Gesellschaft Europas 1650–1850. In: Ders. (Hg.), Handbuch der europäischen Wirtschafts- und Sozialgeschichte, Bd. 4, Stuttgart (Klett-Cotta) 1993, S. 144.

1 Kapital für die Produktion
2 Subvention = staatliche Förderung eines Unternehmens

Manufaktur

Vorindustrieller Gewerbebetrieb mit Arbeitsteilung und vorwiegender Handarbeit (von lat. manu factum = mit der Hand gemacht). Eine Manufaktur produzierte zumeist hochwertige Güter für den Bedarf des Hofes (Kleider, Kutschen, Spiegel, Uhren, Porzellan) oder des Militärs (Uniformen, Waffen, Munition). Die größte Verbreitung in Europa hatten Manufakturen im 17. und 18. Jahrhundert.

1 Beschreibe anhand von M1 die finanzielle Situation des französischen Staates. Formuliere mögliche Folgen.
2 Erkläre das „System“ des Merkantilismus (M2).
3 Erarbeite mithilfe von M3 die Wirksamkeit der merkantilistischen Wirtschaftspolitik. Nimm Stellung.
4 Stelle fest, welche Tätigkeiten in M4 von Männern, Frauen und Kindern ausgeübt wurden. Nenne mögliche Gründe dafür.
5 Entwirf ein Gespräch: Ein französischer Beamter, ein Exporteur von Wolltuchen, ein Importeur von textilen Fertigprodukten und ein Manufakturarbeiter äußern ihre Meinung zum Merkantilismus.

M4 Wolltuchherstellung, Einzelszenen aus dem Gemälde eines anonymen Künstlers aus Utrecht (Niederlande), um 1760. Dargestellt sind die Arbeiten in einer überwiegend von Verlagen dominierten Branche.
Obere Reihe: Waschen, Färben, Lockern, Zupfen, Kämmen, Spinnen, Spulen, Weben, Noppen, Walken.
Untere Reihe: Rauhen, Scheren, Spannen und Bürsten, Stopfen, Falten, Pressen.
Das Lockern, Zupfen, Kämmen, Spinnen, Spulen und Weben erledigten die Heimarbeiter zu Hause, die anderen Tätigkeiten wurden in der Werkstatt des Verlegers durchgeführt.

Der Aufstieg des Bürgertums

Von der merkantilistischen Wirtschaftspolitik profitierte vor allem das gehobene Stadtbürgertum, das aus Kaufleuten, Bankiers, Verlegern und Manufakturbesitzern bestand. Die Förderung dieser Gesellschaftsschicht war durchaus beabsichtigt, denn hier fanden sich die meisten Steuerzahler. Nur die Bürger und die Bauern mussten direkte Steuern, z. B. die Einkommenssteuer, entrichten. Der Klerus und der Adel dagegen waren davon befreit. Neben den Steuern bildete der Ämterverkauf an das gehobene Stadtbürgertum eine zusätzliche Finanzquelle für den König. Beamtenstellen, die hohe Einnahmen oder hohes Ansehen versprachen, wurden nicht an den qualifiziertesten Bewerber vergeben, sondern an den, der am meisten dafür bot. Viele dieser Ämter waren mit der Erhebung in den Adel verbunden. Dadurch konnten Angehörige des dritten Standes ihren sozialen Rang erhöhen. Das Bürgertum* wurde wirtschaftlich zur tragenden Kraft, politisch blieb es weitgehend ohne Einfluss.

M5 Ein Bankier in seinem Kontor, Kupferstich für das Titelblatt eines Buches, um 1680. Das Porträt an der Wand zeigt Colbert.

M6 Der hochwohlgeborene Herr Jourdain

Der Dichter Molière (1622–1663) schrieb Theaterstücke, die Ludwig XIV. sehr schätzte. In seiner 1670 uraufgeführten Komödie „Der Bürger als Edelmann“ heißt die Hauptfigur Jourdain, ein neureicher Tuchhändler, der seiner Familie unbedingt einen Adelstitel verschaffen will:

CLEONTE: Mein Herr, ich wollte niemand damit beauftragen, Ihnen eine Bitte vorzutragen, die mir schon lange am Herzen liegt. Sie beschäftigt mich so sehr, dass ich selbst vor Sie hinzutreten wage und Ihnen ohne Umschweife gestehe, dass die Ehre, Ihr Schwiegersohn zu werden, für mich eine unermessliche Gunst bedeutet, die ich Sie mir zu gewähren bitte.
JOURDAIN: Ehe ich Ihnen Bescheid gebe, mein Herr, bitte ich, mir zu sagen, ob Sie von Adel sind.
CLEONTE: Mein Herr, die meisten pflegen über diese Frage nicht lange nachzudenken; man bejaht ohne weiteres. Man eignet sich den Namen Edelmann ohne Bedenken an und der allgemeine Brauch scheint diesen Diebstahl zu billigen. Ich muss Ihnen aber gestehen, dass ich über diesen Punkt etwas strenger denke. Ich finde, dass jede Art Anmaßung eines Ehrenmannes unwürdig ist, dass es eine Niederträchtigkeit ist den Stand zu verleugnen, dem wir nach dem Willen des Himmels einmal angehören, sich vor den Leuten mit einem angemaßten Titel zu schmücken, sich für etwas ausgeben zu wollen, was man nicht ist. Ich stamme von Eltern, die ohne Zweifel hoch angesehen waren, ich habe sechs Jahre lang in Ehren im Heer gedient, und ich bin begütert genug, um in der Welt eine ganz anständige Rolle zu spielen. Trotz alledem will ich mir keinen Namen zulegen, den andere an meiner Stelle für sich beanspruchen, und ich sage Ihnen ganz offen, dass ich nicht von Adel bin.
JOURDAIN: Genug, mein Herr. Meine Tochter ist nichts für Sie.

Molière, Der Bürger als Edelmann. Ballett-Komödie in fünf Aufzügen (1670). In: Ders. Werke, Wiesbaden (Insel) 1954, S. 858 f. Übers. v. Arthur Luther.

6 Erarbeite anhand des Darstellungstextes und M5, welche Möglichkeiten Angehörige des Bürgertums hatten, ihre wirtschaftliche und gesellschaftliche Lage zu verbessern. Wie wird dieses Thema in der Komödienszene M6 behandelt (siehe Arbeitsschritte S. 290)?

M1 **Territorien im Rheinland und in Westfalen 1794.** Dargestellt sind nur die wichtigsten Länder, die auf dem Gebiet des heutigen Nordrhein-Westfalen existierten. Insgesamt gab es dort mehr als 50 reichsunmittelbare* Herrschaften, von denen die meisten zu klein waren, um auf dieser Landkarte dargestellt werden zu können.

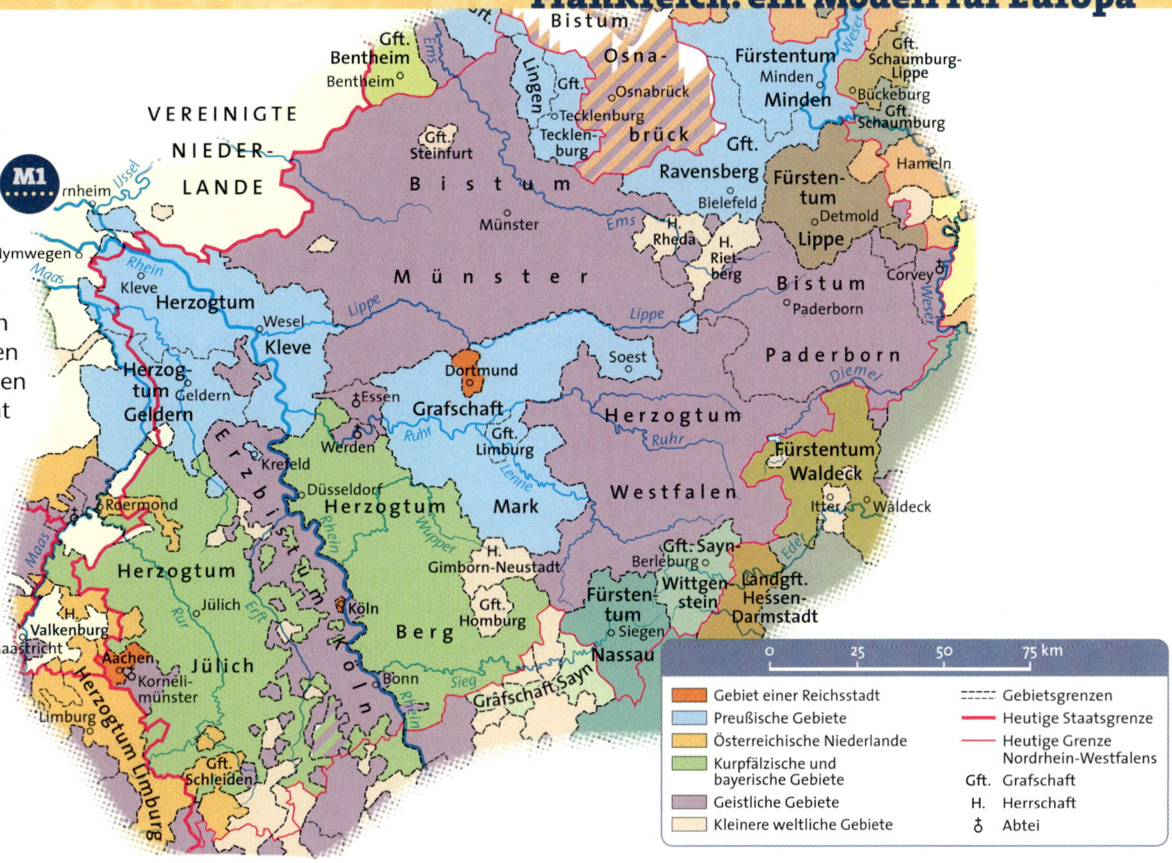

Länder zwischen Rhein und Weser

Herrschaft in Jülich und Berg

Die absolutistischen Herrscher strebten nicht nur danach, die Adligen in ihrem Staat politisch zu entmachten. Sie wollten außerdem die oft sehr verstreuten Teilgebiete ihres Staates zu einem geschlossenen Ganzen verbinden. Während dieser Prozess in Frankreich unter Ludwig XIV. weit vorangeschritten war, sah die Situation in Deutschland ganz anders aus. Hier hatte sich der Kaiser nicht als Träger der zentralen Staatsgewalt durchsetzen können. Stattdessen waren es die einzelnen Landesherren, die in ihren Staaten dem französischen Beispiel nachzueifern versuchten. Die Gegenden um die Städte Elberfeld, Solingen, Mönchengladbach und Monschau zählten zu den wichtigsten deutschen Gewerberegionen. Politisch gehörten sie zu den niederrheinischen Herzogtümern Jülich und Berg, zwei Territorien, die seit 1521 gemeinsam regiert wurden. 1742 trat der Kurfürst Carl Theodor (1724–1799) die Herrschaft über die beiden Herzogtümer an. Zu dieser Zeit gehörten ihm bereits zahlreiche weitere Territorien, darunter die Kurpfalz. Seine Residenzstadt war Mannheim. Als Carl Theodor 1778 auch noch Bayern erbte, zog er nach München um.
In den mehr als fünfzig Jahren seiner Regierung unternahm er nur vier Reisen an den Niederrhein. Wie sahen die politischen, sozialen und wirtschaftlichen Verhältnisse unter dem Absolutismus in den kleinen Territorien Jülich und Berg aus?

1 Erarbeite anhand des Darstellungstextes und M1, wie die Herausbildung zentraler Staatsgewalt in Deutschland verlief. Vergleiche mit Frankreich.

Kurzrecherche zur Regionalgeschichte
Informiere dich im Stadtmuseum, im Rathaus oder in der Stadtbibliothek, zu wessen Herrschaftsgebiet dein Wohn- oder Schulort im 18. Jahrhundert gehörte.

M2 Um Recht und Sittlichkeit zu wahren

Aus Verordnungen des Kurfürsten Carl Theodor für die Herzogtümer Jülich, Berg und Kleve:

Den 17. Dezember 1743.
Zur Verhütung des Kindermords sollen die durch Gerücht oder durch sonstige Anzeigen der heimlichen Schwangerschaft verdächtigen unverheirateten Personen von den Ortsbeamten beobachtet, auch zur Erklärung über ihren Zustand aufgefordert und, nach den sich ergebenden Umständen, von den geschworenen Hebammen oder andern dazu qualifizierten Weibern untersucht werden, worauf dann von Amtswegen die erforderlichen Vorsichtsmaßregeln angeordnet werden müssen.
Den 18. November 1767.
Die in jedem Amtsbezirk vorhandenen wirklichen und zur Selbsternährung unfähigen Armen ... sollen in genaue Verzeichnisse gebracht und mit einem bleiernen oder zinnernen Zeichen versehen werden ... Denjenigen Bettlern, die mit einem solchen Zeichen nicht versehen sind, sollen keine Almosen gereicht werden. Die ... starken und gesunden, dem Müßiggang frönenden Bettler müssen persönlich angewiesen werden, durch Arbeit ihr Brot zu verdienen .... Die Eltern sollen außerdem angewiesen werden, ihre Kinder zur Kirche, Schule und Arbeit anzuhalten.
Den 16. August 1775.
Zur Verminderung der auf solchen Grad der Üppigkeit gestiegenen Kleiderpracht, dass dadurch die Zerrüttung und der Untergang mancher häuslichen Wirtschaft verursacht worden, wird den kurfürstlichen Untertanen bei 500 Reichstalern Strafe verboten, Zivilkleider oder Livreen, welche mit Gold oder Silber gestickt sind, zu tragen. Den Männern wird es höchstens gestattet, goldene oder silberne Knöpfe auf den Röcken und eine dergleichen Borte auf den Hüten zu tragen.

Sammlung der Gesetze und Verordnungen, welche in den ehemaligen Herzogthümern Jülich, Cleve und Berg ... ergangen sind, hg. von Johann J. Scotti, Düsseldorf (Joseph Wolf) 1821, Bd. 1, Nr. 1543; Bd. 2, Nr. 2014, 2116.

M3 „Disziplin" für die Untertanen?

Seit dem 16. Jahrhundert nahm die Zahl der staatlichen Gesetze und Verordnungen überall in Europa stark zu. Der Historiker Ernst Huckenbeck erläutert 1983 das Verhalten der Landesherren von Jülich und Berg:

Immer mehr Bereiche, in denen die Bürger bisher weitgehend nach eigenem Gutdünken entscheiden und handeln konnten, unterlagen nun den regelnden Vorschriften des Staates ... Es war das Ziel der Herrscher, in ihren Landen eine „gute Policey" aufzurichten, was nichts anderes bedeutete als öffentliche Ordnung. Dazu gehörte selbstverständlich die Verbrechensbekämpfung, aber darüber hinaus besonders auch die Regelung wirtschaftlicher Tätigkeiten im weitesten Sinne ... Bei Rückschlüssen von diesen vielen Verordnungen auf die damaligen öffentlichen Zustände sollte man im Übrigen vorsichtig sein. Zwar gelangten die Edikte sicher zur Kenntnis der meisten Bürger, denn sie wurden entweder durch einen Stadtdiener auf den Straßen verlesen oder in den Kirchen von der Kanzel herab verkündet, die Wirkung jedoch scheint oft nicht sehr groß gewesen zu sein, denn viele dieser Verordnungen mussten mehrfach, z.T. schon nach kurzer Zeit wiederholt werden, weil sie offenbar wenig befolgt wurden.

Ernst Huckenberg, Öffentliche Ordnung, Handel und Verkehr. In: Düsseldorf als Residenzstadt 1617–1716, Düsseldorf (Pädagogisches Institut) 1983, S. 221 f.

M4 Der Perückenmacher auf der Leiter, Porzellangruppe von Carl Gottlieb Lück, um 1770

M5 Alle Leute sind geschäftig

Das Zentrum der Textilindustrie im Herzogtum Berg bildete das Tal der Wupper. Friedrich Christoph Müller, ein junger Hauslehrer, reiste 1774 durch diese Gegend und berichtete:

An Elberfeld und der umliegenden Gegend kann man recht augenscheinlich sehen, wie unbeschreiblich wichtig und vorteilhaft die Fabriken für ein Land seien. ... Allein die Verfertigung dieser Waren ... gibt ganz Elberfeld die Nahrung, macht eine triste Gegend angenehm, lässt auch die entferntesten Gegenden des Nutzens genießen, der daraus gezogen wird ... Nun ernähren sich wer weiß wie viel Tausende vom Spinnen, vom Garnhandel, vom Bleichen, vom Weben, vom Umschlagen, vom Verfahren ... Alle diese Leute mit ihren ganzen Familien werden durch die Fabriken ernähret. Besonders großen Einfluss aber haben sie auf den Kaufmann, deren es hier eine große Menge gibt. Dieser kann durch sie splendid[1] leben, große Reisen tun, seine Häuser verzieren, seinen Garten unterhalten. ... Ja, wie viele Vorteile ziehet der Landesherr nicht durch die florierenden Fabriken!

Tagebuchaufzeichnungen Friedrich Christoph Müllers über eine Reise im Jahre 1774. In: Jürgen Reulecke (Hg.), Mit Kutsche, Dampfross, Schwebebahn. Reisen im Bergischen Land II, Neustadt a. d. A. (Schmidt) 1984, S. 27 f.

1 luxuriös

2 Untersuche die Verordnungen M2:
Wer ist betroffen? Welche Angelegenheiten werden geregelt? Welche Folgen haben die Verordnungen für die Betroffenen? Welche Motive des Herrschers werden deutlich?

3 Erarbeite mithilfe von M3, wie der Historiker Huckenberg die Durchsetzung der Verordnungen (M2) beurteilt.

4 Erarbeite, welchen Eindruck F. C. Müller von der Textilwirtschaft in Elberfeld gewann (M5).

5 Überlege, was die Künstler von M4 und M7 jeweils kritisieren wollten.

6 Untersuche in M6 die Einstellung des Webers und kläre, ob er für eine Manufaktur oder für einen Verlag arbeitete.

7 Schreibe anhand der Materialien auf dieser Doppelseite einen Tagebucheintrag aus der Sicht eines Manufakturbesitzers. Ziehe die Seiten 48 f. mit heran.

M6 Die Welt des Webers Mathias Wirtz

Im Herzogtum Jülich gab es viele Weber, die zusätzlich Landwirtschaft betrieben, um ihren Lebensunterhalt zu sichern. Mathias Wirtz (1733–1815) aus Mönchengladbach schrieb am Ende jeden Jahres die Ereignisse auf, die er für wichtig hielt:

Nachdem der liebe Gott mit der Erlebung großer Teurung und Ziechte[1] unter dem Viehe uns heimgesuchet und gezüchtiget hatte, da ließe Gott der Herr die Feldfrüchten sehen, dass sie ein sehr überaus schönes Ansehen hatten ... Die Menschen würden wiederumb erfreuet. Sie fingen an wiederumb zu tanzen und springen, zu huren und zu ehebrechen und Gott wiederum aufs neu zu beleidigen ... Da gedachte Gott der Herr, ich will nochmals meine Hand ausstrecken und das Volk züchtigen ... Es geschahe im Jahr anno 1775 den 15. August. Da kame ein großes Ungewitter. Es donnerte und blitzte, es regnete und ... es fielen also große und dicke Hagelstein, dass alles dasjenige, das noch im Feld war, verschluge. Und man sammelte gar nichts davon ... Nachdem dieses geschehen war, da kame eine gute Zeit ... Das Weben, meiner Profession[2], nachzukommen, kamen bisweilen alle Dag Kaufleut zu mir nach ins Haus, einen Tag einen, den anderen zwei. Ich sollte für sie arbeiten ... Und etliche gaben noch Geld bei dem bedingten Lohn, dass die andere Kaufleut nicht wissen sollten, dass ich vor sie sollte arbeiten. Der mir das meiste gabe, dafür arbeitete ich.

Tagebuch des Gladbacher Webers Mathias Wirtz 1733–1815, hg. v. Wolfgang Löhr. In: Rheydter Jahrbuch für Geschichte, Kunst und Heimatkunde, 13, Reydt (Otto von Bylandt-Gesellschaft) 1979, S. 20 f.

1 Krankheit, Seuche 2 Beruf

M7 Fleiß und Faulheit, Kupferstich von C. Böhme nach einer Vorlage des englischen Künstlers William Hogarth, um 1780

Historische Stadtpläne lesen

Spuren der Stadtgeschichte erkennen

Ein Stadtplan enthält Informationen, die ortsunkundigen Besuchern die Orientierung erleichtern sollen. Er bildet die Gestalt einer Stadt ab, wie sie zum Zeitpunkt seines Erscheinens besteht. Städte sind historisch gewachsen. Oft wurden die Stadtbilder vom Gestaltungswillen der Herrscher geprägt, vor allem, wenn es um die Planung der Residenzstädte ging. Häufig erzählen deshalb die Stadtgrundrisse heute noch etwas über die Entwicklungsphasen einer Stadt.

Arbeitsschritte Historische Stadtpläne lesen

1. Schritt: Neue und alte Stadtpläne vergleichen

– Stelle fest, welchen Maßstab die Pläne haben und ob sie genordet sind.
– Beschreibe die jeweilige Anlage der Stadt, notiere deine Ergebnisse und vergleiche sie.

2. Schritt: Veränderungen untersuchen

– Fertige eine Fotokopie der beiden Stadtpläne an (eventuell um 10 % vergrößern).
– Finde die Stadtmauer auf dem alten Plan und zeichne ihren ungefähren Verlauf in den neuen Plan ein.
– Suche auf dem alten Plan nach Rathäusern, Kirchen, Schlössern und Burgen. Informiere dich, wann diese Gebäude errichtet wurden und ordne sie in einer Liste nach dem Entstehungsjahr. Markiere ihren Standort auf dem neuen Plan und prüfe, ob sie noch existieren.
– Suche auf dem neuen Plan nach dem Hauptbahnhof. Markiere dessen Standort auf dem alten Plan. Prüfe, was sich damals dort befand.

3. Schritt: Ergänzende Informationen beschaffen

– Bücher zur Stadtgeschichte helfen dir bei der Suche nach alten Plänen und nach Angaben zu Gebäuden. Geeignete Literatur findest du in einer Bibliothek (siehe S. 287) oder im Stadtarchiv.
– Auch das Internet kann nützliche Hinweise liefern, wenn du die richtigen Adressen kennst.
– Viele Städte haben ein Stadtmuseum, in dem ein Stadtmodell ausgestellt wird. Ein Stadtmodell ist ein dreidimensionaler Stadtplan. Es eignet sich besonders gut dazu, das ehemalige Aussehen einer Stadt zu veranschaulichen.

4. Schritt: Erkenntnisse vor Ort prüfen

– Zeichne auf dem alten Plan eine Route zu den wichtigsten damals vorhandenen Sehenswürdigkeiten ein.
– Nimm den alten Plan zur Hand und gehe entlang der Route durch die Stadt. Beschreibe, auf welche Schwierigkeiten du stößt.

1 Vergleiche die Stadtpläne M1 und M2 mithilfe der Arbeitsschritte 1 und 2.

2 Vergleiche das Viertel um den Stiftsplatz mit dem Viertel um den Karlplatz. Überlege, welches der beiden Viertel älter ist.

3 Düsseldorf war die Hauptstadt des Herzogtums Berg. Finde heraus, welche bedeutenden Bauten während der Regierungszeit des Kurfürsten Carl Theodor (1742–1799) entstanden sind.

4 Stelle fest, wie heute der Raum genutzt wird, den bis 1801 die Festungsmauer einnahm.

5 Besorge dir im Stadtarchiv einen älteren Stadtplan, möglichst aus dem 18. Jahrhundert, und einen heutigen Plan deines Heimatortes. Bereite mithilfe der Arbeitsschritte 1 bis 4 einen historischen Rundgang vor.

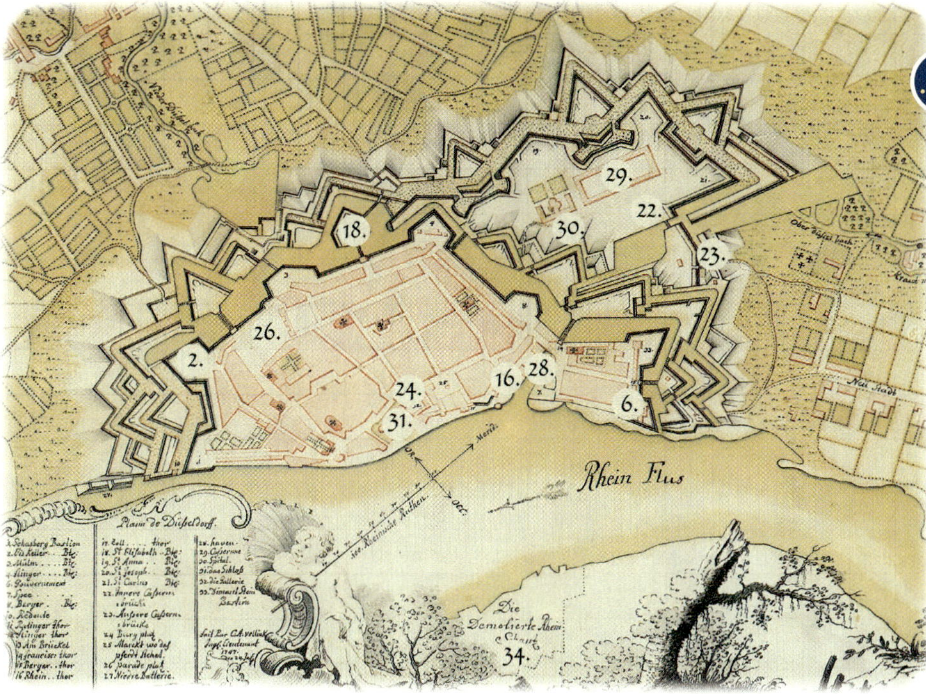

M1 Plann de Düßeldorff, kolorierte Zeichnung von C. A. Vellink, 1747

Legende (Auswahl):

- 2 Eiskeller – Bastion
- 6 Gouvernement
- 16 Rheintor
- 18 Elisabeth-Bastion
- 22 innere Kasernenbrücke
- 23 äußere Kasernenbrücke
- 24 Burgplatz
- 26 Paradeplatz
- 28 Hafen
- 29 Kaserne
- 30 Spital
- 31 Schloss
- 34 demolierte Rheinschanze

M2 Innenstadtplan von Düsseldorf, 2000

Für Vernunft und Fortschritt

Der Mensch hebt ab, M1
Ausschnitt aus einem Guckkastenbild von J. Chereau, 1784.
Die Papierfabrikanten Etienne Jacques und Joseph Michel de Montgolfier starteten am 21. November 1783 in Versailles einen Heißluftballon mit zwei Passagieren. Damit begann die Geschichte der bemannten Luftfahrt.

„Habe Mut, dich deines Verstandes zu bedienen!"

Neue Erkenntnisse in Wissenschaft und Politik

Seit Anfang des 17. Jahrhunderts beschäftigten sich vor allem in Westeuropa Philosophen und Schriftsteller mit politischen Fragen. Sie lehnten es ab, die Herrschaft von Monarchen mithilfe der Religion zu rechtfertigen und die Ständegesellschaft als „naturgegeben" anzuerkennen. Auch in allen anderen Bereichen des menschlichen Lebens wollten die Gelehrten Vorurteile abbauen. Diese Geisteshaltung nannten sie „Aufklärung". Mit welchen Themen beschäftigten sich die Aufklärer? Was wollten sie verändern?

Aufklärung

Bezeichnung für eine Denkrichtung in Europa im 17. und 18. Jahrhundert. Die Aufklärer wollten „das Licht der Vernunft" gegen kirchliche, feudale und absolutistische Traditionen verbreiten. Zentrale Gedanken waren die Auffassung von der Freiheit und Gleichheit aller Menschen und von der Toleranz* gegenüber anderen Meinungen. Mittel zur Durchsetzung der Aufklärung waren vor allem Wissenschaft und Erziehung. Mit der Aufklärung verbindet sich ein optimistischer Glaube an den Fortschritt, die Kraft der Vernunft und die Planbarkeit des politischen und gesellschaftlichen Lebens. Die Aufklärung war kein geschlossenes (Denk-)system. Wie der deutsche Begriff „Aufklärung" weisen auch die englische Bezeichnung „enlightenment" und der französische Begriff „lumières" auf den Sieg des Lichts über die Dunkelheit hin.

M2 „Was ist Aufklärung?"

Unter diesem Titel veröffentlichte der Philosoph Immanuel Kant (1724–1804) 1784 einen berühmt gewordenen Aufsatz. Darin hieß es:

Aufklärung ist der Ausgang des Menschen aus seiner selbstverschuldeten Unmündigkeit. Unmündigkeit ist das Unvermögen, sich seines Verstandes ohne Leitung eines anderen zu bedienen. Selbstverschuldet ist diese Unmündigkeit, wenn die Ursache derselben nicht am Mangel des Verstandes, sondern der Entschließung und des Mutes liegt, sich seiner ohne Leitung eines andern zu bedienen ... Habe Mut, dich deines eigenen Verstandes zu bedienen! ist also der Wahlspruch der Aufklärung.

Immanuel Kant, Beantwortung der Frage: Was ist Aufklärung? In: Berlinische Monatsschrift, 4 (Haude und Spener) 1784, S. 481 f.

1. Beschreibe anhand von M1 und des Kastens auf S. 57 die Erfindungen im 17./18. Jahrhundert.
2. Stelle einen Zusammenhang her zwischen Kants Forderung nach „Aufklärung" und der technischen Entwicklung.
3. Deute M6 mithilfe der Informationen aus dem Begriffskasten dieser Seite.
4. Vergleiche die in M3 genannten Gewalten mit den Erklärungen zur Staatsgewalt in M4. Achte auf die Datierungen.
5. Lies den Text von Bossuet auf der Auftaktseite (siehe S. 43). Beurteile mithilfe von M3 und M5 die Argumentation des Predigers.

Entdeckungen und Erfindungen

1666 Gravitation (Newton)
1673 Multipliziermaschine (Leibniz)
1676 Lichtgeschwindigkeit (Römer)
1718 Quecksilberthermometer (Fahrenheit)
1735 System der Lebewesen (Linné)
1735 Längengrad-Chronometer (Harrison)
1752 Blitzableiter (Franklin)
1789 System der Elemente (Lavoisier)

M3 Die drei Gewalten im Staat

Der französische Jurist und Aufklärer Charles de Montesquieu (1689–1755) schrieb 1748 über die Verteilung der Macht in einem Staat:

Es gibt in jedem Staat drei Arten von Gewalt ... Aufgrund der ersten erlässt der Herrscher ... Gesetze auf Zeit oder für die Dauer, ändert geltende Gesetze oder schafft sie ab. Aufgrund der zweiten stiftet er Frieden oder Krieg, sendet oder empfängt Botschaften, stellt die Sicherheit her, sorgt gegen Angriffe vor. Aufgrund der dritten bestraft er Verbrechen oder sitzt zu Gericht über die Streitfälle der Einzelpersonen ...
Alles wäre verloren, wenn ein und derselbe Mann folgende drei Machtvollkommenheiten ausübte: Gesetze erlassen, öffentliche Beschlüsse in die Tat umsetzen, Verbrechen und private Streitfälle aburteilen.

Charles de Montesquieu, Vom Geist der Gesetze (1748), hg. und übers. von Kurt Weigand, Stuttgart (Reclam) 1994, S. 216 f. Bearb. d. Verf.

M4 Was ist Staatsgewalt?

Ein 1981 erschienenes Jugendlexikon enthält die folgende Definition des Begriffs „Staatsgewalt":

Staatsgewalt setzt sich zusammen aus: Gesetzgebung, Regierung und Rechtsprechung. Gesetzgebung bedeutet, dass Gesetze gegeben werden, nach denen sich das Zusammenleben der Menschen richten muss. Regierung heißt die Leitung eines Staates. Dazu gehört die Verwaltung. Rechtsprechung bedeutet, dass es Gerichte gibt und Richter, die dafür sorgen, dass die Gesetze eingehalten werden.

Hilde Kammer/Elisabet Bartsch, Jugendlexikon Politik, 2. Aufl., Reinbek (Rowohlt) 1981, S. 165.

M5 Über die Monarchie

Der aus Genf stammende Philosoph Jean-Jacques Rousseau (1712–1778) übernahm viele Ideen von Montesquieu (siehe M3). Über die Regierung eines Staates schrieb er:

Wenn es aber schon schwierig ist, einen großen Staat gut zu regieren, so ist es noch weit schwieriger, dass er von einem einzigen Mann gut regiert wird ... Ein wesentlicher und unvermeidlicher Fehler, der die monarchische Regierung immer der republikanischen unterlegen machen wird, liegt darin, dass in der letzteren die Stimme des Volkes fast immer einsichtige und fähige Männer in die höchsten Ämter einsetzt, welche diese ehrenvoll verwalten, während im Gegensatz dazu diejenigen, die in den Monarchien aufsteigen, in den meisten Fällen nur kleine Windbeutel, kleine Spitzbuben, kleine Ränkeschmiede sind.

Jean-Jacques Rousseau, Vom Gesellschaftsvertrag (1762). In: Ders., Sozialphilosophische und Politische Schriften, übers. von Garlieb Merkel, München (Winkler) 1981, S. 330.

M6 Toleranz, Radierung von Daniel Chodowiecki, 1792

Für Vernunft und Fortschritt

M7 Ein Standardwerk der Aufklärung

In ihrer zwischen 1751 und 1772 erschienenen „Encyclopédie“* fassten die Franzosen Denis Diderot und Jean Le Rond d´Alembert das Wissen ihrer Zeit zusammen, um es der Allgemeinheit zugänglich zu machen. Dargestellt wurden sowohl die politischen Theorien der Aufklärer als auch die neuesten Erfindungen. Der französische Schriftsteller Voltaire, der an diesem Lexikon mitgearbeitet hatte, schilderte 1774 die Reaktion der Hofgesellschaft:

Ein Bedienter Ludwigs XV. erzählte mir, dass, als der König einmal in kleinem Kreis zu Abend speiste, das Gespräch zunächst über die Jagd ging und die Gesellschaft dann auf das Schießpulver zu sprechen kam. „Es ist eigentlich erheiternd“, sagte der Herzog von Nivernais, „dass wir uns täglich damit amüsieren, im Park von Versailles Rebhühner zu erlegen, und manchmal auch Menschen töten oder selbst im Kampf an den Grenzen erschossen werden, ohne genau zu wissen, womit das geschieht.“ „Ach“, sagte die Marquise von Pompadour, „so geht es uns doch mit allen Dingen. Ich weiß nicht, woraus das Rouge besteht, das ich auf meine Wangen gebe, und ich wäre sehr verlegen, wenn man mich fragte, wie die Seidenstrümpfe gemacht werden, die ich an habe.“
„Es ist schade“, sagte der Herzog von La Vallèrie, „dass Eure Majestät uns unsere Enzyklopädien beschlagnahmt hat, die jeden von uns hundert Pistolen[1] gekostet haben. Darin würden wir die Antworten auf alle unsere Fragen finden.“ Der König versuchte seine Entscheidung zu rechtfertigen: Man habe ihn darauf aufmerksam gemacht, dass die 21 Bände, die auf den Toilettentischen aller Damen stünden, die größte Gefahr für das Königreich wären, und er wollte sich noch selbst davon überzeugen, bevor er gestattete, dass andere diese Bücher läsen. Gegen Ende des Abendessens schickte er drei Kammerdiener, die Bände zu holen und jeder schleppte sieben davon herbei. Man schlug den Artikel Schießpulver nach; Madame de Pompadour lernte den Unterschied zwischen dem alten Spanisch-Rot und dem Wangenrot der Pariser Damen kennen; sie sah auch, wie man ihre Seidenstrümpfe webte, und die Maschine, die das tat, versetzte sie in höchstes Entzücken. Alle stürzten sich auf die Bände und jeder fand gleich, was er suchte. Die, die Prozesse führten, fanden den Ausgang ihrer Streitsache; der König las alle Kronrechte. „Nein, wirklich“, sagte er, „ich verstehe nicht, warum man mir so viel Schlechtes über dieses Buch erzählt hat!“ „Aber, Sire“, sagte der Herzog von Nivernais, „das ist doch nur, weil es so gut ist. Über das Mittelmäßige und das Langweilige hat sich noch nie jemand aufgeregt.“

Zit. nach Voltaire, Über die Enzyklopädie (1774).
In: Franz Herre/Erich Lessing, Die Geschichte Frankreichs, München (Bertelsmann) 1989, S. 130 ff. Bearb. d. Verf.

1 eine französische Goldmünze

M8 **Richters Caféhaus in Leipzig,** Kupferstich, um 1795. Hier veranstalteten 1792 Buchhändler erstmals eine Buchbörse.

Die „öffentliche Meinung“

Schriftsteller und Philosophen der Aufklärung veröffentlichten ihre Ansichten in Büchern, Zeitschriften und Theaterstücken (siehe S. 50). Die politisch interessierten Adligen und Bürger trafen sich in den vornehmen „Salons“ ihrer Häuser, um über die neu erschienenen Werke zu diskutieren. Allein in Deutschland entstanden mehr als 500 Lesegesellschaften, die kleine Bibliotheken für ihre Mitglieder aufbauten. Allerdings war die Lesefähigkeit im 18. Jahrhundert regional sehr unterschiedlich verbreitet. Trotz Zensur entstand allmählich eine über Medien verbreitete überregionale „öffentliche Meinung“, die sich oft gegen den Machtanspruch der absolutistischen Herrscher richtete. Wie verbreitete sich das Gedankengut der Aufklärung und welche Schichten der Bevölkerung erreichte es?

M9 Lesehunger

Die Historikerin Susanne Blöcker schreibt 2000 über die Verbreitung philosophischer Erkenntnisse in Deutschland:

[Der Lesehunger bedingt] einen Bücher-, Zeitungs- und Zeitschriftenboom. Weite Teile der Bevölkerung erfasst ein politisches Interesse, nicht nur das Bildungsbürgertum. Dank des Vorlesers – meist des Pfarrers oder Schulmeisters – ist man auch auf dem Dorf auf dem Laufenden ... Bücher und Zeitschriften sind allerdings oft noch sehr teuer. Daher bilden sich vorzugsweise in den Städten literarische Clubs oder Lesegesellschaften, die ihren Mitgliedern Lektüre gegen Entrichtung einer Gebühr leihweise zur Verfügung stellen ... Utopien der französischen Aufklärer werden ebenso besprochen wie das aktuelle politische Geschehen in der eigenen Region.

Susanne Blöcker, Die Gedanken sind frei. In: Der Riss im Himmel. Clemens August und seine Epoche, hg. von Frank G. Zehnder und Werner Schäfke, Köln (Dumont) 2000, S. 95.

M11 **„Lesende Frau an einem Kamin"**, Gemälde von Pierre Parrocel, 1735

M10 Frauen an den Herd?

Die meisten Lesegesellschaften nahmen keine weiblichen Mitglieder auf. Frauen konnten sich deshalb nur in ihrem eigenen Haus weiterbilden. Die Schriftstellerin Christiane M. Ziegler ermunterte 1731 eine Freundin, sich gegen die Kritik ihrer Familie an ihrer Leselust zu wehren:

Die Schwierigkeit, so man Ihnen ... machen will, rühret wohl am meisten von dem männlichen Geschlecht her; dieses will immer etwas Besonderes für sich alleine behalten, und siehet gar nicht gerne, wann ihnen das weibliche Geschlecht nachklettern will ... Wir bringen ja eben sowohl fünf Sinne mit auf die Welt wie jenes; Verstand und Vernunft werden unter beiderlei Geschlechter von der Natur ausgeteilet ... Was aber den anderen Punkt anbelangt, da viele in den wunderlichen Gedanken stehen, das Frauen-Volk wäre einzig und allein bloß deswegen in die Welt gestellt worden, damit sich selbiges in Haus und Küche täglich herum – drehte ..., so antwortet Ihr hierauf ..., dass sich ein jedwedes Frauenzimmer allerdings der Wirtschaft annehmen müsse ... allein, ... [d]er Tag hat viele Stunden und bei dem einen muss das andere nicht versäumet werden.

Zit. nach Frauenleben im 18. Jahrhundert, hg. von Andrea von Dülmen, München u.a. (C. H. Beck) 1992, S. 143 f.

M12 Die „gelehrte Lesegesellschaft" in Mainz

1782 wurde in Mainz die erste Lesegesellschaft gegründet. Ihr gehörten im ersten Jahr ihres Bestehens folgende 162 Mitglieder an:

59 Adlige (darunter 35 Bedienstete des Fürsten und 12 Offiziere)
31 Geistliche (darunter 15 adlige Domherren)
28 Beamte
16 Professoren der Universität
12 Ärzte
9 Juristen
7 Kaufleute

Zusammengestellt nach Robert Galitz, Literarische Basisöffentlichkeit als politische Kraft, Frankfurt a.M. u.a. (Peter Lang) 1986, S. 109.

6 Erkläre anhand von M7 die Haltung Ludwigs XV. gegenüber der Enzyklopädie.

7 Ordne die in M12 genannten Gruppen den drei Ständen zu. Überlege, welche Berufsgruppen fehlen und finde Gründe dafür.

8 Stelle die Argumente zusammen, mit denen Christiane Ziegler ihre Freundin ermuntert (M10).

9 Versetzt euch in die Rolle der Mitglieder der Mainzer Lesegesellschaft. Diskutiert über den Antrag eines Arztes, Frauen und Studenten aufzunehmen. Bezieht auch M10 und M11 ein.

10 Informiere dich im Internet über die heutige Bedeutung des Lesens. Tipp: www.stiftunglesen.de

M1 Brandenburg-Preußen 1640–1786

Preußische Könige – „erste Diener des Staates“?

Vom Kurfürstentum zum Königreich

Das Territorium Brandenburg-Preußen gehörte zu den Gewinnern des Dreißigjährigen Krieges und reichte Mitte des 18. Jahrhunderts vom Niederrhein bis zur Ostsee. Seit 1640 herrschte Friedrich Wilhelm (1620–1688), der von seinen Zeitgenossen „Großer Kurfürst“ genannt wurde, über den preußischen Staat. Ähnlich wie Ludwig XIV. baute auch Friedrich Wilhelm ein stehendes Heer auf. Es gelang ihm auch, die Mitwirkung der Stände in finanziellen Fragen einzuschränken. Nachdem Friedrich Wilhelm den Adligen nämlich weitreichende Steuerprivilegien sowie die Gerichtsbarkeit und die Polizeigewalt auf ihren Gütern zugesichert hatte, zogen sie sich aus der Politik zurück. Die Lage der Bauern in Brandenburg-Preußen verschlechterte sich, denn sie gerieten nun immer weiter in Abhängigkeit von ihren Gutsherren.

Der Sohn des Großen Kurfürsten, Friedrich III. (1657–1713), wollte die Macht seines Staates auch nach außen hin zeigen: Er krönte sich 1701 im ostpreußischen Königsberg zum „König in Preußen“ und nahm den Namen Friedrich I. an.

Ein „Soldatenkönig“

Friedrich Wilhelm I. (1688–1740) unterschied sich von seinen Vorgängern und von Ludwig XIV. darin, dass er jeden Prunk, z. B. Jagden und Bälle, an seinem Hof ablehnte. Sogar das kostbare Silbergeschirr seines Vaters ließ Friedrich Wilhelm einschmelzen, um den Staatsschatz damit zu füllen. Das Geld, das so eingespart wurde, investierte der König in den Ausbau der Verwaltung und in die preußische Armee, weshalb er auch den Beinamen „Soldatenkönig“ erhielt. 1733 teilte Friedrich Wilhelm das Staatsgebiet in „Kantone“ auf, die jeweils einem Regiment der Armee entsprachen. Die männlichen Jugendlichen, überwiegend Bauernsöhne, wurden in Listen erfasst. Wer tauglich war, musste lebenslang im Militär dienen. Allerdings verbrachten die Soldaten in Friedenszeiten nur drei Monate des Jahres bei ihrem Regiment. In den übrigen neun Monaten wurden sie für die Arbeit in der Landwirtschaft oder im Gewerbe beurlaubt. Der Adel, dessen Söhne in Kadettenschulen erzogen wurden, stellte die Offiziere. Die Söhne der Kaufleute, Handwerker und Manufakturarbeiter waren von der Wehrpflicht befreit.

1 Beschreibe den Gebietszuwachs Brandenburg-Preußens mithilfe von M1. Überlege, welche Auswirkungen die territoriale Gestalt des preußischen Staates auf die Politik seiner Herrscher hatte.

2 Erarbeite aus den Darstellungstexten dieser Seite, wie die Ordnung des Militärwesens mit der Ordung der preußischen Gesellschaft („Sozialordnung“) zusammenhing.

Aufgeklärter Absolutismus

Der aufgeklärte Absolutismus war eine Staatsform, die sich nicht mehr aus dem „Gottesgnadentum" (siehe Kasten S. 45) begründete, sondern aus einer rationalen (vernunftgeleiteten) Staatsverwaltung, orientiert am Wohl des Gesamtstaates und seiner Untertanen. Dieses neue Herrschaftsverständnis führte aufgeklärte Monarchen und Aufklärer zusammen – oft gegen die reformunwilligen Stände, die im 18. Jahrhundert in ihren Territorien herrschten. Der preußische König Friedrich II. gilt in der Geschichtswissenschaft als ein typischer Vertreter des „aufgeklärten Absolutismus". Wie aufgeklärt war dieser König? Und wie aufgeklärt war sein Volk?

Friedrich II.

Friedrich II. (1712–1786) übernahm 1740 nach dem Tod seines Vaters die Herrschaft in Preußen. Er hatte vor seiner Thronbesteigung im engen Briefverkehr mit Voltaire (siehe S. 58) und anderen Philosophen gestanden, weshalb ihm der Ruf vorauseilte, sich für eine auf Recht und Vernunft gegründete Politik einzusetzen. Seine Außenpolitik unterschied sich allerdings kaum von der seines Vaters: Er war daran interessiert, Preußen zu einer Großmacht zu erheben. Bereits wenige Monate nach seinem Amtsantritt griff er Österreich an. Er eroberte die Provinz Schlesien, die er in zwei weiteren Kriegen behaupten konnte. Allein in der letzten dieser drei Auseinandersetzungen, dem Siebenjährigen Krieg von 1756 bis 1763, starben 120 000 preußische, 69 000 österreichische und 42 000 russische Soldaten. 1772 einigte er sich mit Russland und Österreich über die gewaltsame Aufteilung von polnischem Staatsgebiet (siehe S. 118 f.).

3 Fertige anhand der Informationen in M2 bis M4 und in dem Personenkasten eine Liste an: Welche Meinungen und Handlungen Friedrichs II. zeigen eine aufgeklärte Haltung und welche nicht?

4 Untersuche die Position Friedrichs II. zu den Ansichten der Philosophen der Aufklärung (S. 57, M3 und M5). Ziehe die Darstellungstexte S. 60 f. mit heran.

M2 Die Grundlagen der Macht

Über die Grundlagen seiner Macht äußerte sich Friedrich II. 1777 folgendermaßen:

Die große Wahrheit, dass wir gegen die anderen so handeln sollen, wie wir von ihnen behandelt zu werden wünschen, wird zur Grundlage der Gesetze ... Da jedoch die Gesetze ohne unaufhörliche Überwachung weder fortbestehen noch Anwendung finden konnten, so bildeten sich Obrigkeiten heraus, die das Volk erwählte und denen es sich unterordnete ... Die Aufrechterhaltung der Gesetze war der einzige Grund, der die Menschen bewog, sich Obere zu geben, denn das bedeutet den wahren Ursprung der Herrschergewalt. Ihr Inhaber war der erste Diener des Staates.

Friedrich II., Regierungsformen und Herrscherpflichten (1777). In: Die Werke Friedrichs des Großen, hg. von Gustav Berthold Volz, Bd. 7, Berlin (Reimar Hobbing) 1913, S. 226.

M3 Die Unabhängigkeit der Justiz

Friedrich II. bekannte 1752:

Ich habe mich entschlossen, niemals in den Lauf des gerichtlichen Verfahrens einzugreifen; denn in den Gerichtshöfen sollen die Gesetze sprechen und der Herrscher schweigen. Aber dies Stillschweigen hat mich doch nicht daran gehindert, die Augen offen zu halten und über das Verhalten der Richter zu wachen.

Zit. nach Friedrich II., Die Politischen Testamente, 2. Aufl., München (Treu) 1936, S. 4 f. Bearb. d. Verf.

M4 Die Gleichheit vor dem Gesetz

Der Müller Christian Arnold konnte 1779 die Pacht für seine Mühle nicht mehr zahlen, weil ihm ein Adliger oberhalb seines Grundstücks das Wasser für einen Karpfenteich abgegraben hatte. Als die Richter die Zwangsversteigerung der Mühle anordneten, erklärte Friedrich II. das Urteil für nichtig und ließ die Richter mit folgender Begründung ins Gefängnis werfen:

Sie müssen nur wissen, dass der geringste Bauer, ja, was noch mehr ist, der Bettler eben sowohl ein Mensch ist, wie Seine Majestät sind, ... es mag sein ein Prinz, der wider einen Bauer klagt, oder auch umgekehrt, so ist der Prinz vor der Justiz dem Bauer gleich und bei solchen Gelegenheiten muss pur nach der Gerechtigkeit verfahren werden, ohne Ansehen der Person.

Zit. nach Gespräche Friedrichs des Großen, hg. von Friedrich von Oppeln-Bronikowski und Gustav Berthold Volz, Berlin (Reimar Hobbing) 1919, S. 192.

Aufklärung – auch für das Volk?

Nach Ansicht vieler Gelehrter sollte nicht nur der Herrscher, sondern auch das Volk die Ideen der Aufklärung kennen lernen. So entstand eine besondere Art von Literatur, die sich an die Landbevölkerung richtete, also an die mit Abstand größte soziale Gruppe im Staat. Besonders beliebt war das 1788 erschienene „Noth- und Hülfsbüchlein für Bauersleute“ des Schriftstellers Rudolph Zacharias Becker, das bis 1800 etwa 400 000 Mal verkauft wurde. Es handelt von dem jungen Gutsherrn des Dorfes Mildheim, der seinen Bauern bei allen Fragen des täglichen Lebens – von Ackerbau und Viehzucht bis zu Kindererziehung und Krankenpflege – mit Rat und Tat zur Seite steht. Die kurzen Kapitel beginnen fast alle mit einem Bild und einem Merkspruch. Darin sollten den Lesern bestimmte Vorstellungen von Staat, Familie und Kirche vermittelt werden.

M5 **Der König ist überall,** Historiengemälde von Robert Warthmüller, 1886. Friedrich II. setzte sich persönlich für die Anwendung fortschrittlicher Methoden in der Landwirtschaft ein. So ermunterte er die Bauern zur Anpflanzung der in Preußen noch unbekannten Kartoffel.

M6 Merksprüche für Bauersleute

Aus zwei Kapiteln des „Noth- und Hülfsbüchleins“ von Rudolph Zacharias Becker (1788):

Für den Mann schuf Gott das Weib,
Ihn für sie nicht minder.
Eins fürs andre leben soll:
Beide für die Kinder.

Die Erd’ ist groß und überall
Voll schöner Gottesgüter,
Und alle Menschen – Jud’ und Türk
Und Christ – sind unsre Brüder.

Rudolph Z. Becker, Noth- und Hülfsbüchlein für Bauersleute, Leipzig 1788. Nachdruck: Dortmund (Harenberg) 1980, S. 188, 240.

M7 Gleich und gleich gesellt sich gern

Im „Noth- und Hülfsbüchlein“ (1788) erzählt der alte Tagelöhner Toms dem Gutsherrn sein Leben:

Wir haben nichts in die Welt gebracht, werden auch nichts mit hinausbringen. Meine Frau heißt man die dicke Liese … Wir hatten also vier Arme und vier Beine, da wir uns freiten … Damit haben wir getaglöhnert miteinander. Mit Schneiden und Dreschen verdiente ich das Brot, und mit Backstein machen, Dach decken, Schutt fahren, Graben, Hacken, Zaun binden, Wege gehen … Gab’s im Winter gar nichts zu tun, so spann ich mit Liesen um die Wette. Nachbar Christoph gab mir ein Stückchen Land zu ein bisschen Kartoffeln, Möhren und Rüben um die Hälfte: Das gab Winterfutter für uns und die Kuh. Liese wusste auch für ein Schweinchen zu schaffen … Kurzum, wir haben uns alle Tage satt gegessen, auch den Sonntag ein Pfund Fleisch im Topf gehabt, sind keinem Menschen was schuldig geblieben und haben dem gnädigen Fürsten zwei Burschen zum Leibregiment geliefert, wie Eichbäume und kerzengerade. Der dritte dient als Kutscher, und das Mädchen sorgt nun für die Kuh, dass meine Liese den ganzen Tag spinnen kann.

Rudolph Z. Becker, Noth- und Hülfsbüchlein für Bauersleute, Leipzig1788. Nachdruck: Dortmund (Harenberg) 1980, S. 433.

5 Beschreibe M5 und überlege, warum die späteren preußischen Könige solche Gemälde schätzten.

6 Erarbeite anhand von M6 bis M8, welche Ideen der Aufklärung Becker vermitteln wollte.

7 Untersuche mithilfe der Materialien dieser Seite, welche Vorstellungen Becker von den Aufgaben des Mannes, der Frau und der Kinder in der bäuerlichen Familie hatte.

M8 Friedrich, der Bauernfreund

Im „Noth- und Hülfsbüchlein" (1788) schreibt der Gutsherr über den preußischen Landesherrn:

Der weise, tapfre und gute König Friedrich arbeitet vielleicht mehr und lässt es sich saurer werden als mancher arme Bauer in seinen Landen. ... Ein Hausvater braucht nur ein Wirtschaftswesen im Kopfe zu haben und nur für seine Frau, Kinder und Gesinde zu sorgen: Aber ein Regent muss dafür sorgen, dass viele tausend Haushaltungen unter seiner Regierung zufrieden leben können.

Rudolph Z. Becker, Noth- und Hülfsbüchlein für Bauersleute, Leipzig1788. Nachdruck: Dortmund (Harenberg) 1980, S. 419.

Streitfrage Pockenimpfung – Vorschlag für ein historisches Projekt

Hier findet ihr Materialien über Pocken und Pockenimpfung – ein Thema, das im 18. Jahrhundert viele Menschen bewegte.

a) Entwickelt Fragen, die euch interessieren und ein historisches Projekt anleiten können (siehe S. 161).
b) Recherchiert im Internet (Suchmaschinen) und stellt eure Ergebnisse der Klasse vor (siehe S. 22f.).

M9 Pockenimpfung, Farblithografie, um 1865. Am 14. Mai 1796 führte der englische Arzt Edward Jenner die erste Impfung mit Kuhpockenmaterie durch.

Krankheit und Aufklärung

Erste Versuche einer Impfung (Inokulation) wurden in Europa bereits um 1720 vorgenommen. Sie waren in der Öffentlichkeit umstritten. Ein Artikel in den „Braunschweigischen Anzeigen" von 1755 fragte:

[Die Anhänger der Inokulation behaupten:] „Der vierte Theil der Menschen wird durch die Blattern [= Pocken] entweder vertilget oder verstümmelt und verunstaltet. Die Einpfropfung ist ein sicheres Bewahrungsmittel dagegen, das die Vernunft an die Hand giebt, die Erfahrung bewähret und die Religion erlaubet, ja sogar anräth." Zu fragen ist: ...
– Sind die eingepfropften Blattern auch ein sicheres Bewahrungsmittel gegen die natürlichen?
– Die kleinen Gifttheilchen, welche man durch den Weg der Einpfropfung ins Blut bringet, kann ein Behältniß oder der Saamen anderer Übel seyn ...
– Es ist ein Eingriff in die Rechte der Gottheit, wenn man eine Krankheit zuwege bringen will, oder ... denjenigen einer Krankheit zu entreißen, der nach ... der Vorsehung dazu natürlich bestimmet war.

Zit nach Peter Albrecht, „Wie hältst du es mit der Blatterninokulation?". In: Praxis Geschichte 5/1995, S. 59.

Die Pocken in Pommern

Der Dorfgeistliche aus Tychow in Pommern berichtete in der Ortschronik für das Jahr 1792:

Im Jahre 1792 herrschten die Pocken in dem ganzen Kirchspiel sehr stark. In Tychow allein betrug die Summe der Pocken-Patienten 171 Personen, unter diesen befanden sich die hochwohlgeborene Frau Gemahlin des Patronus Herrn Hauptmann Ewald von Kleist nebst zwei Töchtern und dem einzigen Sohne, welcher sie inoculiert wurden. Noch war unter ihnen der Herr Inspektor Krüger und Christian Duhack, erster Bedienter im Hofe. Die Patienten waren fast alle durch Herrn Dr. Wegner in Schlawe präpariert worden und manche Kinder inoculierten sich selbst die Pocken. Gott segne alle diese Bemühungen also, dass in Tychow von 171 Personen an den Pocken nur starben fünf Söhne und vier Töchter, in Summa 9 Personen.

Das Kirchspiel Wendisch-Tychow/Notzkow im Kreise Schlawe, Pommern, hg. von Ortrun Radloff, Plath (Radloff) 1996, S. 121.

Absolutismus und Aufklärung – Überblick und offene Fragen

Modell Frankreich

In Frankreich bildete sich unter Ludwig XIV. ein Herrschaftsmodell aus, das sich von mittelalterlichen Regierungsformen deutlich unterschied: Der König hielt seine Macht für „absolut", also für über den Gesetzen stehend. Er nahm die gesamte staatliche Gewalt für sich in Anspruch und maßte sich das Recht an, in alle Bereiche des Lebens regelnd einzugreifen. Ludwig XIV. und seine Minister höhlten das Mitwirkungsrecht der Stände bei der Festsetzung von Steuern aus, scheiterten aber bei dem Versuch, es ganz zu beseitigen.
Wichtige Neuerungen, die die Macht der absolutistischen Herrscher stützten, waren der Hof, der den Mittelpunkt des Staates bildete, und das stehende Heer. Der Adel erhielt rechtliche und finanzielle Privilegien, verlor aber an politischem Einfluss. Das Heer unterstand direkt dem König.
Auch die Kirche gehörte zu den Säulen der königlichen Macht. Die Herstellung der Glaubenseinheit sah Ludwig XIV. als Voraussetzung für die Schaffung eines geschlossenen Staates an.
Das politische System, das in Frankreich entstand, war ein Vorbild für viele andere europäische Staaten.

Merkantilismus und Sozialdisziplinierung

In der Epoche des Absolutismus dehnte der Staat seine Tätigkeit auf das wirtschaftliche und soziale Leben aus. Das plötzliche Interesse an diesen bisher kaum beachteten Bereichen erklärt sich durch den enorm gestiegenen Finanzbedarf des Staates. Um die Menge des in ihrem Land vorhandenen Geldes zu erhöhen, erschwerten die Regierungen in den meisten europäischen Staaten die Einfuhr von Fertigwaren und erleichterten deren Ausfuhr. Durch die Vergabe von Krediten und Monopolen an Verlage und Manufakturen sollte die Wirtschaft gestärkt werden. Ihr Handeln richteten die Herrscher an der Theorie des Merkantilismus aus, nach der die Macht eines Landes unmittelbar auf dessen Reichtum beruhte. Nutznießer dieser Maßnahmen war das Bürgertum, das wirtschaftlich erstarkte, aber politisch unmündig blieb.
Auch die staatliche Sozialpolitik diente der Belebung der Wirtschaft. Mit einer Fülle von disziplinierenden Vorschriften sollte die Bevölkerung zu einem fleißigen und ordentlichen Lebenswandel gezwungen werden. Da die Regierungen nicht über genügend Ordnungshüter verfügten, standen viele Verordnungen und Gesetze aber nur auf dem Papier.

Auf dem Weg zu einem modernen Staat?

Der Absolutismus war ein wichtiger Schritt auf dem Weg zum zentralisierten Verwaltungsstaat, wie wir ihn heute kennen. Es bildete sich eine Staatsgewalt heraus, die das Staatsgebiet und das Staatsvolk zu einer Einheit zusammenfasste. Verkörpert wurde sie durch den Verwaltungsapparat mit dem Fürsten an der Spitze. Durch den Aufbau einer leistungsfähigen Verwaltung steigerte der Staat seine Einnahmen. Durch den Aufbau eines stehenden Heeres sicherte er sich das Gewaltmonopol im Inneren. Die Ständeordnung wurde allerdings nicht angetastet, sodass die erheblichen rechtlichen Unterschiede zwischen Adligen, Geistlichen, Bürgern und Bauern bestehen blieben.

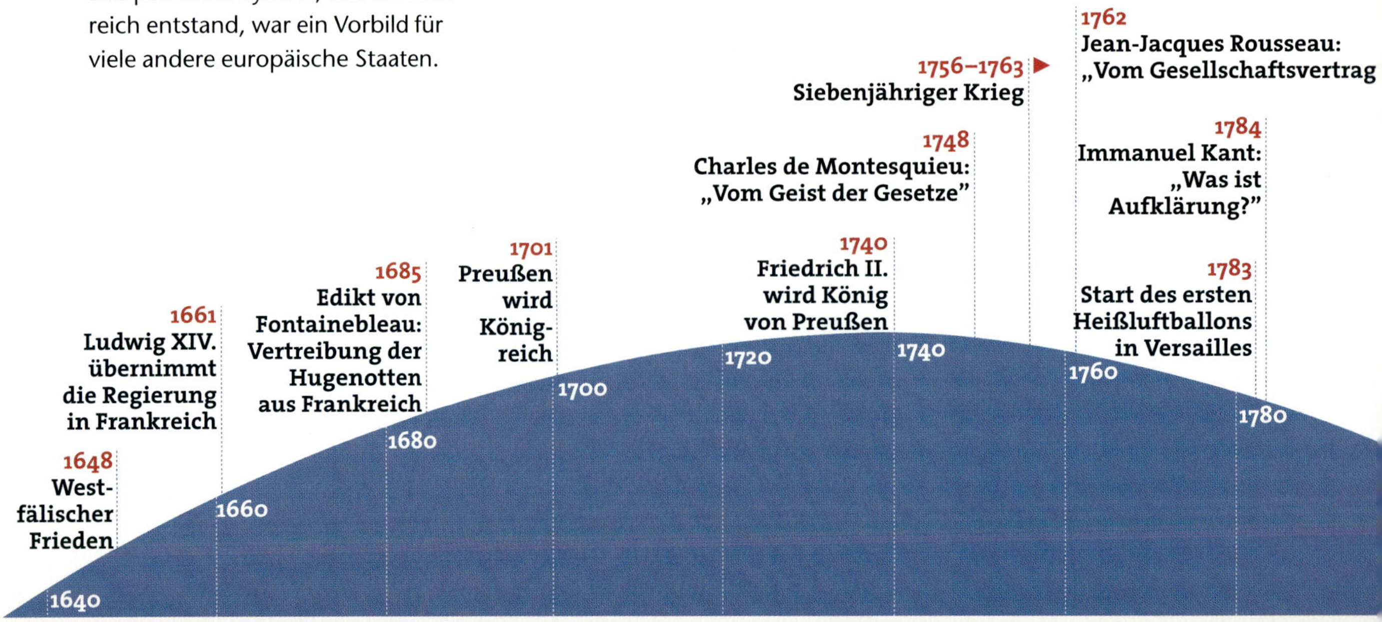

Wir wiederholen zentrale Begriffe und Methoden

Aufgeklärter Absolutismus?

Die Gelehrten und Schriftsteller der Aufklärung, wie z. B. Montesquieu, Rousseau, Voltaire oder Kant, erhoben die Vernunft zum Maßstab aller Dinge. In Wissenschaft und Technik gelangen ihnen zahlreiche Entdeckungen und Erfindungen. Auch den Staat wollten sie neu organisieren. Sie verwiesen auf die natürlichen Rechte der Menschen und übten Kritik am Machtanspruch der absolutistischen Herrscher. Ihre Ideen verbreiteten sich vor allem im gebildeten Bürgertum (Beamte, Professoren, Ärzte, Kaufleute) und in Teilen des Adels. In Lesegesellschaften wurden die Ideen der Aufklärung diskutiert. Allerdings ließen nur wenige Lesegesellschaften Frauen als Mitglieder zu, die deshalb darauf angewiesen waren, Gäste zu sich nach Hause einzuladen, wenn sie über Wissenschaft und Politik diskutieren wollten.
Die Aufklärung erreichte auch die Fürsten. Friedrich II. (1712–1786) war nur einer von vielen Herrschern seiner Zeit, die einzelne Ideen der Aufklärung aufgriffen. Er fühlte sich zu einer Politik verpflichtet, die dem Wohl des Staates und seiner Untertanen diente. Allerdings hielt er am Anspruch der Fürsten auf die höchste Macht im Staat fest. Ob er tatsächlich ein aufgeklärter Herrscher war, lässt sich nicht eindeutig entscheiden.

Absolutismus S. 45

Manufaktur S. 49

Aufklärung S. 56

Historische Stadtpläne lesen S. 54 f.

M1 **Ludwig XIV. bei einer Audienz,** Kupferstich eines anonymen Künstlers, um 1700.
Die Graphik stellt Ludwig XIV. als Richter dar, der spontan über die Rechtsfälle entscheidet, die ihm bei einer Audienz vorgetragen werden. In der Bildunterschrift wird er mit dem biblischen König Salomo und mit Karl dem Großen verglichen, die ebenfalls jedem ihrer Untertanen Gelegenheit gegeben hätten, sich direkt an den Thron zu wenden.

1 Überlege, was einem Aufklärer an der Situation M1 gefallen hätte und was nicht.

3. „We the People“ –

„USable“ ist der Name eines Wettbewerbs, der seit 1998 Jugendliche und Erwachsene alljährlich auffordert, Ideen aus den USA vorzustellen, die auch in Deutschland helfen könnten, gesellschaftliche Probleme zu lösen. „Bürgerengagement“, das Thema des Wettbewerbs 2001, „gehört zur US-amerikanischen Kultur wie Burger und Baseball“, behauptet die Pressemitteilung. Auf gegenseitige Hilfe angewiesen zu sein und nur gemeinsam schwierige Aufgaben bewältigen zu können, sind Erfahrungen, die Millionen von Einwanderern machten, nicht nur die Siedler, die im 17./18. Jahrhundert aus Europa nach Nordamerika kamen. „We the people“, „Wir, das Volk“ – so formuliert 1787 die Verfassung der „United States of America“ elf Jahre nachdem die englischen Kolonien ihre Unabhängigkeit erklärt hatten.

– Standen die gemeinsamen Erfahrungen, der Stolz auf die eigene Leistung oder die Forderung, Freiheit und Besitz des Einzelnen zu respektieren, hinter dem selbstbewussten „We the people“?

– Wer war damit gemeint?

– Welche Rechte, Freiheiten, Pflichten wies die Verfassung „dem Volk“ zu?

Viele USA-Reisende schildern heute ihre ersten Eindrücke so: Die gesellschaftlichen Gegensätze sind größer als z. B. in Deutschland, Probleme wie Armut, Gewalt, Diskriminierung offensichtlicher. Aber auffallend ist auch das soziale Engagement in der Gesellschaft.

– Inwieweit lassen sich diese Phänomene aus der „Geburtsstunde“ der USA erklären?

Oben: **Gesellschaftsbild des 20. Jh.**, nach dem Gemälde „American Gothic“ von Grand Wood, 1930. Oben rechts: **Fest in einem nordamerikanischen Indianer-Reservat**, Foto, 1997. Erst in den letzten Jahren gewinnen Indianer neues Selbstbewusstsein und finden zu ihren Traditionen zurück. Unten rechts: **Das Vertrauen in die Verfassung**, kolorierter Stich, Ende 18. Jh.

– Zeigt das Bürgerengagement, dass sich die Amerikaner als Gemeinschaft verstehen, in der jeder für jeden verantwortlich ist? Oder zeugt es von einer „Schwäche“ der Verfassung, da nicht die Regierung gezwungen ist, sich um das Wohl aller zu kümmern?

1 Beschreibe die Abbildungen und zeige ihre Verbindung zur Kapitelüberschrift.

2 Erläutere, inwiefern die Abbildungen Spannungen andeuten zur Aussage „We the people“.

Bürger fordern ihre Rechte

- 1600
- 1607 ◄ Erste englische Siedlung an der Ostküste
- 1620 ◄ Puritaner gründen Plymouth
- 1700
- 1773 Proteste der Kolonisten gegen England ►
- 1775–83 Unabhängigkeitskrieg
- 1776 ◄ Unabhängigkeitserklärung der 13 Kolonien
- 1787 ◄ Verfassung der USA
- 1800

Spannungen zwischen Kolonisten und Kolonialmacht

M1 Siedler auf dem Weg ins Indianerland, Gemälde von George Caleb Bingham, 19. Jh. In den 1770er-Jahren zogen viele Siedler auf der Wilderness Road in die Jagdgebiete der Indianer; sie missachteten damit die Grenze („Proklamationslinie“), die der britische König 1763 festgelegt hatte. Das Bild zeigt Daniel Boone, der die Wilderness Road erschlossen hat, als Begleitschutz der Siedler.

Die Kolonien vor der Revolution von 1776

M2 Ein freies Land – Land der Freiheit?

Der schwäbische Pfarrer Gottlieb Mittelberger reiste nach Philadelphia, um zu erfahren, wie es den zahlreichen deutschen Auswanderern erging. In einem Buch, das 1756 erschien, schilderte er seine Eindrücke:

Ich zweifle nicht, dass Menschen, die noch immer auszuwandern begehren, in ihrem Vaterland bleiben, wenn sie alles gelesen haben ... Wenn die Schiffe nach ihrer langen Reise in Philadelphia landen, dann darf sie niemand verlassen außer denen, die ihre Überfahrt bezahlt haben oder hinreichende Bürgschaft leisten können; die anderen ... müssen an Bord bleiben, bis jemand sie gekauft hat ... Jeden Tag kommen Engländer, Holländer und Oberdeutsche aus der Stadt Philadelphia und aus anderen Orten ..., suchen sich unter den gesunden Personen einen solchen aus, wie er ihnen für ihr Geschäft brauchbar zu sein scheint und handeln mit ihm aus, wie lange er für seinen Fahrpreis dienen muss, den die meisten von ihnen noch schuldig sind ... Sehr junge Leute, die zwischen zehn und fünfzehn Jahre alt sind, müssen dienen, bis sie 21 Jahre alt sind ... Manche Eltern müssen ihre Kinder verkaufen ...; denn wenn die Kinder die Schulden übernehmen, dann können die Eltern frei und ungehindert das Schiff verlassen ... Es kommt oft vor, dass ganze Familien ... getrennt werden, besonders wenn sie überhaupt nichts von ihrem Passagegeld bezahlt haben.

Zit. nach Geschichte in Quellen, Bd. 4, hg. v. Wolfgang Lautemann u. a., München (bsv) 1981, S. 40–44.

M3 Arbeitsbedingungen in den USA 1756

Eine Kontraktmagd[1] aus Maryland schrieb an ihren Vater in London:

Was wir unglücklichen Leute aus England hier zu erdulden haben, übersteigt alles, was ihr euch in England vorstellen könnt. Es mag der Hinweis genügen, dass ich zum unglücklichsten Teil der Menschheit gehöre. Ich plage mich Tag und Nacht wie ein Arbeitstier, angekettet und geschlagen, wie man kein Tier behandeln würde, zu essen gibt es kaum etwas anderes als Mais und Salz ... Selbst Sklaven werden besser behandelt. Wir sind fast nackt, haben keine Schuhe und keine Strümpfe. Wenn wir uns nach dem Willen unseres Herrn abgerackert haben, bleibt uns nur in eine Decke zu hüllen und auf dem nackten Grund zu schlafen: Das ist die bemitleidenswerte Lage, die eure arme Betty auszuhalten hat.

Isabel Calder (Hg.), Colonial Captivities, Marches and Journies, New York 1935, S. 152 f. Übers. d. Verf.

1 Kontraktarbeiter mussten die Kosten der Überfahrt, die ihr amerikanischer Dienstherr im Nachhinein übernommen hatte, in vier bis sieben Jahren abarbeiten. Danach erhielten sie ein kleines Startkapital für ihre Zukunft in Amerika.

1 Untersuche anhand von M2 und M3, wie Einwanderer die „Ankunft“ im Land ihrer Träume erlebten.

2 Erarbeite M1 nach den Schritten von S. 202f.

Unterschiede zwischen Amerika und Europa

Im Mai 1607 gründeten etwa 100 Männer im Auftrag der Virginia Company, einer Handelsgesellschaft, und mit Erlaubnis des englischen Königs eine Niederlassung an der Ostküste Nordamerikas: Jamestown. Von hier aus sollten sie das umliegende Gebiet wirtschaftlich erschließen und kolonisieren. Aber diese Aufgabe erwies sich als schwierig: Viele von ihnen waren harte körperliche Arbeit nicht gewohnt, geschweige denn auf das Klima und das entbehrungsreiche Leben als Siedler vorbereitet. Und sie mussten mit Angriffen von Indianern rechnen, die sie zwar als Händler schätzten, als Eindringlinge jedoch ablehnten. Ähnliche Erfahrungen machten im 17. und 18. Jahrhundert die meisten Einwanderer. 1754 schrieb ein Württemberger, der nach Philadelphia kam: „Es ist freilich ein großer Unterschied zwischen Amerika und Europa". Wie er hofften viele, in Amerika Gewinn zu machen oder zumindest ein besseres Leben zu führen. Andere erwarteten, ihren Glauben frei ausüben zu können, wie die englischen Puritaner, die 1620 mit der „Mayflower" in der Nähe von Boston landeten und Plymouth gründeten. Aber Amerika war nicht nur „Gelobtes Land" für die europäischen Auswanderer: 1770 hatten die etwa 2,5 Millionen Einwohner den mittlerweile 13 Kolonien zu einem relativ großen Wohlstand verholfen. Der Preis dafür war hoch: Entbehrungen, harte Arbeit, Heimweh und vielerlei Gefahren mussten die Siedler genauso in Kauf nehmen wie Krankheiten und den Verlust von Angehörigen oder Besitz.

Die Gesellschaft differenziert sich

Während die europäischen Einwanderer zumindest die Freiheit als „Gewinn" ausweisen konnten, konnten dies die fast 500 000 Schwarzafrikaner nicht: sie waren Sklaven*.

Und galten die Kolonien* auch insgesamt als wohlhabend, traf das nicht auf jeden Einwohner zu: Das Spektrum reichte von reichen Großgrundbesitzern, Fernhandelskaufleuten über die große Zahl von Farmern, denen es je nach Ernte besser oder schlechter ging, bis zu fast mittellosen Gelegenheitsarbeitern und Bediensteten – und den Indianern und Sklaven.

Ob jemand arm oder reich war, bestimmte auch seine Stellung in der Gemeinschaft, in der er lebte. Und wer viel Geld hatte, wollte und konnte politisch Einfluss nehmen. Dies galt nicht für Frauen: Obwohl sich ihre Arbeit oft gar nicht von der der Männer unterschied, wurden sie von ihnen nicht als gleichwertig anerkannt – und über sie zu spotten war durchaus salonfähig, wie folgendes Presse-Zitat aus New York (1763) zeigt: „Ein Pferd, das ausschlägt, und eine Frau, die Latein kann, finden kein gutes Ende".

M4 Die Entwicklung der 13 englischen Kolonien von 1607–1770

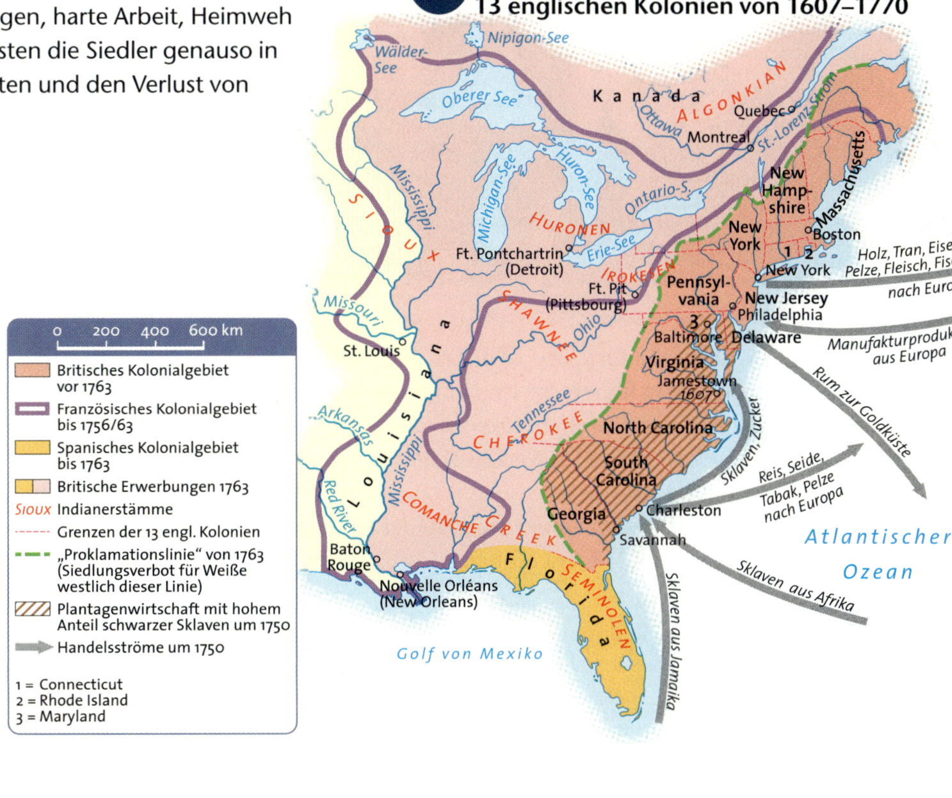

Spannungen zwischen Kolonisten und Kolonialmacht

M5 Folgen der Auswanderung

Aus einem internen Kanzleibrief an den Grafen von Hohenlohe-Langenburg (28. März 1754):

Die seit einigen Jahren massiv betriebene Werbung für die Neue Welt hat unter anderem auch in der Grafschaft Langenburg gewirkt: Mitglieder von hier ansässigen Familien und ledige Personen, besonders in Jungholzhausen, Moselbach und Salpenberg, haben sich von ihr verleiten lassen, ihren Besitz zu verkaufen und nach Pennsylvanien zu gehen. Obwohl es über das Schicksal all dieser Leute oder über deren Aufenthalt keine zuverlässigen Nachrichten gibt, vielmehr das Gerücht umgeht, dass sie wahrscheinlich unterwegs gestorben sind, wollen nun wiederum einige ältere Untertanen ihr Vaterland verlassen und dorthin ziehen. Gleichzeitig ist zuverlässig bekannt geworden, dass in den beiden Grafschaften Ingelfingen und Kirchberg so große Not entstanden ist, weil Untertanen nach Pennsylvanien auswandern, dass nun diese durch einen gedruckten Erlass davor gewarnt werden, weitere Personen abzuwerben.

Archiv Langenburg, Reg. II, sprachl. vereinf.

M6 Handelsstation im Indianerland, Ende 18. Jh.
Das Gemälde zeigt den britischen Händler William A. Bowles (er ist wahrscheinlich der Maler), der eine Handelsstation im Gebiet des Stammes der Lower Creek besaß, nahe der Grenze zwischen Georgia und West-Florida.

Neu in den Südstaaten – Partnerarbeit

Schaut euch jeweils zu zweit M6 genau an. Stellt euch vor, ihr seid William Bowles und ein „Neuankömmling“. Bowles erläutert diesem das Bild. Spielt das Gespräch als Dialog der Klasse vor.

3 „Es ist ein großer Unterschied zwischen Amerika und Europa“ – Was könnte im 18. Jahrhundert damit gemeint sein? Sammelt Ideen an der Tafel. Lest den Darstellungstext S. 69. Müsst ihr verändern, was an der Tafel steht?

4 Diskutiert, ob der Darstellungstext S. 69 der Aussage des Pfarrers (M2) Recht gibt.

5 Überlege, wie sich die große Zahl der Auswanderer in der Heimat auswirkte (M5). Wie erklärst du dir das? Vergleiche mit deinen Ergebnissen aus Arbeitsauftrag 1.

6 Beschreibe mithilfe von M4, wie sich die einzelnen Kolonien zwischen 1607 und 1775 im Hinblick auf ihre Bevölkerung, die Wirtschaft und die politischen Beziehungen zu England entwickelten.

Die „Bill of Rights“ – Der Anfang vom Ende der Kolonialherrschaft?

„The Glorious Revolution“

Im Sommer 1688 überbrachte ein Bote aus England Prinz Wilhelm von Oranien, Statthalter der Niederlande und Schwiegersohn des englischen Königs Jakob II., eine geheime Nachricht: Wilhelm wurde von einer Gruppe Lords, die sich für die Rechte des Parlaments* einsetzte, gebeten, gegen Jakob II. vorzugehen: Sie befürchtete, dass der englische König – wie seine Vorgänger Karl I. und Karl II. – das Parlament entmachten, dass er alle Staatsämter an Katholiken vergeben und Angehörige der anglikanischen Staatskirche aus ihren Positionen entfernen würde.

Wilhelm rüstete eine Flotte, landete in England und zog mit seiner Armee gegen London. Er traf auf keinerlei Widerstand; Jakob II. floh nach Frankreich.

Landung und Sieg Wilhelms wurden von den Lords, die ihn um Hilfe gebeten hatten, als „Revolution“ gefeiert, denn ihrer Ansicht nach war nun der „rechtmäßige Zustand“ wiederhergestellt. Welche Position der König haben sollte – welche Rechte und Pflichten –, formulierten einige Mitglieder des Parlaments schriftlich und übergaben die Erklärung Wilhelm und seiner Frau. Nachdem das Ehepaar das Schriftstück unterzeichnet hatte, das als „Bill of Rights“ Gesetzeskraft erhielt, bestieg es den englischen Thron: Wilhelm III. und Mary wurden vom Parlament „zur Krone zugelassen“, lautete die offizielle Mitteilung. Den Streit um politische Macht und Rechte hatte das englische Parlament für sich entschieden. Mit der „Glorious Revolution“ hatte sich in England die parlamentarische Monarchie durchgesetzt. Hatte die „Glorious Revolution“ Bedeutung für die Kolonien bzw. deren Bewohner?

1 Zeige an einzelnen Bestimmungen, wie die „Bill of Rights“ (M1) das künftige Machtverhältnis zwischen König und Parlament festschrieb.

2 Erkläre den Begriff „parlamentarische Monarchie“ (Darstellungstext, M1).

3 Stell dir vor, du bist Berater Wilhelms III. – ein Franzose. Du besprichst mit ihm, ob eine Regentschaft auf der Grundlage der „Bill of Rights“ akzeptabel ist. Nutze dazu deine Kenntnisse über den Absolutismus.

4 Stelle Vermutungen auf, welche Bedeutung die „Glorious Revolution“ für die Kolonien hatte (M2).

M1 Die „Bill of Rights“ (1689)

Die Erklärung, die im Dezember 1689 Gesetz wurde, schreibt die englischen Grundrechte fest:

Die angemaßte Befugnis, Gesetze oder die Ausführung von Gesetzen durch königliche Autorität ohne Zustimmung des Parlaments aufzuheben, ist gesetzeswidrig ... Steuern für die Krone oder zum Gebrauch der Krone ... ohne Erlaubnis des Parlaments ... zu erheben, ist gesetzeswidrig ... Es ist gegen das Gesetz, es sei denn mit Zustimmung des Parlaments, eine stehende Armee im Königreich in Friedenszeiten aufzustellen und zu halten ... Die Wahl von Parlamentsmitgliedern soll frei sein. Die Freiheit der Rede und der Debatten und der Verhandlungen im Parlament darf von keinem Gerichtshof oder sonst wie außerhalb des Parlaments angefochten oder in Frage gestellt werden ... Um allen Beschwerden abzuhelfen sowie zur Besserung, Stärkung und Erhaltung der Gesetze sollen Parlamentssitzungen häufig gehalten werden.

Zit. nach Geschichte in Quellen, Bd. 4, hg. v. Wolfgang Lautemann u. a., München (bsv) 1981, S. 495.

M2 Klage eines Kolonisten 1701

Ein unbekannter Verfasser äußerte sich zum Verhältnis zwischen Mutterland und Kolonien (1701):

Der König sollte in den Kolonien keine absolutere Macht haben als in England ... Man gibt vor, die Macht des Königs durch die unbeschränkte Herrschaft zu vergrößern, während man doch in Wirklichkeit seine Interessen schädigt, und damit auch die Interessen Englands: Denn dies ist der wahre Grund dafür, dass so viele Menschen, die zu Hause in Armut und Elend leben, nicht in die Kolonien kommen, weil sie wissen, dass sie hier schlecht behandelt werden. Ich denke, es ist sehr deutlich, dass es weder im Interesse oder Dienst des Königs noch des Königreichs England ist, dass die Kolonien unter unbeschränkter Herrschaft stehen: Das wahre Interesse Englands besteht darin, die Kolonien zu ehren und zu schützen und die Armen zu ermutigen, hierher zu kommen; denn hier ist jeder Mensch von großem Wert für England, während viele von denen, die kommen, zu Hause nicht viel Gutes tun können.

Zit. nach Hermann Wellenreuther, Der Aufstieg des ersten Britischen Weltreiches, Düsseldorf (Schwann) 1987, S. 85f. Übers. d. Verf.

„No taxation without representation“: Die Kolonien rebellieren

Englands neue Kolonialpolitik

Wer in den Kolonien lebte, war zwar Untertan des englischen Königs, aber in vielen Fällen nahm man sich das Recht heraus selbst zu entscheiden, ob man dessen Befehlen gehorchen sollte. Die Entfernung zum Mutterland bot diese Freiheit, sie machte es sogar notwendig, dass die Kolonien sich weitgehend selbst verwalteten. Die wachsende Zahl von Einwanderern aus verschiedenen Ländern lockerte zusätzlich die Bindung an England: Die schwierigen Lebensbedingungen führten dazu, dass die Kolonisten sich als Gemeinschaft verstanden – auf sich selbst angewiesen und für sich verantwortlich.
Diese Entwicklung widersprach völlig den Interessen der englischen Regierung. Sie erhoffte sich aus den Kolonien Einnahmen für die Staatskasse. Diese brauchte sie dringend, nachdem ein Kolonialkrieg gegen Frankreich 1763 zum Sieg, aber auch zu hohen finanziellen Verlusten geführt hatte. Um die Schulden abzubauen, verabschiedete das Parlament eine Reihe von Zoll- und Steuergesetzen. Diese verstärkten den Druck auf die Kaufleute in den Kolonien, die schon zuvor gezwungen waren, gewinnbringende Waren wie Tee und Zucker und billige Rohstoffe wie Baumwolle nur nach England auszuführen, und sie trafen praktisch alle Kolonisten. Widerstand regte sich, insbesondere gegen den „stamp act“ (1765), nach dem für Dokumente (z. B. Kaufverträge, Testamente), Zeitungen, Spielkarten u. a. Steuern entrichtet werden mussten.

M1 **US-amerikanische Briefmarke von 1976: The Boston Tea Party.** Im Dezember 1773 enterten einige als Indianer verkleidete Kolonisten als Protest gegen die Steuergesetze drei englische Schiffe und warfen 342 Kisten Tee über Bord.

Kolonisten werfen Steuergesetze über Bord

„No taxation without representation“ (keine Besteuerung ohne Mitsprache im Parlament), forderten Abgesandte der Kolonien in England. Auf die massiven Proteste hin hob die englische Regierung diese Steuer wieder auf, aber weitere folgten, z. B. eine Importsteuer auf Tee, Glas und Papier. Die Kolonisten, unter ihnen viele Frauen, boykottierten deshalb diese Waren und es kam zu Gewalttätigkeiten gegen englische Soldaten und Beamte, die die Steuern eintreiben sollten. Nachdem Mitglieder der Geheimorganisation „Sons of Liberty“ 1773 in Boston zum Protest gegen Teezoll aufgerufen hatten und 1774 erstmals Aktionen über die Grenzen der Kolonien hinweg vereinbart worden waren, schickte England Truppen gegen die so genannten Rebellen. Am 4. Juli 1776 erklärten Abgesandte der 13 Kolonien in Philadelphia die Unabhängigkeit der „United States of America“ (USA).
Den englischen Truppen war die Armee aus Siedlern, die George Washington anführte, militärisch hoffnungslos unterlegen, wenn auch ihre Einsatzbereitschaft auf der Gegenseite keinen Vergleich fand. Doch das Blatt wendete sich, als sich fast alle europäischen Staaten, vor allem Frankreich und Spanien, auf die Seite der Amerikaner stellten, Geld und Soldaten schickten: 1783 endete mit dem Frieden von Paris der Unabhängigkeitskrieg; die USA wurden von England und den anderen europäischen Großmächten offiziell anerkannt.
Warum weigerten sich die Kolonisten Steuern zu zahlen und nahmen dafür sogar Waffengewalt in Kauf? Welche Ziele verbanden die Kolonien mit der Unabhängigkeitserklärung?

M2 Hilfe für die notleidenden Brüder

Die englische Regierung sperrte im März 1774 den Hafen von Boston; daraufhin fanden in allen Kolonien Veranstaltungen statt, um die Bostoner Bevölkerung zu unterstützen. Die Versammlung von Philadelphia im Juni 1774, die 8000 Teilnehmer zählte, einigte sich auf folgende Beschlüsse:

1. –, dass der Beschluss des Parlaments, den Hafen von Boston zu schließen, ungesetzlich, ... gefährlich für die Freiheiten der britischen Kolonien ist und dass er deshalb in der Erwägung, dass die Menschen in Boston unsere Brüder sind, angesehen werden muss als eine Belastung für die gemeinsame Sache Amerikas;
2. –, dass ein Kongress von Vertretern der einzelnen Kolonien in Nordamerika das geeignetste und tauglichste Mittel ist, um unseren notleidenden Brüdern Hilfe zu bringen, ... Sicherung unserer Rechte und Freiheiten und Wiederherstellung von Frieden und Eintracht zwischen Großbritannien und diesen Kolonien auf einer Grundlage der Verfassung zu erreichen.
3. –, dass ein großes und ansehnliches Komitee für Stadt und Grafschaft Philadelphia sofort geschaffen werde, um mit den Schwesterkolonien und den einzelnen Grafschaften dieser Provinz in Schriftverkehr zu treten mit dem Auftrag, alles darauf zu vereinigen, um vorzuschreiten und auszudauern für das große und wertvolle Ziel, das in der vorliegenden Entschließung genannt ist.

Zit. nach Geschichte in Quellen, Bd. 4, hg. v. Wolfgang Lautemann u. a., München (bsv) 1981, S. 80f.

M3 Unterdrückung jenseits des Atlantiks?

Der Plantagenbesitzer George Mason aus Virginia schrieb 1766 in einem anonymen offenen Brief an die Fernhandelskaufleute in London:

Die Überquerung des Atlantik hat uns gezwungen, in einem anderen Klima zu leben, nicht aber mit einer anderen Geisteshaltung ... Ein natürlicher Trieb macht den Menschen, insbesondere freie Menschen, unduldsam gegenüber Zwang. Welcher vernünftige Mensch kann denn glauben, dass ein Volk von drei oder vier Millionen, dessen Begabungen nicht von Natur aus mangelhaft sind, das die Annehmlichkeit der Freiheit in einem Land kennen gelernt hat, in dem sich die Bevölkerung alle zwanzig Jahre verdoppelt, dessen Vielfalt von Böden und Klimazonen es ermöglicht, sich selbst zu versorgen und die Annehmlichkeiten des Lebens zu genießen – glaubt jemand ernsthaft, dass ein solches Volk sich lange der Unterdrückung fügen wird?

Zit. nach, Willi Paul Adams, Die USA vor 1900, München (Oldenbourg) 2000, S. 39.

1 Beschreibe M4 (siehe Arbeitsschritte S. 103). Was kritisiert der Karikaturist?

2 Überlege, warum die Frauen protestierten. Berücksichtige dabei den Namen der Frauenorganisation in M 4.

3 Notiere, welche „Eigenschaften“ der Autor von M3 den Kolonisten zuschreibt und wie er diese begründet.

4 Der Verfasser von M3 will anonym bleiben, schreibt aber einen offenen Brief: Ist das nicht widersprüchlich? Diskutiert in der Klasse darüber.

5 Die Briefmarke M1 wurde zur 200-Jahr-Feier der USA gedruckt. Welche Wertung ist damit verbunden?

M4 Frauen protestieren gegen die Teesteuer, englische Karikatur von 1775.
Die Karikatur zeigt die „Patriotic Ladies at Edenton in North Carolina“: In dem Schriftstück wird versichert, dass sich die Damen „nicht der schädlichen Sitte des Teetrinkens unterwerfen werden“.

M5 Die Unabhängigkeitserklärung (1776)

Auszug aus der Unabhängigkeitserklärung des Kontinentalkongresses vom 4. Juli 1776:

Wir halten diese Wahrheiten für in sich einleuchtend: dass alle Menschen gleich geschaffen sind; dass sie von ihrem Schöpfer mit gewissen unveräußerlichen Rechten ausgestattet sind, darunter Leben, Freiheit und Streben nach Glück; dass zur Sicherung dieser Rechte Regierungen unter den Menschen eingesetzt sind, die ihre gerechten Vollmachten von der Einwilligung der Regierten herleiten; dass, wenn immer eine Regierungsform diesen Zielen zum Schaden gereicht, es das Recht des Volkes ist, sie zu ändern oder abzuschaffen und eine neue Regierung einzusetzen, die sich auf solche Grundsätze aufbaut ... wenn eine lange Kette von Missbräuchen und Anmaßungen, stets das gleiche Ziel verfolgend, die Absicht enthüllt, ein Volk unter den unbeschränkten Despotismus zu beugen, so ist es sein Recht, ist es seine Pflicht, eine solche Herrschaft abzuschütteln und sich neue Bürgschaften für seine zukünftige Sicherheit zu verschaffen ... Im Namen und in Vollmacht des guten Volkes dieser Kolonien geben wir feierlich bekannt und erklären, dass diese vereinigte Kolonien sind und von Rechts wegen sein sollen freie und unabhängige Staaten.

Zit. nach Geschichte in Quellen, Bd. 4, hg. v. Wolfgang Lautemann u. a., München (bsv) 1981, S. 90ff.

M6 Molly Pitcher in der Schlacht von Monmouth 1778,

Stahlstich um 1850. Mary Hays, genannt Molly Pitcher (Pitcher = Krug), wurde zur Heldin des amerikanischen Unabhängigkeitskrieges. Sie hatte in der Schlacht Wasser für die erschöpften amerikanischen Soldaten geschleppt. Nachdem ihr Mann im Kampf gefallen war, übernahm sie seinen Posten an der Kanone.

M7 Die Amerikanische „Revolution": Wie stellen sich Amerikaner heute dazu?

Der Amerikanist Gert Raeithel schreibt 1987 dazu:

Die Amerikaner haben kein eindeutiges Verhältnis zu ihrer Revolution. Ehrfürchtig betrachten Besucher in der Bundeshauptstadt das Original der Unabhängigkeitserklärung, in Boston die Knöpfe vom Rock des Schmugglerkönigs John Hancock oder einen Quilt aus den Kleidern der weniger bedeutenden Martha Washington. Gleichzeitig erweckt der Gedanke an Revolution einen merkwürdigen Argwohn, der weniger auf das Schuldgefühl zurückgeht, das Mutterland verraten zu haben, als auf das Bewusstsein, jetzt und für alle Zeiten das beste System der Welt geschaffen zu haben. Jede andere Vorstellung muss als Landesverrat wirken ... Die in Bündnisse verstrickten USA lassen alljährlich im Kongress die Abschiedsrede des ersten Präsidenten verlesen, der seine Landsleute dringend vor „permanent alliances, with any portion of the foreign world" warnte. Das ist mehr als ein leeres Ritual. Unabhängigkeit und Separatismus[1] sollen anerkannte Ziele bleiben ... Nach der Trennung von England konnte Amerika die Eroberung des Kontinents auf eigene Faust fortsetzen.

Gert Raeithel, Geschichte der nordamerikanischen Kultur, Bd. 1, Weinheim/Berlin (Quadriga) 1987, S. 235f.

1 absichtliche Trennung, Isolierung

M8 Boston am Tag der Unabhängigkeit

Abigail Smith Adams (1744–1818), die Gattin des zweiten Präsidenten der USA, schrieb ihrem Mann John Adams (1737–1826) am 21. Juli 1776:

Letzten Donnerstag bin ich, nachdem ich eine gute Predigt gehört hatte, mit den Massen in die King Street gegangen, um die Lesung und Verkündung der Unabhängigkeitserklärung zu hören ... Die Truppen erschienen bewaffnet , und alle Einwohner versammelten sich dort ... Colonel Crafts las die Erklärung vom Balkon des Parlamentsgebäudes. Jedem Wort wurde große Aufmerksamkeit geschenkt. Sobald er geendet hatte, kam der Ruf vom Balkon: „Gott schütze unsere amerikanischen Staaten" und dann drei Hochrufe, die durch die Luft drangen. Die Glocken läuteten, die Artillerie feuerte Salutschüsse ab, die Kanonen wurden gezündet ... und Freude stand in jedem Gesicht.

Zit. nach John W. Caughey u. a., Land Of The Free, New York (Benziger) 1971, S. 146. Übers. d. Verf.

M9 Das Denkmal des englischen Königs wird gestürzt, Gemälde von Johann Oertel, 1853.
Das Denkmal Königs Georg III. in New York wurde gestürzt, nachdem die Unabhängigkeitserklärung verkündet worden war. Die Statue wurde zu Kanonenkugeln umgegossen.

Das Kugellager-Verfahren

Vereinbarungen wie in M2 und M5 beschrieben, veranlassten die englische Regierung von „Rebellion“ zu sprechen.
Teilt die Klasse in zwei möglichst gleich große Gruppen: Die eine untersucht M2, die andere M5 auf Aussagen, die aus englischer Sicht diese Bezeichnung rechtfertigen.
Dann bildet ihr einen Innen- und Außenkreis; je zwei Personen sitzen sich gegenüber – und zwar im Innenkreis die „Leser“ von M2, im Außenkreis die von M5.
Beginnt im Innenkreis: Jeder referiert seine Ergebnisse. Versucht sie in euren eigenen Worten wiederzugeben und zu erklären. Dann trägt der im Außenkreis Sitzende vor. Anschließend rückt der Innenkreis nach links zwei Stühle weiter und das Ganze wiederholt sich mit neuen Partnern.
Diskutiert abschließend im Plenum, warum die englische Regierung nicht zu Verhandlungen bereit war.

Lesetipp

Paul O'Neill, Der Weg nach Westen, (Time-Life) 1995.

Joan Swallow Reiter, Die Frauen, (Time-Life) 1996.

Beide Bücher sind in der inzwischen 20 Bände umfassenden Time-Life-Reihe „Der Wilde Westen“ erschienen, die spannend und mit vielen Illustrationen und grafischen Darstellungen versehen über die Pioniergeschichte Amerikas informieren.

6 Untersuche, wie Abigail Adams ihrem Mann die Situation in Boston am Tag der Unabhängigkeitserklärung schildert (M8).

7 Prüfe, ob M8 und M9 in Widerspruch zueinander stehen.

8 Untersucht M7 daraufhin, wie der Historiker die heutige Beziehung der Amerikaner zur „Revolution“ 1776 einschätzt. Diskutiert in der Klasse, ob seine Interpretation der historischen Ereignisse durch die Materialien gestützt wird.

M1 The Founders of the New World, Foto, 1999.
Die riesigen Porträts, die Gutzon Borglum zwischen 1927 und 1941 in den Fels des Mount Rushmore in South Dakota meißelte, zeigen die amerikanischen Präsidenten George Washington, Thomas Jefferson, Theodore Roosevelt, Abraham Lincoln (v. l. n. r.).

„Alle Macht ruht im Volke ...“

Ein „Drei-Schritte-Interview“ – Informationen austauschen

Bildet Dreiergruppen. Je ein Gruppenmitglied erarbeitet M1, M2 oder M3. Nehmt die Modelle zur Analyse von Textquellen zur Hilfe. Dann setzt ihr euch zusammen: Zwei Schüler bilden das Interviewteam, der dritte schreibt mit. Zuerst trägt der Schüler, der M1 untersucht hat, dem Bearbeiter von M2 (in 5 Minuten) seine Ergebnisse vor; dieser kann weitere Fragen stellen; der Bearbeiter von M3 protokolliert. Er ist in der nächsten Runde der Interviewer, sein Gegenüber der Bearbeiter von M2; der dritte schreibt. Nach der dritten Runde trefft ihr euch mit einer zweiten Gruppe, die Protokollanten vergleichen die Ergebnisse der einzelnen Interviews. Differenzen müssen die Experten der Gruppen klären. Diskutiert gemeinsam: Welches Bild von den Anfängen der Demokratie in den USA vermitteln die Materialien M1 bis M3 (Kennzeichen, Wertung)? Meint ihr, dass ein amerikanischer Zeitzeuge eure Eindrücke bestätigen würde?

M2 Amerika und die Demokratie

Johann Christian Schmohl (1756–1784) verlor wegen politischer Schriften seine Stelle an der Universität Halle und musste fliehen. Über Amerika, wohin er auswandern wollte, schrieb er in einem Aufsatz:

Noch keine Regierung ist ... dem Ideal der reinen Demokratie näher gewesen als die dreizehn Vereinigten Staaten von Amerika, wo jeder Bürger Kriegsmann ist und seine Stimme im Parlament hat; wo aus jeder Land- und Stadtschaft gleich viele Vertreter mit gleichen Rechten zum Provinzialkongress und von jedem Provinzialkongress gleich viele Vertreter mit gleichen Rechten zum Kontinentalkongress geschickt werden; wo jedes Familienoberhaupt, hat es Kräfte und Verdienste dazu, zum Ersten, zum Präsidenten des Kontinentalkongresses aufsteigen kann. Mögen immer noch einige der Einrichtungen, die ich im Zusammenhang mit dem Ideal der guten Demokratie genannt habe, fehlen, ... sie werden gemacht werden ...
Sie haben bemerkt, was für eine Erschütterung das großartige Beispiel Nordamerikas in den europäischen Gemütern ausgelöst hat. Aus sich selbst heraus hat Europa nicht mehr Stärke genug sich zu reformieren. Aber Beispiele ... vermögen noch etwas. Amerika ist's, aus dem es seine Rettung empfangen wird.

Johann Christian Schmohl, Über Nordamerika und Demokratie, hg. v. R. Wild, St. Ingbert (Röhrig) 1992, S. 87f. Bearb. d. Verf.

Das Ende der Konföderation?

Der Unabhängigkeitskrieg hatte zwar den ehemaligen Kolonien die Loslösung von England gebracht, aber sie wirtschaftlich schwer geschädigt. Und auch ihre politische Einigkeit, die sie wirkungsvoll gegen die englische Regierung eingesetzt hatten, hatte viel Energie eingebüßt: Die 1781 entstandene Konföderation, ein loser Staatenbund, drohte zu zerfallen. Besonders deutlich zeigte sich dies darin, dass zwar in den Einzelstaaten Verfassungen* ausgearbeitet wurden, aber im Kontinentalkongress bis 1787 keine endgültige Einigung in der entscheidenden Frage erreicht wurde: Sollten sich die Einzelstaaten zu einer „Union“, einem Bundesstaat, zusammenschließen und auf ihre gerade gewonnene Entscheidungsmacht zu Gunsten einer übergeordneten Bundesregierung verzichten, oder sollten die Einzelstaaten ihre Rechte behalten und in einem Staatenbund mit einer politisch relativ „schwachen“ Bundesregierung organisiert bleiben?

M3 „Der soziale Umsturz hat sich dort leicht durchgesetzt“

Alexis Clérel de Tocqueville (1805–1859), französischer Staatstheoretiker, hatte die USA bereist und war beeindruckt von den politischen Einrichtungen dort. In seinem Buch „Die Demokratie in Amerika“ schrieb er 1835:

Es gibt auf der Welt ein Land, in dem der große soziale Umbruch, von dem ich spreche, fast seine natürliche Grenze erreicht zu haben scheint; er hat sich dort leicht und einfach durchgesetzt – oder besser gesagt: dieses Land genießt die Folgen des demokratischen Umsturzes, der bei uns vor sich geht, ohne den Umsturz selbst erleben zu müssen ... Meines Erachtens steht außer Zweifel, dass wir früher oder später genauso wie die Amerikaner zu einer fast völligen Gleichheit in den Lebensbedingungen kommen ... Nicht nur um eine immerhin berechtigte Neugierde zu befriedigen, habe ich Amerika zum Objekt meiner Untersuchungen gemacht; ich wollte dort auch Lehren finden, die wir hier verwerten können. Zu glauben, ich wollte ein Loblied schreiben, ist eine Täuschung ... Ich habe untersucht, welche Vorsichtsmaßnahmen die Amerikaner angewandt haben, um der Demokratie eine bestimmte Richtung zu geben, und welche anderen Maßnahmen sie versäumt haben mögen.

Alexis C. de Tocqueville, Die Demokratie in Amerika, übers. v. F. A. v. d. Heyde, Regensburg (Habbel) 1955, S. 63 ff.

Die Verfassung von 1787

1787 setzte der Kongress einen Ausschuss ein, der unter strenger Geheimhaltung einen Verfassungsentwurf ausarbeiten sollte, in dem die Einzelstaaten Rechte behalten, die Zentralregierung aber mehr Entscheidungskraft als bisher bekommen sollte. Das Ergebnis war im Kern die bis heute gültige Verfassung der USA. Der Staatenbund wurde in einen Bundesstaat umgewandelt; ein System aus „checks and balances“ sollte die Regierenden kontrollieren und Machtmissbrauch verhindern (siehe S. 79).
Die Bundesregierung erhielt z. B. das Recht Verträge zu schließen, Steuern und Zölle zu erheben; die Einzelstaaten waren u. a. zuständig für die Verwaltung, das Gesundheits- und Bildungswesen. Die Frage des Wahlrechts* war sehr umstritten: Sollten alle Bürger gleiches Wahlrecht erhalten oder sollte es abhängig sein vom Besitzstand – wie in der Kolonialzeit? 1787 entschied die Mehrheit der Delegierten im Kongress: Das Wahlrecht sollte an Eigentum gebunden sein, 1830 wurde diese Einschränkung aufgehoben. Ehemalige Sklaven erhielten 1870, Frauen erst 1920 Wahlrecht.
„Wir, das Volk der Vereinigten Staaten, ... setzen und begründen die Verfassung“ – entsprach diese Aussage der Wirklichkeit im Jahr 1787? Was war das Neue, das Besondere, das die amerikanische Verfassung zum Vorbild vieler demokratischer Verfassungen machte?

M4 Warum Gewaltenteilung notwendig ist …

James Madison (1751–1836), der sich schon während des Unabhängigkeitskriegs politisch engagiert hatte, schrieb 1787/88 zusammen mit Alexander Hamilton und John Jay die Federalist-Artikel in der Erwartung, dass, wenn sie den bestehenden Vorschlag für eine Bundesverfassung erklärten, diese eine breitere Zustimmung erhielte. Im 51. Artikel befasste sich Madison mit der Gewaltenteilung:

Wenn die Menschen Engel wären, so bräuchten sie keine Regierung. Wenn Engel die Menschen regierten, dann bedürfte es weder innerer noch äußerer Kontrollen der Regierenden. Entwirft man jedoch ein Regierungssystem von Menschen über Menschen, dann besteht die große Schwierigkeit darin: Man muss zuerst die Regierung befähigen, die Regierten zu beherrschen und sie dann zwingen, die Schranken der eigenen Macht zu beachten.

Die Abhängigkeit vom Volk ist zweifellos das beste Mittel, die Regierung zu kontrollieren, aber die Menschheit hat aus Erfahrung gelernt, dass zusätzliche Vorkehrungen nötig sind …

Man [kann] nicht jeder der drei Gewalten[1] gleich viel Macht zur Selbstverteidigung geben. In einem republikanischen Regierungssystem dominiert notwendig die Legislative. Eine mögliche Abhilfe für dieses Problem ist es, die Legislative in unterschiedliche Kammern aufzuteilen … Aus der relativen Schwäche der Exekutive [kann] sich die Notwendigkeit ergeben, diese zu stärken. Ein absolutes Vetorecht gegenüber der Legislative erscheint auf den ersten Blick als die logische Waffe … Aber vielleicht wäre das weder völlig sicher noch für sich allein ausreichend.

Alexander Hamilton/James Madison/ John Jay, Die Federalist-Artikel, übers. v. A. Adams u. a., Paderborn (Schöningh) 1994, S. 310–314.

1 Legislative = gesetzgebende Gewalt; Exekutive = ausführende Gewalt; Jurisdiktion = richterliche Gewalt

M5 Die „Bill of Rights" 1791

Die Zusatzartikel 1 bis 10 der amerikanischen Verfassung wurden während der ersten Sitzungsperiode des Kongresses von J. Madison eingereicht und nach einigen Änderungen durch das Repräsentantenhaus und den Senat am 15. Dezember 1791 verabschiedet:

1: Der Kongress darf kein Gesetz erlassen, das die Einführung einer Staatsreligion zum Gegenstand hat, die freie Religionsausübung verbietet, die Rede- oder Pressefreiheit oder das Recht des Volkes einschränkt, sich friedlich zu versammeln und die Regierung durch Petition um Abstellung von Missständen zu ersuchen.

2: Da eine gut ausgebildete Miliz für die Sicherheit eines freien Staates erforderlich ist, darf das Recht des Volkes, Waffen zu besitzen und zu tragen, nicht beeinträchtigt werden …

4: Das Recht des Volkes auf Sicherheit der Person und der Wohnung, der Urkunden und des Eigentums, vor willkürlicher Durchsuchung, Verhaftung und Beschlagnahme darf nicht verletzt werden …

5: Niemand darf wegen eines Kapitalverbrechens oder eines sonstigen schimpflichen Verbrechens zur Verantwortung gezogen werden, es sei denn aufgrund eines Antrags oder einer Anklage durch ein Großes Geschworenengericht … Niemand darf in einem Strafverfahren zur Aussage gegen sich selbst gezwungen, noch des Lebens, der Freiheit oder des Eigentums ohne vorheriges ordentliches Gerichtsverfahren nach Recht und Gesetz beraubt werden …

8: Übermäßige Bürgschaften dürfen nicht gefordert, übermäßige Geldstrafen nicht auferlegt und grausame oder ungewöhnliche Strafen nicht verhängt werden.

Angela Adams/Willi Paul Adams (Hg.), Die Amerikanische Revolution und die Verfassung 1754–1791, München (dtv) 1987, S. 442 ff.

1 Wie begründet Madison die Notwendigkeit der Gewaltenteilung und welche „Strategien" zeigt der Text dafür auf (M4)?

2 Erläutere anhand von M5, welche Absicht bzw. Zielsetzung in allen Artikeln der „Bill of Rights" zu erkennen ist.

3 Überlege, warum diese „Zusätze" zur Verfassung notwendig erschienen, die doch erst 4 Jahre zuvor verabschiedet worden war. Ziehe dafür das Verfassungsschema auf S. 79 heran.

4 Vergleicht M5 mit den ersten fünf Artikeln des Grundgesetzes der Bundesrepublik Deutschland und besprecht eure Ergebnisse (siehe S. 280 f.).

Ein Verfassungsschema interpretieren

Die Verfassung als Schaubild

Gesetzestexte wie z. B. Verfassungen sind schwer zu erschließen, nicht aufgrund ihrer Ausdrucksweise, sondern weil sie auch komplizierte Sachverhalte enthalten. Schaubilder werden oft benutzt, um Zusammenhänge bzw. Formulierungen zu vereinfachen und zu verdeutlichen. Allerdings ist auch hier die Voraussetzung, dass du ihre „Sprache" verstehst.

1 Untersuche M1 entsprechend den Arbeitsschritten.

2 „Alle Macht ruht im Volke und leitet sich daher von ihm ab" (Artikel 2 der Grundrechte-Erklärung Virginias, 1776). Erfüllt die US-Verfassung diese Forderung? Setze dich anhand von M1 kritisch mit dieser Frage auseinander.

Arbeitsschritte Ein Verfassungsschema interpretieren

1. Schritt: Einzelne Elemente der Abbildung erfassen
– Welche (Fach-)Begriffe werden genannt (z. B. Senat, Wahlmänner)?
– Welche Symbole sind zu erschließen (z. B. Farben, Pfeile)?

2. Schritt: Den Aufbau untersuchen
– Wie ist das Schaubild zu lesen: von unten nach oben, von links nach rechts – oder umgekehrt?
Gibt es einen inhaltlich logischen „Einstieg"? Verändert sich die Aussage des Schemas für den Betrachter, je nachdem, welchen Zugang und Weg er wählt?

3. Schritt: Den Inhalt erschließen
– Welche Informationen enthält das Verfassungsschema?
– Gibt es Hilfen, um diese Informationen zu verstehen?
– Wird deutlich, wie die einzelnen Elemente der Verfassung in Beziehung zueinander stehen? (z. B. Wer kann politisch (mit-)bestimmen und wie? Sind alle Elemente einander gleichgestellt oder gibt es z. B. ein „Oben" und „Unten" – mit welchen Konsequenzen?)
– Was bleibt unklar bzw. ungenau, sodass weitere Recherchen notwendig sind?

4. Schritt: Die Aussagekraft bewerten
– Lassen sich anhand des Schemas die Grundprinzipien der Verfassung formulieren?
– Ist es möglich, aus dem Schema „Stärken" und „Schwächen" der Verfassung zu erkennen?

5. Schritt: Den historischen Zusammenhang einbeziehen
– Da ein Verfassungsschema keine Quelle ist, sondern deren wissenschaftliche Interpretation, muss es anhand von weiteren Materialien bzw. Informationen überprüft werden.

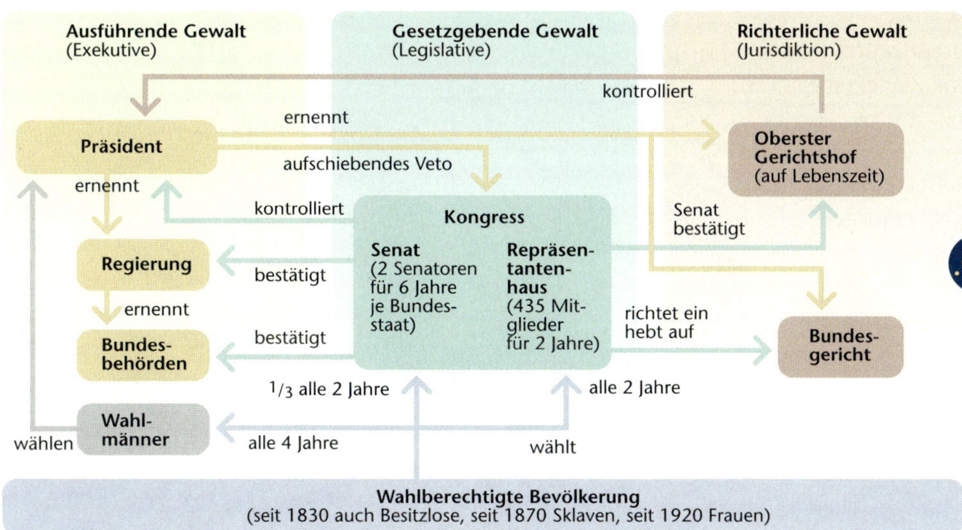

M1 Die Verfassung der Vereinigten Staaten von Amerika

Keine politische Mitbestimmung – keine Rechte?

Frauen, Indianer, Sklaven im Schatten der Demokratie

Die Verfassung von 1787 formuliert: „Wir, das Volk der Vereinigten Staaten“; doch längst nicht alle Menschen konnten politische Entscheidungen beeinflussen. Und während in den folgenden Jahrzehnten durch Verfassungszusätze das Wahlrecht ausgeweitet und die Grundrechte des Einzelnen genauer bestimmt wurden, blieben Frauen, Indianer und Sklaven vom Wahlrecht ausgeschlossen. Gab es noch mehr Gemeinsamkeiten zwischen diesen „Gruppen“? Wofür bzw. wogegen kämpften diejenigen, die sich nicht mit ihren Lebens- und Arbeitsbedingungen und den Rechten abfinden wollten, die ihnen die Gesellschaft und die Verfassung zuwiesen? Zeigen sich Parallelen und Verbindungen in ihrem Kampf um mehr Anerkennung? Waren es Einzelne, die protestierten, oder so viele, dass von einer „Massenbewegung“ gesprochen werden muss? Wo fanden sie Fürsprecher, wo stießen sie auf Ablehnung? Heute, nach mehr als 200 Jahren Kampf um Anerkennung, lässt sich feststellen: Er hat die amerikanische Gesellschaft unterschiedlich „betroffen“. Die Frage der Sklaverei löste 1861 einen vierjährigen blutigen Bürgerkrieg aus, der die gesamten USA erschütterte. Die Forderung nach dem Frauenwahlrecht – längst nicht von allen Amerikanerinnen aktiv unterstützt – wurde von der Frauenrechtsbewegung aufgenommen, die sich für die Gleichstellung von Mann und Frau allgemein einsetzte. Die Indianer, ihres Landes und ihrer Lebensgrundlagen beraubt, in Reservate abgedrängt und ihren Kulturen entfremdet, konnten erst in jüngster Zeit eigene „Kräfte“ mobilisieren und auch „von außen“ darin unterstützt werden, vor der amerikanischen Regierung und „Gesellschaft“ ihre angestammten Rechte geltend zu machen.

„Ohne Rechte“ – eine Gruppenarbeit

Teilt die Klasse in drei Gruppen und erarbeitet die Materialien zu „Frauen“ (S. 81), „Indianern“ (S. 82) und „Sklaven“ (S. 83) jeweils unter folgender Fragestellung:
- Welche Forderungen wurden gestellt?
- Was wurde kritisiert?
- Welche Gründe sprachen für, welche gegen die Forderungen?
- Wer unterstützte sie, wer widersetzte sich – warum?

Stellt euch vor, ihr sollt die Forderungen in einer Diskussion (Parlament, Podiumsdiskussion, politische Talkshow) vortragen und verteidigen. Bestimmt in den Arbeitsgruppen einen oder zwei Sprecher für diese Aufgabe. Sammelt auf der Grundlage eurer Ergebnisse – und gegebenenfalls weiterer Informationen, über die ihr verfügt – möglichst viele Argumente, die den Sprechern helfen. Bedenkt auch Gegenargumente bzw. Einwände, mit denen sie sich in der Diskussionsrunde auseinander setzen müssen. Die Diskussion selbst könnt ihr nach der Methode durchführen, die auf S. 84 erklärt wird.

„Ich weiß gar nicht, worüber ihr Hühner euch beklagt. Wir versuchen doch nur, euer weibliches Ansehen zu schützen.“

Gleiches Recht für alle?, M1
amerikanische Karikatur, 1992. Inschrift auf den Eiern: Ungleiche Bezahlung; Benachteiligung am Arbeitsplatz; veraltetes Arbeitsrecht.

M2 „Denkt an die Frauen!"

Briefwechsel zwischen Abigail Smith Adams und ihrem Mann John Adams. Abigail – Mutter von fünf Kindern – war politisch sehr interessiert und engagierte sich ihr Leben lang für die Rechte der Frauen:

2A *Abigail schrieb am 31. März 1776:* Ich sehne mich nach der Nachricht, dass ihr die Unabhängigkeit erklärt habt. Und, nebenbei, in dem neuen Gesetzbuch, das ihr – meiner Meinung nach – notwendig machen müsst, solltet ihr – wie ich wünsche – an die Frauen denken und sie großzügiger und günstiger behandeln, als eure Vorfahren es taten. Gebt keine solche unbegrenzte Macht mehr in die Hände der Ehemänner. Erinnert euch, dass alle Männer Tyrannen wären, wenn sie könnten. Wenn den Frauen keine besondere Sorge und Berücksichtigung zuteil wird, sind wir entschlossen, einen Aufruhr zu schüren. Wir werden uns nicht durch irgendwelche Gesetze gebunden fühlen, bei denen wir kein Stimm- oder Vertretungsrecht haben ... Betrachtet uns also als von der Vorsehung unter euren Schutz gestellt. Und in Nachahmung des höchsten Wesens macht von dieser Gewalt nur zu unserm Glück Gebrauch.

2B *John Adams antwortete am 14. April 1776:* Was dein außerordentliches Gesetzbuch betrifft, da kann ich nur lachen. Man hat uns erzählt, dass unser Kampf (gegen England) die Bande der Obrigkeit überall gelockert habe, dass Kinder und Lehrlinge ungehorsam würden, dass Schulen und Universitäten aufgewühlt würden, dass Indianer ihre Wächter missachteten und Neger unverschämt gegen ihre Herren würden. Aber dein Brief war der erste Hinweis, dass noch ein anderer Klüngel – zahlreicher und mächtiger als alle anderen – zur Unzufriedenheit herangezüchtet wird ... Verlass dich drauf, wir wissen etwas Besseres, als unsere männlichen Einrichtungen außer Kraft zu setzen ... Wir haben nur den Namen von Herren, und ehe wir diesen aufgeben (was uns völlig dem Despotismus der Unterröcke untertänig machte!) würden hoffentlich General Washington und alle unsere tapferen Helden kämpfen.

Zit. nach Bodo von Borries, Im „Paradies der Frauen"? In: Anette Kuhn u. a. (Hg.), Fachwissenschaftliche Beiträge zur Sozialgeschichte der Frauen, Bd. II, Düsseldorf (Schwann) 1986, S. 129 f.

Der Kampf um das Frauenwahlrecht

- **1790–1870** New Jersey garantiert Frauen das Wahlrecht.
- **1868** Spaltung der Frauenwahlrechtsbewegung: Der gemäßigte Flügel unterstützt die Bürgerrechtsbewegung der Schwarzen, der radikale Flügel lehnt dies ab.
- **1869/70** Frauen dürfen in Wyoming und Utah wählen.
- **1890** Vereinigung der Frauenwahlrechtsbewegung: „National American Women's Suffrage Association"
- **seit 1910** Öffentlichkeitsarbeit: z. B. Protestaktionen
- **1913** Kongressdebatte über das Frauenwahlrecht
- **1918** Präsidenten Wilson unterstützt Forderung nach Frauenwahlrecht.
- **1919** Kongress stimmt zu: 19. Zusatzartikel der Verfassung (1920)

M3 Frauen „stehen ihren Mann"

Die Historikerin Elizabeth Jameson untersuchte 1978, woran Siedlerfrauen im 19. Jahrhundert festmachten, dass sie sowohl von der Gesellschaft als auch von der Staatsmacht respektiert wurden. Eine Interviewpartnerin dazu:

Ich hatte einen Onkel, der in Goldfield lebte ... Und Großmutter lebte auch dort. [Der Onkel soll zum Militär eingezogen werden und wird deshalb von Soldaten gesucht.] Großmutter hat nie gesagt, wo er nun genau hingegangen war oder wo er sich versteckt hatte ... Sie haben das ganze Haus auf den Kopf gestellt! Sie haben sogar im Brotkasten geguckt. Nun ja, das hat Großmutter auf die Palme gebracht. Und sie sagte: „Er ist mit Sicherheit nicht so klein, dass er in den Brotkasten passt! Und jeder Einzelne von euch verflixten Kerlen verschwindet jetzt aus diesem Haus und lässt diese Frau in Ruhe! ... Ihr könnt sehen, in welchem Zustand sie ist. Und nun", sagte sie, „geht!"

Elizabeth Jameson, Women as Workers. In: Nanc F. Cott, History of Women in the United States, Vol. 4, Part 1, New York 1992, S. 254.

M4 **Im Schatten der Mission,** Gemälde von Ferdinand Deppe, 1828. Die Indianer, die in der Gegend des heutigen Los Angeles lebten, wurden von den Spaniern gezwungen, in das Gebiet der Mission San Gabriel umzusiedeln.

M6 „Ich liebe das Büffelland“

Der Kiowa-Häuptling Satanta, der nach 1878 nach vier Jahren Haft Selbstmord verübte, hatte gegenüber einem Regierungsvertreter geäußert:

Ich liebe das Büffelland und will es nicht teilen. Ich will keine Kirche in dem Land. Ich habe gehört, dass du uns in einem Reservat in der Nähe der Berge ansiedeln willst. Ich will nicht siedeln. Ich liebe es durch die Prärie zu ziehen. Dort fühle ich mich frei und glücklich, aber wenn wir irgendwo bleiben sollen, werden wir krank und sterben. Ich habe dir immer die Wahrheit gesagt. Aber wie ist es mit den Regierungsbeauftragten? Sind sie so offen wie ich? Vor langer Zeit hat dieses Land unseren Vätern gehört; aber wenn ich zum Fluss komme, sehe ich dort Soldatencamps. Diese Soldaten haben meine Bäume gefällt, sie haben meine Büffel getötet.

Zit. nach Worcester, Donald, Satanta. In: R. David Edmunds, (Hg.), American Indian Leaders, Lincoln (University of Nebraska Press) 1980, S. 113 f.

M5 Indianer als Verbündete

Ethan Allen führte die Green Mountain Boys, eine Kampftruppe aus Siedlern, im Unabhängigkeitskrieg gegen die Engländer. 1775 wendete er sich an die Indianer in Kanada:

Ich wünsche, dass eure Krieger kommen und mich besuchen und mir helfen, des Königs reguläre Truppen zu bekämpfen. Ihr wisst, ihre Offiziere und Mannschaften stehen fest zusammen und meine Leute kämpfen so, wie es Indianer tun, und ich wünsche, dass eure Krieger sich mit den meinigen vereinigen wie Brüder und die regulären Truppen in den Hinterhalt locken; wenn ihr wollt, gebe ich euch Geld, wollene Decken, Streitäxte, Messer, Farbe und alles, was es in der Armee gibt, gerade wie unter Brüdern; und ich will mit euch in die Wälder auf Vorposten gehen; und meine und eure Männer sollen gemeinschaftlich schlafen, essen und trinken und die regulären Truppen bekämpfen, weil sie zuerst unsere Brüder getötet haben.

Zit. nach Geschichte in Quellen, Bd. 4. hg. v. Wolfgang Lautemann u. a., München (bsv) 1981, S. 35.

M7 Warum die Indianer unterdrückt wurden

Der Amerikanist Gert Raeithel sieht die Wurzeln der Spannungen in der Haltung der ersten Kolonisten (1987):

Der ersten Charter von Virginia zufolge war eines der Ziele der Kolonisierung, den Indianern die Frohe Botschaft zu bringen ... Der offizielle Beginn der Missionsarbeit [in Massachusetts] fiel auf das Jahr 1644, als der Magistrat von Boston anordnete, den Indianern im puritanischen Einzugsbereich Religionsunterricht zu erteilen. Vier Jahre später wurde den Eingeborenen die Ausübung ihrer eigenen Religion verboten ... In den Schriften der britischen Kolonisten stößt man auf Argumente, warum es rechtens sei, den Indianern ihr Land wegzunehmen. Sie hätten keine festen Wohnsitze ... und kein Vieh, mit dem der Boden verbessert werde ... Sofern man ihnen genügend Land zum Überleben ließe, gehöre der Rest mit Fug und Recht den Weißen ... Das Land ist weit und leer, sagte sich der Siedler, Indianer gibt es nur wenige, zudem haben sie weder Kunst, Wissenschaft noch die Fähigkeit, das Land zu bestellen.

Gert Raeithel, Geschichte der nordamerikanischen Kultur, Bd. 1, Weinheim/Berlin (Quadriga) 1987, S. 65 ff. Bearb. d. Verf.

M8 Unterschiedliche Positionen zur Sklaverei

1619 eingeführt, weitete sich in der zweiten Hälfte des 17. Jahrhunderts der Sklavenhandel in Virginia aus. Seit 1670 galt, dass der Status „Sklave“ durch die Mutter vererbt wurde.

8A *Deutsche Einwanderer (1688):* Aus folgenden Gründen wenden wir uns gegen den Handel mit Menschen: Gibt es jemanden unter uns, der möchte, dass ihm eine derartige Behandlung widerführe, d. h. der verkauft und Zeit seines Lebens zum Sklaven gemacht werden wollte? ... Wir sind dagegen, dass Menschen hierher gebracht oder geraubt und gegen ihren Willen verkauft werden. In Europa gibt es viele Menschen, die wegen ihrer Anschauung unterdrückt werden, und hier werden diejenigen unterdrückt, deren Hautfarbe schwarz ist ... Es hinterlässt einen sehr schlechten Eindruck in all den Ländern in Europa, wo die Menschen davon hören, dass hier die Quäker mit Menschen umgehen, wie sie selbst ihr Vieh behandeln.

Zit. nach Geschichte in Quellen, Bd. 4, hg. v. Wolfgang Lautemann u. a., München (bsv) 1981, S. 47.

8B *Ein Sklavenhalter aus Massachusetts (1672):* Gott [hat] verschiedene Grade und Klassen von Menschen festgesetzt ..., manche sollten erhaben und angesehen, manche niedrig und verachtungswürdig sein ... manche sollten als Sklaven geboren werden und für den Rest ihres Lebens Sklaven bleiben, wie es sich erwiesen hat. Anderenfalls würde einfach Gleichheit unter den Menschen herrschen.

Zit. nach Wolfgang Wimmer, Die Sklaven. Eine Sozialgeschichte mit Gegenwart, Reinbek (Rowohlt) 1979, S. 162.

M10 Sklavenfamilie in Georgia vor dem Bürgerkrieg, Zeitgenössische Stereofotografie

M9 Sklavenarbeit auf den Plantagen

Der Lehrer Benjamin West berichtete über die Arbeit auf Reisplantagen in South Carolina (1778/79):

Es ist üblich, dass ein Mann fünf-, sechs- oder siebenhundert Sklaven besitzt. 100 [Sklaven] braucht man, so heißt es, um eine Plantage Gewinn bringend zu bearbeiten. Diese werden von einem Aufseher bewacht, der mit einem breiten Schwert bewaffnet ist, und unter ihm steht ein schwarzer Sklaventreiber, der immer eine Peitsche trägt ... Den Sklaven werden pro Jahr (das heißt, wenn sie gute Herren haben) eine kurze Jacke, ein Paar Kniebundhosen aus einem rauen Stoff, den man „Sklavenstoff“ nennt, ... und ein Paar Schuhe zugestanden. Sie bekommen Getreide, Reis und Erbsen zu essen, und es ist allgemeine Regel, ihnen einen Scheffel pro Monat zu geben ... Den Dienern, die man im Haus hält, geht es ganz anders als den Feldsklaven. Sie sind vornehm gekleidet und (in guten Familien) gut ernährt, aber sie bekommen ihren vollen Anteil Prügel.

Zit. nach Willie Rose (Hg.), A Documentary History of Slavery in North America, New York (Oxford University Press) 1976, S. 55 f.

M11 Sklaverei ist Unrecht

Abraham Lincoln (1809–1865), der 1860 Präsident wurde, erklärte 1858 auf einer Wahlkampfreise:

Weil wir [die Republikanische Partei] sie [die Sklaverei] für Unrecht halten, befürworten wir eine Politik, die sie als Unrecht behandelt. Wir verhalten uns zu ihr wie zu jedem anderen Unrecht, soweit wir können, verhindern wir, dass es sich ausbreitet, und wir behandeln es so, dass sich mit der Zeit die Hoffnung auf sein völliges Erlöschen ergeben kann.

Zit. nach Lisa und Andreas Weißmann, Kein Onkel Tom im Westen, in: Praxis Geschichte, H. 6/1997, S. 40.

Eine Diskussion führen

Sicherlich hast du schon oft mit Freunden oder Mitschülern diskutiert – z. B. weil ihr verschiedener Meinung über einen Sachverhalt seid oder/und weil du sie gern für deinen Standpunkt gewinnen möchtest. Du vertrittst also eine Meinung, weil sie dir wichtig ist.
Eine Diskussion kann nur stattfinden, wenn es verschiedene Meinungen/Positionen zu einem Thema gibt.

Schüler führen eine Diskussion, Foto, 2000 **M1**

Arbeitsschritte Eine Diskussion führen

1. Schritt: Gruppen bilden für verschiedene Positionen
Stellt das Thema vor und teilt die Klasse in mehrere Gruppen (mindestens zwei), die gegensätzliche Ansichten (pro–kontra) haben oder unterschiedliche Interessen vortragen.

2. Argumente/Gegenargumente
Die Gruppen stellen mithilfe von Quellen und Informationsmaterial Argumente und Gegenargumente zusammen. Letztere sind wichtig, um auf die Argumente des Diskussionspartners angemessen zu reagieren.

3. Gruppensprecher bestimmen
Bestimmt für jede Gruppe mindestens einen Gruppensprecher und setzt Beobachter ein, die die Diskussion verfolgen.
Legt gemeinsam fest, welcher Gruppensprecher was und wie vorträgt. Schreibt die einzelnen Argumente auf Karteikarten, sodass sie bei Bedarf schnell zur Hand sind.

4. Die „Talkrunde" durchführen
Platziert nach einer festgelegten Vorbereitungszeit im Klassenzimmer die Diskussionsgruppe und die Beobachter. Legt den Zeitrahmen für die Diskussionsrunde fest (ca. 20 Minuten). Sie kann entweder moderiert werden (Schüler, Lehrer) oder ohne Moderation stattfinden.

5. Beobachter/Publikum einweisen
Es gibt zwei Varianten der Diskussionsrunde, die sich in der Aufgabenstellung für die Beobachter unterscheiden:
Variante A: Die Beobachter haben die Aufgabe, je ein Mitglied der „Talkrunde" zu beobachten und sein Gesprächsverhalten anhand eines vorher vereinbarten Rasters zu bewerten (z. B. beteiligt sich gut – beteiligt sich kaum; ist bei der Sache – hört nicht zu; redet überzeugend – macht unverständliche Aussagen).
Variante B: Die Beobachter schreiben die Argumente auf, die sie für wichtig halten (von allen Gesprächsteilnehmern).

6. Die Diskussionsrunde öffnen
Nach Ende der „Talkrunde" dürfen alle Schüler mitdiskutieren bzw. Fragen stellen.

7. Diskussion und Beobachtungen auswerten
Bei Variante A teilen die Beobachter ihrem jeweiligen „Talkrunden"-Mitglied ihre Ergebnisse mit; er bzw. sie nimmt dazu Stellung.
Bei Variante B werden im Plenum nochmals die wesentlichen Ergebnisse der Diskussion zusammengefasst.

Zusammenfassung

Überblick und offene Fragen

Ein Verfassungsschema interpretieren S. 79
Eine Diskussion führen S. 84

M1 **Die amerikanische Freiheitsstatue**, Foto, 2000. Die Statue wurde den USA 1886 von Frankreich geschenkt als Zeichen der Freundschaft und der Bewunderung für die friedliche Verwirklichung ihrer Freiheitsidee.

Die Amerikanische „Revolution" – ein Vorbild?

Der 4. Juli, der Tag der Unabhängigkeitserklärung (1776), wird alljährlich in den USA feierlich begangen. Die Loslösung der 13 Kolonien vom Mutterland und die Verfassung, die sich der junge Staat 1787 gab, wurden schon damals von politisch Interessierten in Europa als Verwirklichung der Aufklärung (siehe S. 56f.) und Geburtsstunde der Bürger- und Menschenrechte gefeiert. Die „Revolution" war keine spontane Aktion, sondern Ergebnis der über 170-jährigen Kolonialgeschichte: Die Kolonisten entwickelten aufgrund der Lebensbedingungen ein starkes Gemeinschaftsgefühl als „Amerikaner" – in das sie allerdings weder die einheimischen Indianer noch die Sklaven aus Schwarzafrika einbezogen. Die Entfernung zum Mutterland machte darüber hinaus eine eigene Verwaltung in den einzelnen Kolonien notwendig. Da England auf die Einnahmen aus den Kolonien angewiesen war, widersetzte es sich deren Ablösung: mit Vorgaben für den Handel und verschiedenen Steuern.

Die Folgen: Unabhängigkeitserklärung der Kolonien und Krieg zwischen Mutterland, Kolonien und deren europäischen Verbündeten. England musste 1783 die Unabhängigkeit der United States of America anerkennen.
Die Verfassung der USA (1787) galt den Zeitgenossen als Zeugnis eines freiheitlichen Gemeinwesens, das den Bürgern – anders als in Europa – umfassende Rechte und politische Mitbestimmung zugestand. Aber sie erkannte längst nicht alle (erwachsenen) Menschen als Staatsbürger an: so hatten Frauen, Sklaven und Indianer z. B. nicht das Recht zu wählen und am politischen Leben teilzunehmen. Gegen diese Diskriminierung anzukämpfen, verband diese „Gruppen", aber längst nicht alle Betroffenen. Die Bemühungen der Frauen, der Sklaven bzw. Schwarzen und Indianer um mehr Rechte und die Forderungen, die dahinter standen, schrieben jeweils ihre eigene Geschichte, hinterließen verschiedene „Spuren" und wirken in der heutigen US-Gesellschaft unterschiedlich nach.

1 Die Sockelinschrift (M1) nennt die Flamme „der Gefangenen Licht". Setze dich auf der Grundlage des Kapitels kritisch mit dieser Beschreibung auseinander.

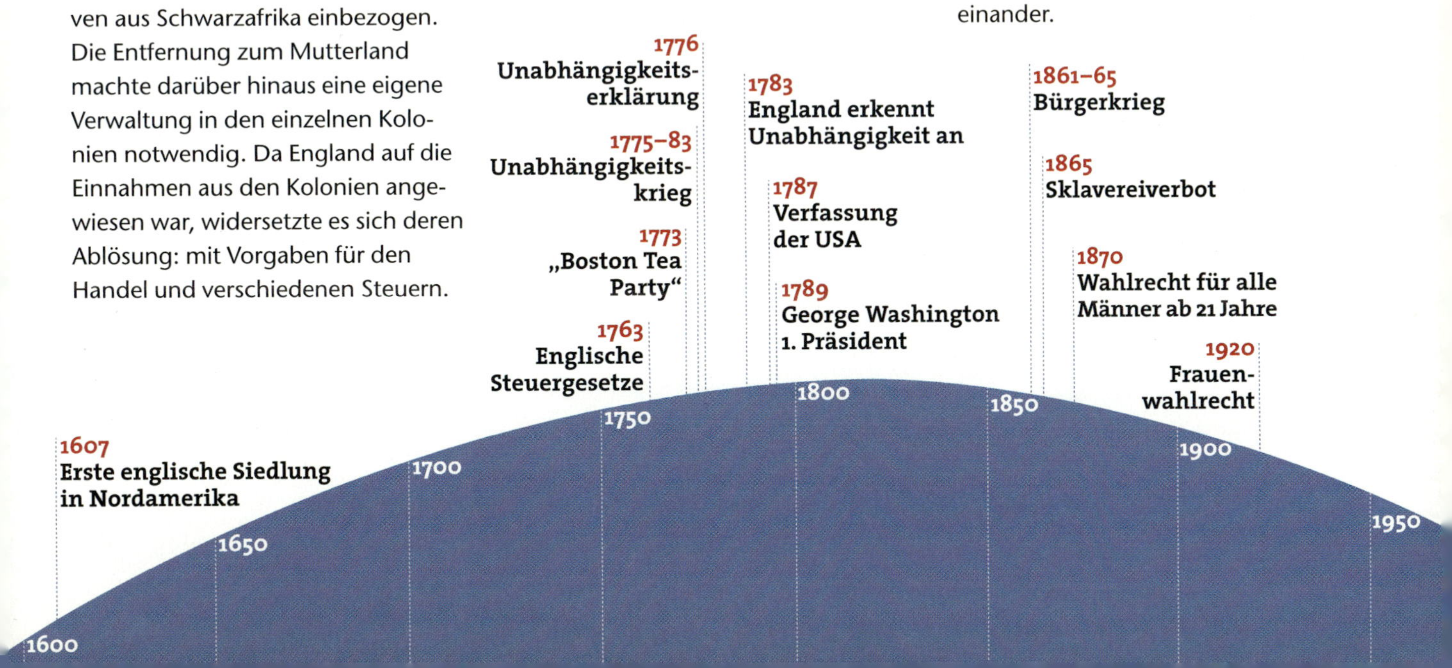

4. Die Französische Revolution: Bürger übernehmen die Macht

„Der Mensch wird frei geboren und überall ist er in Ketten." Dieser Satz stammt aus dem „Gesellschaftsvertrag", dem Werk des aus Genf stammenden Aufklärers Jean-Jacques Rousseau. Rousseau dachte bei seiner Kritik vor allem an den französischen Staat, der seit Ludwig XIV. zum Zentrum absolutistischer Herrschaft geworden war.
Dennoch wäre es für Rousseau sicher kaum vorstellbar gewesen, was sich im Sommer 1789 ereignete: Die Franzosen stürmten das Staatsgefängnis von Paris, die Bastille, und beseitigten in einer für viele Zeitgenossen atemberaubenden Geschwindigkeit die Ordnung, in der die französische Gesellschaft jahrhundertelang gelebt hatte.
Das politische Vorgehen der Revolutionäre, die Ziele und Ideen, über die in der Zeit der Französischen Revolution diskutiert wurde, gaben Anstöße für Veränderungen in ganz Europa. Ohne sie, so behaupten viele, gäbe es heute keine Menschenrechte, keine Verfassung und keine Demokratie.

- Welche Ursachen lagen der Französischen Revolution zu Grunde?
- Welchen grundsätzlichen Wandel bedeutete sie für die Menschen und wie wirkte sie sich in Europa aus?
- Welche Elemente unseres heutigen politischen Leben sind in der Französischen Revolution entstanden?

„Bilder von Denkwürdigkeiten, die sich in der Revolution zugetragen haben, welche Frankreich in den Jahren 1789, 90 und 91 erlebt hat." Kolorierter Holzschnitt (548 x 742 mm), 1790/91. Nachrichten wurden seit dem 16. Jahrhundert in Bilderbogen, eine Art „Bilderzeitung", verbreitet.
Rechts: **Karikatur** von Brigitte Schneider, 1986

1804 Kaiserkrönung Napoleons

1800

Frankreich wird konstitutionelle Monarchie 1791

1790

1789 Sturm auf die Bastille, Erklärung der Menschen- und Bürgerrechte

1780

1776 Amerikanische „Revolution“

1770

1 Erschließe aus dem Bilderbogen, welche Vorgänge und Personen zwischen 1789 und 1791 dargestellt sind. Nimm den Darstellungstext zu Hilfe.

2 Stelle einen Bezug zwischen dem Bilderbogen und der Karikatur her.

3 „Freiheit, Gleichheit, Brüderlichkeit“ waren die Parolen der französischen Revolutionäre. Erörtert in der Klasse euer Verständnis der Begriffe und formuliert „Fragen an die Französische Revolution“.

Frankreich in der Krise

Die Krise der Ständegesellschaft

M1 Protesterklärung des Parlaments

Den folgenden Brief schickten 1776 die obersten Richter Frankreichs an König Ludwig XVI.:

Die französische Monarchie setzt sich … aus mehreren … Ständen zusammen. Diese Unterscheidung von Lebensbedingungen und Menschen … ist die kostbare Kette, die den Herrscher an seine Untertanen bindet … Gerade in den Beiträgen (der Untertanen) erkennt man immer wieder die Ordnung. Der besondere Dienst der Geistlichkeit besteht darin, alle Aufgaben zu erfüllen, die sich auf … den religiösen Kultus beziehen, und zur Tröstung der Unglücklichen durch ihre Almosen beizutragen. Der Adlige weiht sein Blut der Verteidigung des Staates und hilft dem Herrscher mit seinen Ratschlägen. Die letzte Klasse des Volkes, die dem Staat nicht so hervorragende Dienste erweisen kann, leistet ihren Beitrag durch die Abgaben, durch Arbeitsamkeit und durch körperlichen Dienst.

Zit. nach Irmgard und Paul Hartig, Die Französische Revolution, Stuttgart (Klett) 1966, S. 9f.

Ungleichheit bestimmt das Leben der Franzosen

Diese Beschreibung der französischen Gesellschaft schickten die obersten Richter Frankreichs 1776 an König Ludwig XVI. Mit ihrem Brief protestierten sie gegen seinen Plan, Frondienste der Bauern in Geldleistungen umzuwandeln und nun auch Adlige für ihren Grundbesitz zu Steuerzahlungen zu verpflichten.
Die Frage, welcher Stand wie viel zur Sicherung des Staates beitragen sollte, war um 1770 besonders drückend geworden, denn Frankreich befand sich in einer tiefen wirtschaftlichen Krise. Die Staatskasse war leer, Missernten und große Mängel in der Lebensmittelversorgung hatten die Lage bedrohlich zugespitzt. Die Unterschiede, die zwischen den einzelnen Gruppen der Gesellschaft bestanden, wurden nun besonders deutlich wahrgenommen.

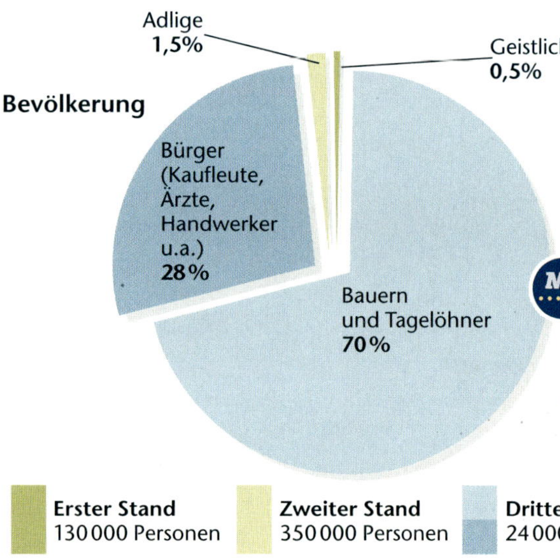

M2 Die französische Ständegesellschaft und die Verteilung des Grundbesitzes um 1780

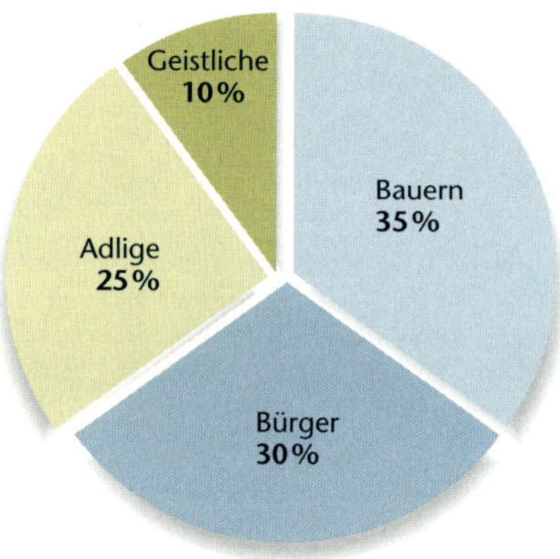

1 Lies die Darstellungstexte und halte deine Ergebnisse in der folgenden Tabelle fest:

Stand	soziale Lage	Interessen

2 Analysiere M2 und stelle einen Bezug zu deiner Tabelle her.

3 Überlege, welche Bedeutung das Steuersystem für die unterschiedlichen Erfahrungen der Franzosen hatten. Ziehe den Kasten S. 89 und M3 hinzu.

4 Vergleiche die Interessen der Stände und überlege, wo sich Konfliktpunkte ergeben konnten. Ziehe M1 hinzu.

Privilegien
Sonderrechte, die ein Herrscher Einzelnen oder Gruppen verlieh. Dazu gehörten z. B. die vollständige oder teilweise Befreiung von Steuern und Zöllen oder die Besetzung hoher Posten in Heer, Verwaltung oder Wirtschaft. Privilegien galten als Auszeichnung und wurden mit der Zeit erblich.

Der Erste und der Zweite Stand

Die französische Geistlichkeit teilte sich im 18. Jahrhundert in den hohen und den niederen Klerus. Der hohe Klerus setzte sich aus Bischöfen, Äbten und den städtischen Domherren zusammen und der niedere Klerus aus den Gemeindepfarrern der Städte und Dörfer. In ihrer Lebensweise unterschieden sich die hohen und niederen Geistlichen beträchtlich voneinander: Während der hohe Klerus durch die Erträge seiner Güter und die Abgaben des Dritten Standes in Pracht und Wohlstand lebte, teilten die kleinen Stadt- und Landpfarrer hingegen die Armut und Not der Menschen. Beide Gruppen vertraten unterschiedliche Ziele: Der hohe Klerus sah keinen Grund, die Zustände zu ändern. Dagegen wünschte der niedere Klerus eine Veränderung seiner Lage.
Wie im Klerus hatten sich auch im Zweiten Stand zwei Gruppen herausgebildet: der Hochadel (Herzöge, Grafen) und der niedere Landadel (Barone). Während der Hochadel auf Kosten des Königs am Hofe lebte und die leitenden Positionen in Heer und Verwaltung besetzte, residierte der Landadel auf seinen Schlössern außerhalb der Städte. Die Mitglieder des Ersten und Zweiten Standes zahlten nur selten und dann auch nur geringe Steuern. Sie lebten von den Erträgen, die ihnen ihre Privilegien einbrachten. Deshalb wehrten sich die Adligen ebenso wie der hohe Klerus gegen eine Reform der Gesellschaft, die ihnen nur Nachteile bringen konnte.

Das französische Steuersystem

Die wichtigsten und ertragreichsten Steuern im 18. Jahrhundert waren die
- Einkommenssteuer (Taille) aus den Geschäften nichtprivilegierter Personen,
- die Kopfsteuer (Capitation) für Angehörige eines nichtprivilegierten Standes,
- die Salzsteuer (Gabelle), Salz war damals das am meisten verwendete Gewürz,
- die indirekten Steuern auf Wein, Tabak und Alkohol.

Die Steuern wurden von Steuerpächtern erhoben, die für ihren Bezirk eine festgelegte Steuersumme an die Finanzverwaltung zahlen mussten. Sie trieben aber höhere Summen ein als vorgeschrieben war. Die Differenz steckten sie in die eigene Tasche und gelangten dadurch zu großem Reichtum.

Der Dritte Stand

Alle Bürger und Bauern waren Angehörige des Dritten Standes. Die obere Schicht des Bürgertums, Unternehmer, Bankiers, Ärzte und Juristen, zahlte die höchsten Steuern und verlangte deshalb politische Mitsprache und Gleichberechtigung mit dem Adel. Die Schriften der Aufklärer diskutierten die Großbürger leidenschaftlich und begeisterten sich für die amerikanische Unabhängigkeitsbewegung (siehe S. 72ff.). Die Kleinbürger, meist Handwerker und Bauern, drückten die Steuern besonders hart. Die Bauern mussten neben den Steuern noch zusätzlich Frondienste und Abgaben für ihre Grundherren leisten.
Die Ehefrauen der Handwerker und abhängigen Bauern trugen oft durch eigene Arbeit, z. B. als Marktfrauen, zum Lebensunterhalt der Familie bei. Eine Schul- und Berufsbildung war für Mädchen und Frauen nicht vorgesehen.

M3 **Austernfrühstück**, Gemälde von Jean François de Troy (1679–1752)

Frankreich in der Krise

M4 **„Die Lage der Bauern"**, kolorierter Kupferstich, 1789. Die Inschrift auf dem Stein lautet: die Kopfsteuer, das Steuerwesen und die Fronarbeit(en).

Formen der Kritik

Vor allem in der Landwirtschaft hatte sich die Lage um 1780 zugespitzt: Während nämlich die Großbauern und manchmal auch der Landadel durch ihre Verkaufspolitik enorme Profite einstrichen, sanken die Gewinne der Kleinbauern zwischen 1770 und 1789 um 83 Prozent. Dazu kamen Hungersnöte infolge von Preismanipulationen bei Getreide. Der Dritte Stand machte seinem Unmut in vielfältigen Formen Luft, z. B. in Karikaturen, in Diskussionen über die Schriften der Aufklärer und in Flugblättern mit kritischem Inhalt. Allein im Frühjahr 1789 zirkulierten etwa 3000 Flugschriften, Holzschnitte oder Kupferstiche in Frankreich. Als weitere Form, seinen Beschwerden Nachdruck zu verleihen, gab es die „cahiers de doléances". Das waren schon früher übliche Beschwerdehefte, in denen ganze Dörfer ihre Klagen aufschrieben, um sie an die Abgeordneten der Generalstände* – und damit an den König – weiterzugeben.

M5 … um von unserem Unglück zu erfahren

Das Beschwerdeheft der Gemeinde Letteguives vom 29. 3. 1789, ein Beispiel für die „cahiers de doléances" der Bauern:

2. Diese Großbauern werden auch Herren der Lebensmittelpreise und des Schicksals der Allgemeinheit und verkaufen ihr Getreide erst, wenn sie es mehrere Jahre aufbewahrt haben, und sie halten es sogar zurück, wenn sie können … Der hohe Preis ist die Ursache der Zerstörung des ganzen Handels, weil man keine andere Ware mehr kaufen kann, nachdem man Brot gekauft hat … Andere … sterben an Hunger …

8. Möge der König vor dem Bankrott bewahren, der den Handel noch ruiniert …

14. Dass die Salzsteuer abgeschafft werde und der Verkauf von Salz frei sei …

16. Die drei Stände mögen dem König im Verhältnis zu ihren Einkünften zahlen …

18. Der König wird demütig gebeten, die Generalstände alle fünf Jahre einzuberufen, um von unserem Unglück zu erfahren.

Zit. nach Wolf Dietrich Behschnitt, Die Französische Revolution, Stuttgart (Klett) 1983, S. 30.

M6 Klagen über die Kirche

Ein Bauer äußerte sich 1788 in folgendem Brief:

Ob wir gleich in unserer Gegend wenig Adel haben, darf man nicht glauben, die liegenden Gründe seien darum weniger mit Gülten[1] belastet; im Gegenteil, fast alle Lehen gehören der Kathedrale, dem Erzbistum, der Stiftskirche von Saint-Martin, den Benediktinern von Noirmoutiers und anderen Geistlichen, bei denen die Abgaben nie verjähren und deren Fabrik Gott allein kennt! … Der Intendant[2] unsres neuen Erzbischofs hat bei seiner Ankunft allen Pächtern seines Vorgängers die Kündigung zugestellt, indem er alle Pächter vor die Tür setzte, die ihre Pachtabgaben nicht verdoppeln und nicht noch einmal Pachtprovisionen zahlen wollten, die sie schon dem Intendanten des Herrn von Fleury gegeben hatten. Man hat ihnen derart die sieben oder acht Jahre geraubt, die sie nach den abgeschlossenen Pachtverträgen noch hätten auf ihren Gütern sitzen können, und hat sie gezwungen, ohne Verzug am Heiligabend, in der schlimmsten Zeit des Jahres fortzuziehen, ohne dass sie wussten, wo sie bleiben sollten.

Zit nach Gustav Landauer (Hg.), Briefe aus der Französischen Revolution, Bd. 1, Berlin (Rütten & Loening) 1985, S. 129 f.

1 Abgaben 2 Gutsverwalter

M7 … aus der Unwissenheit heraustreten

Im Frühjahr 1789 trugen Frauen in einem „cahier de doléances" dem König eine Reihe von Bitten vor:

Die Frauen des Dritten Standes werden fast alle ohne Reichtümer geboren; ihre Erziehung wird sehr vernachlässigt.

Wir bitten für die Chancengleichheit der Frau im Alltagsleben. Wir bitten um Ausbildung und Beruf, nicht, um uns die Befugnisse der Männer anzueignen, sondern um von ihnen höher geachtet zu werden, und damit wir im Stande sind, vor dem Elend geschützt zu leben.

Wir bitten Euch inständig, Sire, kostenlose Schulen einzurichten, wo wir unsere Sprache von Grund auf erlernen können.

Wir bitten darum, aus der Unwissenheit herauszutreten, um unseren Kindern eine vernünftige und angemessene Erziehung zukommen zu lassen.

Cahiers de doléances des femmes en 1789 et autres textes. Zit. nach „Geschichte auch für Mädchen", hg. von der Landesregierung NRW 1992, S. 20 f.

M8 **Die Spinne und die Fliege,** französischer Kupferstich, 1789. Die Texte lauten (von oben rechts nach unten links): Je mehr man hat, je mehr will man. Der Arme bringt alles, Getreide, Obst, Geld, Salat. Der dicke Adlige sitzt nur da und nimmt es entgegen. Er will ihm keinen freundlichen Blick gönnen. Die fliegende Mücke braucht gar nicht ins Netz zu gehen. Der eine nimmt, der andere gibt. Allen Herren zu Ehren. Mager wie ein angeketteter Windhund. Je mehr der Teufel hat, desto mehr will er. Der Adlige ist die Spinne und der Bauer die Fliege.

5 Erarbeite die Situation der Bauern anhand von M5 und M6. Vergleiche die Aussagen mit M4 und M8.

6 Stelle die Situation der französischen Frauen des dritten Standes im 18. Jahrhundert dar (M7). Ziehe auch den Darstellungstext S. 89 heran.

7 Beschreibe M9. Überlege, welche Themen hier diskutiert wurden.

M9 **Café der Patrioten,** Federzeichnung, um 1780. Das Café war ein beliebter Treffpunkt für Pariser Bürger.

Frankreich in der Krise

M10 Ein Geistlicher spricht für den Dritten Stand

Aus der Flugschrift des Geistlichen Emmanuel Sieyès (Januar 1789):

1. Was ist der Dritte Stand? ALLES.
2. Was ist er bis jetzt in der politischen Ordnung gewesen? NICHTS.
3. Was verlangt er? ETWAS ZU SEIN.

Zit. nach Geschichte in Quellen, Bd. 4, hg. v. Wolfgang Lautemann u.a., München (bsv) 1981, S. 163.

8 Untersuche M10 mithilfe des Modells zur Quellenanalyse (siehe S. 113).

9 Schreibe anhand der Informationen auf den Seiten 88 bis 91 ein Streitgespräch zwischen einem französischen Grundherrn und einem Bauern.

10 Prüfe, ob sich die Aussagen von M11 in den Beschwerdeheften (M5 bis M7, S. 90f.) belegen lassen.

M11 Nur eine neue Regierung?

Die französischen Historiker François Furet und Denis Richet schreiben 1968:

Es geht nicht um eine neue Regierung des Staates, sondern um eine neue Gesellschaft. Da können die Privilegierten dieser zusätzlichen umwälzenden Neuerung, der Gleichheit, nicht auch noch ihre Zustimmung geben: Die allermeisten ihrer Hefte zeigen das deutlich. So beschreiben die Beschwerdehefte eine politische Dreieckssituation, die dem König von Frankreich durchaus noch Trümpfe belässt. Zwar ist er isoliert …, aber er bleibt zwischen Adel und Drittem Stand der Schiedsrichter in der Frage der Gleichberechtigung – hier sucht jeder in ihm die wichtigste Stütze. Er hat nicht in die … Abfassung der Beschwerdehefte eingegriffen, sondern dem Land die Möglichkeit gelassen, sich frei auszudrücken. Jetzt hat er die Elemente des Problems vor sich und könnte daraus die Grundelemente eines Programms machen.

François Furet/Denis Richet, Die Französische Revolution, übers. v. Ulrich F. Müller, Frankfurt a. M. (S. Fischer) 1981, S. 88.

Kritik und Beschwerde – Möglichkeiten zur Bürgerbeteiligung

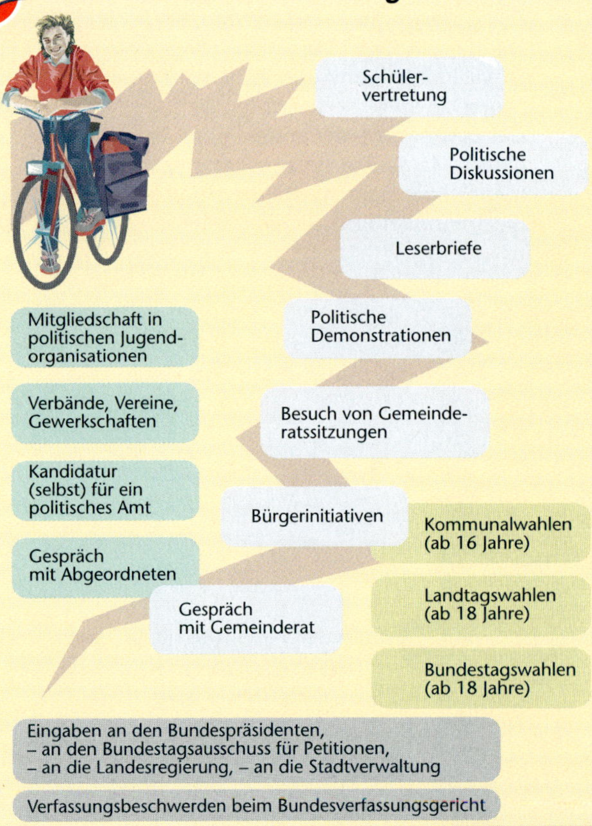

Mit ihren Beschwerdeheften brachten die Franzosen der Regierung ihren Unmut und ihre Forderungen zu Gehör. Damit verbanden sie vielleicht die Hoffnung, die „große" Politik zu beeinflussen und langfristig ihre Lebensverhältnisse zu ändern.
Welche Wege politischer Beteiligung können wir heute nutzen? Viele Bürgerinnen und Bürger fordern, mehr Einfluss auf die Politik nehmen zu können und bei politischen Fragen mitzuentscheiden. Oft fühlen sie sich von Politikern und Parteien nicht ausreichend vertreten.
Die Grafik zeigt das Vorgehen einer Schülerin, die sich für den Bau eines neuen Radweges zu ihrer Schule einsetzt. Ihre „Strategie" entnimmst du den blau unterlegten Feldern.

a Diskutiert in der Klasse über die abgebildeten Beteiligungsformen. Berichtet dabei über eure eigenen Erfahrungen mit politischen Aktivitäten.

b Recherchiert unter dem Stichwort „Bürgerbeteiligung" im Internet.

M1 **Finanzminister Calonne als „Koch“,** Karikatur, 1787. Die Bildunterschrift lautet: „Geliebte Untertanen! Ich habe euch gerufen, um zu erfahren, in welcher Sauce ihr verspeist werden möchtet.“ – „Aber wir wollen gar nicht verspeist werden!“ – „Ihr schweift vom Thema ab …“

„Wer trägt die Last?“ – Meinungen zur Krise

Gefahr für den Absolutismus?

Der Merkantilismus (siehe S. 48 f.) hatte Frankreich zwar in eine erfolgreiche Exportnation verwandelt. Diese Entwicklung verlief aber auf Kosten der französischen Handwerker und Händler, denn die gewerbliche Produktion stieg zwischen 1730 und 1789 nur um 30 %, während der Export von Produkten aus den staatlichen Manufakturen im gleichen Zeitraum um 300 % anstieg. Viele Handwerker mussten zu Dumpingpreisen produzieren und hatten mit gewaltigen Preissteigerungen zu kämpfen.
Noch mehr aber trieb die ständig steigende Schuldenlast der staatlichen Haushalte die Preise in die Höhe. Hinter den Zinsen, die der Staat jährlich zu bezahlen hatte, verbargen sich riesige Schulden, die noch aus den Kriegen Ludwigs XIV. und Ludwigs XV., aber auch aus der verschwenderischen Hofhaltung in Versailles und den Pensionen der absolutistischen Könige an den Hofadel stammten. Ludwig XVI. wollte die Steuerfreiheit für den Ersten und Zweiten Stand mehrfach aufheben, scheiterte aber jedes Mal am Widerstand der Stände. Er konnte sich gegen die einstigen Pfeiler der absolutistischen Monarchie nicht mehr durchsetzen.
Wie spiegelte sich die Staatskrise Frankreichs in der Öffentlichkeit wider? Gibt es außer den Äußerungen der Regierungsmitglieder und den Beschwerdeschriften weitere Quellen?

M2 Der Finanzen wiederherstellen – aber wie?

Der französische Finanzminister Charles de Calonne in einem aufrüttelnden Appell zur Rettung des Staates am 22. 2. 1787 vor der Versammlung der königlichen Berater („Notabeln“) in Versailles:

Was bleibt, um das ersehnte Gleichgewicht im Staatshaushalt herzustellen? … Was [brauchen] wir zur Wiederherstellung der Finanzen? …
In den Missbräuchen findet sich ein Schatz von Reichtümern, die der Staat zurückfordern muss, um die Ordnung wiederherzustellen. Die Missbräuche werden verteidigt durch persönliche Interessen, Einfluss, Vermögen und alte Vorurteile. Die Missbräuche sind die, die auf der arbeitenden und erwerbenden Klasse lasten: Die Missbräuche der Geldprivilegien und all die ungerechten Bevorzugungen, die Ungleichheit in der Erhebung der Abgaben, das ungeheure Missverhältnis in den Leistungen und den Lasten der Untertanen. Wenn so viele Missbräuche widerstanden haben, so rührt das daher, dass man durch einen teilweisen Eingriff erreichen wollte, was nur durch eine allgemeine Operation gelingen konnte, [die] allein den Körper des Königreiches neu beleben kann.

Zit. nach Irmgard und Paul Hartig, Die Französische Revolution, Stuttgart (Klett) 1966, S. 27 f.

1 Entschlüssele M1 (siehe Arbeitsschritte S. 103) und stelle einen Bezug zu M2 her.

2 Erarbeite anhand des Darstellungstextes die „Gefahren“ für den Absolutismus.

Frankreich in der Krise

M3 Ein Rat für die Pariser

Flugschrift aus dem Jahre 1788:

Leichtfertige Pariser! Ihr lauft ins Theater, in die Cafés, während eure Feinde arbeiten. Steht auf gegen den Klerus und den Adel, die miteinander verschworen sind. Duldet nicht, dass ungefähr 600 000 Menschen vierundzwanzig Millionen das Gesetz auferlegen! ... Denkt an die Lasten, die ihr tragt! Schaut euch um nach den Palästen, den Schlössern, die gebaut sind mit eurem Schweiß und euren Tränen. Vergleicht eure Lage mit der dieser Prälaten[1] und Großen. Was empfangt ihr von ihnen für alle Hochachtung, die ihr ihnen bezeigt? Verachtung! Sie nennen euch Gesindel! Lasst sie erkennen, dass Gesindel diejenigen sind, die auf eure Kosten leben!

Zit. nach Irmgard und Paul Hartig, Die Französische Revolution, Stuttgart (Klett) 1966, S. 10 f.

1 geistlicher Würdenträger

M5 Ein amerikanischer Beobachter

Der Amerikaner Morris schrieb am 29. April 1789 aus Paris an George Washington:

Das Material für eine Revolution in diesem Land ist sehr gemischt. Jeder gibt zu, dass es um die Moral hier äußerst schwach bestellt ist; aber dieser allgemeine Satz kann einem amerikanischen Kopfe nie einen Begriff von dem Grad der Verderbtheit geben ... Es gibt hier ein verhängnisvolles Prinzip, das alle Stände durchdringt. Das ist die vollkommene Gleichgültigkeit gegen die Verletzung übernommener Verpflichtungen. Unbeständigkeit ist diesem Volk in Fleisch und Blut übergegangen ... Verlässlichkeit ist ein Wunder. Die große Masse des gemeinen Volkes hat keine Religion als ihre Priester, kein Gesetz als ihre Vorgesetzten, keine Moral als ihr Interesse.

Gustav Landauer (Hg.), Briefe aus der Französischen Revolution, 1. Bd., Berlin (Rütten & Loening) 1985, S. 183.

M4 „Ich wusste doch, dass wir an die Reihe kommen", kolorierte Radierung, 1789

M6 Ein Reisebericht

Ein Engländer, der in der ersten Jahreshälfte 1789 Frankreich besuchte, schilderte die Stimmung im Volk:

So viel Aufruhr und Zorn wird sich nicht leicht legen: Es wird ... äußerst schwierig sein, diese Menschen in ihr früheres Joch der Unterwerfung zurückzuführen. In der Tat, das ganze Königreich scheint reif für eine Revolution. Die große Masse ist unzufrieden, sie verachtet ihren König. Aufwiegler bevölkern Straßen und Plätze.

Zit. nach Jackdan Publication, „The Fall of the Bastille", London 1968, Nr. 57.

3 Untersuche M3: Prüfe die in der Quelle erkennbare Sichtweise. Ist sie gerechtfertigt?

4 Erläutere anhand von M5 und M6 den Eindruck, den ausländische Beobachter im Sommer 1789 von Frankreich gewannen. Vergleiche mit M3.

5 Beschreibe M4 mithilfe der Arbeitsschritte „Karikaturen entschlüsseln" (siehe S. 103). Setze die Karikatur in eine Beziehung zu M3, M5 und M6.

M1 Der Platz der Hallen, Kupferstich und Radierung von Jacques Aliamet, um 1770

Die Hallen von Paris – eine Szene schreiben

Kaufen, verkaufen und mehr

Der größte und bekannteste Markt für Lebensmittel in Frankreich wurde jahrhundertelang täglich in den Hallen von Paris abgehalten. Hier gab es alles zu kaufen, was die großen und kleinen Küchen, vor allem aber die kleineren Teilmärkte und Lebensmittelhändler in den einzelnen Pariser Stadtteilen brauchten.

Die Hallen und vor allem ihr Vorplatz waren aber nicht nur Orte des Kaufs und Verkaufs, sondern hier wurden auch ständig Meinungen, Gerüchte und Informationen ausgetauscht. Der französische Schriftsteller Émile Zola bezeichnete die Hallen einmal als „Bauch von Paris", der nicht nur Leben gebäre, sondern in dem es auch ständig rumore. Kein Wunder also, wenn die französischen Regierungen stets genau wissen wollten, was in den Hallen passierte.

M2 Das Leben in den Hallen

Louis Sébastien Mercier beschrieb in seinem Buch „Mein Bild von Paris" (1783) das Treiben in den Hallen:

Um ein Uhr früh kommen 6000 Bauern und bringen Gemüse, Früchte und Blumen. Sie begeben sich zu den Hallen. Ihre Tragtiere sind erschöpft, denn sie haben sieben oder acht Meilen hinter sich. Die Hallen sind der Ort, wo Morpheus[1] niemals seine Schlafkörner streut. Dort herrscht niemals Stille, kennt man keine Ruhe, keine Pause. Den Gemüsebauern folgen die Fischhändler, den Fischhändlern die Eier- und Geflügellieferanten und diesen die Detaillisten[2], denn sämtliche Märkte von Paris beziehen ihre Lebensmittel aus den Hallen, diese sind der Umschlagort für alles. Dabei fließen in den Tavernen Ströme von Branntwein ... wer Maß halten will, trinkt Wein. Rundum der Lärm pausenloser Betriebsamkeit, denn man schreit, dass einem der Kopf darüber zerspringen könnte.

Zit. nach Viktoria Schmidt-Linsenhoff, Sklavin oder Bürgerin? Französische Revolution und Neue Weiblichkeit 1760–1830, Frankfurt (Jonas) 1989, S. 689.

1 griechischer Gott des Schlafes
2 Einzelhändler

1 Schreibt in Partnerarbeit eine Gesprächsszene, die im Februar/März 1789 in den Hallen von Paris spielt. Nehmt in die Szene die Alltagserfahrungen der Menschen und die politische Stimmung auf. Berücksichtigt die Seiten 88–95.

Auf dem Weg zur Demokratie

M1 Die Eröffnung der Ständeversammlung am 5. Mai 1789, Ölgemälde von Auguste Couder (1790–1873), Paris um 1840

Die Abschaffung der Stände – eine Revolution?

Der Dritte Stand erhebt sich

Die Berater Königs Ludwig XVI. hatten zur Lösung der Finanzkrise empfohlen, die Generalstände nach Versailles einzuberufen. Im Februar und März 1789 wählten deshalb alle drei Stände ihre Abgeordneten, die sich am 5. Mai 1789 zur feierlichen Eröffnungssitzung in Versailles einfanden. Obwohl Ludwig von den schwerwiegenden Beschwerden der französischen Bevölkerung wusste, ging er in seiner Eröffnungsrede mit keinem Wort darauf ein. Nachdem die Generalstände einige Wochen erfolglos verhandelt hatten, stellten sich einige Priester und niedere Adlige auf die Seite des Dritten Standes. Schließlich verloren die Abgeordneten des Dritten Standes die Geduld und sie erklärten sich gemeinsam mit Gleichgesinnten aus dem Ersten und Zweiten Stand zur „Nationalversammlung". Als der König deswegen wenige Tage später ihren Versammlungsraum schließen ließ, wichen die Abgeordneten in das Ballhaus des Hofes aus und schworen sich, solange nicht auseinander zu gehen, bis Frankreich eine Verfassung (siehe S. 104) besäße. Dem Zeremonienmeister des Königs, der diese „Verfassungsgebende Versammlung" auflösen sollte, wurde von den Abgeordneten mitgeteilt: „Die versammelte Nation empfängt keine Befehle und weicht nur vor der Gewalt der Bajonette." Kurze Zeit später empfahl Ludwig XVI. den Delegierten von Adel und Geistlichkeit, sich auch der Nationalversammlung anzuschließen. Gleichzeitig aber ließ er etwa 20 000 Soldaten der Nationalgarde um Versailles und Paris zusammenziehen. Wie gingen die Vertreter des Dritten Standes weiter vor? Welche Widerstände mussten sie überwinden und welche Ziele konnten sie durchsetzen?

M2 Schwur im Ballhaus am 20. 6. 1789, Ausschnitt aus einem Gemälde von Jacques-Louis David, um 1790

M3 **Die Nationalversammlung,** kolorierter Kupferstich von J. Helman, 1790

M4 Wir sind die Vertreter des Volkes

Der Geistliche Emmanuel Sieyès forderte am 15. 6. 1789 vor den Abgeordneten des Dritten Standes:

Wir sind die Vertreter von 24 Millionen Franzosen. Wir sind die einzigen und wahren Vertreter des ganzen französischen Volkes. Deshalb geben wir unserer Versammlung den Namen „Nationalversammlung". Wir werden Frankreich eine Verfassung geben, die allen Franzosen die gleichen Rechte garantiert.

Zit. nach Walter Markov, Revolution im Zeugenstand, Bd. 2, Leipzig (Reclam) 1985, S. 71.

1 Beschreibe M1 bis M3 und vergleiche. Achte auf die Personengruppen, Kleidung, Sitzordnung und Umgebung.

2 Besprecht in der Klasse, welche Absicht der jeweilige Maler von M1 bis M3 gehabt haben könnte.

3 Überlege, was das Versprechen von Abbé Sieyès in M4, Z. 4–6 für den Ersten und Zweiten Stand bedeutete.

4 Erläutere anhand von M5 die Vorgänge um die Bastille und bewerte, welche Bedeutung die Eroberung für die Pariser Bevölkerung hatte.

M5 Der Sturm auf die Bastille

Die Truppenbewegungen des Königs im Sommer 1789 versetzten die Bevölkerung von Paris in höchste Aufregung. Ein Augenzeuge berichtete vom Sturm auf das Gefängnis Bastille, das als Bollwerk des Absolutismus galt:

Die Wut flammt auf. Nun gibt es in Paris nur noch einen Schrei: Zu den Waffen! ... Die Menge und die Verwegensten begeben sich zum Invalidenhaus; man verlangt Waffen vom Gouverneur ... Kaum hat man Waffen, so geht's zur Bastille. Der Kommandant, Graf de Launay, der gewiss überrascht war, hunderttausend Flinten mit Bajonetten zu sehen, muss sehr in Verwirrung gewesen sein. Man knallt ein oder zwei Stunden drauf los, man schießt von den Türmen herunter, was sich dort sehen lässt; Graf Launay ergibt sich; er lässt die Zugbrücke herunter, aber er zieht sie sofort wieder hoch und schießt mit Kartätschen drein ... binnen einer halben Stunde ist der Platz im Sturm genommen. Es grenzt ans Wunderbare, um halb drei Uhr war die Bastille schon genommen. Die Bastille hätte sich sechs Monate halten können, aber sie wurde von Bürgersleuten und führerlosen Soldaten genommen, ohne einen einzigen Offizier! ... Herrn de Launay macht man zum Gefangenen, führt ihn zum Stadthaus und schlägt ihn unterwegs halbtot. Man gibt ihm den Rest auf dem Grèveplatz und ein Schlächter schneidet ihm den Kopf ab.

Zit. nach Wolf Dietrich Behschnitt, Die Französische Revolution, Stuttgart (Klett) 1979, S. 44.

Die Bauern und ihre Herren

Die Nachrichten über die Ereignisse in Paris lösten bei der ländlichen Bevölkerung zwiespältige Gefühle aus. Auf der einen Seite sahen die Bauern die Stunde gekommen, nun selbst zu handeln. Seit Monaten schon warteten sie auf die Beantwortung ihrer Beschwerdehefte, aber nichts war geschehen. An vielen Orten stürmten die Bauern mit Dreschflegeln, Sensen und Jagdgewehren die Schlösser oder Klöster ihrer Grundherren, um sich dort die Urkunden aller Frondienste und Abgabenpflichten zu holen, die ihnen das Leben so schwer machten. Auf der anderen Seite fürchteten die Bauern die Rache des Landadels. Außerdem kursierten Gerüchte von plündernden Räuberbanden und einer Intervention ausländischer Truppen.

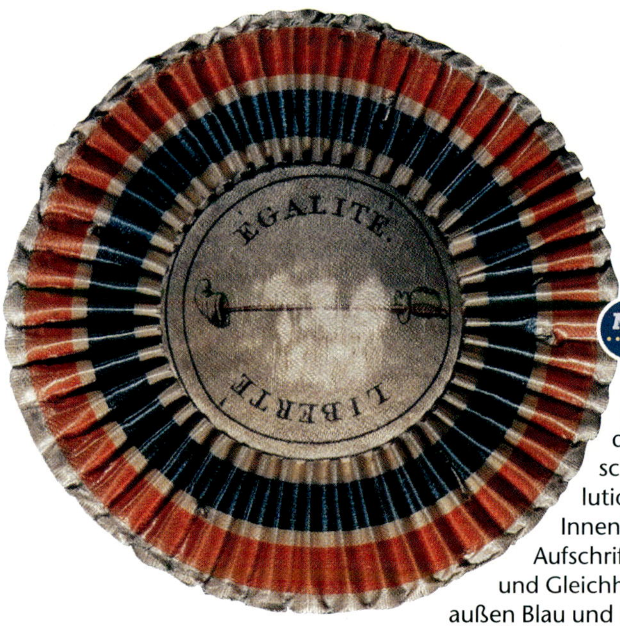

M6 **Kokarde,** seit 1789 das Abzeichen der französischen Revolutionäre. Im Innenkreis die Aufschrift „Freiheit und Gleichheit", außen Blau und Rot, die Stadtfarben von Paris.

5 Beschreibe anhand des Darstellungstextes die Gefühlslage der Bauern.

6 Beurteile, welche Bedeutung die Beschlüsse M7 für die Bauern hatten.

7 Erkläre die symbolische Bedeutung der Kokarde (M6).

8 Erläutere den Begriff „Revolution" (Kasten). Prüfe, welche Merkmale einer Revolution nach der bisherigen Darstellung dieses Kapitels erfüllt sind.

M7 Beschlüsse der Nationalversammlung

Die Nationalversammlung musste rasch handeln, um die Bevölkerung zu beruhigen. Deshalb beschloss sie in einer stürmischen Nachtsitzung am 4./5. August 1789 u. a.:

1. Die Leibeigenschaft wird abgeschafft.
4. Der Zehnte und andere Rechte des Herrn können in Geld entrichtet werden.
5. Mit Beginn des Jahres 1789 sind alle Bürger gleich steuerpflichtig.
6. Alle Bürger werden zu Ämtern in Staat und Heer zugelassen. Der Ämterkauf wird abgeschafft.

Zit. nach Geschichte in Quellen, Bd. 4, hg. v. Wolfgang Lautemann u. a., München (bsv) 1981, S. 197 f.

Revolution

(lat. revolutio = Umwälzung) Der absichtliche, meist gewaltsame Umsturz einer bestehenden politischen und gesellschaftlichen Ordnung. Er bedeutet für alle Beteiligten eine tiefgreifende Veränderung ihrer Lebensverhältnisse. In der Geschichtsforschung wird die Französische Revolution nicht als einheitliche Bewegung gesehen, vielmehr werden verschiedene Ebenen und Trägergruppen unterschieden:

1. Verfassungsrevolution: Die Nationalversammlung beendete den Ständestaat, indem sie nach dem Grundsatz der Gleichberechtigung aller Franzosen eine Verfassung erzwang, die die Stände beseitigte.

2. Städtische Revolution: Wie in Paris vertrieben die Bürger auch in anderen französischen Städten die Amtsträger des Königs und setzten eine neue, aus gewählten Vertretern bestehende Verwaltung ein.

3. Bauernrevolution: Die Bauern erreichten, dass die Nationalversammlung die Leibeigenschaft aufhob sowie die finanzielle Ablösung der bäuerlichen Abgaben und Fronlasten und die Steuerpflicht für alle Franzosen festlegte.

Lesetipp

Cili Wethekam, Mamie 1780–1794, München (dtv) 1993. Spannender Roman über das Schicksal der 14-jährigen Mamie während der Revolution.
Ingrid Ott, Freiheit!, Stuttgart (Freies Geistesleben) 1996. Roman über sechs Freunde, die sich während der Französischen Revolution verlieren und wieder finden.

Frauen holen den König nach Paris

Im August und September 1789 herrschte in Paris Hunger, die Brotpreise stiegen immer schneller und das Angebot an Lebensmitteln nahm weiter ab. Am 5. Oktober war die Geduld vieler Einwohnerinnen von Paris erschöpft. Mehrere Tausend von ihnen marschierten spontan nach Versailles, um vom König die Senkung der Lebensmittelpreise zu erzwingen. „Was wird uns nötig sein? Wir brauchen Fleisch, Brot und unsere Pinte Wein!", sangen sie.

Die Pariser Marktfrauen kehren zurück, Kolorierte Radierung, 1789 **M9**

M8 Der Marsch der Frauen nach Versailles

Über die Ereignisse am 5./6. Oktober 1789 berichtet die Historikerin Susanne Petersen 1987:

Insgesamt wurde der Zug auf 8000 bis 10 000 Frauen geschätzt, die sich mit Piken, Stielen, Waffen und sogar mit einigen Kanonen auf den langen Marsch begaben … Gegen 17 Uhr kam der Frauenzug völlig durchnässt in Versailles an. Derweil war es in Paris zu neuen Initiativen der Nationalgarde gekommen, die Frauen zu unterstützen. Während die Nationalgardisten im Anmarsch waren, wurde in der Nationalversammlung schon eine Abordnung von 12 Frauen vorgelassen. Die Angehörigen der Nationalversammlung signalisierten Wohlwollen und schickten dieselbe Abordnung mit ihrem Sitzungspräsidenten Mounier direkt zum König. Als die Frauenabordnung wieder zum Vorschein kam, gab sie bekannt, dass der König ausreichende Mehllieferungen und Festpreise zugesagt habe. Ein Teil der Frauen kehrte höchst zufrieden nach Paris zurück, diesmal im Wagen des Königs … Als letzte Forderung hatten die Vertreter der 60 Pariser Bezirke auf ihrem Zettel: Der König solle mit nach Paris kommen …
So kam es am frühen Morgen des 6. Oktober 1789 zu gewaltsamen Ausschreitungen im Schloss. Immer wieder erschallte der Ruf: „Nach Paris". In dieser Zwangslage willigten Ludwig XVI. [und die Nationalversammlung] ein. Gegen 13 Uhr marschierte ein bunt gemischter, mit vielen Zweigen und Broten geschmückter Zug im Triumph nach Paris zurück, zusammen mit „dem Bäcker, der Bäckerin und dem Bäckerburschen" [Ludwig XVI., Marie Antoinette und der Thronfolger] als Garanten der Pariser Brotversorgung.

Zit. nach Susanne Petersen, Marktweiber und Amazonen, Köln (Pahl-Rugenstein) 1987, S. 65 ff.

Die Ereignisse im Sommer und Herbst 1789

5. Mai Eröffnung der Generalstände in Versailles.
17. Juni Die Abgeordneten des Dritten Standes erklären sich zur Nationalversammlung.
20. Juni Die Mitglieder der Nationalversammlung schwören, nicht eher auseinander zu gehen, bis Frankreich eine Verfassung besitzt (Ballhausschwur).
14. Juli Eine wütende Menschenmenge stürmt die Bastille und trägt den Kopf des ermordeten Kommandanten jubelnd durch die Stadt.
16./17. Juli Der König zieht die Truppen um Paris wieder ab und heftet sich die Kokarde an den Hut.
4./5. August Nachtsitzung der Nationalversammlung: Alle Privilegien fallen.
26. August Die Nationalversammlung verabschiedet die Erklärung der Menschen- und Bürgerrechte und bestimmt sie als Grundlage der neuen Verfassung.
5./6. Oktober Zug der Frauen nach Versailles. Die Königsfamilie zieht nach Paris um; die Nationalversammlung folgt einige Tage später.

9 Untersuche anhand von M8 und M9 die Motive und die Forderungen der Frauen sowie ihre Aktionen.

10 Ordne die Aktionen der Frauen in den Zeitablauf der revolutionären Ereignisse ein (Kasten oben).

M1 **Die Erklärung der Menschen- und Bürgerrechte,** Ölgemälde von Jean Jacques Le Barbier d. Ä, 1789/90.

Menschen sollen frei und gleich sein

Ein Beschluss nicht nur für Frankreich

Zusammen mit der Beseitigung aller Privilegien durch die französische Nationalversammlung (siehe S. 98, M7) galt die „Erklärung der Menschen- und Bürgerrechte" vom 26. August 1789 als „Totenschein" des Absolutismus. Bereits lange vor der Französischen Revolution hatte die Debatte über die Menschen- und Bürgerrechte begonnen. Sie hatten für die Amerikaner eine wichtige Rolle gespielt, als sie ihre Unabhängigkeit erklärten und Grundrechte eines jeden Bürgers in ihrer Verfassung verankerten (siehe S. 78). Die Menschen- und Bürgerrechte sollten nach dem Willen der französischen Abgeordneten nicht auf ein bestimmtes Land begrenzt bleiben, sondern sie sollten weltweit gelten. Welche Grundsätze enthielt die „Erklärung der Menschen- und Bürgerrechte"? Welche Schwierigkeiten bestehen bei der Umsetzung der Menschen- und Bürgerrechte?

M2 **Die Menschen- und Bürgerrechte**

Die Menschen- und Bürgerrechte (17 Artikel) wurden am 26. August 1789 von der Nationalversammlung beschlossen und später der Verfassung von 1791 vorangestellt:

Präambel: In der Überzeugung, dass die Unkenntnis, das Vergessen oder Verachten der Menschenrechte die alleinigen Ursachen der öffentlichen Missstände und der Verderbtheit der Regierungen sind, haben die in der Nationalversammlung vereinigten Vertreter des französischen Volkes beschlossen, in einer feierlichen Erklärung die natürlichen, unveräußerlichen und geheiligten Menschenrechte darzulegen …

Art. 2 Das Ziel einer jeden politischen Vereinigung besteht in der Erhaltung der natürlichen und unantastbaren Menschenrechte. Diese Rechte sind Freiheit, Sicherheit und Widerstand gegen Unterdrückung.

Art. 3 Die Nation bildet den hauptsächlichen Ursprung jeder Souveränität. Keine Körperschaft und kein Individuum können eine Gewalt ausüben, die nicht ausdrücklich von der Nation ausgeht.

Art. 4 Die Freiheit besteht darin, alles tun zu können, was dem anderen nicht schadet … Diese Grenzen können nur gesetzlich festgelegt werden …

Art. 8 … Niemand kann wegen eines Gesetzes bestraft werden, das nicht vor dem Tatmoment erlassen, verkündet und angewendet worden ist.

Art. 10 Niemand darf wegen seiner Meinung, selbst religiöser Art, belangt werden, solange die Äußerungen nicht die gesetzlich festgelegte Ordnung stören.

Art. 11 Die freie Mitteilung der Gedanken und Ansichten ist eines der kostbarsten Menschenrechte; jeder Bürger kann daher frei schreiben, reden und drucken, unter Vorbehalt des Missbrauchs dieser Freiheit in den gesetzlich festgelegten Fällen.

Art. 16. Eine Gesellschaft, in der die Garantie der Rechte nicht erfolgt und die Gewaltenteilung nicht festgeschrieben ist, hat keine Verfassung.

Art. 17. Da das Eigentum ein unverletzliches und heiliges Recht ist, kann es niemandem genommen werden, außer im Falle öffentlicher Notwendigkeit unter der Bedingung einer gerechten … Entschädigung.

Zit. nach Geschichte in Quellen, Bd. 4, hg. v. Wolfgang Lautemann u. a., München (bsv) 1981, S. 199 ff. Berab. d. Verf.

Menschen- und Bürgerrechte

Rechte, die jeder Mensch unabhängig von seiner Stellung in Staat, Gesellschaft, Familie, Beruf, Religion und Kultur allein schon durch seine Geburt besitzt. Die Menschenrechte werden weder durch Merkmale wie Hautfarbe, Geschlecht, Sprache, politische oder weltanschauliche Vorstellungen, noch durch nationale oder soziale Herkunft beschränkt. Bürgerrechte sind an die Staatsbürgerschaft gebunden, zu ihnen gehört z. B. das Wahlrecht.

Vorschlag für eine Gruppenarbeit

Bildet drei Gruppen und bearbeitet jeweils eine Karikatur (M3 bis M5, S. 101/102) nach den Arbeitsschritten „Karikaturen entschlüsseln" (S. 103). Stellt die Ergebnisse in der Klasse vor.

Menschenrechte in der Gegenwart

Im 19. Jahrhundert galten die Menschenrechte als Hebel zur Durchsetzung von Reformen in europäischen Monarchien, sonst fanden sie relativ wenig Beachtung. Erst nach dem Zweiten Weltkrieg setzten sich die Vereinten Nationen (UNO) für eine weltweite Stärkung der Menschenrechte ein. Sie beschlossen am 10. 12. 1948 die „Allgemeine Erklärung der Menschen- und Bürgerrechte". Darin verpflichteten sich die Mitgliedsstaaten der UNO, die Menschenrechte weltweit zu verteidigen und zu verwirklichen.
Allerdings finden in der Welt täglich schwere Verstöße gegen die Menschenrechte statt, vor allem gegenüber Frauen und Kindern. Begangen werden sie nicht nur von Soldaten, beispielsweise in einem Bürgerkrieg, sondern auch von Regierungen, Behörden und Polizisten in Staaten, die nach außen hin im Frieden leben. Die Verstöße richten sich meistens gegen Menschen, die gegen die Zustände in ihrem Staat protestieren, weil die herrschende Schicht um ihre Macht fürchtet. Für den Schutz der Menschenrechte setzen sich international arbeitende Organisationen ein, wie z. B. die Menschenrechtsorganisation „amnesty international".

M3 **Der massenhafte Thronsturz**, französische Karikatur, um 1800. Inschrift links oben: „Republikanische Elektrizität gibt den Despoten einen Stromstoß, der ihre Throne umstürzt". Inschrift auf der Scheibe: „Erklärung der Menschenrechte", Inschrift auf dem Kabel: „Freiheit, Gleichheit, Brüderlichkeit, unteilbare Einheit der Republik". Beschriftungen rechts: „Der Schelm Joseph, der holländische Statthalter, der feiste George, der kleine Papst, der spanische Despot, der Tyrann von Preußen, der Herumtreiber von Sardinien, die fette Katharina".

1 Überprüfe, in welchen Punkten die Menschen- und Bürgerrechte (M2) im Gegensatz zur absolutistischen Herrschaft standen.
2 Beschreibe M1 und formuliere die mögliche Aussage des Künstlers.
3 Vergleiche die Erklärung der Menschen- und Bürgerrechte mit den Grundrechten des Grundgesetzes der Bundesrepublik Deutschland (siehe Buchumschlag).

Kontakt mit einer Menschenrechtsorganisation aufnehmen

Informiert euch über die Arbeit von amnesty international und recherchiert, welche anderen Organisationen für die Einhaltung der Menschenrechte eintreten (Internet, siehe Arbeitsschritte S. 22f.). Bereitet eine kleine Ausstellung über die Menschenrechte in der Geschichte und in der Gegenwart vor.

M4 **Nach der Konferenz über Menschenrechte,**
Karikatur von Murschetz, 1982

Karikatur von T. M. Bunk, Deutschland, 1986 **M5**

Karikaturen entschlüsseln

Klassenzimmer, M1 Karikatur von Gerhard Mester, 1998

Karikaturen – nur zum Lachen?

Karikaturen kennst du aus Tageszeitungen oder Zeitschriften. Meist reizt ihre Darstellung spontan zum Lachen, obwohl beim Nachdenken über den Inhalt vielleicht gar kein Grund zum Lachen besteht. Karikaturen arbeiten mit den Mitteln der Verzerrung, Übertreibung oder Verfremdung. Oft wollen die Karikaturisten das Verhalten von Menschen zwischen Anspruch und Realität aufzeigen.

Im Bereich der politischen Auseinandersetzung sind Karikaturen ein beliebtes Instrument zur Bloßstellung politischer Gegner oder der Kritik an gesellschaftlich fragwürdigen Zuständen.

1 Entschlüssele die Karikatur M1 mithilfe der Arbeitsschritte.

2 Halte fest, welche Fragen offen bleiben bzw. nur mit weiteren Informationen beantwortet werden können.

3 Übe die Arbeit mit Karikaturen an M3 bis M5 S. 101 f.

Arbeitsschritte Karikaturen entschlüsseln

1. Schritt: Den ersten Eindruck festhalten
Notiere, was dir bei der Betrachtung der Karikatur zuerst auffällt. Wie ist deine erste Reaktion?

2. Schritt: Ideen sammeln („Brainstorming")
Sammle alle Ideen und Gedanken, die dir beim Betrachten der Karikatur kommen.

3. Schritt: Die Einzelheiten beschreiben
Welche Personen und Sachverhalte sind zu erkennen? Welche Symbole werden verwendet? Achte auf einzelne Wörter und/oder die Bildunterschrift.

4. Schritt: Die Bedeutung klären
Welche Bedeutung haben die Personen und Gegenstände? Auf welche Bildteile bezieht sich der Text? (Evtl. in einer Tabelle notieren).

5. Schritt: Die Aussage der Karikatur formulieren
Fasse in wenigen Sätzen zusammen: Auf welche Situation, auf welches Ereignis bezieht sich die Karikatur? Was sagt die Karikatur über das Thema aus? Wie ist die Position des Zeichners zum Thema? Welche Wirkung könnte die Karikatur haben?

Bürgerinnen und Bürger kämpfen für ihre Interessen

Frankreich wird konstitutionelle Monarchie

Am 3. September 1791 trat die Verfassung in Kraft, an der die Nationalversammlung seit 1789 gearbeitet hatte. Sie begrenzte die absolute Macht des Königs. Nach dem lateinischen Wort für Verfassung „constitutio“ hieß die neue Staatsform konstitutionelle Monarchie. Allen Bürgern garantierte die Verfassung Freiheit und Gleichheit vor dem Gesetz. Alle Richter mussten sich künftig an die neue Verfassung halten und durften nur im Rahmen der Gesetze urteilen, die das Parlament, die französische Nationalversammlung, verabschiedet hatte.

Allerdings ließ die neue Verfassung nicht alle Franzosen zur Wahl der Nationalversammlung zu. Nur etwa ein Fünftel von 25 Millionen Franzosen war wahlberechtigt, da das Wahlrecht an Steuerleistungen gebunden war. Zensuswahlrecht* wird ein solches Wahlverfahren genannt. Alle Frauen waren von der Wahl ausgeschlossen.

Verfassung

Eine Verfassung enthält die politischen Grundsätze des staatlichen Lebens und die Grundrechte der Bürger. Sie bestimmt die Form (z. B. Monarchie, Republik), den Aufbau (zentralistisch, föderalistisch) und die Organe (Parlament, König, Präsident, Kanzler, Ministerien) des Staates. Sie regelt auch, wer wählen (aktives Wahlrecht) und wer für ein Amt gewählt werden darf (passives Wahlrecht).

... und Republik

Ludwig XVI. war König geblieben, aber niemand in Frankreich konnte genau sagen, welche Macht er in Zukunft haben würde. Ludwig hatte die Verfassung zwar anerkannt, dennoch zweifelten die französischen Bürgerinnen und Bürger daran, dass er wirklich hinter der neuen Staatsform stand. Gerüchten zufolge hielt er weiterhin Kontakt zu königstreuen Emigranten im Ausland. Im Juni 1791 hatte er sogar versucht, mit seiner Familie nach Belgien zu fliehen, war dabei aber erkannt und nach Paris zurückgebracht worden.

Zur selben Zeit drohten die Herrscher Preußens und Österreichs offen damit, das absolute Königtum in Frankreich mit militärischer Gewalt wiederherzustellen. In dieser Situation erklärte die französische Nationalversammlung am 20. April 1792 Österreich und Preußen den Krieg. Die Pariser Bevölkerung vermutete hinter dieser Entwicklung ein Komplott Ludwigs. Als am 10. August 1792 eine aufgebrachte Menschenmenge das königliche Schloss stürmte, verlor der König auch die Unterstützung der Nationalversammlung. Die Abgeordneten erklärten ihn für abgesetzt und klagten ihn wegen Hochverrats an.

Gleichzeitig beschloss die Nationalversammlung ihre eigene Auflösung. Ein „Nationalkonvent“ sollte gewählt werden, der eine neue, republikanische Verfassung ausarbeiten und über das Schicksal Ludwigs XVI. beschließen sollte. Zu den Wahlen waren nun alle männlichen Franzosen zugelassen. Am 21. September 1792 rief der Nationalkonvent die Republik aus.

M1 Die französische Verfassung von 1791

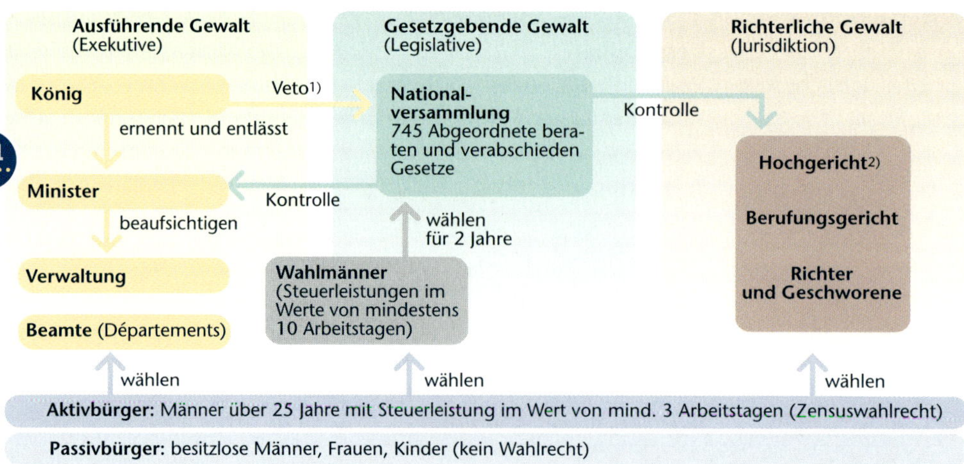

1) Das aufschiebende Veto des Königs konnte durch eine zweimalige Bestätigung des Gesetzes in der Nationalversammlung in zwei aufeinander folgenden Legislaturperioden aufgehoben werden.

2) Für Anklage gegen Minister, hohe Beamte und Staatsverbrecher

M2 **Ludwig XVI. bei seiner Verhaftung** in Varennes am 20. Juni 1791, Kupferstich, 1791

M3 Ludwig XVI. – schuldig oder unschuldig?

Im Dezember 1792 verhandelte der Nationalkonvent das weitere Schicksal des abgesetzten Königs Ludwig XVI. Auf die Rede des Rechtsanwalts Maximilien de Robespierre (siehe S. 109) antwortete der Rechtsanwalt Romain de Sèzes, der Verteidiger des Königs, kurz vor der Urteilsverkündung.

3A *Robespierre (3. Dezember 1792):* Ludwig war König und die Republik ist gegründet ... Ludwig wurde aufgrund seiner Untaten entthront. Er hat das französische Volk der Rebellion bezichtigt. Er hat es strafen wollen und deswegen um den Waffenbeistand der Tyrannen, seiner Brüder, nachgesucht. Mit seinem Sieg hat das Volk gezeigt, dass er allein der Rebell ist ... Ich persönlich verabscheue die Todesstrafe ... Für Ludwig empfinde ich weder Liebe noch Hass. Ich hasse nur seine Untaten ... Aber ein entthronter König mitten in einer Revolution, die es durch gerechte Gesetze erst zu vollenden gilt ..., kann lebend ... nicht ohne Einfluss auf das Glück des Volkes bleiben ... Nur ungern bringe ich diese bittere Wahrheit zu Gehör, ... eher soll Ludwig des Todes sein als 100 000 tugendsame Bürger. Ludwig muss sterben, weil das Vaterland leben soll.

Zit. nach Geschichte in Quellen, Bd. 4, hg. v. Wolfgang Lautemann u. a., München (bsv) 1981, S. 328 f.

3B *de Sèzes (26. Dezember 1792):* Wollt ihr Ludwig als König richten, dann frage ich euch ... wo ist jene Teilung der Gewalten, ohne die weder Verfassung noch Freiheit möglich ist? ... Wo sind alle jenen strengen Vorkehrungen, die das Gesetz bestimmt hat, damit der Bürger, selbst wenn er schuldig ist, nur durch das Gesetz getroffen wird? ... Ihr wollt richten über Ludwig und seid doch selbst seine Ankläger! Ihr wollt richten über Ludwig und habt euer Urteil schon gesprochen! ... Ludwig soll weder die Rechte noch die Vorrechte des Königs haben! Er soll weder in der alten noch in der neuen Rechtsordnung geachtet werden! Welch ein unbegreifliches Geschick!

Zit. nach Wolf Dieter Behschnitt, Die Französische Revolution, Stuttgart (Klett) 1979, S. 75 f.

1 Beschreibe den Aufbau der Verfassung von 1791 (M1) anhand der Arbeitsschritte S. 79. Kläre die Begriffe „Aktivbürger“, „Passivbürger“ und „Wahlmänner“.
2 Erläutere die Rolle des Königs und beurteile seine Macht nach der Verfassung (M1).
3 Schildere an M2 deinen Eindruck von der Gefangennahme Ludwigs XVI. in Varennes (siehe Arbeitsschritte S. 290). Welchen Standpunkt bezieht der Zeichner?
4 Vergleiche die Rede Robespierres mit dem Plädoyer des Verteidigers des Königs (M3A und M3B). Beurteile die jeweiligen Argumente.
5 Untersuche mithilfe der Materialien dieser Doppelseite, wie innen- und außenpolitische Entwicklungen miteinander zusammenhingen.

Girondisten, Jakobiner und Sansculotten

Die Abstimmung über die Behandlung Ludwigs XVI. fiel knapp aus: 387 Abgeordnete des Nationalkonvents sprachen sich für die Todesstrafe aus, 334 dagegen. Am 21. 1.1793 wurde Ludwig auf dem Schafott hingerichtet. Von Beginn an wurden die Debatten im Nationalkonvent von zwei politischen Gruppierungen beherrscht: Zunächst waren da die „Jakobiner", die nach ihrem Versammlungsort, dem Jakobskloster, benannt waren. Diese Vereinigung, die seit 1789 für die Ablösung der Monarchie durch eine soziale Republik und direkte Volksherrschaft eingetreten war, hatte zunehmend an Einfluss gewonnen. Auf der anderen Seite standen die „Girondisten", so genannt, weil ihre bekanntesten Redner aus der Landschaft Gironde in Südwestfrankreich kamen. Auch sie waren für die Republik, aber gegen direkte Volksherrschaft und radikale soziale Reformen. Sie traten für die Einhaltung der Verfassung und den Schutz der Grundrechte ein. Die Jakobiner hatten mit dem Versprechen, ein Volk zu schaffen, in dem alle einen ungefähr gleichen Besitzstand hatten, viele Anhänger unter den Pariser Kleinbürgern gewonnen. Diejenigen unter ihnen, die aktiv für diese Ziele kämpften, nannten sich „Sansculotten", d. h. „Ohnehosen", weil sie nicht die Kniehose, das typische Kleidungsstück des Adels trugen.

M4 **Zwei Sansculotten**, Zeichnung, um 1791

Das Ehepaar Roux trifft Monsieur Simon – ein Rollenspiel

Der folgende Text ist fiktiv, könnte aber, den Quellen nach zu urteilen, ähnlich verlaufen sein. Ihr könnt auf unterschiedliche Weise mit dem Text arbeiten: a) Vergleicht die Einstellungen der Gesprächspartner. b) Beschäftigt euch in Dreier-Gruppen mit dem Text. Überlegt euch, wie das Gespräch weitergegangen sein könnte und formuliert eine Fortsetzung. c) Eignet euch die Rollen dem Sinn nach an und spielt das Gespräch ohne die Textvorlage in der Klasse (siehe Arbeitsschritte Rollenspiel, S. 295).

Monsieur Simon: Ich bin, wie die meisten meiner Kollegen aus dem Jakobinerklub, Rechtsanwalt. Seit 1789 bin ich Abgeordneter, erst in der Nationalversammlung und heute – 1793 – im Nationalkonvent. Wir Jakobiner haben Ludwig XVI. und seine verbrecherische Adelsclique beseitigt. Unser Motto lautet: „Einheit und Untrennbarkeit der Republik. Freiheit, Gleichheit und Brüderlichkeit oder der Tod!"

Monsieur Roux: Ihr habt diese Blutsauger nur mit unserer Hilfe verjagt. Habt ihr aber die Todesstrafe gegen Lebensmittelhamsterer verhängt? Nein. Wir Sansculotten kämpfen mit dem Säbel für erschwingliche Brot- und Fleischpreise, damit Kleinbürger nicht hungern müssen. Wir duzen alle, denn alle Franzosen sind vor dem Gesetz und im Alltag gleich.

Madame Roux: Was habt ihr Jakobiner denn bisher für die Gleichberechtigung der Frauen getan? Das Wahlrecht haben wir immer noch nicht, obwohl wir seit 1789 an vorderster Front kämpfen. Und jetzt sollen wir wieder zurück an den Herd? Zuerst wollen wir die gleichen Rechte wie die Männer und als Abgeordnete im Parlament unsere Interessen vertreten!

Monsieur Simon: Uns drücken zur Zeit andere Sorgen. Wir sind im Krieg mit Österreich und 40 000 Emigranten wollen zu den alten Zuständen zurück.

Monsieur Roux: Leistet erst mal, was wir schon lange können. Wir wissen, wie man pflügt, schmiedet, bäckt, schlachtet, ein Haus baut – alles die Dinge, die ihr Jakobiner zum Leben braucht.

M5 **Patriotischer Frauenklub,** Zeichnung der Brüder Lesueur, um 1792

M6 **Republikanischer Frauenklub,** Holzstich, 1830

Die politischen Ziele der Frauen

Von 1789 bis 1793 entstanden in Frankreich viele Frauenklubs: Die Anhängerinnen der Girondisten trafen sich in „Patriotischen Frauenklubs", die Jakobinerinnen verkehrten z. B. in der „Gesellschaft der republikanischen und revolutionären Bürgerinnen" in Paris. Allen Klubs war gemeinsam, dass sie für die volle politische Gleichberechtigung der Frauen eintraten.
Da Frauen nicht wählen durften, strebten sie mit anderen Mitteln nach politischem Einfluss, z. B. über Petitionen an den Nationalkonvent, als Zuschauerinnen bei seinen Sitzungen, wo sie die Abgeordneten durch Zwischenrufe zu beeinflussen versuchten, oder durch Straßendemonstrationen. Für besonderes Aufsehen sorgte die Schriftstellerin und Journalistin Olympe de Gouges (siehe S. 111). Sie verfasste 1791 die „Erklärung der Rechte der Frau und der Bürgerin", in der unter anderem stand: „Die Frau hat das Recht, das Schafott zu besteigen. Sie muss gleichermaßen das Recht haben, die Rednertribüne zu besteigen."
Durch die Französische Revolution konnten die Frauen in Frankreich ihre Stellung zunächst verbessern: 1791 stellte ein Gesetz weibliche und männliche Erben gleich, 1792 wurde die Zivilehe eingeführt, die es den Frauen – im Gegensatz zur kirchlichen Eheschließung – ermöglichte, sich scheiden zu lassen. Das Wahlrecht erhielten die französischen Frauen allerdings erst 1946.

M7 Im Namen der Natur

Der radikale Jakobiner Pierre-Gaspard Chaumette, Vorsitzender des Pariser Stadtrats, sagte in einer Rede 1793:

Seit wann ist es den Frauen gestattet, ihrem Geschlecht abzuschwören und sich zu Männern zu machen? Seit wann ist es Brauch, dass sie die fromme Sorge ihres Haushaltes, die Wiege ihrer Kinder verlassen, um auf die öffentlichen Plätze zu kommen, von der Tribüne herab Reden zu halten, ... mit einem Wort: Aufgaben zu übernehmen, welche die Natur allein dem Manne zugeteilt hat? ... Unkluge Frauen, warum wollt ihr Männer werden? ... Im Namen der Natur, bleibt, was ihr seid.

Helga Grubitzsch (Hg.), Grenzgängerinnen. Revolutionäre Frauen im 18. und 19. Jahrhundert. Weibliche Wirklichkeit und männliche Fantasien, Düsseldorf (Schwann) 1985, S. 278.

6 Beschreibe M4 und kläre mithilfe des Darstellungstextes den Begriff „Sansculotte".
7 Erarbeite M5 und M6 (siehe Arbeitsschritte S. 290).
8 Stelle anhand des Darstellungstextes dieser Seite und M7 die politischen Aktivitäten der Frauen zusammen.
9 Entwirf eine kurze Gegenrede zu M7.
10 Beurteile M7 vor dem Hintergrund der Forderungen der politischen Frauenklubs.

Mit Gewalt zu Freiheit und Gleichheit?

Von der Republik zur Schreckensherrschaft

Im vierten Jahr der Revolution befand sich Frankreichs Wirtschaft am Abgrund. Bei den Bauern und in den Fabriken war die Produktion ins Stocken geraten, viele Menschen verarmten, weil sie arbeitslos wurden. Das Geld verlor immer mehr an Wert und die Verwaltung war in vielen Teilen des Landes zusammengebrochen. Auch die politische Situation war trostlos. Frankreich befand sich im Krieg mit fast allen seinen europäischen Nachbarn und im Inneren tobten Aufstände von Königstreuen und Großbürgern.

Die Pariser Massen und die Jakobiner machten für diese gefährliche Entwicklung die Girondisten verantwortlich. Sie warfen ihnen falsche Kriegsführung vor. Außerdem wollten die Jakobiner im Unterschied zu den Girondisten in das Wirtschaftsleben eingreifen: mit Festpreisen für Lebensmittel, der Zwangsverteilung gehorteter Vorräte und besonders hohen Steuern für Vermögende. Die Girondisten, die dem wohlhabenderen Bürgertum nahe standen, wurden schließlich beschuldigt, mit dem Feind zusammenzuarbeiten. Als die von den Sansculotten beherrschten Versammlungen der Pariser Stadtteile forderten, mit aller Härte gegen die so genannten „Feinde der Revolution" vorzugehen, schlossen sich ihnen die Jakobiner des Nationalkonvents an: Im Frühjahr 1794 wurden die meisten der girondistischen Abgeordneten hingerichtet.

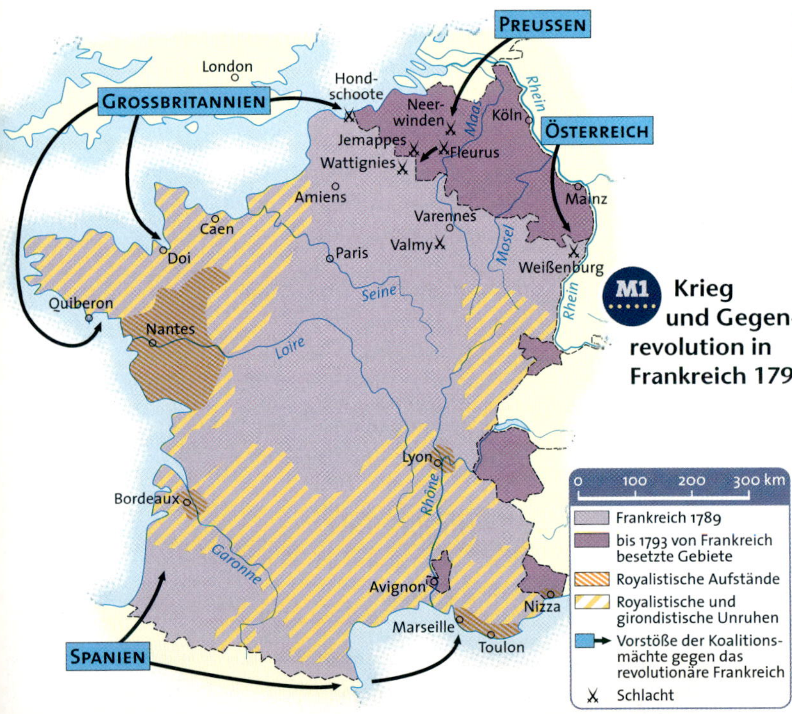

M1 Krieg und Gegenrevolution in Frankreich 1793

M2 „Das Volk", ein Haufen von Banditen?

Der französische Schriftsteller André Chénier in einem Zeitungsartikel (26. Februar 1792):

Einige hundert Müßiggänger, die in einem Theatersaal zusammenkommen, oder einige Haufen Banditen, die Läden plündern, werden mit frecher Stirn „le peuple" [das Volk] genannt; den unverschämtesten Despoten ist ... kein so gemeiner und ekelhafter Weihrauch gespendet worden wie jene kriecherische Schmeichelei, mit der 2000–3000 Anmaßer der nationalen Souveränität jeden Tag berauscht werden von den Schriftstellern und Rednern dieser Klubs, die Frankreich durcheinander bringen ... Da wird ... jede Lüge ... geglaubt, wenn sie nur mörderisch ist.

Zit. nach Irmgard und Paul Hartig, Die Französische Revolution, Stuttgart (Klett) 1966, S. 36.

M3 Mit großer Erwartung ...

Der folgende anonym verfasste Text erschien 1794 in Deutschland:

Ich bin mit großen Erwartungen nach Frankreich gegangen ... Aber was fand ich? ... Intrige war die Seele aller Volksversammlungen ... Die Wahlversammlungen sind leer von rechtlichen Bürgern und größtenteils einem Haufen Gesindel überlassen. Der Pöbel in der Halle tyrannisiert jetzt ebenso despotisch, wie vorher der Pöbel in den Palästen ... Die vorigen Polizeispione sind in den Dienst der Jakobiner übergegangen ... Unzählige Fabriken stehen still, und Hunderttausende sind durch die Vernachlässigung der Staatsgewalten zu Bettlern geworden. Nur ein Wort gegen die gegenwärtig herrschenden Ideen – und die Laterne droht mir.

Schreiben eines reisenden Deutschen, dass die Neufranken noch die alten Franzosen sind. In: Revolutionsalmanach, Göttingen (Dieterich) 1794, S.17 f.

1 Erläutere anhand des Darstellungstextes und M1 die Krisensituation Frankreichs.

2 Vorschlag für Partnerarbeit: Erarbeitet M2 und M3 mithilfe des Modells zur Quellenanalyse (siehe S. 113). Vergleicht die Aussagen vor dem Hintergrund ihres Entstehungsdatums.

Maximilien de Robespierre

Maximilien de Robespierre (1758–1794) war Rechtsanwalt aus der nordfranzösischen Stadt Arras. In der Nationalversammlung war er Abgeordneter des Dritten Standes und vertrat in seinen Reden die Ideen des Aufklärers Jean-Jacques Rousseau. Als führender Kopf der Jakobiner trug er maßgeblich zum Sturz der Girondisten bei. Robespierres Name steht für die Zeit der Terrorherrschaft, die der regierende „Wohlfahrtsausschuss" unter seinem Vorsitz seit Juni 1793 ausübte. Am 27. Juli 1794 wurde Robespierre von seinen engsten Freunden gestürzt und hingerichtet.

M4 Ein einziger Wille

Aus einer Notiz Maximilien de Robespierres (Mai 1793):

Es darf nur ein einziger Wille bestehen ... Damit er republikanisch ist, braucht man republikanische Minister, republikanische Zeitungen, republikanische Abgeordnete, eine republikanische Regierung ... Das Volk muss sich mit dem Konvent verbünden, und der Konvent muss sich des Volkes bedienen ... Man muss den Sansculotten Waffen verschaffen ... und mit allen Mitteln ihre republikanische Begeisterung steigern.

Zit. nach Albert Mathiez, La Révolution française, Bd. 3, Paris 1927, S. 4. Übers. d. Verf.

3 Erarbeite die politischen Ziele und Methoden Robespierres (Personenkasten, M4 und M5) und beurteile seine Auffassung.

4 Stelle einen Bezug zwischen Robespierres Politik und der demokratischen Entwicklung Frankreichs her.

Der „Wohlfahrtsausschuss": Symbol des Terrors

Im Juni 1793 verabschiedete der französische Nationalkonvent die republikanische Verfassung. Angesichts der kritischen Situation, in der sich Frankreich befand, trat sie allerdings nie in Kraft. Stattdessen bildeten die Jakobiner eine „Revolutionsregierung": Der Konvent legte alle Macht in die Hände von Ausschüssen, deren wichtigster der „Wohlfahrtsausschuss" war. Zur einflussreichsten Persönlichkeit im Wohlfahrtsausschuss wurde Maximilien de Robespierre gewählt. Er ließ z. B. prunkvolle Umzüge zu Ehren der Göttin „Vernunft" veranstalten, die das Gemeinschaftsgefühl der Franzosen stärken sollten. Ein neuer Kalender ohne christliche Feiertage wurde eingeführt und mit dem Tag der Ausrufung der Republik (21. 9. 1793) begann das Jahr 1 der neuen Zeitrechnung. Diese Neuerungen überschattete der Schrecken, den das Revolutionsgericht verbreitete. Es sollte alle gegenrevolutionären Bestrebungen verfolgen. Seine Todesurteile standen oft schon vor der Verhandlung fest. Die Karren mit Verurteilten, die zur Guillotine rollten, gehörten in dieser Zeit zum gewohnten Stadtbild. Wie konnten die Revolutionäre ihre Ziele Freiheit, Gleichheit, Brüderlichkeit mit der Terrorherrschaft des Wohlfahrtsausschusses verbinden?

M5 Die Aufgabe der Volksregierung

Maximilien de Robespierre über die Grundsätze seiner Politik in einer Rede vor dem Konvent (7. Februar 1794):

Welches Ziel also streben wir an? Den friedlichen Genuss der Freiheit und Gleichheit ... Wir wollen eine Ordnung der Dinge, in der alle niederen und grausamen Leidenschaften unbekannt sind ... Wenn die Aufgabe der Volksregierung im Frieden die Tugend ist, so ist die Triebkraft der Volksregierung in der Revolution die Tugend und der Terror ... Der Terror ist nichts anderes als ein schnelles, strenges und unerbittliches Gericht ... Er ist ... eine Folge des allgemeinen Prinzips der Demokratie, angewendet auf die dringendsten Bedürfnisse des Vaterlandes.

Zit. nach Geschichte in Quellen, Bd. 4, hg. v. Wolfgang Lautemann u. a., München (bsv) 1981, S. 392 f.

M6 Guillotine (Modell), 20. Jh. Die Guillotine wurde 1792 auf Vorschlag des Arztes Josephe Guillotin als einfaches und schnelles Hinrichtungsinstrument in Frankreich eingeführt. Während der Terrorherrschaft fanden durch sie etwa 17 000 Franzosen den Tod.

Auf dem Weg zur Demokratie

M7 **Verhör vor einem Revolutionsgericht**, kolorierte Radierung, 1794

M8 Das Gesetz über die Verdächtigen

Am 17. September 1793 erließ der Wohlfahrtsausschuss folgendes Gesetz:

Art. 1: Sofort nach Verkündung des vorliegenden Dekrets werden alle verdächtigen Personen, die sich auf dem Territorium der Republik aufhalten und noch in Freiheit befinden, in Haft genommen.

Art. 2: Als verdächtige Personen gelten:

1. Alle, die sich durch ihr Verhalten, ... oder durch ihre mündlich oder schriftlich geäußerten Ansichten als Parteigänger der Tyrannen, des Föderalismus[1] und Feinde der Freiheit zu erkennen gegeben haben;

2. Alle, die sich nicht auf die ... vorgeschriebene Weise über ihre Existenzmittel und die Erfüllung ihrer Bürgerpflichten ausweisen können;

3. Alle, denen das Bürgerzeugnis verweigert worden ist; ...

5. Alle diejenigen vormaligen Adligen, ob Männer, Frauen, Väter, Mütter, Söhne oder Töchter sowie Bevollmächtigten der Emigranten, die nicht dauernd ihre Verbundenheit mit der Revolution unter Beweis gestellt haben.

Zit. nach Geschichte in Quellen, Bd. 4, hg. v. Wolfgang Lautemann u. a., München (bsv) 1981, S. 377 f.

1 Gliederung eines Staates in mehrere gleichberechtigte Einheiten (z. B. Bundesländer) im Gegensatz zum zentralistischen Staat. Die Bundesländer in Deutschland haben u. a. das Recht, über das Bildungswesen unabhängig zu entscheiden.

M9 Anklagen und Urteile

Beschuldigungen, aufgrund derer die Revolutionsgerichte Angeklagte zum Tode verurteilten (1793):

23. September: Antoine Massan, Pfarrer von Saint-Servin (Saône-et-Loire) wurde insbesondere deswegen zum Tode verurteilt, weil er für eine Prozession das Geleit von vier total betrunkenen Nationalgardisten ablehnte, was sogar Zeugen bestätigten.

24. September: Vor dem Revolutionsgericht erschien Louise Catherine Ricard (verwitwete Lefèvre). Sie wurde schlicht wegen einer Denunziation angeklagt, derzufolge sie geäußert haben soll, dass „das aufwändige Gebaren des Nationalkonvents mehr Geld verschlungen habe als das Ancien régime[1]". Für diese Äußerung wurde sie zum Tode verurteilt.

8. Oktober: Henri Dupin, Chef des Pferdegestüts in Saumur, wird zum Tode verurteilt, weil ihm die Diktatur der Jakobiner nicht gefiel und er dies auch wissen ließ ...

23. Oktober: Zwei Pfarrer, Pierre Pastourel und Jean-Baptiste Brulé wurden zum Tode verurteilt. Der eine, weil er seinen Eid auf die Verfassung widerrufen und der andere, weil er den Tod von Marie-Antoinette bedauert hatte.

Zusammengestellt nach Jean-François Fayard, La justice révolutionnaire, Paris (Laffont) 1987, S. 81–86; 95. Übers. d. Verf.

1 Frankreich vor der Revolution

M10 Der Tod von Olympe de Gouges

Am 2. November 1793 hatte Olympe de Gouges vor dem Revolutionsgericht zu erscheinen. In ihren Prozessakten stand:

Eine mutige Frau, die sich nicht scheute, Männer und Institutionen direkt anzugreifen, die in ihren Augen die Freiheit einschränkten. Deswegen wurde sie im August 1793 verhaftet und im Gefängnis … eingesperrt … Sie verwies dort vergeblich darauf, dass sie sich bei der Verbreitung der Prinzipien der Revolution aufgerieben und republikanische Frauenklubs gegründet hätte. Wer allerdings zur gleichen Zeit Sätze wie „Robespierre ist mir stets als geist- und seelenloser Ehrgeizling erschienen: Für mich schien er immer bereit, die gesamte Nation zu opfern, um an die Diktatur zu gelangen. Ich konnte diesen verrückten und blutrünstigen Ehrgeiz nicht ertragen, und so verfolgte ich ihn wie ich alle Tyrannen verfolgt habe …" schrieb, konnte kaum auf Milde hoffen … Als sie dem Henker übergeben wurde, wendete sie sich an die „Strickerinnen"[1], die sie einst selbst mitorganisiert hatte, mit den Worten: „Kinder des Vaterlands, ihr werdet meinen Tod rächen!" Gleichgültig kam die Antwort zurück: „Es lebe die Republik".

Zit. nach Jean-François Fayard, La justice révolutionnaire, Paris (Laffont) 1987, S. 104. Übers. d. Verf.

1 Frauen, die neben der Guillotine saßen und die Verurteilten vor der Hinrichtung zu verhöhnen hatten. Als Zeichen der Gleichgültigkeit strickten sie, während das Fallbeil heruntersauste.

Das Ende des Schreckens

Angesichts des Schreckens protestierten gemäßigte Republikaner und sogar Sansculotten immer stärker gegen die Politik Robespierres. Denn sie diente in ihren Augen nicht der Demokratie. Robespierres Politik hatte viele Interessen verletzt, vor allem im Bürgertum, das ein Ende der staatlichen Eingriffe, den Schutz von Leben und Eigentum und die Einhaltung der Verfassung forderte. Auch der Nationalkonvent akzeptierte die Gewaltherrschaft nicht mehr und beschloss die Hinrichtung Robespierres. Mit seinem Tod am 28. Juli 1794 war die Terrorherrschaft in Frankreich beendet.

Die Jahre nach dem Ende der Schreckensherrschaft Robespierres bewerteten die Zeitgenossen unterschiedlich: „Verrat an der Revolution", so urteilten die Jakobiner, „Rückkehr zu Recht und Gesetz", hieß es dagegen aus den Kreisen des Groß- und Mittelbürgertums. Die Girondisten kehrten in den Konvent zurück. Jakobinerklubs wurden geschlossen, Jakobiner und Sansculotten von Banden junger Bürgersöhne zusammengeschlagen.

Eine neue Verfassung brachte wieder die Gewaltenteilung und überließ die Exekutive einem fünfköpfigen „Direktorium". Das Wahlrecht wurde wie 1791 an die Steuerleistung, den Zensus, gebunden. Wie am Anfang der Revolution standen sich Anhänger der Monarchie, die jetzt wieder eine Chance sahen, und kleinbürgerliche Massen der Hauptstadt, die nicht kampflos ihre Ziele aufgeben wollten, drohend gegenüber.

M11 **Olympe de Gouges** (1748–1793), Zeichnung, um 1790

5 Erarbeite M7 mithilfe der Arbeitsschritte S. 290.
6 Untersuche anhand von M8, wer als „Verdächtiger" galt und überlege, welche Auswirkungen ein solches Gesetz auf das Zusammenleben der Menschen vermutlich hatte.
7 Liste die Urteilsgründe in M9 auf und bewerte sie.
8 Stelle aus M10 zusammen, welche Ziele Olympe de Gouges mit der Revolution verband.
9 Zieht noch einmal die Informationen über Robespierre heran (S. 109) und diskutiert in der Klasse seine Auffassung von der Revolution und die von Olympe de Gouges.

Eine Textquelle analysieren

Den Text von verschiedenen Seiten betrachten

Anstelle der Arbeitsschritte findest du auf dieser Methodenseite ein Modell zur Analyse schriftlicher Quellen (M3). Eine bestimmte Schrittfolge bei der Bearbeitung ist nicht vorgegeben. Sinnvoll ist es aber, zunächst mit dem Autor und den Informationen zur Textquelle zu beginnen. Zu der Textquelle M1 sind einige Angaben als Lösungshilfe angegeben. Bedenke, dass nicht zu jedem Quellentext alle Fragen beantwortet werden können. Und selbst wenn du die Quelle zum „Sprechen" gebracht hast: Mit ihr kannst du nur einen kleinen Ausschnitt der Vergangenheit rekonstruieren.

Informationen über den Autor: 43 Jahre alt (1789), Pädagoge, Sprachforscher; Reise nach Paris mit der Absicht, über die Französische Revolution zu berichten (?)

Lagebeschreibung:
trotz Anarchie und Brotknappheit noch ruhig

Schlüsselbegriffe:
Volk
Anarchie (Gesetzlosigkeit)
Brotmangel
Zerrüttung der bürgerlichen Verhältnisse

neue Konstitution; am 14. September 1791 beschlossen, konstitutionelle Monarchie, Eid des Königs auf die neue Verfassung

Schlüsselaussage
Position des Autors: Konstitution (Verfassung) größtes Denkmal unseres Jahrhunderts; positive Bewertung (Z. 20–22)
Schlüsselbegriffe:
Vernunft und Menschenrecht als Grundlage der Verfassung

M1 Ein Brief aus Paris

Johann Heinrich Campe (1746–1818), deutscher Pädagoge und Sprachforscher, verfasste „Briefe aus Paris", die zuerst im „Braunschweiger Journal" veröffentlicht wurden. In einem Brief vom 14. August 1789 schrieb er:

In Paris ist unterdes nichts Neues vorgefallen. Das Volk hält sich, trotz der fortdauernden Anarchie und trotz des knappen Brotvorrats, kleine unbedeutende Auftritte abgerechnet, noch immer ruhig – zum Erstaunen aller, welche wissen, was die Worte Volk, Anarchie und Brotmangel in Verbindung miteinander zu bedeuten haben. ... Ob indes dieser unerhörte Zustand von Mäßigung und Ruhe, bei fortwährender Gesetzlosigkeit und Zerrüttung der bürgerlichen Verhältnisse, noch lange andauern wird? ... Es kann daher und wird wahrscheinlich noch zu blutigen Auftritten kommen, weil es unmöglich scheint, dass die neue Konstitution so geschwind vollendet und an allen ihren Teilen an die Stelle der alten gesetzt werden könnte, als nötig wäre, wenn man jener Verwilderung zuvorkommen wollte. Unterdes werden die geheimen Bemühungen der Aristokraten, die neue Freiheit, wo möglich, in ihren Keimen zu zerknicken, fortdauern; unterdes werden der Adel und die Geistlichkeit, sowohl in der Nationalversammlung als auch im Lande, ihre letzten Kräfte aufbieten, um der Vollendung des größten Denkmals unseres Jahrhunderts, einer auf Vernunft und Menschenrecht gegründeten Konstitution, tausend Hindernisse und Schwierigkeiten in den Weg zu legen; unterdes wird das Volk immer argwöhnischer, immer eifersüchtiger auf seine neue Freiheit, an die es noch nicht gewöhnt ist, immer rascher in seinem Verfahren, immer unbändiger und zügelloser werden; und – der Menschenfreund wendet mitleidig seine Augen von den Gräueln weg, welche die Folge davon sein können! ...

Johann Heinrich Campe, Briefe aus Paris zur Zeit der Revolution (1790). Zit. nach Irmgard und Paul Hartig, Die Französische Revolution im Urteil der Zeitgenossen und der Nachwelt, Stuttgart (Klett) 1980, S. 6f.

Quellenart: Zur Veröffentlichung bestimmter Brief

Adressat: Leser in Deutschland; Einflussnahme auf die Einstellung der Öffentlichkeit zur Französischen Revolution?

Geschichtlicher Hintergrund:
Was geschah vor und nach dem 14. August 1789?
Mai: Generalstände,
Juni: Nationalversammlung,
14. Juli: Sturm auf die Bastille,
4. August: Abschaffung der Privilegien,
26. August: Erklärung der Menschen- und Bürgerrechte

Frage: Wie geht die Revolution weiter?

Prognose: wahrscheinlich „blutige Auftritte" (Z. 7–11)

Gegner (Feinde) der Revolution: Aristokraten (Adel und Geistlichkeit)

Stimmung im Volk (Z. 24–27)

Sicht des Autors

Vorahnung?

M2 Aus dem Tagebuch eines Kleinbauern

Der Kleinbauer und Garnhausierer Ulrich Bräker (1735–1798) entfloh 1756 einem preußischen Werbeoffizier und lebte später in seiner Schweizer Heimat. In Kenntnis der Briefe Campes schrieb er im März 1791 in sein Tagebuch über die französischen Zustände:

Und noch jetzt nicht könnt ich glauben, dass es mit Frankreichs Freiheit so ganz im Reinen wäre: in einem so weitläufigen Reich – wo so viele Millionen Menschen wohnen – mag es wohl auch heißen, viel Köpf viel Sinnen – zudem so starke Parteien von den Angesehensten im Reich – die immer offensichtlich und im Verborgenen gegen die Freiheit arbeiten. Der Adel und die Geistlichkeit sind allzu stark heruntergesetzt – als dass sie nicht sollten alles anwenden, ihre Vorrechte geltend zu machen … Wie sehr fällt diese Nation von einem Extrem aufs andere. Vorher war der gemeine Haufen allzu sehr Sklav, der Adel und die Großen dieser Nation beherrschten den sonst souveränen König und übertrieben ihre despotische Macht bis zur Tyrannei. Man denke nur, wie eine solche Herabsetzung in die gemeine Bürgerklasse schmerzen müsse. Auch die Geistlichen werden es nimmermehr zugeben, da ihr Einkommen geschmälert und von den Ständen bestimmt werden soll. Diese Klasse ist der Nation die allergefährlichste , doch wenn nur die auswärtigen Mächte so menschlich gesinnt wären, keine Partei zu nehmen, sondern zu einem gütigen Vergleich die Hand bieten würden, dann möchts angehen. Aber wenn der Tanz angehen sollte … dann würdest du sehen – Franzmann, welche Schlangen du in deinem Busen genährt – mir schaudert von den Ahnungen, wie es alsdann in deinen Eingeweiden hergehen möchte … Es wird also erlaubt sein, dato noch an der Dauerhaftigkeit der französischen Freiheit zu zweifeln.

Zit. nach Praxis Geschichte, H. 1/1989, S. 42.

Geschichtlicher Hintergrund
- In welche geschichtliche Situation lässt sich die Quelle einordnen?
- Ist ein Vergleich mit anderen Quellen und Darstellungen möglich?
- Welche weiteren Informationen sind zum besseren Verständnis notwendig?

Autor
- Wer hat den Text verfasst?
- In welchem Verhältnis steht er zum Ereignis?
- Was konnte er wissen (nicht wissen)?
- Lässt sich ein bestimmter Standpunkt des Autors feststellen?

Textquelle
- Welche Quellenart liegt vor?
- Wie lautet die Datierung?
- Gibt es eine Überschrift (ein Thema)?
- Wie lässt sie sich gliedern?
- Was ist aus der Quelle zu erfahren?
- Wie lautet die Kernaussage?
- Lassen sich Schlüsselbegriffe finden?
- Werden die Aussagen begründet?
- Sind die Aussagen schlüssig/widersprüchlich?
- Ist die Quelle glaubwürdig?
- Für wen, in welcher Absicht wurde der Text verfasst?

Adressat
- An wen ist der Text gerichtet (Privatperson, Machthaber, Amt, Öffentlichkeit, Nachwelt)?
- In welchem Verhältnis steht der Adressat zum Autor?
- Könnte die Art des Adressaten Einfluss auf den Inhalt des Textes haben?

Gegenwärtige Situation
- Auf welche Frage(n) suchen wir eine Antwort?
- Welches Wissen bringen wir in die Analyse und Beurteilung ein?
- Beeinflussen Faktoren unserer Zeit unser Urteil?

M3 Modell zur Analyse von Textquellen

1 Erarbeite M1 mithilfe der Lösungsvorschläge und ergänze offene Punkte,wie zum Beispiel zur „gegenwärtigen Situation“ und zur „Textquelle“.

2 Wende das Modell (M3) auf M2 an. Lege vorher fest, wie du vorgehen willst (z. B. Autor – Textquelle – Adressat usw.).

Napoleon und Europa

Napoleon: Ein General regiert Frankreich

Napoleon überquert die Alpen, M1
Gemälde von Jacques-Louis David, 1799

Napoleon Bonaparte

Napoleon Bonaparte (1769–1821) wurde auf Korsika geboren. Im revolutionären Paris durchlief er die Ausbildung zum Offizier und stieg während der Revolutionskriege in der Armee auf. Einer bestimmten politischen Richtung schloss er sich aber nicht an. In Italien errang er wichtige Erfolge gegen die österreichische Armee. 1799 verließ er nach einer Niederlage gegen die Engländer Ägypten und kehrte nach Paris zurück, wo er mithilfe der Armee die Direktoriumsregierung stürzte. Noch 1799 trat eine neue Verfassung in Kraft. Sie sah vor, dass Napoleon als „Erster Konsul" über die meiste Macht verfügte. Neu in dieser Verfassung war das Plebiszit, die direkte Entscheidung des Volkes über Fragen, die ihm von Napoleon vorgelegt wurden. Napoleon benutzte es als Instrument, um seine Alleinherrschaft zu festigen: Er ließ sein Konsulat auf Lebenszeit verlängern. 1804 krönte sich Napoleon im Beisein des Papstes selbst zum „Kaiser der Franzosen". Bis 1812 baute er durch militärische Erfolge seine Herrschaft über ganz Europa aus. Obwohl er 1806 eine Kontinentalsperre gegen britische Industrieprodukte verhängte, konnte er Großbritannien aber nicht besiegen. Auch seinem anderen großen Gegner Russland unterlag Napoleon. Die Soldaten seiner „Großen Armee" wurden 1812 bei einem Winterfeldzug vernichtend geschlagen. In der „Völkerschlacht bei Leipzig" beendete der Sieg eines russisch-preußisch-britisch-schwedisch-österreichischen Heers die Herrschaft Napoleons über Europa. 1814 musste Napoleon auf Druck der Siegermächte abdanken und wurde auf die Mittelmeerinsel Elba gebracht. Von dort kehrte er für kurze Zeit nach Frankreich zurück. Er herrschte 100 Tage lang, bevor er in der Schlacht bei Waterloo (1815) wieder besiegt wurde und bis zu seinem Tod auf die Südatlantik-Insel St. Helena verbannt blieb.

M2 Napoleon und die Republik

Zwei Stellungnahmen Napoleons zu politischen Fragen:

2A *Tagesbefehl Napoleons an seine Soldaten (Italien, 14. Juli 1797):* Soldaten, heute ist die Jahresfeier des 14. Juli … Ihr seid … ganz dem Ruhm jenes Namens verbunden, der durch eure Siege neuen Glanz empfangen hat. Soldaten, ich weiß, ihr seid tief betrübt über die Leiden, die dem Vaterland drohen; aber das Vaterland kann nicht ernstlich gefährdet werden. Hier stehen die Männer, die es zum Triumph über das verbündete Europa geführt haben. Berge trennen uns von Frankreich; ihr würdet sie mit Adlerflügeln überqueren, wenn es nötig sein sollte, um die Verfassung aufrechtzuerhalten, die Freiheit zu verteidigen, die Regierung und die Republik zu schützen.

2B *Napoleon zu dem französischen Gesandten in der Toskana (1. Juli 1797):* Glauben Sie vielleicht, dass ich eine Republik begründen will? Welcher Gedanke! Das ist eine Wahnvorstellung, in die die Franzosen vernarrt sind, die aber auch wie so manches andere vergehen wird. Was sie brauchen, ist Ruhm, die Befriedigung ihrer Eitelkeit, aber von der Freiheit verstehen sie nichts. Blicken Sie auf die Armee! Die Triumphe, die wir davongetragen haben, die haben den wahren Charakter des französischen Soldaten wieder hervortreten lassen. Für ihn bin ich alles … Die Nation braucht einen Führer und keine Reden von Ideologien*, die die Franzosen ohnehin nicht verstehen.

Beide Quellen zit. nach Irmgard und Paul Hartig, Die Französische Revolution, Stuttgart (Klett) 1984, S. 112 f.

Macht durch politisches Geschick?

Die Machtübernahme Napoleons von 1799 trug die typischen Merkmale eines Militärputsches: Ein erfolgreicher General versicherte sich der Unterstützung der Armee, stürzte die Regierung, verjagte das Parlament und ernannte sich selbst zum Staatsoberhaupt. Wie ist es zu erklären, dass die französische Bevölkerung, die nur zehn Jahre zuvor die Bastille gestürmt hatte, sich nicht dagegen wehrte?

Verschiedene Erklärungen sind möglich. Zunächst hatte Napoleon die seit den Revolutionskriegen drohende Gefahr beseitigt, von den europäischen Mächten besiegt zu werden. Hinzu kommt, dass Napoleon auch in der Innenpolitik der geschickte Ausgleich von Gegensätzen gelang. Forderte er einerseits die adligen Emigranten zur Rückkehr auf, so ließ er andererseits den Großbürgern den Gewinn, den sie als Käufer von Grundbesitz aus der Revolution gezogen hatten. Außerdem erreichte er die Versöhnung mit der katholischen Kirche.

Zu den Erfolgen der Herrschaft Napoleons zählte sicherlich auch das neue Gesetzbuch aus dem Jahr 1804, der „Code civil" (auch: Code Napoléon). Viele bis heute geltende Gesetzbücher wurden von ihm beeinflusst, unter anderem auch das in der Bundesrepublik Deutschland geltende Bürgerliche Gesetzbuch. Im wirtschaftlichen Bereich gelang es Napoleon, die Geldentwertung zu beenden. Das wertlose Papiergeld wurde abgeschafft und durch eine neue Franc-Währung ersetzt. Zu kurz kamen bei der Politik Napoleons die kleinen Lohnempfänger, denen z.B. das Streikrecht genommen wurde. Damit in der Öffentlichkeit nur Zustimmung und Bewunderung zu hören waren, setzte er Pressezensur und Bespitzelung durch.

1 Beschreibe M1 und M4 und vergleiche (siehe Arbeitsschritte S. 290). Gehe auf die mögliche Absicht des jeweiligen Künstlers ein.

2 Erarbeite mithilfe von M2A und M2B die politische Einstellung Napoleons und wie er sie vermittelt.

3 Erarbeite anhand des Darstellungstextes Gründe für den Erfolg Napoleons und gewichte sie.

4 Untersuche, ob sich Ideen der Französischen Revolution im Code civil widerspiegeln und nimm Stellung zu den Bestimmungen (M3).

M3 Aus dem „Code civil"

Die neue Gesetzgebung, die unter Napoleon 1804 in Kraft trat und auch in den von Frankreich besetzten Staaten galt, legte unter anderem fest:

8. Jeder Franzose soll der Civil-Rechte[1] genießen.
9. Wer in Frankreich von einem Fremden geboren ist, ist berechtigt, ... die rechtliche Eigenschaft eines Franzosen in Anspruch zu nehmen; nur muss er ... [in Frankreich] sein Domicil [aufschlagen] ...
144. Mannspersonen können nicht heirathen, ehe sie das achtzehnte Jahr, Frauenzimmer nicht, ehe sie das fünfzehnte Jahr zurückgelegt haben.
146. Ohne Einwilligung gibt es keine Ehe.
147. Man kann keine zweite Ehe schließen, ohne dass die erste aufgelöst ist.
165. Die Ehe soll öffentlich vor dem Civil-Beamten des Ortes ... geschlossen werden.
213. Der Mann ist seiner Frau Schutz und die Frau ihrem Manne Gehorsam schuldig.
215. Die Frau kann ohne die Autorisation[2] ihres Mannes nicht vor Gericht stehen, selbst dann nicht, wenn sie öffentlich in ihrem eigenen Namen Handels-Geschäfte treibt, mit ihrem Manne in keiner Güter-Gemeinschaft lebt oder ihr Vermögen aussschließlich für sich allein genießt.

Zit. nach Bernd Sösemann, Revolution und Reform, Stuttgart (Klett) 1997, S. 54 f.

1 Bürgerrechte 2 Erlaubnis

M4 **Napoleon, Kaiser der Franzosen,** Gemälde von Anne Louis Girodet-Trioson, 1805

Napoleon und Europa

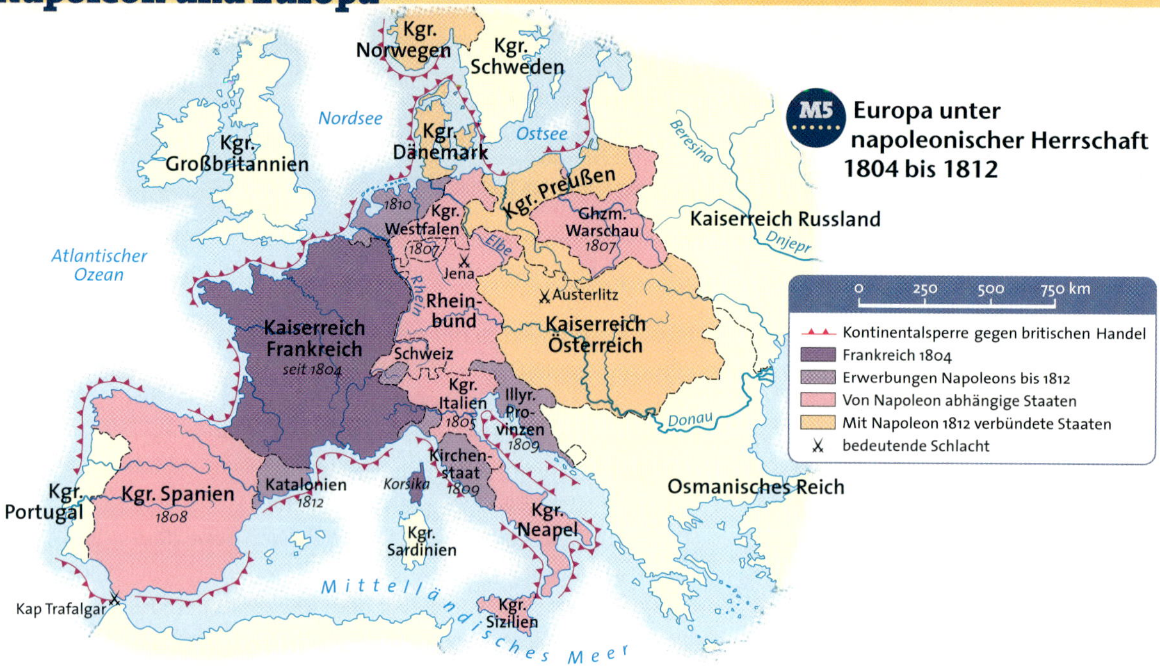

M5 Europa unter napoleonischer Herrschaft 1804 bis 1812

Das Ende des Heiligen Römischen Reiches

Die Eroberungspolitik Napoleons hatte die Situation in den deutschen Staaten tiefgreifend verändert. Bereits 1801 waren alle Länder links des Rheins von Frankreich besetzt worden und blieben bis 1813 Teil des französischen Kaiserreichs. Unter dem Druck Napoleons wurde das „Heilige Römische Reich Deutscher Nation" aufgelöst: 1806 legte der letzte Kaiser, Franz II., die Krone nieder. Nicht alle Fürsten der rechtsrheinischen Territorien sahen in dieser Entwicklung einen Nachteil: Um einen Schutzwall gegen das mächtige Österreich zu errichten, bildete Napoleon nämlich aus kleinen und kleinsten Territorien eine Reihe neuer Staaten mittlerer Größe. Herrschaftsgebiete, die dem Kaiser direkt unterstellt gewesen waren, z. B. die Reichsstädte, wurden in größere Staaten eingegliedert. Auch wurden geistliche Gebiete aufgelöst und den größeren Staaten zugeschlagen (Säkularisierung*). Auf diese Weise konnten z. B. die Landesherren von Bayern, Württemberg und Baden ihren Machtbereich vergrößern und 1807 entstand aus kleineren hessischen, hannoverschen, sächsischen und preußischen Gebieten das „Königreich Westfalen".

Unter der Vorherrschaft Napoleons schlossen sich 16 deutsche Fürsten mit ihren neuen Gebieten zum so genannten Rheinbund zusammen (1806). Bayern und Württemberg wurden damals Königreiche – gleichzeitig standen sie weiterhin unter Napoleons direktem Einfluss und kämpften im Krieg an seiner Seite. Was bedeutete diese „territoriale Revolution" für die Menschen? Etwa vier Millionen Menschen wechselten um die Wende vom 18. zum 19. Jahrhundert teilweise mehrfach zwangsweise ihre Herrschaft. Baden erhielt zum Beispiel durch die Erweiterung seines Staatsgebietes das Neuneinhalbfache der abgetrennten Bevölkerung, Preußen erhielt 500 Prozent mehr Land und 450 Prozent mehr Einwohner.

M6 An den König von Westfalen

Napoleon schrieb 1807 an seinen Bruder Jérôme, den er kurz zuvor als König von Westfalen eingesetzt hatte:

Mein Bruder, beiliegend finden Sie die Verfassung Ihres Königreichs … Das Glück Ihres Volkes liegt mir nicht allein wegen des Einflusses am Herzen, den es auf Ihren und meinen Ruhm haben kann, sondern auch in Hinsicht auf die allgemeine europäische Politik … Ihr Volk muss sich einer Freiheit, einer Gleichheit, eines Wohlstandes erfreuen, die den übrigen Völkern Deutschlands unbekannt sind! … Seien Sie ein konstitutioneller König! Und wenn es Ihnen die Vernunft und Aufgeklärtheit Ihres Jahrhunderts nicht geböten, so müssten Sie es doch aus weiser Politik sein. Sie werden dadurch große Macht in der öffentlichen Meinung und eine natürliche Überlegenheit über Ihre Nachbarn gewinnen, die alle absolute Fürsten sind.

Zit. nach Eckart Kleßmann (Hg.), Deutschland unter Napoleon, Düsseldorf (Karl Rauch) 1965, S. 258.

M7 **Französische Soldaten** kontrollieren am Stadttor von Leipzig, ob britische Waren eingeführt werden, Gemälde, um 1807.

M9 Eine Verfassung für Westfalen

Die Verfassung Westfalens wurde am 7. Dezember 1807 erlassen und in den Zeitungen veröffentlicht. Hier ein Auszug aus dem „Braunschweiger Anzeiger“:

1. Das Königreich Westfalen soll durch Konstitutionen regiert werden, welche die Gleichheit aller Untertanen vor dem Gesetze und die freie Ausübung des Gottesdienstes der verschiedenen Religionsgesellschaften festsetzen …

13. Alle Leibeigenschaft … ist aufgehoben …

14. Der Adel soll in seinen verschiedenen Graden … fortbestehen, ohne dass solcher jedoch ein ausschließendes Recht zu irgendeinem Amte, Dienste oder einer Würde, noch Befreiung von irgendeiner öffentlichen Last verleihen könne …

16. Es soll ein und dasselbe Steuer-System für alle Teile des Königreichs sein.

Reinhard Oberschelp (Hg.), Niedersächsische Texte 1756–1820, Hildesheim 1983, S. 49 f.

M8 Gleichberechtigung für die Juden

In einem Dekret des Königs von Westfalen vom 27. Januar 1808 hieß es:

Die Juden können, ohne wie vormals einer besonderen Erlaubnis zu bedürfen, sich verheiraten, für die Erziehung ihrer Kinder und deren Etablissement[1] sorgen, ihnen ihre Güter abtreten, jedoch unter der Verpflichtung, bei diesen verschiedenen Handlungen nach den Vorschriften des Code Napoléon sich zu richten. Es steht ihnen gleichfalls frei, in jeder Stadt oder an jedem andern beliebigen Orte sich niederzulassen und daselbst ihren Handel einzurichten … und die Zunft- und Handwerker-Verordnungen, worin sie wünschen aufgenommen zu werden, zu beobachten.

Zit. nach Eckart Kleßmann (Hg.), Deutschland unter Napoleon, Düsseldorf (Karl Rauch) 1965, S. 284.

1 Wohnung

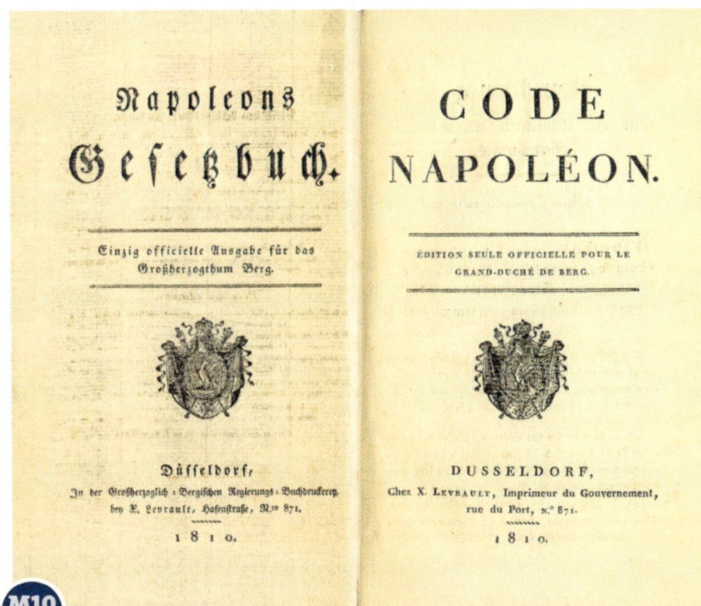

Napoleons Gesetzbuch.

Einzig officielle Ausgabe für das Großherzogthum Berg.

Düsseldorf,
In der Großherzoglich-Bergischen Regierungs-Buchdruckerey bey X. Levrault, Hafenstraße, N.ro 871.
1810.

CODE NAPOLÉON.

ÉDITION SEULE OFFICIELLE POUR LE GRAND-DUCHÉ DE BERG.

DUSSELDORF,
Chez X. Levrault, Imprimeur du Gouvernement, rue du Port, n.° 871.
1810.

M10 **Titelblatt einer deutschen Ausgabe des Code civil**, Düsseldorf, 1810

5 Beschreibe anhand von M5 die Machterweiterung des französischen Kaiserreichs.

6 Erarbeite anhand von M6 die politischen Mittel, mit denen die französische Herrschaft in Westfalen durchgesetzt und gesichert wurde.

7 Untersuche die Bestimmungen in M8 und M9 mithilfe des Modells zur Quellenanalyse (S. 113).

8 Versetze dich in die Rolle eines westfälischen Offiziers und notiere seine Erinnerungen an die Jahre 1806 bis 1815. Nimm den Personenkasten S. 114 und die Materialien dieser Doppelseite zu Hilfe.

Napoleon und Europa

M1 Die Verkündung der polnischen Verfassung vom 3. Mai 1791, Gemälde von Jan Matejko (1838–1893)

Die Ereignisse in Frankreich wirken in Europa

Polen und Preußen – zwei Beispiele

Die Gedanken der französischen Aufklärer, die Revolution und die Herrschaft Napoleons – dies alles blieb nicht ohne Folgen für die anderen europäischen Staaten. Wie sich die französischen Entwicklungen auswirkten, kannst du in dieser Themeneinheit am Beispiel Polens und Preußens untersuchen.

Polen kämpft für seine Verfassung

Als 1764 Stanislaus II. August zum König der „Adelsrepublik Polen-Litauen" gewählt wurde, begann er unverzüglich damit, ein Programm für die Stärkung seines Staates in die Wege zu leiten. Polen befand sich nämlich seit Beginn des 18. Jahrhunderts in einer schwierigen Lage: Obwohl es einen König gab, fehlte dem Staat eine starke Regierungsmacht, die innere Gegensätze ausgleichen und sich auch gegenüber ausländischen Staaten behaupten konnte. Die eigentliche politische Macht lag in der Hand der großen Adelsfamilien, die im polnischen Reichstag, dem „Sejm", für ihre Eigeninteressen kämpften. Mit der Zeit war Polen unter den zunehmenden Einfluss Russlands geraten, das eigene Vertreter in den Sejm entsenden konnte und Entscheidungen z. B. dadurch beeinflusste, dass es einzelne Abgeordnete bestach. Ein stabiles politisches System, so wie Stanislaus II. es plante, stand den machtpolitischen Überlegungen Russlands, aber auch den Nachbarstaaten Preußen und Österreich entgegen: 1772 verständigten sich deren Herrscher über die Besetzung und Aufteilung polnischer Gebiete. Diese (erste) Teilung versetzte allen politischen Kräften in Polen einen Schock. Wie konnte Polen zu einer stabilen und handlungsfähigen Staatsform finden, die das Land gegen die absolutistischen Nachbarn stärkte? Am 3. Mai 1791 wurde in Warschau schließlich das Kernstück eines neuen Reformwerkes verkündet: die erste geschriebene moderne Verfassung Europas. Polen wurde zur konstitutionellen Monarchie mit Erbkönigtum. Die Verfassung legte das Prinzip der Gewaltenteilung fest und die Regierung sollte dem Parlament verantwortlich sein. In den Sejm konnten nun auch bürgerliche Abgeordnete gewählt werden. Weiterhin garantierte die Verfassung die Religionsfreiheit.

1 Erarbeitet die Folgen der Französischen Revolution:
a) für Polen mithilfe der Seiten 118–119,
b) für Preußen mithilfe der Seiten 120–121
und vergleicht. Erstellt einen Auswertungsbogen nach folgendem Muster:

Äußere Situation/ territoriale Veränderungen	
Reformkräfte	
Ziele der Reformen	
Ergebnisse	

... und wird erneut aufgeteilt

Die Hoffnungen, die Polen an seine Verfassung knüpfte, wurden von Russland und Preußen zunichte gemacht. Wieder schickten beide Staaten Interventionstruppen nach Polen und verständigten sich über die zweite Teilung des Landes, die nur noch einen Staat mit 3,5 Millionen Einwohnern übrig ließ. Ein nationaler Aufstand unter der Führung von Tadeusz Kościuszko 1794 kapitulierte nach einigen Monaten vor den Teilungsmächten: 1795 wurde der Rest Polens von Russland, Preußen und Österreich annektiert – ein selbstständiger polnischer Staat entstand erst wieder 1918.

M2 Muss Preußen in Polen eingreifen?

In einer Erklärung der preußischen Regierung vom 16. Januar 1793 hieß es:

Es ist in ganz Europa bekannt, dass die Revolution, die sich am 3. Mai 1791 in Polen ereignet hat ... sofort die Unzufriedenheit und die Opposition eines großen Teils der [polnischen] Nation hervorgerufen hat ... Aber das, was noch mehr die ernsthafte Aufmerksamkeit [des Königs von Preußen] und die aller ihm benachbarten Mächte verlangt, ist die Tatsache, dass der Geist des französischen Demokratismus ... beginn[t], in Polen tiefe Wurzeln zu schlagen ... und dass sich schon mehrere revolutionäre Klubs gebildet haben, die offen ihre Ansichten bekennen ... Verpflichtet, den Krieg gemeinsam mit den anderen gegen Frankreich verbündeten Staate zu führen, ... war Seine Majestät überzeugt, sich vorher mit den Höfen von Wien und Petersburg darüber beraten zu müssen, welche Mittel er ergreifen solle, und Ihre Kaiserlichen Majestäten haben nicht umhin können, anzuerkennen, dass die gesunde Politik ihm nicht erlaubt, ... im Rücken einen Feind zu haben, dessen unberechenbare Unternehmungen eine neue Quelle der Unruhen werden könnten.

Zit. nach Enno Meyer, Polen und Deutschland, Stuttgart (Klett) 1989, S. 7f.

Tadeusz Kościuszko

Tadeusz Kościuszko (1746–1816) wurde als Sohn einer litauischen Adelsfamilie geboren. Er nahm als Adjutant Washingtons am Nordamerikanischen Unabhängigkeitskrieg teil und stieg dort zum General auf. Nach seiner Rückkehr nach Polen 1786 unterstützte er die Reformen König Stanislaus' II. und verteidigte die Verfassung von 1791. Nach der zweiten Teilung Polens 1793 lebte er in Sachsen, kehrte aber 1794 in seine Heimat zurück, um einen nationalen Aufstand aller Polen gegen die Teilungsmächte zu organisieren. Kościuszko ernannte sich im März 1794 zum „Staatschef" und mobilisierte neben den regulären polnischen Einheiten auch adlige Freiwillige und die republikanisch eingestellten Bürgerwehren der Städte Warschau, Krakau und Wilna. Kościuszko gewann auch die Unterstützung der Bauern, denen er versprochen hatte, dass sie von den Lasten der Leibeigenschaft befreit würden. Nach der Niederlage des Aufstandes und der dritten Teilung Polens lebte Kościuszko bis zu seinem Tod in Amerika, in Frankreich und in der Schweiz.

Tasse mit dem Bild Tadeusz Kościuszkos, 1850–1899. **M3**
Nach seinem gescheiterten Aufstand wurde Kościuszko in Polen als Nationalheld verehrt. Davon zeugt die immense Produktion von Erinnerungsstücken im 19. Jahrhundert. Die Tasse trägt die Aufschrift „Tod oder Sieg".

M4 Die Teilungen Polens

M5 „Über die Reorganisation des preußischen Staats“

Karl August von Hardenberg war preußischer Minister und verfasste 1807 auf Befehl des preußischen Königs in Riga eine Denkschrift zur Reform des preußischen Staats:

Die Begebenheiten, welche seit mehreren Jahren unser Staunen erregen und unserem kurzsichtigen Auge als fürchterliche Übel erscheinen, hängen mit dem großen Weltplan einer weisen Vorsehung zusammen … Der Staat, dem es glückt, … sich in jenen Weltplan durch die Weisheit seiner Regierung ruhig hineinzuarbeiten, ohne dass es gewaltsamer Zuckungen bedürfte, hat … große Vorzüge … Die Französische Revolution, wovon die gegenwärtigen Kriege die Fortsetzung sind, gab den Franzosen unter Blutvergießen und Stürmen einen ganz neuen Schwung. Alle schlafenden Kräfte wurden geweckt, das Elende und Schwache … – freilich zugleich mit manchem Guten – zerstört … Der Wahn, dass man der Revolution … durch Festhalten am Alten … entgegenstreben könne, hat besonders dazu beigetragen, die Revolution zu befördern … Also eine Revolution im guten Sinn …, durch Weisheit der Regierung und nicht durch gewaltsame Impulsion von innen oder außen – das ist unser Ziel … Demokratische Grundsätze in einer monarchischen Regierung: Dieses scheint mir die angemessene Form für den gegenwärtigen Zeitgeist … Ohne Macht ist keine Selbstständigkeit …, also muss Preußen streben diese wiederzuerlangen … Ohne ein recht kräftig organisiertes, stets schlagfertiges Militär kann der preußische Staat nicht wieder emporkommen … Der zahlreichste und wichtigste, bisher allerdings am mehrsten vernachlässigte und gedrückte Stand im Staat, der Bauernstand, muss … ein vorzüglicher Gegenstand [der] Sorgfalt werden. Die Aufhebung der Erbuntertänigkeit* müsste durch ein Gesetz … sogleich verfügt werden.

Zit. nach Geschichte in Quellen, Bd. 4, hg. v. Wolfgang Lautemann u.a., München (bsv) 1981, S. 625 ff. und S. 632 f.

Eine Niederlage löst Reformen aus

Ende Oktober 1806 zog Napoleon in Berlin ein und feierte seinen Sieg über die preußische Armee. Im Frieden von Tilsit (1807) entging Preußen zwar der Auflösung, büßte aber große Teile seines Territoriums ein, musste hohe Kriegsentschädigungen zahlen und blieb von der französischen Armee besetzt. In dieser Situation beauftragte der preußische König eine Gruppe hoher Beamter, Vorschläge für eine Erneuerung des preußischen Staates vorzulegen. Eine führende Rolle entwickelten dabei Reichsfreiherr vom und zum Stein und Fürst von Hardenberg. Sie hatten bereits seit längerem an Reformvorschlägen gearbeitet, waren bislang aber auf den Widerstand des Königs und der meisten preußischen Adligen gestoßen.

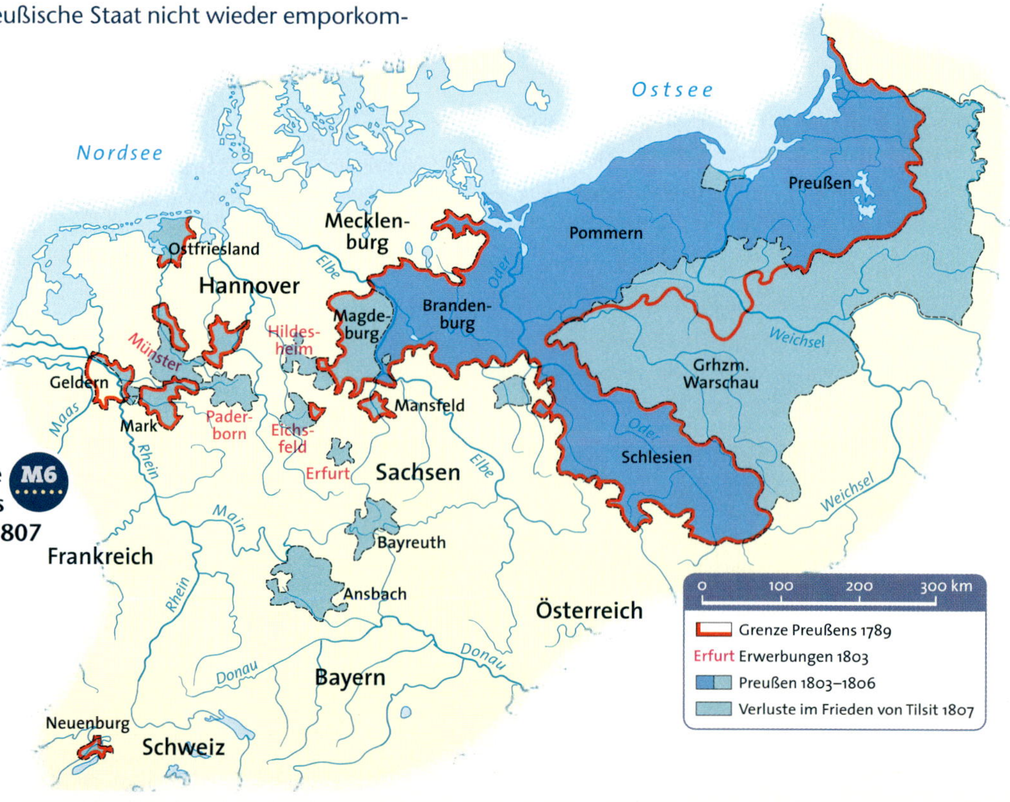

M6 Die territoriale Entwicklung Preußens 1789–1807

Karl Reichsfreiherr vom und zum Stein

Stein (1757–1831) stammte aus Nassau a. d. Lahn. Seine Familie gehörte der rheinischen Reichsritterschaft an. 1780 trat er als Jurist in den preußischen Staatsdienst ein und wurde 1804 Wirtschafts- und Finanzminister. Mit Vorschlägen, eigenverantwortliche Ministerien einzurichten, scheiterte er zunächst, führte dann aber nach dem Frieden von Tilsit als leitender Minister grundlegende Reformen des preußischen Staates durch. Auf Druck Napoleons wurde er 1808 entlassen. Er wurde Berater am russischen Hof, wo er bis 1816 blieb.

Karl August Fürst von Hardenberg

Hardenberg (1750–1822) stammte aus einer hannoverschen Adelsfamilie und trat 1790 in den preußischen Staatsdienst ein. Im April 1807 zum leitenden Minister ernannt, wurde er wenige Monate später nach dem Frieden von Tilsit wieder entlassen. Seit 1810 war Hardenberg preußischer Staatskanzler und führte die Reformen Steins weiter.

M7 Die Eroberung mobilisiert Widerstand

Der Historiker Joachim Rohlfes über die Wirkungen der napoleonischen Herrschaft in Europa (1975):

Die sich ins Maßlose steigernde Eroberungspolitik [Napoleons] rief … die nationale Reaktion der besiegten Völker hervor. Sie mobilisierte den Widerstand derjenigen, die aus Empörung über die erlittenen Gewaltmaßnahmen und in Besinnung auf die eigenen Fähigkeiten in Frankreich den Erzfeind sahen. Die schnell entstehenden nationalen Leidenschaften und Hassgefühle in Spanien, Deutschland oder Russland richteten sich … zugleich auch gegen die Ideen von 1789. Sie begünstigten das Aufkommen eines nationalen Bewusstseins … Die Freiwilligen der Befreiungskriege kämpften für eine allgemeine politische Emanzipation.

Joachim Rohlfes, Staat und Nation im 19. Jahrhundert. In: Politische Weltkunde II, Stuttgart (Klett) 1975, S. 101.

Reformen in Preußen (1807–1816)

Reform der Staatsverwaltung: Der König regierte nicht mehr allein durch persönliche Berater (Kabinettsregierung), sondern es wurden verantwortliche Minister ernannt, die jeweils ein eigenes Ressort leiteten. Es gab Minister für Krieg, Inneres, Äußeres, Finanzen und Justiz.

Bauernbefreiung: Die Maßnahmen galten ab 1804 für die Bauern der Staatsgüter und ab 1807 für Bauern auf Adelsbesitz. Jeder bisher erbuntertänige* Bauer konnte jetzt Beruf und Wohnort selbst wählen. Blieb er Bauer, musste er keine Abgaben und Dienste mehr leisten. Seit 1811 galt allerdings, dass dafür dem ehemaligen Herrn eine Entschädigung zu zahlen war. So zog sich die Ablösung der Dienstpflichtigen Jahrzehnte hin und stürzte viele Bauern in Schulden.

Freie Berufswahl und Aufhebung der Zünfte: Auf wirtschaftlichem Gebiet wurden die Standesschranken aufgehoben. Jeder – Adliger, Bürger oder Bauer – konnte nun Landgüter kaufen oder verkaufen. Jeder hatte die freie Berufswahl. Damit Gewerbefreiheit herrschte, wurden die Zünfte aufgehoben.

Politische Mitspracherechte: Am Staat sollte der Einzelne mehr teilhaben als bisher. Nach der neuen Städteordnung konnte nun jeder, der über das Bürgerrecht und ein bestimmtes Einkommen verfügte, Stadtverordnete wählen und auf die Bürgermeisterwahl Einfluss nehmen. Allerdings besaß nur eine Minderheit der Stadtbewohner das Bürgerrecht.

Bildungsrefom: Das Volksschulwesen wurde ausgebaut, die Lehrerausbildung vom Staat energisch vorangetrieben, sodass nach und nach überall in Preußen die allgemeine Schulpflicht durchgesetzt werden konnte. An den Gymnasien führte man das Abitur ein, das zum Studium berechtigte. Die Universitäten sollten von staatlichen Eingriffen frei bleiben.

Heeresreform: Missstände im alten stehenden Heer, wie z. B. die Prügelstrafe, wurden abgeschafft. Wie in Frankreich sollten auch Bürger Offizier werden können. Außerdem wurde die allgemeine Wehrpflicht angestrebt.

Judenemanzipation: Juden wurden rechtlich allen anderen Bürgern gleichgestellt.

Aus einem französischen Schulbuch: La Grande Nation et l'Europe

Arbeit mit Geschichtsbüchern

In allen Staaten Europas ist die Französische Revolution ein wichtiges Thema im Geschichtsunterricht. In dieser Werkstatt findest du eine Doppelseite aus einem modernen französischen Schulbuch für die 8. Klasse an einer höheren Schule, vergleichbar mit unserem Gymnasium. Die Texte, die du für das Verständnis brauchst, sind übersetzt.

Übersetzung:

Die „Große Nation" und Europa

Wie wirkte sich die Französische Revolution in Europa aus?

1. Die Revolution zwischen Frieden und Krieg

– Die Revolution weckte die Hoffnung vieler Europäer (vgl. Dok. 4). Einige Patrioten im Ausland folgten ihrem Beispiel und organisierten Aufstände. Aber die französischen Revolutionäre weigerten sich, für deren Unterstützung in den Krieg zu ziehen. 1790 verkündete die Nationalversammlung sogar den Frieden für die Welt.

– Die ausländischen Herrscher hingegen wollten die Ausbreitung der revolutionären Ideen bei ihren Untertanen verhindern. Nach dem Fluchtversuch Ludwigs XVI. 1791 übten Österreich und Preußen zunehmend Druck auf die Nationalversammlung aus, die fürchten musste, dass die beiden Mächte gegen die Revolution losschlagen würden. Nach langen Debatten erklärte sie im April 1792 zuerst Österreich und danach Preußen den Krieg.

2. Ein Revolutionskrieg?

– Die starke österreichisch-preußische Armee eroberte weite Teile Frankreichs, wurde aber am 20. September 1792 von einem französischen Heer aus vorwiegend kriegsunerfahrenen Freiwilligen bei Valmy gestoppt (vgl. Dok. 1). Dieser erste Sieg bedeutete den Triumph der Französischen Revolution über das Europa des Ancien Régime. Von nun an führte Frankreich nach eigener Einschätzung einen Revolutionskrieg, um „die von ihren Despoten unterdrückten Völker zu befreien." (vgl. Dok. 3).

– Daraufhin bildeten Österreich und Preußen mit England und den Nachbarländern Frankreichs eine große Koalition. 1793 wurde Frankreich von allen Seiten angegriffen. Es widerstand aber und ging danach wieder in die Offensive. Die französischen Siege zwischen 1794 und 1797 lösten nicht nur die Koalition auf, sondern schufen auch „Schwesterrepubliken" (vgl. Dok. 2) nach dem Vorbild Frankreichs, das inzwischen zur „Großen Nation" geworden war.

1 La Grande Nation et l'Europe

Quelles sont les conséquences de la Révolution française en Europe?

1. La Révolution entre paix et guerre

■ La révolution de 1789 soulève l'espoir de nombreux Européens *(doc. 4)*. À son exemple, certains patriotes étrangers organisent des soulèvements. Toutefois, les révolutionnaires français se refusent à recourir à la guerre pour les soutenir. **En 1790, l'Assemblée nationale vote même une « Déclaration de paix au monde ».**

■ De leur côté, les souverains étrangers s'inquiètent de la diffusion des idées révolutionnaires parmi leurs sujets. Après la tentative de fuite de Louis XVI en 1791, l'Autriche et la Prusse se montrent de plus en plus menaçantes. La Convention craint leur intervention contre la Révolution; après de longs débats, **elle déclare la guerre à l'Autriche (avril 1792) puis à la Prusse.**

2. Une guerre révolutionnaire?

■ **La puissante armée austro-prussienne** envahit la France mais **elle est arrêtée à Valmy** par une armée formée de volontaires peu expérimentés le 20 septembre 1792 *(doc. 1)*. Cette première victoire symbolise le triomphe de la Révolution contre l'Europe d'Ancien Régime. La France prétend désormais livrer une guerre révolutionnaire pour « libérer les peuples opprimés par les despotes » *(doc. 3)*.

■ **L'Autriche et la Prusse forment alors avec l'Angleterre et les voisins de la France une grande coalition.** La France est attaquée de toutes parts en 1793 mais parvient à résister puis à reprendre l'offensive. Les victoires françaises de 1794-1797 permettent la dislocation de la coalition et la création de « républiques sœurs » *(doc. 2)* sur le modèle de la France, devenue la « Grande Nation ».

3. Vers la guerre de conquête

■ La France a profité des victoires pour **annexer de vastes territoires**, contre le vœu des populations. Les républiques sœurs sont traitées comme des pays conquis et non comme des alliés. Les armées françaises sont brutales et se livrent au pillage *(doc. 5)*. L'espoir fait place à la déception.

■ Cette politique de conquête fait craindre aux États européens une domination française: une seconde coalition se forme en 1798. Bonaparte sauve la France de la défaite et obtient enfin en 1801-1802 la conclusion d'une paix avantageuse.

94

1 *La Bataille de Valmy*

Peinture d'Horace Vernet (détail). National Gallery, Londres.

2 Les républiques sœurs

❷ Die Schwesterrepubliken

Vocabulaire

un despote: nom, emprunté au grec, désignant un souverain régnant sans limites sur ses sujets.

une coalition: alliance de plusieurs États.

une république sœur: nom donné aux nouvelles républiques créées par la France, censées être très proches d'elle, comme le seraient des sœurs.

la Grande Nation: nom donné à la France révolutionnaire, la première des nations libres.

Große Nation: Bezeichnung für das revolutionäre Frankreich, der ersten der freien Nationen.

M1 **Aus dem französischen Schulbuch Histoire Géographie,** Paris, 1998

Die folgenden Arbeitsaufträge lassen sich gut in Dreier-Gruppen bearbeiten.

1 Findet mithilfe der Übersetzung heraus, welches Thema auf den Schulbuchseiten M1 behandelt wird. Schlagt nach, ob ihr in eurem Geschichtsbuch entsprechende Themen findet.

2 Vergleicht, wie das Thema im französischen und im deutschen Buch behandelt wird. Achtet z. B. auf Formulierungen, auf

Die Revolution und
3 das Europa der Könige

3 La Révolution et l'Europe des rois

Gravure coloriée. BNF, Paris.

On lit à droite : *« l'espiègle Joseph, le Stathouder, Gras George, le Petit Papa, le Despote espagnol, le Tyran de Prusse, le Coureur de Sardaigne, la Grosse Catherine ».* On lit à gauche : *« Déclaration des droits de l'homme* (sur la roue), *Constitution républicaine* (sur le rouleau) ».

● ***Identifiez sur l'image les personnages représentés. Comment l'artiste a-t-il ridiculisé les rois ? Quel est le sens de cette image ?***

4 La Révolution française vue par un Anglais

Dans quelle période riche en événements vivons-nous ! [...] J'ai vécu pour voir trente millions d'hommes, indignés et résolus, repousser l'esclavage et demander la liberté avec une voix irrésistible, leur roi porté en triomphe et un monarque arbitraire se rendant lui-même à ses sujets. [...]

Et maintenant il me semble que je vois l'ardeur pour la liberté se développer et s'étendre, une réforme générale commencer dans les affaires humaines, le pouvoir des rois remplacé par celui des lois, et la puissance des prêtres céder la route à la puissance de la raison et de la conscience.

Soyez encouragés, vous tous amis de la liberté et vous qui écrivez pour sa défense ! Les temps sont propices ! [...] Voilà que la lumière que vous avez fait jaillir, après avoir rendu l'Amérique libre, se réfléchit en France et, là, s'embrase en une flamme qui réduit le despotisme en cendres et réchauffe et illumine l'Europe.

Richard Price, *Discours sur l'amour de notre pays*, novembre 1789.

Stellt die Personen im Bild fest. Wie macht der Künstler die Könige lächerlich? Welche Meinung vermittelt die Karikatur?

5 Les Français en guerre

Gravure coloriée de George Cruikshank. BNF, Paris.

● ***Identifiez et localisez le fait illustré. Qui est représenté au centre ?***

Exercice

Comprendre un texte (doc. 4)

1. Lisez le texte et présentez-le. L'auteur est-il favorable à la Révolution ?

2. Situez le texte : à quels événements fait allusion le premier paragraphe ? Qui est ce roi ? Sommes-nous avant ou après la fuite de Varennes ?

3. Inscrivez sur deux colonnes côte à côte les termes du deuxième paragraphe qui évoquent l'Ancien Régime et ceux qui évoquent la Révolution.

4. Dans le troisième paragraphe, identifiez les deux remises en cause de l'absolutisme qui précède la Révolution française.

5. La France et l'Europe (1789-1815) 95

5 Die Franzosen im Krieg
Beschreibt das Bildgeschehen. Wo spielt es sich ab? Wer ist in der Bildmitte dargestellt?

Arbeitsaufträge und darauf, worauf der Schwerpunkt gelegt wird.

3 Beschreibt die Gestaltung von M1. Was gefällt euch gut, was weniger gut? Untersucht, wie die Seitengestaltung in eurem eigenen Geschichtsbuch gelöst ist.

4 Wie gefällt euch die Auswahl der Texte und Materialien in M1? Vergleicht mit eurem Schulbuch.

3. Vom Revolutionskrieg zum Eroberungskrieg

– Frankreich nutzte seine Siege, um große Gebiete gegen den Willen der jeweiligen Bevölkerung an sich zu bringen. Es behandelte die Schwesterrepubliken aber wie eroberte Länder und nicht wie Verbündete, denn die französischen Armeen plünderten sie erbarmungslos aus (vgl. Dok. 5). Der Hoffnung folgte die Enttäuschung.

– Diese Eroberungspolitik schürte in den europäischen Staaten die Angst vor der französischen Herrschaft, sodass eine zweite Koalition entstand. Napoleon Bonaparte aber bewahrte sein Land vor der Niederlage und schloss 1801/02 einen vorteilhaften Frieden.

4. Die Französische Revolution in den Augen eines Engländers

In welch ereignisreicher Zeit leben wir! [...] Ich habe 30 Millionen zornige und entschlossene Menschen die Sklaverei in den Staub treten und ihre Freiheit unüberhörbar verlangen sehen. Ich habe erlebt, wie sie ihren König im Triumph trugen und ich sah, wie ein Willkür-Monarch sich persönlich an seine Untertanen wendete (gemeint ist das große Verbrüderungsfest am 14. Juli 1790, Anm. d. Übers.) [...] Und nun habe ich den Eindruck, dass die Leidenschaft für die Freiheit wächst und um sich greift, dass eine grundsätzliche Reform alle Lebensbereiche durchdringt, dass die Macht der Gesetze die Herrschaft der Könige ersetzt und die Herrschaft der Priester vor der Kraft von Vernunft und Gewissen weicht. Fasst Mut, Ihr Freunde der Freiheit allesamt, die Ihr an ihrer Verteidigung schreibt! Die Zeiten sind günstig! [...] Die Fackel, die Ihr entzündet habt, um Amerika die Freiheit zu bringen, leuchte auch in Frankreich und möge sich dort mit einer Flamme vereinen, die den Despotismus zu Asche verbrennt und Europa wärmt und erhellt.

(R. Price, Über die Liebe zu unserem Land, Nov. 1790)

Übung: Einen Text verstehen (Dok. 4)

1. Lest den Text Dok. 4 und gebt ihn in eigenen Worten wieder. Unterstützt der Verfasser die Französische Revolution?
2. Ordnet den Text ein: Auf welche Ereignisse spielt er im 1. Abschnitt an? Wer ist dieser König? Befinden wir uns in der Zeit vor der Flucht nach Varennes oder danach?
3. Notiert in zwei Spalten nebeneinander die Begriffe im 2. Abschnitt, die an das Ancien Régime oder an die Revolution erinnern.
4. Stellt im 3. Abschnitt die beiden Hinweise fest, wo der Autor die Kritik am Absolutismus vor der Französischen Revolution erwähnt.

(Übersetzung: J. Grube)

Zusammenfassung

Die Französische Revolution – Überblick und offene Fragen

Vom Ständestaat zum Verfasssungsstaat

Mit der Einberufung aller französischen Stände im Mai 1789 leitete Ludwig XVI., ohne es zu planen, das Ende seiner absolutistischen Herrschaft ein. Mit der Unterstützung der Pariser Bevölkerung bildeten die Vertreter des Dritten Standes im Juli 1789 die verfassungsgebende Nationalversammlung. Einer ihrer ersten Beschlüsse war die Abschaffung aller Privilegien für den Klerus und den Adel. Ende August 1789 proklamierte die Nationalversammlung die Menschen- und Bürgerrechte und legte 1791 eine Verfassung mit strenger Gewaltenteilung und garantierten Grundrechten für alle Bürger vor. Diese Grundsätze tauchen seither in jeder demokratischen Verfassung auf. Die politische Diskussion der Zeit spiegelte sich in einer Flut von publizistischen Äußerungen wie Flugschriften, Karikaturen und Kommentaren ausländischer Beobachter wider.

Freiheit, Gleicheit, Brüderlichkeit?

Bald nach der Hinrichtung des Königs und der Einrichtung der Republik setzte die Schreckensherrschaft des „Wohlfahrtsausschusses" unter Maximilien Robespierre ein (Juni 1793 bis Juli 1794). Die radikalen Republikaner strebten zunächst die Gleichheit aller Franzosen an. Die politische Gleichberechtigung von Männern und Frauen, die für viele Revolutionärinnen ein zentrales politisches Ziel gewesen war, wurde aber nicht durchgesetzt: Alle Verfassungen der Revolutionszeit versagten Frauen das Wahlrecht. Robespierre ließ die führende Vertreterin der Frauen, Olympe de Gouges, hinrichten. Die Frage, welche Wirkung die Erklärung der Menschenrechte in der Praxis hat, bleibt offen. Der erklärte Wille, die Menschenrechte einzuhalten, scheiterte bereits während der Revolution. Auch heute noch müssen überall auf der Welt Menschen für die Menschenrechte kämpfen.

Die Bürger und die Revolution

Der Dritte Stand, der zunächst das wirtschaftlich reiche Großbürgertum, die unbemittelten Kleinbürger und die Bauern umfasste, war der eigentliche Träger der Revolution. Bald aber trennten sich die Wege. In der Nationalversammlung bildete die Partei der Girondisten, die politische Vertretung des Großbürgertums, bis 1793 die stärkste Fraktion. Die radikalere Richtung des Bürgertums, die Jakobiner, wurde von der Mehrheit der Pariser Kleinbürger (Sansculotten) unterstützt und bestimmte die Politik seit 1792. Mit der Machtübernahme des Generals Napoléon Bonaparte 1799 und seiner Kaiserkrönung 1804 galt die Revolution offiziell als beendet. Das Bürgertum bildete erst im 19. Jahrhundert wieder die politisch einflussreichste Schicht in Frankreich.

1789
5. 5. Eröffnung der Generalstände
20. 6. Ballhausschwur
9. 7. Die Nationalversammlung erklärt sich zur Verfassungsgebenden Versammlung
14. 7. Sturm der Bastille
4./5. 8. Abschaffung aller Privilegien
26. 8. Erklärung der Menschen- und Bürgerrechte

1791
3. 5. Erste Verfassung für Polen
20./21. 6. Gescheiterte Flucht Ludwigs XVI.
3. 9. Erste Verfassung für Frankreich (Konstitutionelle Monarchie)

1792
20. 4. Krieg gegen Österreich und Preußen
10./11. 8. Absetzung Ludwigs XVI.

1793
21. 1. Hinrichtung Ludwigs XVI.

1795
3. Teilung Polens

1799
Regierungsantritt Napoleons

1791 – 1792 – 1793 – 1794 – 1795 – 1799

Schreckensherrschaft des Wohlfahrtsausschusses
Juni 1793–Juli 1794

Wir wiederholen Begriffe und Methoden

Privilegien S. 88
Revolution S. 98
Menschen- und Bürgerrechte S. 101
Verfassung S. 104
Karikaturen entschlüsseln S. 103
Eine Textquelle analysieren S. 112 f.

Die Wirkungen der Revolution in Europa

Unter dem Eindruck der Ereignisse in Frankreich kam es 1795 zur Niederschlagung der polnischen Freiheitsbewegung und der 3. Teilung Polens durch die absolutistischen Staaten Russland, Preußen und Österreich. Die Ausdehnung der napoleonischen Herrschaft über weite Teile Europas hatte besonders für Deutschland tief greifende Folgen. Nach der Auflösung des „Heiligen Römischen Reichs“ und der Gründung des Rheinbundes (1806) entstanden neue Staaten und Königreiche (Westfalen, Württemberg, Bayern), die den Code civil als Grundlage ihrer Rechtsprechung einführten und Verfassungen verabschiedeten. Die französische Besatzungspolitik weckte auch Widerstand, der in den Befreiungskriegen gipfelte. In Preußen löste die Besatzung grundlegende Reformen aus, die besonders das Bürgertum stärkten (1807–1816). Hatten die Ideen der Französischen Revolution „modernere“ deutsche Staaten geschaffen?

Die Französische Revolution – multiperspektivisch gesehen

Bei der Arbeit mit diesem Kapitel habt ihr Aussagen und Standpunkte von Menschen aus verschiedenen Gruppen der französischen Gesellschaft kennen gelernt. Sie beurteilten ihre Situation und die Ziele der Revolution aus unterschiedlichen Perspektiven. Den „Perspektivwechsel“ (siehe Darstellungstext, S. 30) könnt ihr anhand der vorgegebenen Figuren üben und dabei zugleich Inhalte aus dem Kapitel wiederholen.

Vorschläge für Übungen:

a. Die Figuren diskutieren über Ziele und Ergebnisse der Französischen Revolution.

b. Sie werden in Interviews zu ihren Positionen befragt.

c. Für ein historisches Magazin werden Porträts der Figuren als Vertreter ihrer gesellschaftlichen Gruppe angefertigt.

1804 Kaiserkrönung Napoleons

1806 Rheinbund

16.–19. 10. 1813 Völkerschlacht bei Leipzig

1804

1806

Preußische Reformen 1807–1816

Das politische Fest – eine Idee des 18. Jahrhunderts

M1 **Nationalgardisten pflanzen einen Freiheitsbaum,** Gouache von Lesueur, um 1790. Das Fest um den Freiheitsbaum sollte auch die „Besetzung" von Grund und Boden (des Grundherrn) symbolisieren.

Politische Feste feiern?

Dass Feste etwas mit Politik zu tun haben, ist auf den ersten Blick nicht gleich einsichtig. An einigen Beispielen kannst du im „Blickpunkt" untersuchen, welche Bedeutung politische Feiern in der Geschichte hatten und auch heute noch haben.

Politische Feste – Partnerarbeit

1. Analysiert mithilfe vom M2, M7 und den Methodenseiten 290 die Abbildungen von politischen Festen auf dieser Doppelseite. Achtet besonders auf die politischen Ziele und Absichten der Feiern. Vergleicht anschließend eure Ergebnisse und nehmt zum „politischen Fest" begründet Stellung.
2. Wie wird der deutsche Nationalfeiertag (3. Oktober) in der Bundesrepublik gefeiert? Holt Erkundigungen ein (z.B. im Internet) und vergleicht die Festgestaltung mit den Materialien auf dieser Doppelseite und S. 205 (M5).

M2 Menschen feiern Feste

Der Kulturhistoriker Hans-Jürgen Lüsebrink schreibt 1994 über das Fest:

Was Feste bewirken sollen
Feste und Feiern schaffen Gemeinschaft: Sie bilden Gruppenbewusstsein, fördern das Gemeinschaftsgefühl, zementieren kollektive Identität.Gemeinsames Essen, Trinken und Tanzen, gemeinsames Lachen, aber auch gemeinsames Marschieren oder Paradieren, vor allem jedoch gemeinsames Singen sind die wichtigsten Elemente der Schaffung von Gruppenbewusstsein, ob bei Hochzeiten, Erntedankfesten, Karnevalsumzügen oder politischen Nationalfesten.
Woher das „Nationalfest" kommt
Das moderne Nationalfest ist ein Kind des 18. Jahrhunderts, des Aufklärungszeitalters. Nationalfeste sollten in der Vorstellung der Aufklärungsbewegung neben anderen nationalen Symbolen und Institutionen, wie der Nationalhymne oder der Nationalsprache, dazu beitragen, ein nationales Gemeinschaftsgefühl zu entwickeln. Jean-Jacques Rousseau … entwarf eine neue Konzeption des Nationalfestes, die wegweisend sein sollte: „Pflanzt in der Mitte eines Platzes einen mit Blumen umkränzten Pfahl und sammelt um ihn das Volk – und ihr habt ein Fest …" Der französische Nationalfeiertag, der 14. Juli, der erstmals im Jahre 1790 gefeiert wurde, war zweifelsohne die grandioseste Umsetzung dieser neuen Idee des Nationalfestes … Der 14. Juli 1790, der erste Jahrestag des Sturms auf die Bastille, … ist in vieler Hinsicht eine Art Vorbild … für das moderne Nationalfest überhaupt geworden.

Hans-Jürgen Lüsebrink, Das Fest. In: Heinz-Gerhard Haupt (Hg.), Orte des Alltags, München (Beck) 1994, S. 202ff. Bearb. d. Verf.

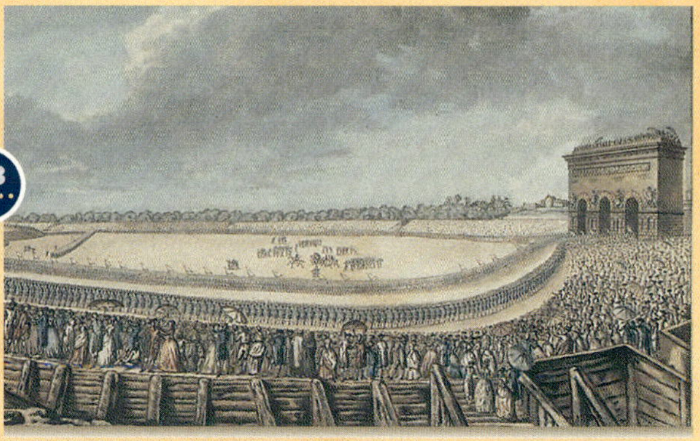

M3 **Fest zum 1. Jahrestag des Sturms auf die Bastille am 14. Juli 1790.** Die Feier auf dem Marsfeld in Paris zog mehr als 300 000 Menschen aus allen sozialen Schichten an. Die Franzosen, (noch) vereint mit ihrem König, sollten Freiheit, Verfassung und Gesetz beschützen. Militärparaden standen im Vordergrund der Feier. Nach einem Böllerschuss wurde um 12 Uhr mittags ein patriotischer Eid vor dem „Altar des Vaterlandes" abgelegt.

M4 Feier des Sieges über die Franzosen am Denkmal Friedrichs des Großen in Berlin, 3. September 1870

M6 Postkarte zum 1. Mai, um 1910. Seit 1890 wird der 1. Mai in der Arbeiterbewegung (Sozialdemokratie und Gewerkschaften) als „Tag der Arbeit" gefeiert – in Opposition zum monarchischen Obrigkeitsstaat, zu Bürgertum und Adel im deutschen Kaiserreich.

M5 Der Fall der Mauer am 9. November 1989 in Berlin, Foto. Nicht dieses „Fest" wurde nach politischen Diskussionen zum deutschen Nationalfeiertag bestimmt, sondern der 3. Oktober 1990, der Tag der Einheit.

M7 Warum es „Gegenfeste" gibt

Der Kulturhistoriker Hans-Jürgen Lüsebrink schreibt 1994 über die Entwicklung der Maifeiern:

Die Entstehung des modernen Nationalfestes gehört zu einem längerfristigen Prozess der zunehmenden Vereinnahmung, Kontrolle und Disziplinierung öffentlicher Festkultur durch die Obrigkeit, durch Staat und Kirche ... Und doch gibt es – und gab es – Gegenbewegungen. Der 1. Mai, in vielen europäischen Ländern heute offizieller Feiertag, war im Deutschland des ausgehenden 19. Jahrhunderts zunächst ein Stück „Gegenöffentlichkeit" der Arbeiterschaft. Die Maifeiern standen offiziellen Nationalfeiertagen des Wilhelminischen Kaiserreiches direkt entgegen. Diese Maifeiern, die seit 1890 organisiert wurden, verstanden sich als politische Gegenfeiern ... „In einem Klassenstaat", so heißt es in einer Schrift aus dem Jahre 1894, „gibt es kein einmütiges Volksfest, da gibt es nur Klassenfeste. Dort die Feste der Bourgoisie[1], hier das Fest des Proletariats[2].

Hans-Jürgen Lüsebrink, Das Fest. In: Heinz-Gerhard Haupt (Hg.), Orte des Alltags, München (Beck) 1994, S. 202ff. Bearb. d. Verf.

1 Bürgertum 2 Arbeiterschaft

5. Die Industrialisierung verändert die Gesellschaft

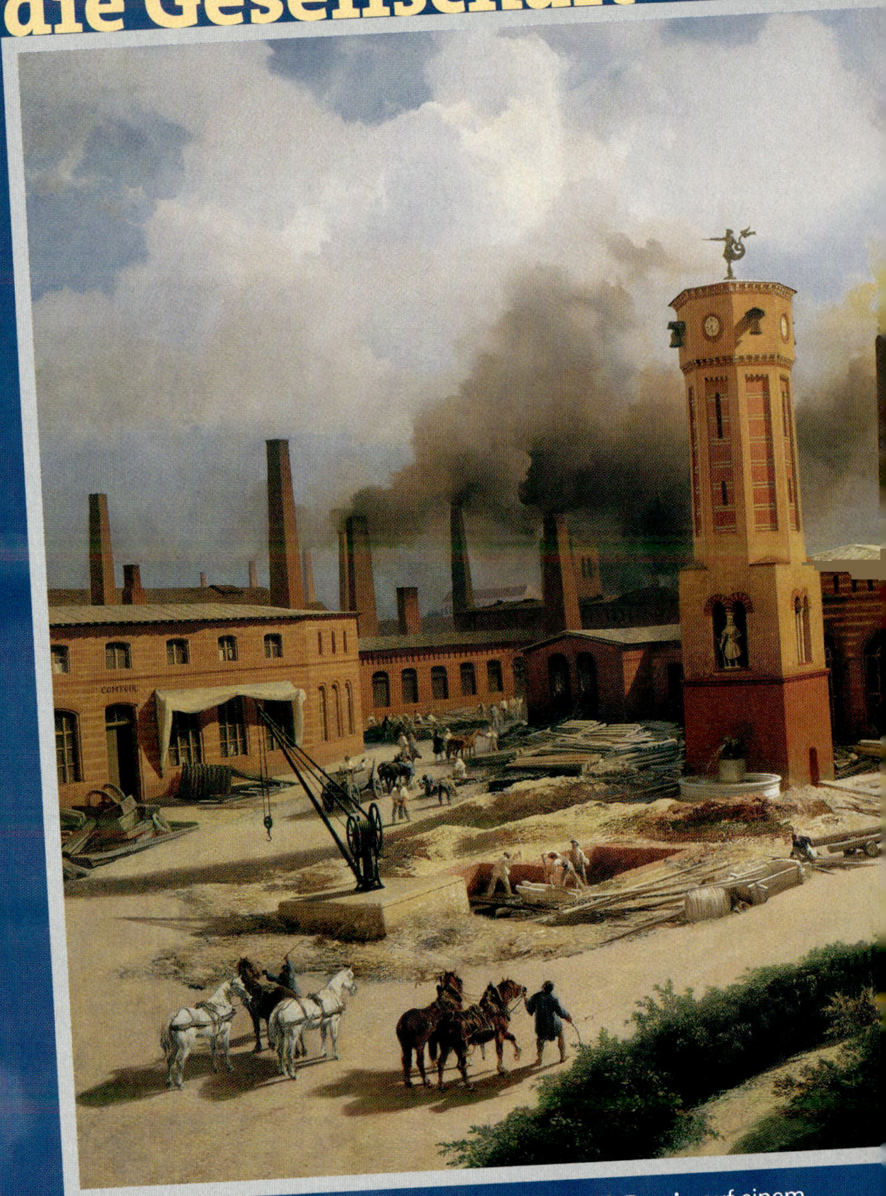

„Die Teilung der Arbeit, die Benutzung der Wasser- und besonders der Dampfkraft und der Mechanismus der Maschinerie – das sind die drei großen Hebel, mit denen die Industrie seit der Mitte des vorigen Jahrhunderts daran arbeitet, die Welt aus ihren Fugen zu heben."

Dies war eine der Erkenntnisse, die der Fabrikantensohn Friedrich Engels 1845 niederschrieb, als er die Verhältnisse in England bei einem Besuch in Manchester kennen lernte. Wie Engels erkannten auch andere Beobachter in seiner Zeit, dass die Industrialisierung eine grundlegende Umwälzung der Arbeits- und Lebensbedingungen auslöste. Heute wissen wir, dass die Industrialisierung einen ähnlichen Einschnitt in der Geschichte der Menschheit darstellte wie die Neolithische Revolution, als Jäger und Sammlerinnen vor etwa 10 000 Jahren von der jagenden und sammelnden zur sesshaften Lebensweise der Viehzüchter, Bauern und Bäuerinnen übergingen. Zu erkennen ist auch, dass die Industrialisierung offensichtlich bis heute keine abgeschlossene Epoche ist, sondern weiterhin anhält. Sie wird unser Leben in der Gegenwart und in der Zukunft weiter beeinflussen.

In diesem Kapitel kannst du erarbeiten,

– welche Faktoren die Industrialisierung in England auslösten,
– wie sie im übrigen Europa verlief,
– welche Folgen sie für die Menschen und für die Umwelt hatte und
– welche Chancen und Gefahren die neuen Technologien in der Folge der Industrialisierung mit sich bringen können.

Das große Bild zeigt die Berliner **Lokomotiv Fabrik Borsig** auf einem Gemälde von Carl Eduard Bierbaum, 1847. Oben rechts: Ein Foto aus dem Jahr 1910 zeigt Frauen in einer **Zigaretten-Fabrik.** Das Foto aus dem Jahr 2000 vermittelt einen **Blick in eine Chip-Fabrik.** Die **Karikatur** rechts unten von Horst Haitzinger wurde im Jahre 1993 veröffentlicht.

1 Beschreibe die Abbildungen und bringe sie in einen Zusammenhang zum Zitat von Friedrich Engels.

2 Formuliere zusammenfassend, wie sich Industrialisierung für dich anhand der Materialien darstellt.

1900

1871
Gründung des
Deutschen Reiches

1863
Gründung des Allgemeinen
Deutschen Arbeitervereins

seit 1860
Industrialisierung
in Norditalien

1850

seit 1840
Beginn der Industriellen
Revolution in Deutschland

1835
Erste
Eisenbahnlinie
in Deutschland

1800

seit 1770
Industrielle
Revolution
in England

1750

Spuren der Industrialisierung in Europa

Warum begann die Industrialisierung in England?

Faktoren der Industrialisierung in England

England wird in der Geschichtsforschung übereinstimmend als das Land betrachtet, in dem die Industrialisierung begann. Umstritten ist aber, welche Faktoren den Vorgang der Industrialisierung auslösten und welche Bedeutung sie jeweils haben.
Vier Thesen zu diesem Problem kannst du auf den Seiten 130–137 überprüfen. Möglich ist das auch als arbeitsteilige Gruppenarbeit (siehe Kasten).

1. Faktor: Raum und Bevölkerung. England wies besonders günstige geografische, geologische und klimatische Bedingungen auf. Hinzu kam ein schneller Anstieg der Bevölkerung (siehe M1).
2. Faktor: Wirtschaft. Die englische Landwirtschaft hatte einen Vorsprung in Europa. Genügend Kapital und marktwirtschaftliches Denken waren Grundlagen für die neue Wirtschaftsweise.
3. Faktor: Technik. Die Industrialisierung wurde entscheidend durch technische Erfindungen, vor allem durch die Spinn- und die Webmaschine sowie die Dampfmaschine, ausgelöst.
4. Faktor: Bildung. Die Industrialisierung wurde durch eine hohe Alphabetisierung der Bevölkerung möglich. Dadurch erst gab es genügend Arbeitskräfte, die Maschinen konstruieren, bauen und bedienen konnten. Grundkenntnisse wurden bereits im 18. Jahrhundert in englischen Schulen vermittelt.

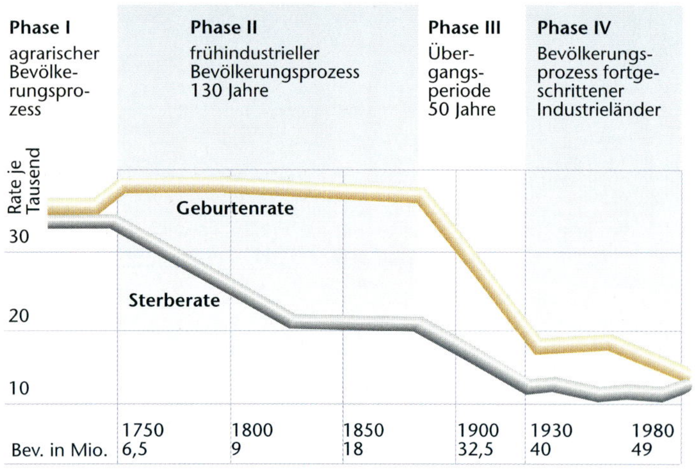

M1 Geburten- und Sterberate in England und Wales 1750–1980

Vorschlag für eine Gruppenarbeit

Die Seiten 130–137 könnt ihr in Gruppen erarbeiten. Jede Gruppe übernimmt die Bearbeitung eines Faktors der Industrialisierung in England und trägt ihre Ergebnisse der Klasse vor. Nutzt möglichst Medien zur Veranschaulichung eurer Ergebnisse wie Folien, Plakate usw.

1. Faktor:

Raum und Bevölkerung – Triebkräfte der Industrialisierung?

Ermöglichten die vorteilhafte Insellage, gute Transportwege, günstige klimatische Bedingungen, zum Beispiel für die Baumwollverarbeitung, eine frühe Industrialisierung in England? Welche Bedeutung hatte das schnelle Wachstum der Bevölkerung im 18. Jahrhundert für den Beginn der Industrialisierung? Welche Rolle spielten solche „äußeren" Faktoren?

Industrialisierung

(von lat. industria = Fleiß) Verarbeitung von Rohstoffen zu Produktions- und Verbrauchsgütern. Als Industrialisierung werden tief greifende technische, wirtschaftliche und soziale Veränderungen bezeichnet, die in der zweiten Hälfte des 18. Jahrhunderts in England und im übrigen Europa im 19. Jahrhundert begannen. Sie ist vor allem eine neue Produktionsweise mit starkem Wachstum des industriellen Sektors. Wichtige Merkmale sind der Einsatz industrieller Technik, Spezialisierung der Arbeit und Massenproduktion in Fabriken. Wegen ihres für zeitgenössische Beobachter überraschenden Verlaufs und der drastischen Veränderungen im 18. und 19. Jahrhundert wird diese Phase auch „Industrielle Revolution" genannt.

M2 Bedingungen der Industrialisierung

Der britische Historiker Eric J. Hobsbawm schreibt 1968:

Wenn … der Anstoß von den ungewöhnlich langen Perioden guter Ernten im beginnenden 18. Jahrhundert kam, dann wäre zu begründen, weshalb solche Perioden vor dieser Zeit … nicht ähnliche Folgen zeitigten. Beruft man sich auf Großbritanniens reiche Kohlevorkommen, um seinen Vorsprung zu erklären, so bliebe immerhin zu bedenken, aus welchen Gründen sein vergleichsweise spärlicher Bestand an anderen industriellen Rohstoffen (z. B. Eisenerz) diese Entwicklung nicht behindert hat … Wenn das feuchte Klima von Lancashire die Konzentration der Baumwollindustrie dort erklären soll, dann sollten wir auch fragen, warum die Konzentration nicht auch in anderen feuchten Gegenden der britischen Inseln stattgefunden hat … Klimatische Faktoren, Geografie, die Verteilung natürlicher Ressourcen wirken sich immer nur innerhalb eines gegebenen wirtschaftlichen, sozialen und institutionellen Kontexts[1] aus; dies gilt sogar für den gewichtigsten Faktor dieser Art: die Verbindungswege zum Meer oder zu nutzbaren Flüssen, die billigsten, gebräuchlichsten und für Massengüter einzig wirtschaftlichen Transportwege des vorindustriellen Zeitalters.

Eric J. Hobsbawm, Industrie und Empire, Bd. 1, 5. Aufl., Frankfurt a. M. (Suhrkamp) 1975, S. 35 f.

1 Zusammenhang

Fabrik

(von lat. fabrica = Werkstätte) Zentralisierte Produktion von Waren in Gebäuden mit Kraftmaschinen (z. B. Dampfmaschinen) als Antrieb und Arbeitsmaschinen (z. B. Drehmaschinen) zur Bearbeitung der Rohstoffe. Weitere Merkmale sind: Arbeitszerlegung in spezialisierte Tätigkeiten, eine größere Anzahl von Arbeitskräften als im Handwerksbetrieb und die Produktion in größeren Stückzahlen.

M3 Bevölkerungswachstum – Faktor der Industrialisierung?

Die britische Wirtschaftshistorikerin Phylliis Deane, 1977:

Der Anstieg der Bevölkerung und der Produktion scheint in den vierziger Jahren des 18. Jahrhunderts eingesetzt zu haben. An dem Bevölkerungszuwachs in dieser Zeit war zunächst nichts Außergewöhnliches … Der entscheidende Bruch gegenüber der Vergangenheit war die Tatsache, dass diese Wachstumsrate sich in den 50er-Jahren auf 7 Prozent erhöhte und in den 60er- und 70er-Jahren diesen Durchschnitt hielt. Ein solcher Bevölkerungszuwachs hätte in einer vorindustriellen Wirtschaft normalerweise zu einem Absinken des Pro-Kopf-Einkommens geführt, da die Bevölkerung dann schneller gewachsen wäre als das Sozialprodukt[1]. In Wirklichkeit war es aber so, soweit wir das anhand des verfügbaren statistischen Materials beurteilen können, dass jetzt das Sozialprodukt mit dem Bevölkerungszuwachs Schritt zu halten vermochte. Das verdankte man jedoch nicht in erster Linie der Industrieproduktion, sondern der landwirtschaftlichen Produktion … Das Vorhandensein eines Nahrungsüberschusses, verbunden mit der Fähigkeit der Landwirtschaft, ihre Produktion der vermehrten Nachfrage anzupassen, bedeutete, dass die Bevölkerung wachsen konnte.

Phyllis Deane, Die Industrielle Revolution in Großbritannien 1700–1880. In: Carlo M. Cipolla/Knut Borchardt (Hg.), Europäische Wirtschaftsgeschichte, Bd. 4, hg. von Knut Borchardt, Stuttgart/New York (G. Fischer) 1977, S. 4 f. Übers. von Anjuta Aigner-Dünnwald.

1 Summe (Wert) aller Güter und Dienstleistungen in einer Volkswirtschaft.

M4 Bevölkerungswachstum in England und Wales 1750–1900

1. Beschreibe anhand von M1 die Bevölkerungsentwicklung in England und Wales und erkläre sie.
2. Untersuche, wie in M3 die Bedeutung des Bevölkerungswachstums für die Industrialisierung gesehen wird.
3. Erarbeite, welche äußeren Bedingungen der Autor von M2 nennt und wie er sie bewertet.
4. Beurteile die Bedeutung des 1. Faktors für die Industrialisierung.

Spuren der Industrialisierung in Europa

2. Faktor:

Eine neue Wirtschaftsweise

Neben den „äußeren" Faktoren (siehe S. 130f.) gilt der Faktor „Wirtschaft" als ein Grund für den Beginn der Industrialisierung in England. Entstand eine neue Art zu wirtschaften? Welche Ideen und Motive lagen diesem Wandel zu Grunde? Wie wirkten sie sich aus?

Kapital, Kapitalismus

Kapital = Vermögen, das vom Unternehmer in den Betrieb investiert wird, um die Produktionsmittel (Rohstoffe, Gebäude, Maschinen) für die Warenherstellung zu finanzieren. Ein Ziel ist, daraus Gewinne zu erwirtschaften. Kapitalismus: Nach Marx und Engels eine Produktionsweise, bei der die Produktionsmittel im Privatbesitz der Unternehmer sind (siehe S. 162).

M5 Vorsprung der englischen Landwirte?

Die britische Wirtschaftsprofessorin Phyllis Deane, 1998:

Bereits vor dem Aufschwung der Industriellen Revolution existierte … eine kapitalistische, gewinn- und marktorientierte Landwirtschaft im Vereinigten Königreich, die von größeren Pächtern oder spezialisierten kleinen Landwirten, … die wachsende städtische Gebiete versorgten, betrieben wurde. Es ist deshalb nicht überraschend, dass die landwirtschaftliche Betriebsgröße weiter wuchs, dass England am Ende des [18.] Jahrhunderts „größtenteils ein Land von Pächtern" war und die landwirtschaftlichen Arbeitskräfte weitgehend Lohnabhängige waren. Dies war eine im Europa jener Zeit einzigartige Struktur der Landwirtschaft. Auf dem Kontinent produzierte der typische, vom Besitzer selbst bewirtschaftete bäuerliche Betrieb die meisten lebensnotwendigen Produkte selbst, hing weitgehend von der nicht spezialisierten Arbeitskraft der Familienangehörigen ab und gab jeden merklichen Überschuss dafür aus, den Hof zu vergrößern … Von Investitionen in neue Anbautechniken, Gerätschaften oder Speichermöglichkeiten wurde er dadurch abgehalten, dass das Familienkapital unwiederbringlich in Land angelegt war… Bairochs Berechnungen (von 1965) zufolge lag 1840 die körperliche Produktivität der britischen männlichen Lohnarbeiter … mehr als doppelt so hoch wie diejenige in der Schweiz, in Deutschland, Schweden oder Russland … Die Anhäufung eines Viehbestands, der britische Landwirte mit mehr Zugkraft und sehr viel größeren Mengen von organischem Dünger pro Hektar versorgte, gab ihnen eine Überlegenheit … über Bauern in anderen Regionen Europas … [mit der Folge], dass Großbritannien früher als jeder andere seiner europäischen Konkurrenten die Arbeitskräfte freisetzen konnte, die für eine kontinuierliche Industrialisierung benötigt wurden.

Phyllis Deane, Die Industrielle Revolution in Großbritannien. In: Die Industrielle Revolution in England, Deutschland, Italien, hg. von Roy Porter/Mikulás Teich, Berlin (Wagenbach) 1998, S. 53 ff.

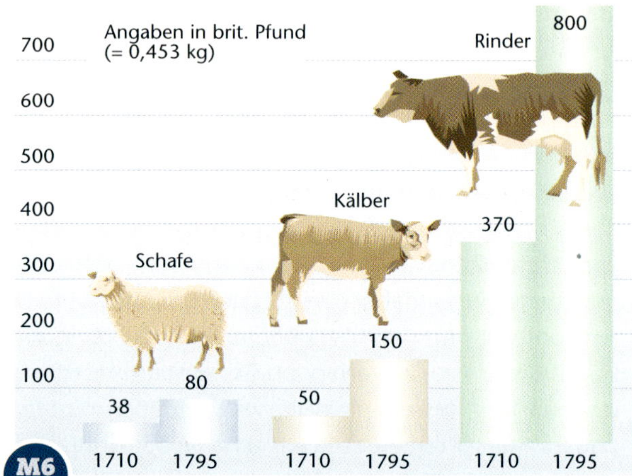

M6 **Gewicht von englischem Schlachtvieh**

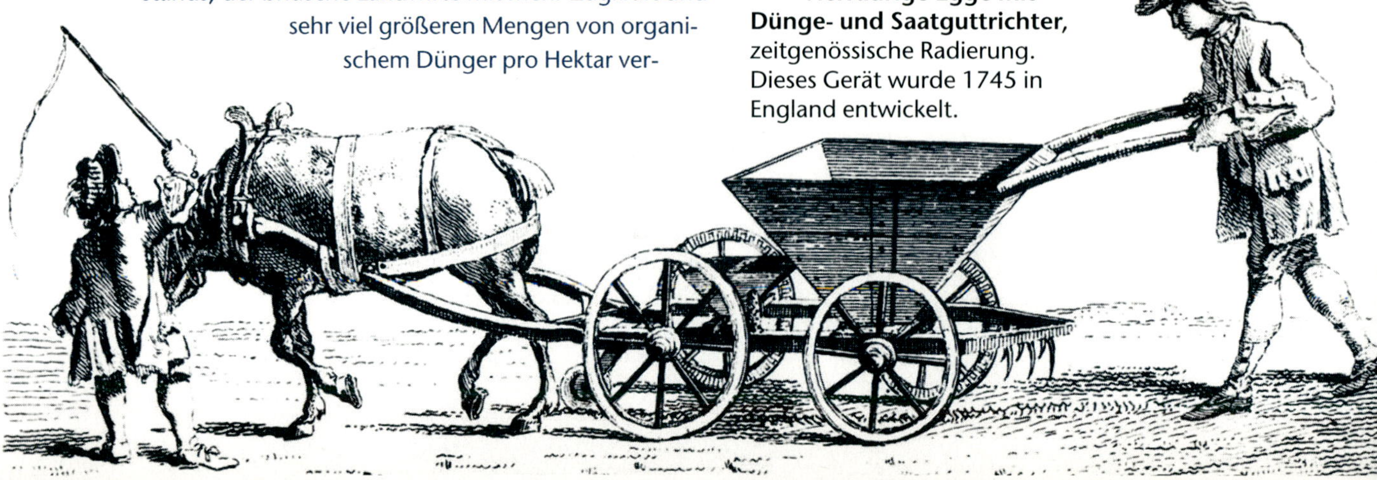

M7 **Vierrädrige Egge mit Dünge- und Saatguttrichter,** zeitgenössische Radierung. Dieses Gerät wurde 1745 in England entwickelt.

M8 Woher kam das Kapital?

Der Wirtschaftshistoriker Christoph Buchheim, 1994:

Es herrschte kein Kapitalmangel … So wurde ja bereits auf den vergleichsweise kapitalintensiven Charakter der britischen Landwirtschaft hingewiesen. Die Verkehrsinfrastruktur in Form von schiffbaren Flüssen, von Kanälen und von Privatstraßen war gut ausgebaut … Den Großteil des … Kapitals stellten die Rohstoffvorräte, Fertigwarenlager und Kundenforderungen dar … Für das weitere Wachstum war die Selbstfinanzierung aus den erwirtschafteten Gewinnen die wichtigste Quelle des langfristigen Kapitals.

Christoph Buchheim, Industrielle Revolutionen, München (dtv) 1994, S. 59 ff.

M9 Wie wurde das Kapital eingesetzt?

Der schottische Philosoph und Volkswirtschaftler Adam Smith (1723–1790) schrieb 1776:

Der Einzelne ist stets darauf bedacht herauszufinden, wo er sein Kapital … so vorteilhaft wie nur irgend möglich einsetzen kann. Und tatsächlich hat er dabei den eigenen Vorteil im Auge und nicht etwa den der Volkswirtschaft. Aber gerade das Streben nach seinem eigenen Vorteil ist es, das ihn … dazu führt, sein Kapital dort einzusetzen, wo es auch dem ganzen Land den größten Nutzen bringt … Der Einzelne vermag ganz offensichtlich aus seiner Kenntnis der örtlichen Verhältnisse weit besser zu beurteilen, als es irgendein Staatsmann oder Gesetzgeber für ihn tun kann, welcher Erwerbszweig im Lande für den Einsatz seines Kapitals geeignet ist und welcher einen Ertrag abwirft … Ein Staatsmann, der es versuchen sollte, Privatleuten vorzuschreiben, auf welche Weise sie ihr Kapital investieren sollten, würde sich damit nicht nur, höchst unnötig, eine Last aufbürden, sondern sich auch gleichzeitig eine Autorität anmaßen.

Adam Smith, Der Wohlstand der Nationen, hg. und übersetzt von Horst Claus Recktenwald, 5. Aufl., München (dtv) 1990, S. 369 ff.

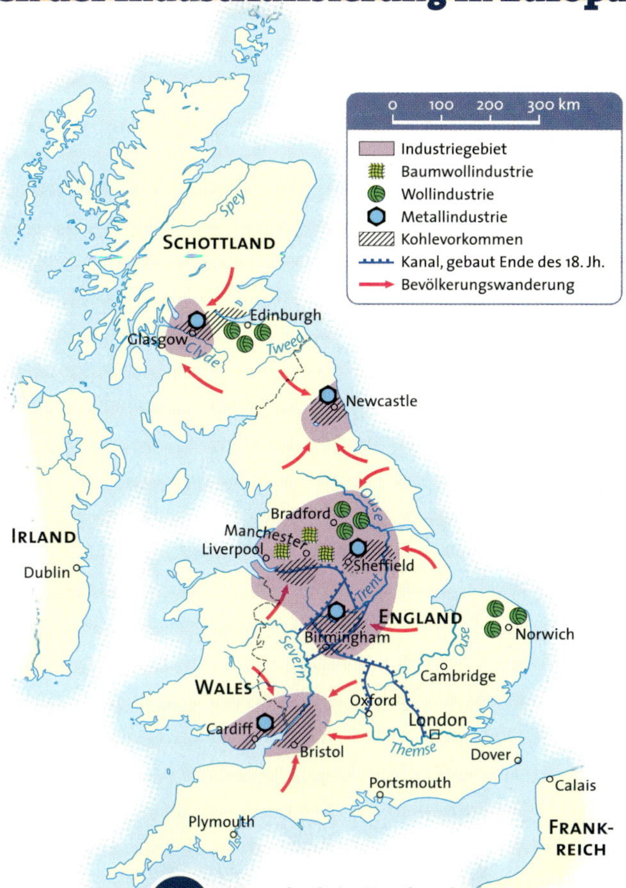

M10 Wirtschaft in England im 18. Jahrhundert

Liberalismus

(von lat. liber = die Freiheit betreffend) Nach Auffassung des Liberalismus steht die Freiheit des einzelnen Menschen im Mittelpunkt des politischen, gesellschaftlichen und wirtschaftlichen Zusammenlebens. In der Wirtschaft soll sich der Staat zurückhalten („Laisser-faire-Prinzip"), Gewerbefreiheit und Privateigentum garantieren und schützen sowie die „Marktkräfte" frei spielen lassen.

5 Analysiere die Grafik M6.

6 Prüfe die These vom „Vorsprung der englischen Landwirtschaft" anhand von M5, M6 und M7.

7 Beschreibe anhand von M10 den Stand der englischen Wirtschaft im 18. Jahrhundert. Überlege, wo es Entwicklungsmöglichkeiten gab.

8 Erarbeite, woher nach M8 das Kapital kam und stelle einen Bezug zum Wachstum der Wirtschaft her.

9 Erarbeite anhand von M9 die Auffassung von Smith über das Verhältnis zwischen dem Einzelnen, dem Staat und dem Kapital. Nimm den Begriffskasten zu Hilfe.

10 Beurteile die Bedeutung des 2. Faktors für die Industrialisierung.

3. Faktor:
Technik – Motor der Industrialisierung?

M11 **Heimspinnen an einer Radspindel,** Darstellung um 1810

M12 **Spinning Jenny, Spinnmaschine für 16 Fäden mit Handbetrieb,** Kupferstich, um 1775

M13 **Fabriksaal mit Wagen-Spinnmaschinen,** Stahlstich, England, um 1835

In der Geschichtswissenschaft wird den technischen Neuerungen, die wirtschaftlich angewandt werden, eine große Bedeutung für den Industrialisierungsvorgang zugeschrieben. Gab es so genannte „Schlüsseltechnologien", die die Industrialisierung auslösten? In welchen Wirtschaftsbereichen begann sie? Welche wirtschaftlichen Folgen waren festzustellen?

M14 Die englische Baumwollspinnerei

Der Schweizer Christian Bernoulli schrieb 1827:

Eine der ersten, unmittelbarsten Folgen, welche die Erfindung der Spinnmaschinen hatte, war ohne Zweifel der fabrikmäßige Betrieb des Baumwollspinnens. Die Einführung großer Maschinen veränderte notwendig die Verhältnisse ganz. Sie erforderten große und dazu besonders eingerichtete Gebäude, große Kapitalien, Tiere oder Elementarkräfte zum Betrieb, Arbeiter, die ausschließlich diesem Gewerbe … sich ergaben, eine gehörige Verteilung und Anordnung aller Operationen usw. Mit dem Aufkommen des Maschinenspinnens ergab sich daher auch der fabrikförmige Betrieb dieser Industrie … Die Arbeit der Spinner wurde ungleich produktiver. Keine Wirkung ist wohl auffallender als diese und bei keiner Erfindung war dieses Ergebnis so erstaunenswürdig; sehen wir, was jetzt 100 oder 200 Menschen in einer mechanischen Spinnerei zu produzieren vermögen und wie viel dieselbe Anzahl ehemals liefern konnte. Viele geben diese Steigerung der Produktivität wenigstens auf das 100- oder 120-fache, manche sogar auf das 150fache an.

Zit. nach W. Treue/K. H. Manegold, Quellen zur Geschichte der industriellen Revolution, Göttingen (Musterschmidt) 1979, S. 103 f.

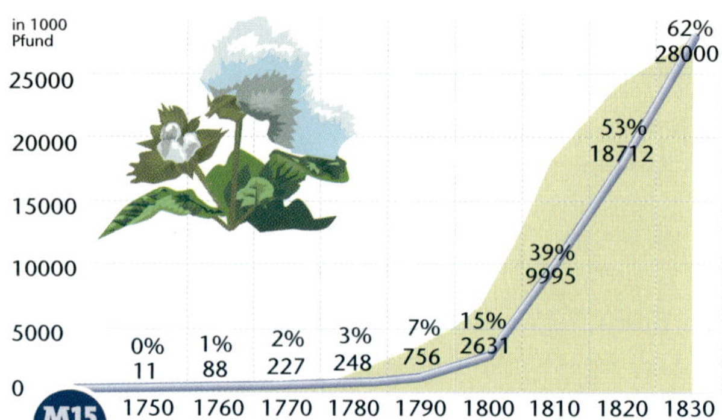

M15 **Wachstum der englischen Baumwollindustrie.** Ausfuhren von Baumwolltextilien und Prozentsatz am Gesamtexport.

M16 Dampfmaschine von James Watt, Modellzeichnung, 2001

M17 Schneller Fortschritt

Der britische Historiker R. M. Hartwell schreibt 1972 über die wichtigsten technischen Neuerungen im 18. Jahrhundert:

a) Der technische Fortschritt wurde in vielen Wirtschaftssektoren wirksam – in Textilgewerbe, Bergbau und Hüttenwesen, auf dem Gebiet des Transportwesens, der Landwirtschaft und der Energieerzeugung. Man darf daher annehmen, dass die Revolutionierung der Technik weder auf eine einmalige Idee zurückzuführen ist noch durch einzelne wirtschaftliche Erfordernisse hervorgerufen wurde …

b) Es gibt zwei wichtige Gruppen von Erfindungen, eine im frühen, eine im späteren 18. Jahrhundert … Die meisten … brauchten Zeit, um sich zu verbreiten, aber in dieser Periode war die Zeitspanne zwischen einer Erfindung und ihrer Anwendung kurz.

Ronald Maxwell Hartwell, Die Ursachen der Industriellen Revolution. In: Rudolf Braun u.a. (Hg.), Industrielle Revolution, Köln (Kiepenheuer & Witsch) 1972, S. 46. Übers. von Reinhard Hildebrandt.

Technische Entwicklungen in England

1709–1712 Thomas Newcomen baut eine Dampfmaschine für den Pumpenantrieb im Bergbau.

1733 John Kay verbessert den Webstuhl durch das „fliegende" Weberschiffchen.

1735 Abraham Darby II setzt den ersten Kokshochofen ein.

Um 1764 James Hargreaves baut eine Spinnmaschine („Spinning Jenny"), auf der viele Fäden gleichzeitig gesponnen werden können.

1769 James Watt meldet eine Dampfmaschine zum Patent an, eine Weiterentwicklung der Newcomen-Maschine.

1769 Richard Arkwright entwickelt eine Spinnmaschine, die mit Wasser- und Dampfkraft angetrieben werden kann.

1779 Samuel Crompton erfindet eine Universal-Spinnmaschine, mit der Schuss- und Kettgarne hergestellt werden können.

1783/84 Henry Cort lässt das Puddelverfahren (Herstellung von hochwertigem Schweißstahl aus Roheisen) patentieren.

11 Beschreibe an M11 bis M13, wie die Technik des Spinnens verändert wurde. Achte auch auf die Arbeitstätigkeiten und die Arbeitsbedingungen.

12 Erarbeite mithilfe von M14 und M15 die wirtschaftlichen Folgen der neuen Spinntechnik.

13 Untersuche die Bedeutung der Dampfmaschine für die Entwicklung der Technik und der Wirtschaft (M16 und M18).

14 Prüfe die folgende Hypothese mithilfe des Faktenkastens: Die Abfolge der Erfindungen in der Textil- und Dampftechnik lässt sich als „Wechselwirkung" kennzeichnen.

15 Beurteile die Bedeutung des 3. Faktors für die Industrialisierung.

M18 **Erster Einsatz einer Dampfmaschine im englischen Kohlebergbau,** Gemälde von A. Pithead, 1792

Spuren der Industrialisierung in Europa

M19 Joseph Lancasters System der „Monitor"-Schule. Lancaster entwickelte 1798 ein Lernsystem, bei dem rund 200 Schüler in einem Raum – aufgeteilt in kleine Gruppen – von älteren Schülern oder „Monitoren" (Aufsehern) unterrichtet wurden. Es gab nur eine bezahlte Lehrkraft für alle Schüler.

4. Faktor:

Industrialisierung ohne Bildung?

Die Arbeit in der Landwirtschaft und im Handwerk konnte ohne längere Ausbildung geleistet werden. Techniken und Fertigkeiten wurden durch „Vormachen" und „Mittun" der Älteren im Arbeitsgang gelernt. Langjährige Erfahrung war dabei entscheidend. In der entstehenden Industrie wurde die Arbeit an und mit den Maschinen in zeitgenössischen Berichten als monoton und geistig wenig fordernd beschrieben. Sie setzte jedoch auch technische Kenntnisse, Sorgfalt, hohe Aufmerksamkeit und Geschick voraus. Vieles in der Technik und der Organisation der Arbeit war neu. War Industrialisierung ohne Bildung, zumindest in den Grundfertigkeiten, wie Lesen, Schreiben und Rechnen, überhaupt denkbar?

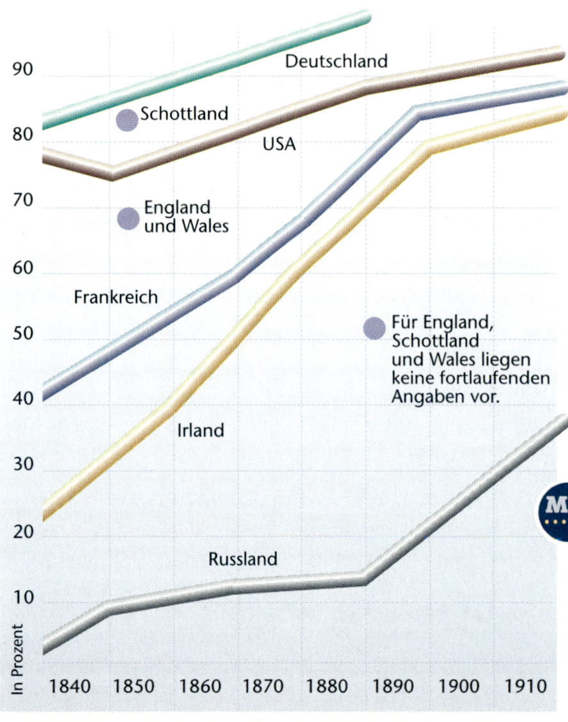

M21 Anteil der Lese- und Schreibkundigen an der erwachsenen Bevölkerung 1840–1910 in Prozent

M20 Sunday Schools

Robert Raikes, der Mitbegründer der Sonntagsschulen, antwortete auf eine Anfrage über seine Schulen in einem Brief, der 1783 im Gentleman's Magazine veröffentlicht wurde:

Als mich eines Morgens Geschäfte in die Vorstadt führten, wo das ärmste Volk hauptsächlich lebt, war ich tief getroffen vom Anblick einer Gruppe von Kindern, die erbärmlich zerlumpt auf der Straße spielten … „Ach, mein Herr", sagte die Frau, mit der ich sprach, „wenn Sie diesen Stadtteil an einem Sonntag sähen, wären Sie wirklich erschüttert; denn dann sind die Straßen voll von Scharen dieser armen Teufel, die, an diesem Tag von der Arbeit befreit, ihre Zeit mit Lärmen und Aufruhr verbringen, Murmeln spielen, fluchen und schimpfen." … Ich fragte die Frau dann, ob es in der Nachbarschaft anständige, freundliche Frauen gäbe, die Unterricht im Lesen erteilten. Ich wurde daraufhin zu vier Frauen geführt. Ich wandte mich an sie und traf mit ihnen die Vereinbarung, dass sie alle Kinder, die ich ihnen sonntags schicken würde, im Lesen und im Katechismus unterweisen würden. Hierfür verpflichtete ich mich, ihnen je einen Schilling pro Unterrichtstag zu zahlen.

John Robottom, A Social and Economic History of Industrial Britan, Harlow, Essex (Longman Group UK ltd.) 1986, S. 214 f. Übers. d. Verf.

M22 Bildung für alle?

Der britische Historiker Sidney Pollard 1973 über das Bildungssystem in England im 18. Jahrhundert:

Da war zunächst die Elementarbildung, ausreichend für die Handwerker bzw. Gelernten und das Proletariat (siehe S. 162) der neuen Fabrikindustrie und auch für die einfallsreichen Mechaniker und andere, die zu Erfindungen und Neuerungen fähig waren, ohne im Besitz formaler Bildung (z. B. Bildungsgänge in Schulen usw.) zu sein. Zweitens gab es die „höhere" Bildung, die für die Kaufleute, die Industriekapitäne und die Grundlagenforscher jener Zeit erforderlich war ... In Schottland gab es ... ein auf den Pfarrgemeinden basierendes umfassendes System der Elementarbildung ... Jedenfalls war der Prozentsatz der Bevölkerung, die lesen und schreiben konnte, in Schottland bemerkenswert hoch. Und die Mehrheit der Knaben konnte noch etwas mehr als nur das ABC lernen ... Ende des 18. Jahrhunderts gab es ... (in der für die Industrialisierung wichtigen Grafschaft Lancashire) 76 Gymnasien oder Grammar Schools, ... und nicht weniger als 54 davon vermittelten den Kindern der Armen kostenlos Kenntnisse im Lesen, Schreiben oder Rechnen, einige auch in allen drei Elementarfächern ... Daneben entstand im Laufe des Jahrhunderts ... noch ein zweiter Schultyp: die Charity School. Von 1699 ... bis zum Aufkommen der Sonntagsschulen im letzten Viertel des 18. Jahrhunderts waren die auf Stiftungen und Spenden basierenden Charity Schools das wichtigste und vielerorts auch einzige Bildungsmittel für die Kinder der Armen.

Sidney Pollard, Die Bildung und Ausbildung der industriellen Klassen Britanniens im 18. Jahrhundert. In: Rudolf Braun u.a. (Hg.), Gesellschaft in der industriellen Revolution, Köln (Kiepenheuer & Witsch) 1973, S. 147 ff. Übers. von Roswitha Czollek.

M23 Bildung und Industrialisierung

Der Historiker Hubert Kiesewetter schreibt 1996 über den Zusammenhang von Industrialisierung und Bildung:

Wie wenig es gerechtfertigt ist, Bildung als einen Faktor der europäischen Industrialisierung zu vernachlässigen, wird deutlich, wenn wir einen Zusammenhang herstellen zwischen dem Bildungsniveau unterentwickelter Staaten und ihrer Produktivität. Selbst im Mutterland der Industrialisierung, in England, war Bildung und Wissenschaft eine Voraussetzung der ökonomischen Modernisierung ... In der europäischen Industrialisierung seit dem späten 18. Jahrhundert lässt sich ... nachweisen, dass es zumindest langfristig einen engen Zusammenhang zwischen der Erweiterung der Bildungsmöglichkeiten, vor allem im technischen und wissenschaftlichen Bereich, und dem Wirtschaftswachstum der Volkswirtschaften gegeben hat. Bereits im Jahr 1800 stellte eine Wetzlarer Schulkommission fest, dass das Schulwesen „die sicherste Stütze von Staatenglück und Privatwohl" sei.

Hubert Kiesewetter, Das einzigartige Europa, Göttingen (Vandenhoeck & Ruprecht) 1996, S. 166 ff.

Southfields Infants School in London, Foto, 1907 M24

16 Beschreibe an M19 und M22 das englische Schulsystem im 18. Jahrhundert und vergleiche M19 mit M24.

17 Erarbeite die Entstehung der Sonntagsschulen (M20). Achte auf die Motive des Briefschreibers.

18 Formuliere anhand von M21 Aussagen über die Alphabetisierung in Europa. Überlege, ob die Grafik Rückschlüsse auf die Industrialisierung der Länder zulässt.

19 Industrialisierung setzte voraus, dass ein hoher Prozentsatz der Bevölkerung über eine schulische Bildung verfügte (= 4. Faktor). Setze dich anhand der Materialien, insbesondere M23, mit dieser These auseinander. Ziehe gegebenenfalls zum Vergleich aktuelle Informationen über so genannte Entwicklungsländer heran.

20 Formuliere einen zusammenfassenden Text für ein Schulbuch, in dem du die vier Faktoren (siehe S. 130 ff.) im Zusammenhang darstellst.

Statistiken auswerten und grafisch umsetzen

Können Zahlen „sprechen"?

Obwohl wir viele unserer geschichtlichen Erkenntnisse aus schriftlichen Quellen, Abbildungen und Gegenständen gewinnen, lassen sich Zustände und Bedingungen, unter denen Menschen leben, oder auch längerfristige Entwicklungen häufig nicht ohne Zahlen erkennen. Die Häufigkeit von Beschäftigten und Arbeitslosen, Angaben über Einkommenshöhen und wirtschaftliche Entwicklungen z. B. lassen sich nur mithilfe von Zahlenangaben verdeutlichen.

Statistiken sind unter bestimmten Gesichtspunkten zusammengestellte Mengen von Zahlenwerten. Sie stellen in der Geschichtswissenschaft eine eigenständige Form der historischen Quelle dar. Sie sind allerdings selten „fertig" vorzufinden, sondern von Historikerinnen und Historikern erst „herzustellen", indem sie Zahlen nach ihrer Frage- oder Problemstellung sammeln, ordnen, auswerten und als Tabellen oder grafisch als Diagramme (vgl. M2) darstellen.

Indem Daten zusammengestellt und verknüpft werden, können sie Erkenntnisse liefern, die durch einzelne Textquellen oder Bilder nicht zu erhalten sind.

Den Umgang mit statistischen Daten, ihre Auswertung und Darstellung, aber auch ihre Probleme kannst du hier erarbeiten. Dabei geht es um wirtschaftliches Wachstum und den Wandel der Beschäftigtenstruktur in der Zeit der Industrialisierung.

Arbeitsschritte Statistiken auswerten und grafisch umsetzen

1. Schritt: Formale Analyse

Zuerst muss nach der Echtheit des Zahlenmaterials und seiner korrekten „Überlieferung" gefragt werden. Im Unterricht wird – abgesehen von eigenen Archivarbeiten – meistens bereits „bearbeitetes" (ausgewähltes und gedrucktes) Material vorgelegt. Deshalb kann sich die Analyse darauf beschränken, Vollständigkeit und erstes Verständnis der Daten in der Darstellung zu überprüfen.

2. Schritt: Inhaltliche Analyse

– Was ist Thema der Statistik?
– Wie ist sie aufgebaut?
– Was ist im Einzelnen dargestellt?
– Welche Aussagen lassen sich formulieren?
– Sind sie untereinander stimmig? (Durch Rundungen können sich Differenzen ergeben).
– Lässt sich eine „Hauptaussage" finden?
– Bleiben Fragen offen?

3. Schritt: Historischer Zusammenhang

Ausgehend vom Thema der Statistik erfolgt eine Einordnung in den geschichtlichen Zusammenhang.
– Gibt es einen Bezug zu anderen Informationen (Materialien)?
– Ergänzen oder widersprechen sie sich?
– Welche weiteren Informationen werden benötigt?

4. Schritt: Bewertung der Aussagekraft

– Ist der Ausschnitt der statistischen Daten zu gering?
– Wird der Sachverhalt zu stark vereinfacht, verzerrt oder vielleicht verfälscht?
– Ist die grafische Darstellung angemessen?

1 Erarbeite M1 mithilfe der Arbeitsschritte auf dieser Seite.
2 Beschreibe die Darstellungsformen M2.1 bis M2.3 und vergleiche sie unter der Frage, wie der Sachverhalt optisch am überzeugendsten dargestellt ist.
3 Wende die Arbeitsschritte auf M3 an.
4 Stelle aus M3 ausgewählte Daten anhand der Modelle in M2 grafisch dar.
5 Formuliere zu M1 und M3 jeweils zusammenfassende Aussagen zur Wirtschafts- bzw. Beschäftigtenstruktur.

M1 Wirtschaftsproduktion in Großbritannien 1700–1800 (1700 = 100):

Jahr	Exportindustrien	heimische Industrien	Landwirtschaft
1720	125	108	105
1760	222	114	115
1800	544	152	143

Zusammengestellt nach Hermann de Buhr/Michael Regenbrecht, Industrielle Revolution und Industriegesellschaft, Frankfurt a. M. (Hirschgraben) 1983, S. 17.

2.1. Säulendiagramm

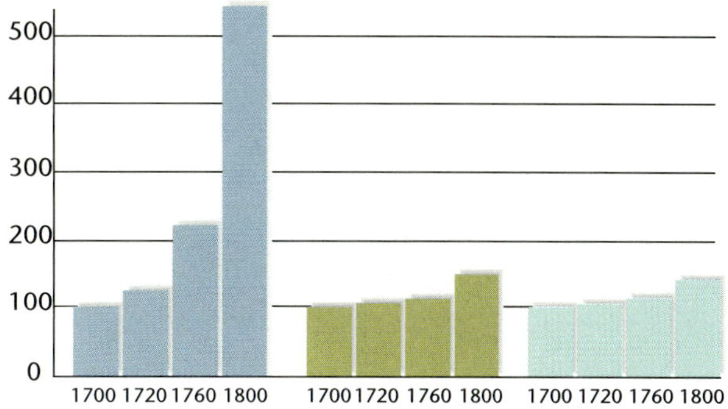

2.2. Kreisdiagramme

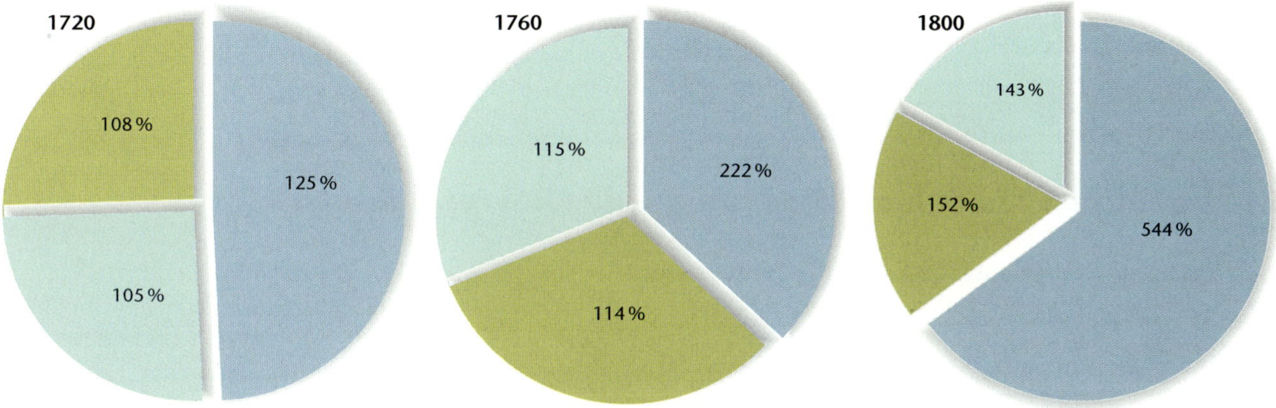

2.3. Kurven- oder Liniendiagramm

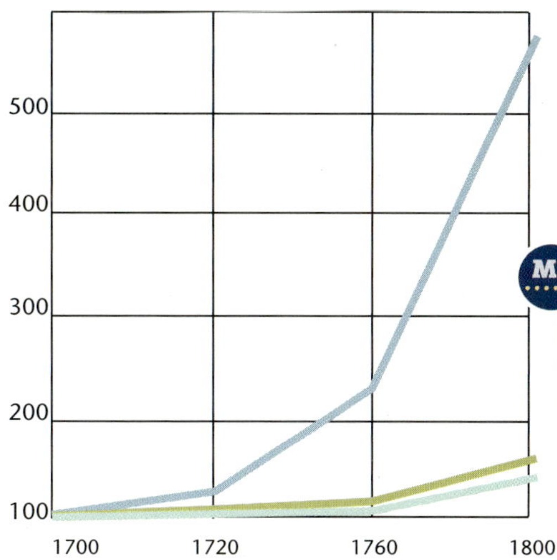

M2 Möglichkeiten grafischer Darstellung von Statistiken am Beispiel von M1

M3 Beschäftigtenanteile in Großbritannien 1801–1911 (in Prozent aller Beschäftigten):

Jahr	Landwirtschaft, Forstwirtschaft, Fischerei	Bergbau und Gewerbe	Handel und Transport	Häusliche Dienstleistungen	Öffentliche Dienstleistungen
1801	35,9	29,7	11,2	11,5	11,8
1861	18,7	43,6	16,6	14,3	6,9
1911	8,3	46,4	21,5	13,9	9,9

Zusammengestellt nach Toni Pierenkemper, Umstrittene Revolutionen, Frankfurt a. M. (Fischer) 1989, S. 13.

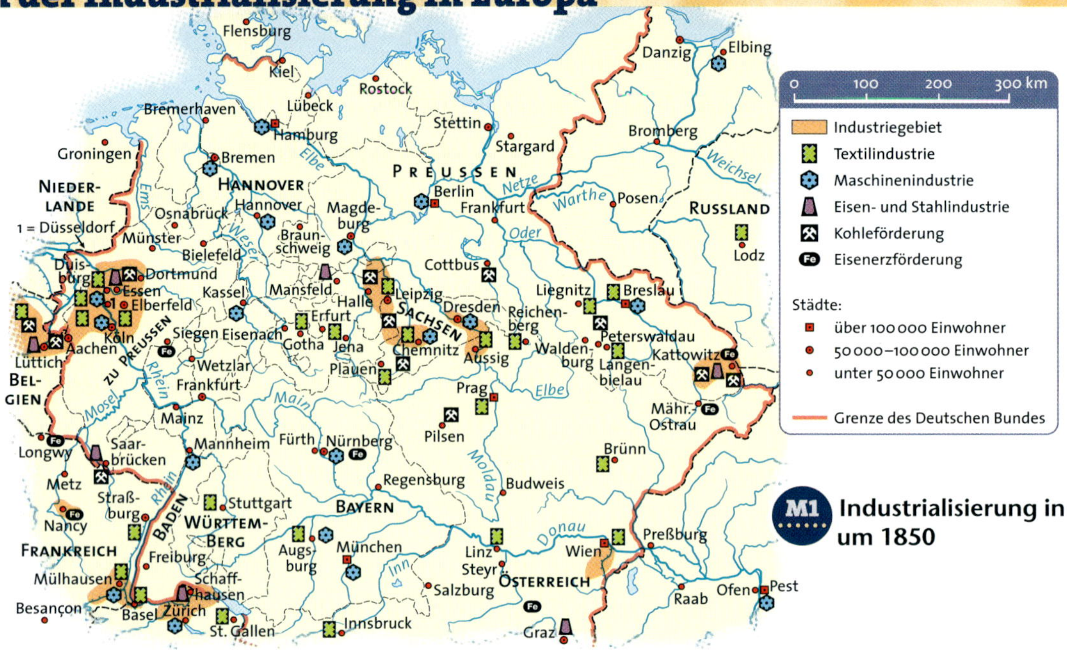

M1 Industrialisierung in Deutschland um 1850

Eine „abgeleitete" Industrialisierung? – das Beispiel Deutschland

Faktoren der Industrialisierung in Deutschland

Deutschland war um 1800 kein einheitlicher Staat wie England oder Frankreich, sondern ein Gebilde aus einer Vielzahl unterschiedlich großer Territorien mit vorwiegend landwirtschaftlicher Struktur. Mit den Agrarreformen in Preußen seit 1807 (siehe S. 121) und dann auch in anderen deutschen Ländern wandelte sich die Landwirtschaft in Richtung Marktwirtschaft und Kapitalorientierung. Eine „vorindustrielle" Struktur war bereits in Gewerberegionen, wie dem Wuppertal, dem Siegerland und um Mönchengladbach und Krefeld, zu finden. Textil- und Eisenwaren wurden in viele Gegenden Europas geliefert.
Aus dem Wiener Kongress von 1815 (siehe S. 180) war Preußen neben England, Frankreich, Österreich und Russland als eine der europäischen Großmächte hervorgegangen, allerdings nur politisch stark, wirtschaftlich jedoch noch schwach. 39 souveräne deutsche Teilstaaten bildeten unter der Führung Österreichs den politisch unbedeutenden „Deutschen Bund" (siehe S. 180). Es gab kein erkennbares politisches Zentrum wie London und Paris. Der „Wirtschaftsraum Deutschland" war zersplittert und aufgespalten in viele Teile, die jeweils durch Zollgrenzen abgeschirmt waren.
Die kostengünstigeren und massenhaften Produkte der englischen Textil- und Eisenindustrie bildeten auf den deutschen Märkten eine überlegene Konkurrenz.
Ansätze eines einheitlichen Binnenmarktes entstanden erst mit dem preußischen Zollgebiet 1818 und der Gründung des Deutschen Zollvereins 1834.
Das Bevölkerungswachstum verstärkte den Mangel an Arbeitsplätzen in Deutschland. Niedrige Löhne bremsten die Massenkaufkraft und damit die Stärkung der inländischen Absatzmärkte. Kapital wurde längere Zeit stärker im Handel als in der Produktion angelegt.
Während sich in Großbritannien der Staat weitgehend aus dem Prozess der Industrialisierung heraushielt, unterstützte er in Preußen und anderen deutschen Ländern die industrielle Entwicklung und versuchte sie voranzutreiben: Handelsgesetze, die Zulassung von Aktiengesellschaften, die Verbesserung der Infrastruktur (Kanal- und Straßenbau), Unternehmeraktivitäten des Staates im Bergbau, in der Hüttenindustrie, der Rüstungsindustrie und im Maschinenbau schufen günstige Voraussetzungen für die Industrialisierung. Das Gleiche gilt für die Vergabe von Krediten und Subventionen an Unternehmer. Ein genaues Jahr für den Beginn der Industrialisierung lässt sich nicht nennen. Für Preußen werden als „Durchbruch" in der Geschichtswissenschaft die späten 1840er-Jahre genannt.
Antriebskräfte der Industrialisierung wurden in Deutschland der Steinkohlenbergbau und die Eisen- und Stahlindustrie – und hier besonders ein neues Produkt, das einen neuen Markt schuf: die Eisenbahn.

M2 Kopie Englands oder deutsche Initiativen?

Der Wirtschaftshistoriker Toni Pierenkämper schreibt 1998 zur Frage des „Techniktransfers":

Hinsichtlich der Nutzung neuer Technologien in der Textilindustrie beschränkte man sich in Deutschland weitgehend auf die Übernahme und Nachahmung des englischen Vorbilds … In der Eisenindustrie war das ganz anders … In Deutschland wählte man … den Weg einer Teilmodernisierung der Eisenindustrie, indem man neue Techniken mit alten kombinierte, etwa moderne Wiedererhitzer an Holzkohlehochöfen anbaute … Der Steinkohlenbergbau … baute zum einen auf traditionellen bergmännischen Techniken auf und folgte zum anderen englischen Vorbildern. Zum Teil entwickelte er außerdem eigene Problemlösungen … [Die Dampfmaschine] wurde alsbald in Deutschland nachgebaut und weiterentwickelt. Ähnlich war es bei den Lokomotiven für den Eisenbahnverkehr: Auch diese stammten bereits zehn Jahre nach ihrer Einführung aus heimischer Produktion.

Toni Pierenkemper, Umstrittene Revolutionen, Frankfurt a. M. (Fischer) 1989, S. 118 ff.

M3 Massenproduktion ohne Eisenbahn?

Der Wirtschaftshistoriker Knut Borchardt schreibt 1977 über die Bedeutung der Eisenbahn für die Industrialisierung:

Wollte man dem 19. Jahrhundert einen kennzeichnenden Begriff geben und dabei den Ausdruck Industrialisierung vermeiden, so müsste man es als das „Jahrhundert der Kommunikationsrevolution" feiern. Mehr noch als die Sachgüterproduktion, deren Wachstum gewiss eindrucksvoll war, ist die Verkehrsleistung für Güter, Personen, Nachrichten, Zahlungsmittel, Kapital gestiegen. Die Märkte dehnten sich regional aus, und es traten Personen miteinander in Leistungsbeziehungen, die nie zuvor füreinander erreichbar gewesen sind. Dies ist nicht eine Nebenwirkung der großen Produktivitätssteigerung des 19. Jahrhunderts; man kann es umgekehrt als eine ihrer Voraussetzungen bezeichnen. In Wahrheit hängen sie wechselseitig voneinander ab. Ohne die Fortschritte der Sachgüterproduktion keine Eisenbahn, Dampfschiffe, Telefone etc. – aber ohne diese auch keine Massenproduktion mit Massenabsatz.

Knut Borchardt, Die Industrielle Revolution in Deutschland 1750–1914. In: Carlo M. Cipolla/Knut Borchardt (Hg.), Europäische Wirtschaftsgeschichte, Bd. 4: Die Entwicklung der industriellen Gesellschaften, Stuttgart/New York (Fischer) 1977, S. 187.

M4 Steinkohlenförderung 1860–1910

Die Steinkohlenförderung war in Deutschland und Großbritannien unterschiedlich gewichtet (in Millionen Tonnen):

Jahr	Ruhrgebiet	Deutschland	Großbritannien
1860	4,4	12,3	81,3
1870	11,8	23,3	112,2
1880	22,5	42,2	149,3
1890	35,5	64,4	184,5
1900	60,1	109,3	228,8
1910	89,1	151,1	268,7

Zusammengestellt nach Wolfgang Köllmann, Die Industrielle Revolution, 5. Aufl., Stuttgart (Klett) 1970, S. 17.

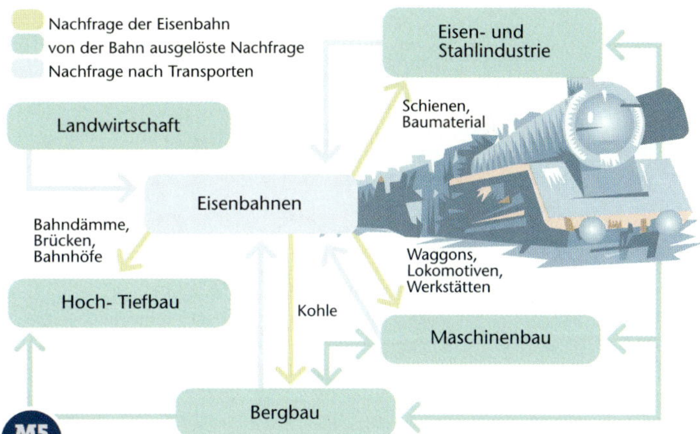

M5 Wirtschaftliche Wirkungen des Eisenbahnbaus 1860–1900

1. Beschreibe anhand von M1 den Stand der Industrialisierung in Deutschland um 1850. Vergleiche mit M10, Seite 133.
2. Untersuche, welche Informationen der Darstellungstext zu den vier Faktoren (siehe S. 130) bietet. Trage deine Ergebnisse in eine Tabelle ein.
3. Erarbeite, wie der Autor von M2 die Frage der „Übernahme und Nachahmung" der Technik beantwortet.
4. Erläutere „Kommunikationsrevolution" aus dem Textzusammenhang (M3) und vergleiche mit der heutigen Verwendung des Begriffs.
5. Formuliere eine Antwort zur Überschrift von M3. Ziehe M4 und M5 mit heran.
6. Überprüfe mithilfe der Materialien, ob die Aussage, die deutsche Industrialisierung sei von der englischen „abgeleitet", zutrifft. Trage dein begründetes Urteil der Klasse vor.

Modernisierung alter Gewerberegionen – das Beispiel Italien

M1 **Werkhalle bei Fiat in Turin,** Foto, 1906

Eine „städtische Hofgesellschaft"

Bis zu seiner nationalen Einigung 1861 bestand auch Italien ähnlich wie Deutschland (bis 1871) aus einer Vielzahl eigenständiger kleinerer Staaten. Damit existierte auch kein einheitliches Wirtschaftsgebiet. Insgesamt war Italien im 19. Jahrhundert noch weitgehend landwirtschaftlich geprägt. Daneben gab es jedoch schon seit der Antike eine ausgeprägte Verstädterung. Die Paläste der herrschenden adligen und nichtadligen Grundherren und ihrer Familien befanden sich in den Städten. Dorthin lieferten die Bauern – zumeist waren sie Pächter – ihre Abgaben. Diese Stadtgesellschaft war vielfältig geschichtet. Neben den grundbesitzenden Gruppen – dem Feudaladel – prägten vor allem Händler, Kaufleute, Rechtsanwälte, Lohnarbeiter, Dienstboten und Bettler die städtische Gesellschaft. In gewisser Weise war sie eine „städtische Hofgesellschaft" mit einem großen Bedarf der wohlhabenden Schichten an Luxusgütern. Eine bedeutende Nachfrage ging auch von der katholischen Kirche aus. Sie benötigte zur Ausstattung ihrer Dome, Kirchen, Kapellen und Klöster eine Vielzahl von Produkten. Diese starke Nachfrage förderte den Aufstieg städtischer Kaufleute, vor allem im Textilbereich.

„Industrie" vor der Industrialisierung?

Luxuswaren aus Seide waren vor der Industrialisierung sowohl für den Binnenmarkt als auch für den Export in nordeuropäische Länder ein wichtiger Wirtschaftsfaktor in Italien. Die Gewinnung der Seide aus der Seidenraupenzucht war auf Norditalien konzentriert. Diese kleinen Fabriken mit dem Einsatz einer zentralen Antriebskraft, dem Wasser, erfüllten mit ihrer Produktion schon gewisse Voraussetzungen industrieller Entwicklung. Das Weben blieb dagegen noch lange bäuerliche Heimarbeit. Die Endprodukte konnten wegen ihrer groben Qualität auf Dauer nicht mit englischen und französischen Waren konkurrieren. Erst in den 1860er-Jahren, als Fabriken „englischen Stils" eingerichtet wurden, begann eine Modernisierung der gesamten Textilindustrie. Die Industrialisierung Italiens blieb auch zu Beginn des 20. Jahrhunderts fast ausschließlich auf den Norden beschränkt. „Standortvorteile" im Norden und die „nördlich" ausgerichtete Wirtschaftspolitik der Regierungen werden hierfür vor allem als Gründe genannt. Insofern profitierten die „alten" Gewerberegionen wohl am meisten von einer Industrialisierung des Landes.

M2 Industriearbeiter auf dem Land

Bericht der Mailänder Handelskammer von 1864:

Die Herstellung auch nur der einfachen und gängigen Stoffe kann in den Städten aufgrund der höheren Preise für alles, was zum täglichen Leben gehört, nicht ökonomisch erfolgen. In ihnen, wie in Mailand, kann die Seidenweberei untergehen, aber viel üppiger kann sie auf dem dichtbevölkerten Land und vor allem, für die Lombardei, in der Umgebung von Como und oberhalb Mailands … wieder aufblühen, wo es eine dichte und intelligente, bereits an die Behandlung und Bearbeitung der Seide gewöhnte Bevölkerung gibt. Die in diesen Jahren von einigen Comasker Fabrikanten in den umliegenden Dörfern gemachten Versuche bestätigen dies voll; jene Einwohner, die sich mit einem mäßigen Verdienst … zufrieden zeigten, lieferten in kurzer Zeit eine so vollendete und auch bessere Arbeit als die erprobten Arbeiter der Stadt, da sie geduldiger und fügsamer sind.

Zit. nach Volker Hunecke, Arbeiterschaft und Industrielle Revolution in Mailand 1859–1892, Göttingen (Vandenhoeck & Ruprecht) 1978, S. 123 f.

M3 Industrialisierung in Italien

Die Wirtschaftshistoriker Carlo Ponti und Giorgio Mori schreiben 1998:

Die Mechanisierung begann zuerst in den Getreidemühlen, gefolgt von der Produktion von Lokomotiven in Neapel, von stationären Dampfmaschinen in Genua (obwohl zwischen 1839 und 1860 immerhin 386 von 426 in Dienst stehenden Lokomotiven importiert wurden) und später Textilmaschinen, Druckerpressen und landwirtschaftliche Maschinen in Turin, Mailand und Neapel … Auf der anderen Seite wurde in dieser frühen Phase beinahe die gesamte Förderung der zugegeben nicht sehr bedeutenden Erzvorkommen exportiert. Das Hüttenwesen war fast völlig veraltet und die chemische Industrie auf Werkstätten beschränkt, die Leuchtgas produzierten …

Im Ganzen gesehen waren Italiens industrielle Ressourcen hoch konzentriert in einigen wenigen Regionen (Piemont, Lombardei, Ligurien und Kampanien) und lagen vom Entwicklungsstand her irgendwo zwischen denen industrialisierter Länder wie Frankreich, Belgien, Preußen und Großbritannien und denen des übrigen Europa.

Carlo Ponti/Giorgio Mori, Italien in der longue durée: Ein alter Primus kehrt zurück. In: Die Industrielle Revolution in England, Deutschland, Italien, hg. von Roy Porter/Mikulás Teich, Berlin (Wagenbach) 1998, S. 116.

Wo stand Fiat 1917? – eine Recherche

Untersuche – ausgehend von M1 – am Beispiel der Autoindustrie den Stand der Industrialisierung in Italien, Deutschland und Frankreich am Anfang des 20. Jahrhunderts und vergleiche. Benutze Lexika, Fachbücher und das Internet.

1 Kläre mithilfe des Darstellungstextes den Zusammenhang zwischen „städtischer Hofgesellschaft" und Textilindustrie.
2 Untersuche anhand des Darstellungstextes, inwieweit von einer „Industrie" vor der Industrialisierung gesprochen werden kann. Belege deine Ergebnisse mit Beispielen aus dem Text.
3 Erarbeite, wie in M2 die Qualifikation von Arbeitern gesehen wird, und nimm zur Darstellung der Handelskammer Stellung.
4 Stelle fest, wie die Autoren von M3 den Stand der frühen Industrialisierung in Italien bewerten. Vergleiche mit deinen Ergebnissen aus Aufgabe 6, Seite 141.
5 Ordne anhand von M4 England, Deutschland und Italien in den Verlauf der Industrialisierung in Europa im 19. Jahrhundert ein.
6 Fasst in Partnerarbeit die Merkmale der Industrialisierung in England, Deutschland oder in Italien zusammen. Vergleicht sie. Legt dafür fest, welche Merkmale ihr aufzeigen wollt. Präsentiert die Ergebnisse (vgl. Methodenhinweis, S. 293) und besprecht sie.

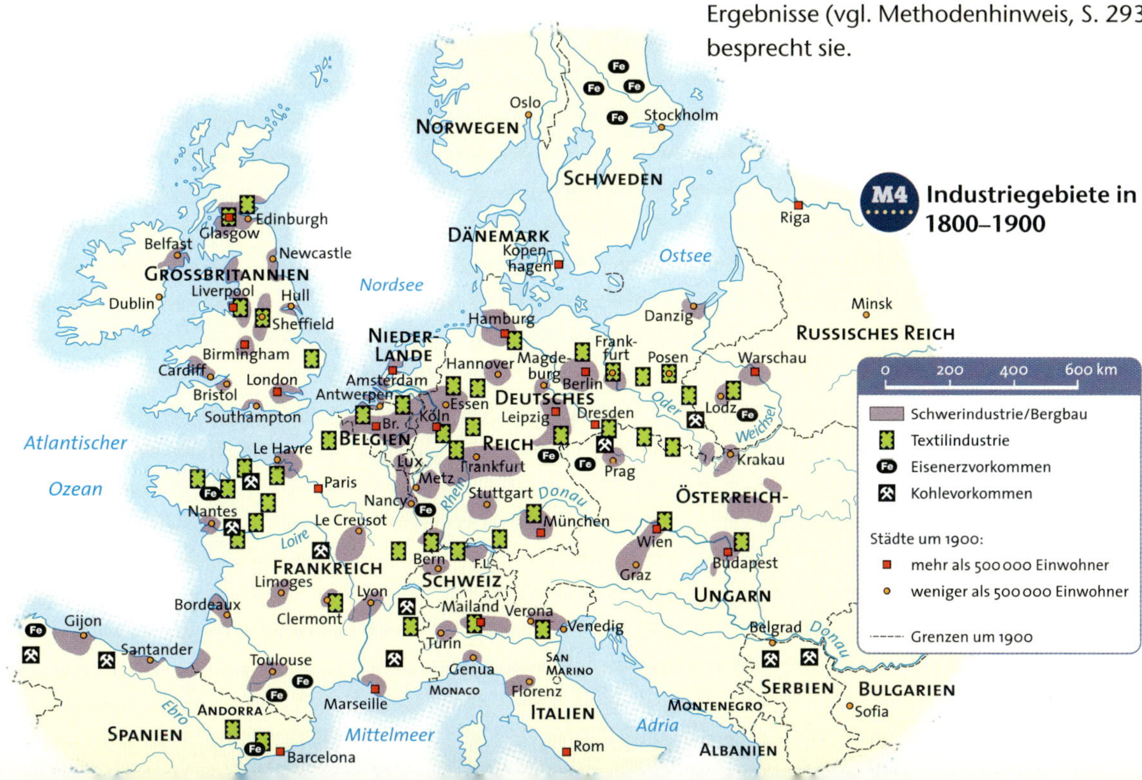

M4 Industriegebiete in Europa 1800–1900

Industrialisierung in Rheinland-Westfalen

Kohle und Stahl – das „alte" Ruhrgebiet

Voraussetzungen der Ruhrindustrie

Das Ruhrgebiet gehörte zu Beginn des 19. Jahrhunderts in Teilen zu Preußen, daneben existierten selbstständige Territorien, wie das Herzogtum Berg, die Stifte Essen und Werden, das Bistum Münster und die Freie Reichsstadt Dortmund. Durch die Beschlüsse des Wiener Kongresses 1815 (siehe S. 180) gelangte Preußen in den alleinigen Besitz dieses Raumes und gründete die Provinzen Rheinland und Westfalen.

Wirtschaftlich lassen sich drei gewerbliche Regionen unterscheiden:

1. die märkische Gewerbelandschaft im Siegerland mit Eisenbergwerken und Schmelzhütten sowie kleinen Eisenmanufakturen zur Weiterverarbeitung des Eisens,

2. das nördliche Bergland mit Leinengewerbe im Verlagssystem, Baumwollverarbeitung und städtischem Tuchgewerbe,

3. die agrarwirtschaftliche Region um Paderborn, Münster, Hagen mit Ackerbau, Viehzucht und Holzwirtschaft.

Die Gewerbe produzierten vorwiegend für die regionalen Märkte, Handels- und Wirtschaftsverbindungen zwischen den Gewerberegionen waren eher selten.

So wurde zum Beispiel die für die Eisengewinnung notwendige Holzkohle in den waldreichen Gebieten des Siegerlandes selbst produziert.

Um 1740 gab es etwa 100 kleine Betriebe, so genannte „Kohlenpötte", die im Stollenabbau an den Hängen des Ruhrtals betrieben wurden. Nach 1815 förderte der preußische Staat in seinen Provinzen Rheinland und Westfalen den Steinkohlenbergbau. Als es zu Beginn der 30er-Jahre gelang, durch den Einsatz von Dampfmaschinen im Schachtbau in größere Tiefen vorzudringen, nahm der Steinkohlenbergbau einen großen Aufschwung. Wer waren die Träger der Industrialisierung des Ruhrgebiets? Welche wirtschaftlichen und sozialen Folgen hatte diese Entwicklung? Wie erlebten die Menschen Arbeit und Alltag im Ruhrgebiet?

M1 **„Der Pott kocht"**, Werbekampagne für das „neue" Ruhrgebiet seit 1998

1 Tragt – ausgehend von M1 – eure Kenntnisse über das „alte" und das „neue" Ruhrgebiet zusammen. Wie beureilt ihr die Veränderungen? Tauscht euch darüber aus.

M2 Das Ruhrgebiet um 1840

2 Beschreibe den Wandel im Ruhrgebiet. Nimm die Karten M2 und M3 zu Hilfe. Halte deine Ergebnisse fest.

3 Begründe, inwiefern die drei Gewerbelandschaften (Darstellungstext) Voraussetzungen für die Industrialisierung boten.

4 Zeige am Beispiel des Steinkohlenabbaus, wie die Industrialisierung in Gang kam.

M3 Das Ruhrgebiet um 2000

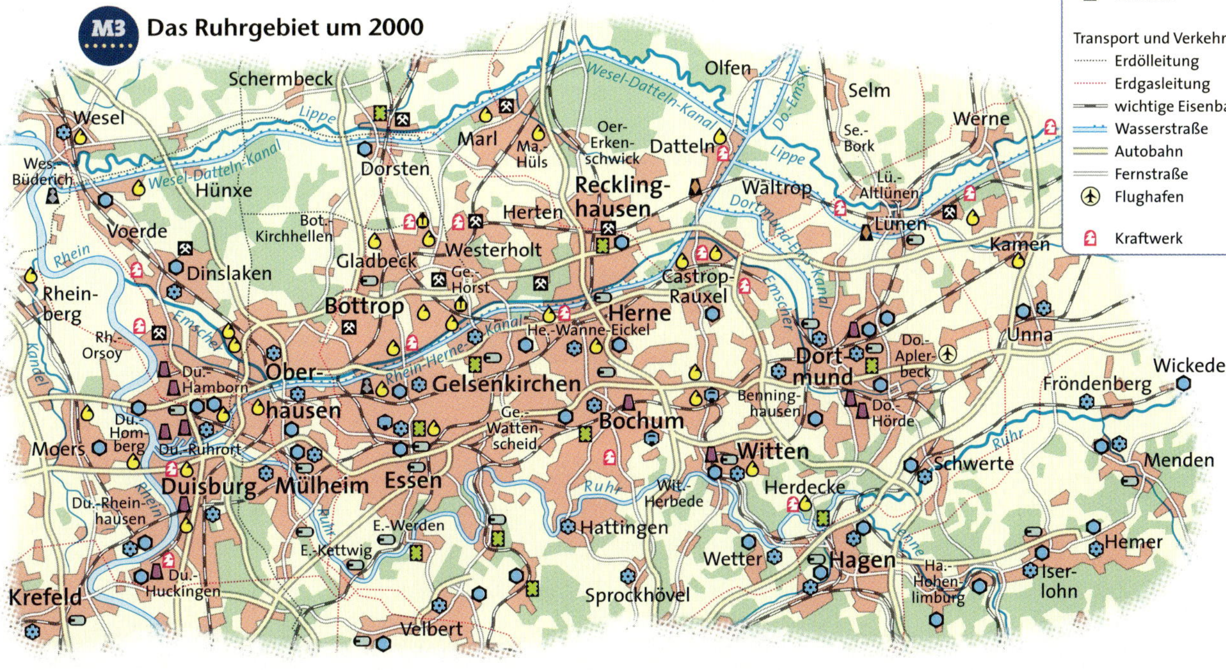

Die Firma Hoesch – ein Unternehmen im Wandel der Zeit

M1 „Man muss ins Ruhrgebiet gehen!"

Aus der Firmenfestschrift „Aufbruch ins Revier. Hoesch 1871–1961" aus dem Jahr 1962:

Als Berthold Schwarz das Schießpulver erfand, sind die Hoeschs noch Bauern und leben in der Gegend von Eupen. Mit Jeremias Hoesch, der Gelbkupfer machte, wenden sie sich in der zweiten Hälfte des 16. Jahrhunderts zum ersten Mal den Metallen zu. Im Dreißigjährigen Krieg sind sie in der Nordeifel in der Eisenherstellung führend … In der Gegend von Monschau betreibt dann Eberhard Hoesch einen Hochofen und einen Hammer … Seine Söhne Eberhard und Wilhelm erben das Unternehmen … Eberhard … erwirbt 1819 ein kleines Hüttenwerk bei Lendersdorf und stellt mit 22 Arbeitern im Jahr etwa 230 Tonnen Gussstahl und 175 Tonnen Stabeisen her … 1839 … werden in Lendersdorf Schienen für die Rheinische Eisenbahn gewalzt, es ist der erste auf dem Kontinent von einer deutschen Firma ausgeführte Schienenauftrag … Von Jahr zu Jahr ist der Bedarf an Kohle gewachsen. Bei Eschweiler … liegen die nächsten Steinkohlegruben, die zum Teil Hoesch gehören. Hoesch geht zum ersten Mal zur Kohle. Als Eberhard 1852 die Augen schließt, übernimmt sein zweiunddreißigjähriger Neffe Leopold … die Geschicke der Werke. Ihm legt zwei Jahrzehnte später das Schicksal auf, den folgenreichsten Schritt in der Geschichte des Geschlechtes Hoesch seit den Tagen des Mittelalters zu tun. Denn so ziemlich alles, worauf sich die Eisenindustrie in der Eifel gründete, bricht, in wenigen Jahren von Zeit und Technik überholt, zusammen. Holzkohle und Wasserkraft haben sich überlebt, sind Steinkohle und Dampfkraft gewichen, und die Erzvorkommen in der Eifel sind erschöpft. Durch die gestiegenen Transportkosten für Rohstoffe und Absatzprodukte ist man nicht mehr konkurrenzfähig mit Unternehmungen, die verkehrsmäßig günstiger liegen. Die Täler der Eifel, des Bergischen Landes und des Sauerlandes veröden. Auch die Hoeschs müssen sich fügen, müssen, ob sie wollen oder nicht, dorthin, wo das Herz der Zeit schlägt. Wer Eisen herstellen will, muss zur Kohle, muss sich ins Netz der Straßen stellen, die den Anschluss an die Wirtschaft der Welt garantieren. Man muss ins Ruhrgebiet gehen.

Zit. nach Jürgen-Wolfgang Goette u. a., Die Industrielle Revolution, Stuttgart (Klett) 1982, S. 134.

Kurzbiografien – Gruppenarbeit

Beschafft euch Informationen zu folgenden Unternehmern aus Rheinland-Westfalen: Friedrich Krupp (1787–1826), Mathias Stinnes (1790–1845), Franz Dinnendahl (1775–1826), Friedrich Wilhelm Harkort (1793–1880). Berücksichtigt bei der Zusammenstellung auch unternehmerische Aktivitäten und vergleicht sie untereinander und mit Hoesch.

M2 Die Familie Hoesch
1835, Gemälde

Die Lendersdorfer Hütte, M3
Gemälde von Carl Schütz, 1838.
In der Lendersdorfer Hütte wurde das in England entwickelte Puddelverfahren erstmals in Deutschland angewandt.

Nachgefragt: Wie steht es um Hoesch heute?

Die Familie Hoesch zog sich nach1928 aus der Unternehmensführung zurück, war jedoch bis 1953 im Aufsichtsrat* vertreten. In der Zeit des Nationalsozialismus produzierte Hoesch als großer Montankonzern* kriegswichtige Güter. Nach dem Ende des Zweiten Weltkriegs 1945 folgten ein schneller wirtschaftlicher Wiederaufstieg, 1966 die Fusion mit der Dortmund-Hörder-Hüttenunion und 1972 mit dem niederländischen Stahlkonzern Hoogovens. 1991 fusionierte Hoesch mit Krupp in Essen und ist heute Bestandteil des Thyssen-Krupp-Konzerns. Das Ende der Stahlproduktion im Dortmunder Raum steht vor allem wegen der hohen Transportkosten bevor.

Die Firma Hoesch 1871–1921

1871 Gründung des „Eisen- und Stahlwerks Hoesch" in Dortmund
1887 Einrichtung eines „Fabrik-Laboratoriums"
1896 Beteiligung am Erzbergwerk „Reichsland" in Lothringen
1896 Inbetriebnahme der ersten Hochöfen
1899 Inbetriebnahme des Dortmund-Ems-Kanals
1911 Erwerb der „Maschinenfabrik Deutschland", Dortmund
1916 Benzolfabrik Kaiserstuhl in Betrieb genommen
1921 Erwerb einer Waggonfabrik, Beteiligungen an der „Rheinisch-Westfälischen Kalkwerke AG" und der Seereederei „Frigga"

1 Stelle anhand von M1 die unternehmerischen Aktivitäten der Familie Hoesch zusammen und erkläre, warum „man" ins Ruhrgebiet gehen musste. Ziehe M3 mit heran.
2 Beschreibe mithilfe des Faktenkastens und des Darstellungstextes die Entwicklung des Unternehmens Hoesch bis in die Gegenwart. Stelle einen Bezug zur frühen Geschichte des Unternehmens her.
3 Schildere deinen Eindruck bei der Betrachtung von M2 und formuliere, welche Aussageabsicht mit dem Gemälde verbunden sein könnte.
4 Erarbeite M2, wie S. 290 es vorgibt.
5 Abbildungen wie M2 und M3 finden sich auch in Firmenfestschriften. Überlege anhand von M1, M2, M3, welche Absichten mit einer Firmenfestschrift verbunden sein könnten und bewerte ihre Bedeutung als „Quelle" für die Geschichtswissenschaft.

Arbeit und Alltag im Ruhrgebiet

Leben zwischen Förderturm und Kohlenhalde

Um die Mitte des 19. Jahrhunderts war das Ruhrgebiet noch geprägt von kleinen, zumeist bäuerlichen Dörfern mit wenigen hundert oder tausend Einwohnern. Die Ruhrindustrie, wie Zechen, Eisen- und Stahlwerke, breitete sich von Süden nach Norden aus. Mit dem wirtschaftlichen Wachstum stieg auch der Bedarf an Arbeitskräften, der sehr schnell nicht mehr aus der Umgebung gedeckt werden konnte. Seit den 1870er-Jahren wurde versucht, den Arbeitskräftebedarf zunehmend durch Zuwanderung, vor allem aus den östlichen Provinzen Deutschlands (siehe. S. 36), zu decken. Der Zuzug ließ die Einwohnerzahlen vieler Orte des

Schachtbau, M1 Foto, um 1900

nördlichen Ruhrgebiets explodieren. Die Wohnungsnot wurde zu einem Dauerproblem. Die traditionelle Siedlungsform im südlichen Ruhrgebiet, das kleine Bergmannshaus (Kate oder Kotten), wurde mehr und mehr abgelöst durch ein- oder mehrstöckige Häuser in der Nähe der Zechen (Zechenkolonien) und Männerheime (Schlafhäuser). Der größte Teil der Bevölkerung lebte um 1890 in Mietwohnungen oder als „Einlieger" (Untermieter, Schlafgänger).

M2 Arbeitsbedingungen im Bergbau um 1880

Der Bergarbeiter Peter Molter (geboren 1859), Sohn eines armen Landarbeiters, berichtete um 1880 über seine Arbeit im saarländischen Bergbau. Die Arbeitsbedingungen waren mit denen im Ruhrbergbau vergleichbar:

Auf Grube Duttweiler kam ich dann ans Schleppen[1] in eine Arbeit, wo 30 Grad Hitze war, da macht ich zwei Schichten und musste 5 feiern[2]. Nun kam ich sofort auf die schwarze Liste. Da tat mich der Steiger[3] ein halbes Jahr ans Bergeversetzen[4] ... zur Strafe ... Nachher hatten sie eine Arbeit, in der [sich] keiner halten wollte und so steckte man mich dann als 30. Schlepper hinein. Ich war aber froh, dass ich wenigstens wieder mehr verdienen konnte. In 7–8 Monaten war die Arbeit fertig ... Nachher dachte ich etwas Besseres zu bekommen, aber die Arbeit war noch schlechter, bei 35–38 Grad Hitze mussten wir 12 Stunden [täglich] arbeiten.

Zit. nach Wolfgang Emmerich (Hg.), Proletarische Lebensläufe, Bd. 1, Reinbek (Rowohlt) 1974, S. 203.

1 Kohletransport mithilfe zweirädriger Karren
2 wegen Krankheit aussetzen
3 Vorgesetzter
4 taubes (erzloses) Gestein transportieren

M3 Arbeitsbedingungen im Bergbau um 1990

Der Journalist Helmut Vieser berichtet in einer Reportage 1989 über Arbeit und Technik im heutigen Bergbau:

Dieter Gawlik, 49, bezeichnet sich schlicht als Bergmann. ... Wer Gawlik im Kohlenflöz „Girondelle 5" besucht, 885 m unter der Erdoberfläche, wird rasch von ihm belehrt. „Hacke und Staublunge gehören der Vergangenheit an." Der ... Streb auf Bauhöhe 531 der Schachtanlage Friedrich-Heinrich unweit von Moers ist vollgestopft mit High-Tech-Maschinen, die mit ihren Chips, Programmen und ihrer Mechanik zu den leistungsfähigsten der Welt gehören ... Wenn Gawlik beispielsweise den riesigen Walzenschrämlader einschalten will, der die Kohle bis zu 1 m tief aus dem Flöz herausschneidet, muss er erst das Ventil einer Spritzdüse öffnen. Mit dieser Sicherheitsschaltung wird Wasser in den Streb gedüst – das schlägt den Staub nieder und verhindert gefährliche Staubexplosionen sowie die nicht minder gefürchtete Staublunge der Bergleute.

Helmut Vieser, Die Zukunft des Kohlebergbaus. In: bild der wissenschaft, April 1989, Stuttgart (Deutsche Verlags-Anstalt), S. 47.

M4 Unfallgefahren im Steinkohlenbergbau

Ursachen tödlicher Unfälle im Ruhrbergbau 1896–1908 (in Prozent):

Stein- und Kohlenfall	38
Förderung	20
Absturz	19
Gas- und Kohlenstaub-Explosionen	10
Maschinenbetrieb	9
Sprengarbeit	4

M6 Steinkohlenabbau 1894 (oben), 1920 (rechts), 2000 (unten)

M5 Arbeiten in „Kameradschaften"

Der Historiker Jochim Varchmin schreibt 1991 über die Bergarbeit im 19. Jahrhundert auf der Zeche Hannover bei Bochum:

Die Arbeit vor Ort, die Gewinnung der Kohlen, wurde in kleinen Gruppen, in so genannten „Kameradschaften", geleistet. Die Zusammensetzung solch einer Kameradschaft war nicht fest vorgegeben, sondern wurde jeweils durch die Aufgaben bestimmt, die gemeinsam, selbstständig und eigenverantwortlich zu leisten waren … Je nach den örtlichen Verhältnissen waren ein oder zwei Schlepper für den Abtransport der gewonnenen Kohlen zuständig … In jeder Kameradschaft wurde ein Mitglied von seinen Kollegen zum „Ortsältesten bestimmt … Die Arbeit unter Tage war anstrengend und gefährlich. Die meisten Bergleute … waren zuvor Tagelöhner oder Landarbeiter gewesen. Gerade für die neuen Bergleute bäuerlicher Herkunft konnte darüber hinaus die Umstellung auf einen von der Tages- und Jahreszeit unabhängigen, gleichförmigen Arbeitsrhythmus Probleme bereiten.

Jochim Varchmin, Die Zeche Hannover 1847–1914, Hagen (v. d. Linnepe) 1991, S. 55.

1 Erarbeite die in M1 bis M6 vorgestellten Arbeitsbedingungen im historischen und gegenwärtigen Bergbau und vergleiche. Stelle vorher zusammen, nach welchen Merkmalen du die Materialien analysieren willst (z. B. Arbeitsgeräte/Technik, Arbeitstätigkeiten, räumliche Verhältnisse, Gefahren, Zusammenarbeit). Lege eine Tabelle an.

2 Beurteile, welche Faktoren die Arbeitsbedingungen beeinflussten.

Industrialisierung in Rheinland-Westfalen

M7 **Zechenkolonie in Gelsenkirchen mit Stallungen und Freiflächen für Nutzgärten,** Foto, um 1959

Kinder, Küche, Kohle – Alltag in der Kolonie

Frauen von Bergarbeitern berichten von ihren Erinnerungen. Sie reichen bis in die zwanziger und dreißiger Jahre des 20. Jahrhunderts zurück, als das Ruhrgebiet bereits eine hoch entwickelte Industrieregion war. Aufgeschrieben wurden sie zwischen 1986 und 1989. Wie sahen sie ihre Arbeit? Welche Gedanken und Gefühle bewegten sie? Wie beurteilten sie ihre Rolle als „Bergarbeiterfrau"? Anregungen für ein Untersuchungsraster zur Erarbeitung des Materials auf dieser Doppelseite findest du in den Aufgaben auf S. 151.

M8 **Bergarbeiterfrauen warten auf ihre Männer,** Foto, 1931

M9 Aus dem Leben einer Bergmannsfrau

Eine Bergmannsfrau (geboren 1903) erzählt:

1923, ich war noch keine 20 Jahre, da habe ich geheiratet. Denn ich war in keiner Krankenversicherung, und wenn ich krank wurde, musste das bezahlt werden … Und wir hatten kein Geld. Meinen Mann habe ich mit 17 kennen gelernt … Nach 2 1/2 Jahren haben wir dann geheiratet. Ich hatte einen Schwager … Der hat uns die Möbel gemacht. Meine Schwester war schon verheiratet. Die hatte ein Zimmer – und ein Kind. Dann habe ich geheiratet – ich hatte das andere Zimmer. Da standen dann nur die Küchenmöbel drin und ein Bett. Das war bei meinen Eltern im Haus auf der Kohlenstraße. Meine Eltern waren dann unten, und wir haben dann auch im Sommer gekocht auf einem Herd … Im Winter brauchten wir den Herd oben zum Heizen. Und alles musste durch die Küche. Es war schon sehr beengt. Meine Mutter bestand darauf, dass Hochzeit gefeiert wird. Ich habe gesagt, gib uns doch lieber das Geld, dass wir uns was anschaffen können. – „Nein, es wird Hochzeit gefeiert, du bist die Jüngste!" … Die Eltern waren oft froh, wenn die Töchter geheiratet haben, damit sie versorgt waren, auch was die Versicherungen, wie eben z. B. die Krankenversicherung anging. Bei uns war das bestimmt so. Wir mussten ja auch das Geld, das wir verdienten, zu Hause abgeben. Und wir haben uns gesagt, für das Geld können wir auch leben. Wir haben uns dann alles stückweise gekauft, in der Emaillefabrik ein paar Töpfe gegen Kohlen, oder ich habe genäht für eine Milchkanne.

Anke Schiller-Mertens, Frauen vor Ort, Essen (Klartext) 1990, S. 42 f.

M10 Schichtarbeit – ein Leben im Rhythmus der Zeche

Die Bergarbeiterfrau W. berichtet:

Mein Mann hatte praktisch immer drei Schichten, mal morgens, mittags oder nachts. Das war furchtbar. Bei Morgenschicht bin ich um halb fünf aufgestanden, habe den Ofen angemacht … und Frühstück gemacht. Mein Mann ist um Viertel nach fünf zum Pütt gegangen. Als die Kinder noch kleiner waren, konnte ich mich bis sieben Uhr noch einmal hinlegen. Dann musste der erste in die Schule, dann musste ich wieder auf sein. Dann kam der zweite, dann musste der versorgt werden. Anschließend mussten Haus und Garten gemacht werden: … Schweine füttern, Hühner füttern. Dann musstest du ein bisschen in den Garten, da wurde Gemüse zum Mittag geholt. Das musste geputzt werden, dann musste die Wohnung in Ordnung gebracht werden … Um zwölf oder ein Uhr, wenn der erste aus der Schule kam, dann haben die Kinder gegessen. Ich habe gewartet, bis mein Mann um halb drei von der Morgenschicht kam und habe mit ihm gegessen. Dann gespült. Ich habe ja immer zweimal gekocht … Ja, und bei Nachtschicht, da war es ganz schlimm. Da konnte man kein Schlafzimmer machen und gar nichts.

Jutta de Jong (Hg.), Kinder, Küche, Kohle – und viel mehr!, Essen (Klartext) 1991, S. 34.

M11 „Die Angst kriegte man nicht los …“

Eine Bergmannsfrau (geboren 1903) berichtet:

Die Angst kriegte man nicht los. Die Angst war immer da. Ich bin ja selber Bergmannskind, und meine Brüder waren auch auf Zeche. Und wir hätten unseren Vater oder die Brüder nie auf Schicht gehen lassen, ohne ihnen „gesunde Schicht“ zu wünschen und eine „gute Heimkehr!“ … Man schaute oft aus dem Fenster nach ihnen, wenn man wusste, die Schicht war zu Ende. Mein Bruder ist verunglückt … Das große Zechenunglück war hier 1920. Da hatte ich gerade meinen späteren Mann kennen gelernt … Meine Mutter ahnte noch nichts. Der brachte mich abends nach Hause, aber nicht bis an die Haustür, bis da durfte er nicht mitgehen … Eines Abends wollte er mich wieder abholen, und er kommt nicht – da kommt mir ein Bekannter entgegen und sagt: „Der Korb ist abgegangen!“ Und ich wusste, dass mein späterer Mann mit dem Korb ausgefahren sein musste … Da war ich wie gelähmt im Moment. Da habe ich gewusst, ich gehöre doch zu ihm. Da kam er dann aber viel später erst raus. Der hatte den Korb verpasst, sonst wäre er mit dran gewesen.

Anke Schiller-Mertens, Frauen vor Ort, Essen (Klartext) 1990, S. 44 f.

M12 Bergarbeiterfamilie vor ihrem Koloniehaus in Dortmund-Sölde, Foto, um 1909

Internetrecherche – Das Ruhrgebiet

Das Ruhrgebiet hat auch eine Geschichte vor und nach der Zeit des „Ruhrpotts“ um 1900. Sucht nach Informationen, bereitet sie auf und stellt eine kleine Präsentation zusammen (z. B. eine Wandzeitung). Adressen: www.hco.hagen.de; www.ruhr-bergbau.de; www.kvr.de

3 Erarbeite anhand der Materialien auf dieser Doppelseite den Alltag in einer Zechenkolonie. Entwirf vorher – ähnlich wie zu Aufgabe 1, S. 149 – Merkmale zur Analyse (z. B. alltägliche Arbeit der Frauen, Wohnbedingungen, Einstellungen zur Arbeit im Bergbau, zur Aufklärung/Sexualität, zu den Beziehungen untereinander).

4 Eine Historikerin bezeichnet die Aufgabe der Bergarbeiterfrauen als „die andere Arbeit für den Bergbau“. Nimm dazu Stellung.

Fotos analysieren

Fotografie als historische Quelle

Ein Foto kann zeigen, was zum Zeitpunkt der Aufnahme vorhanden war. Aber wie etwas aufgenommen wurde, wann und unter welchen Umständen es entstand, was nicht auf dem Bild zu sehen ist und vor allem, ob es möglicherweise verändert (retuschiert, manipuliert) wurde, das kann besonders wichtig sein, wenn eine Fotografie als historische Quelle verwendet werden soll. Denn dabei geht es um eine möglichst wirklichkeitsgetreue Wiedergabe historischer Ereignisse, Zustände und Verhältnisse.

Wie Fabriken, Häuser, Wohnungen, Einrichtungsgegenstände, Kleidung in einer bestimmten Zeit aussahen, lässt sich an einzelnen Bildern meistens ganz gut erkennen. Allerdings reicht ein Foto nicht aus, um allgemeinere Aussagen zum Beispiel zu Wohnverhältnissen in der Zeit der Industrialisierung zu machen. Dafür wären ganze Serien von Fotos notwendig, dazu auch schriftliche Quellen, um gesicherte Aussagen formulieren zu können. Fotos können also nie ganz „objektiv" die Wirklichkeit wiedergeben. Den methodischen Umgang mit Fotos kannst du an Fotografien aus der Zeit der Industrialisierung am Beispiel „Wohnen" erarbeiten. Die Abbildungen sind dem Bereich der „Sozialfotografie" zuzuordnen.

Die folgenden Schritte und Fragen geben Anregungen für die Bildanalyse. Nicht alle lassen sich für jedes Foto und ohne weitere Informationen beantworten.

M1 **Arbeiterfamilie**, Foto, 1907. Der Mann und das älteste Mädchen (14 Jahre) fehlen auf dieser Aufnahme. Mutter und Großmutter sind anwesend. Die Aufnahme entstand im Rahmen einer Wohnungsuntersuchung, die die Berliner Ortskrankenkasse von 1901 bis 1920 bei ihren Patienten durchgeführt hat. Ziel war es, durch wissenschaftlichen Nachweis und Veröffentlichung des längst erkannten Zusammenhangs zwischen Wohnen und Krankheit zu einer Veränderung der Verhältnisse beizutragen.

Arbeitsschritte Fotos analysieren

1. Schritt: Fragen zum Fotografen klären
– Wer hat das Foto angefertigt?
– Lässt sich ein bestimmer Anlass, ein Motiv für die Aufnahme feststellen?
– In wessen Auftrag wurde fotografiert?

2. Schritt: Fragen zum Foto
– Wann ist es entstanden?
– Was ist auf dem Bild dargestellt? Welche Details (Lupe!) könnten wichtig sein?
– Lässt sich ein bestimmtes „Thema" erkennen? Gibt die Bildunterschrift Hilfen?
– Welche Bildtechnik ist zu erkennen (Figuren, Gegenstände, Perspektive, Brennweite, Komposition, Entfernung, Ausschnitt)?
– Wurde das Bild bearbeitet (Montage, Beschnitt, Retusche)?
– Welche weiteren Informationen sind zur weiteren Analyse notwendig?

3. Schritt: Aussage und Deutung
– Wie ist der erste Eindruck?
– Welche Gesamtaussage (Deutung) lässt sich formulieren?
– Welche Fragen bleiben offen?

M2 **Wohnhof in der Nähe des Hamburger Hafens,** Foto, 1901

M3 **Umzug im Scheunenviertel, Berlin,** Foto von Heinrich Zille, um 1901. Heinrich Zille (1858–1929), Maler und Fotograf, fertigte Fotos meistens als Erinnerungsstützen für seine Skizzen an.

M4 **Wohnverhältnisse**

Aus einem Bericht über das Wohnungselend rheinisch-westfälischer Industriearbeiter von 1908:

Wir betreten eine der berüchtigten Mietskasernen, welche im hiesigen Industriegebiet in so großer Anzahl vorhanden sind und noch täglich allerorts wie Pilze aus der Erde hervorschießen, eine natürliche Folge tatsächlichen Wohnungsmangels und das Produkt wahnsinniger Bodenspekulation … Fast 40–50 Prozent aller Arbeiterwohnungen bestehen aus 2 Zimmern, werden bewohnt von Familien, die 6–10 Köpfe stark sind, und … noch 2–3 Kostgänger beherbergen. In gesundheitlicher Beziehung jeder Beschreibung spottend, wie den elenden, krankhaft aussehenden Insassen unschwer anzusehen ist. Und erst die innere Wohnungseinrichtung … In einem Schlafraum mit zwei Bettgestellen ausgestattet, der nie gelüftet, noch seltener gereinigt wird und dessen Bettzeug daher einem Haufen stinkender Lumpen ähnlich ist, kampieren oft bis 10 Personen, vier Kinder in einem Bette, zwei am Kopf und zwei am Fußende, ohne Rücksicht auf Alter und Geschlecht. Wie viele Schlafräume gibt es außerdem, wo es sogar an diesem notwendigsten Hausrat völlig mangelt. Man schläft dann auf Dielen, auf ausgebreiteten Strohsäcken, die größtenteils durch allzu reichliche Benutzung und seltene Erneuerung, durch Ungeziefer weit eher einem Misthaufen ähneln, denn einer Lagerstätte für Menschen.

N. Joniak, Das Arbeiterwohnungselend im rheinisch-westfälischen Industriebezirk. Zit. nach H. de Buhr/M. Regenbrecht, Industrielle Revolution und Industriegesellschaft, Frankfurt/M. (Hirschgraben) 1987, S. 46.

Geschichte der Fotografie erarbeiten

Sammelt Informationen (Lexika, Fachbücher, Internet) zur Geschichte der Fotografie und berichtet in der Klasse darüber.

1 Bearbeite mithilfe der Arbeitsschritte die Fotos auf dieser Doppelseite und fasse deine Ergebnisse unter dem Gesichtspunkt „Wohnen um 1900" zusammen. Halte offene Fragen fest.

2 Beziehe auch das Foto auf S. 151 in deine Überlegungen ein.

3 Setze die Informationen aus M4 in einen Bezug zu den Fotos und erörtere die „Objektivität" der Textquelle.

Vom Pott zum Park – Suche nach neuer Identität

Die Menschen im Ruhrgebiet erleben Krise und Wandel

Kohle und Stahl – das waren die Kennzeichen der „alten" Ruhrindustrie. Zutreffend war diese Bewertung aber nur bis zum Ende der 60er-Jahre des 20. Jahrhunderts. In jener Zeit geriet die Wirtschaft der Region in eine tiefe Krise: Der Konkurrenz der importierten Billigkohle und dem preisgünstigeren Rohöl konnte der heimische Kohlenbergbau nichts entgegensetzen. In die Krise gerieten aber nicht nur die Wirtschaft der Region, sondern vor allem auch die Menschen, die bisher von Kohle und Stahl gelebt hatten. Sie wurden arbeitslos, fanden kaum neue Jobs und mussten, um Arbeit zu finden, aus dem Ruhrgebiet abwandern. Innerhalb von 25 Jahren – zwischen 1961 und 1986 – halbierte sich die Zahl der Beschäftigten im Ruhrbergbau und in der Eisen- und Stahlindustrie. Seitdem ist vom „neuen" Ruhrgebiet die Rede. Aber wie sollte das aussehen? Das lange Zeit gültige Bild vom „Ruhrpott", der vielen Menschen Brot und Arbeit gegeben hatte, geriet ins Wanken. Durch Hilfen des Staates, die Ansiedlung anderer Industrien und mit der Förderung von Bildung und Wissenschaft (Gründung von Universitäten) wurde die wirtschaftliche Struktur des Landes verändert. Mit Werbeslogans, wie „Das Ruhrgebiet – ein starkes Stück Deutschland" und „Der Pott kocht", wurde für den Wandel geworben. Wie empfanden Menschen die Krise? Lässt sich etwas vom Lebensgefühl jener Jahre „rekonstruieren"? Über das Fach Geschichte hinaus kannst du anhand von Materialien aus den Fächern Deutsch und Musik die „Krise des Selbstbewusstseins" und die „Suche nach neuer Identität* erarbeiten.

Spurensuche: Identität und Bewusstsein

Sucht an eurem Wohnort nach Literatur über die Menschen und ihre Geschichte. Fragt zunächst in Museen, Archiven und der Stadtbibliothek nach. Oft ist die „Heimatliteratur" (Lieder, Gedichte, Erzählungen, Romane) eine ergiebige Grundlage.

Lesetipps

Hubert Kurowski, „Im Westen gehts mir gut". Lesebilderbuch zum Alltag im Ruhrgebiet um die Jahrhundertwende, Essen (Klartext) 1994.

Max von der Grün, Irrlicht und Feuer, Reinbek (Rowohlt) 1999.

Franz-Josef Degenhardt, Zündschnüre, Berlin (Aufbau) 1996.

M1 „Ein Dialekt macht Karriere ..."

Der aus dem Ruhrgebiet stammende Schriftsteller Jürgen Lodemann schreibt 1989 über das „Ruhrdeutsch":

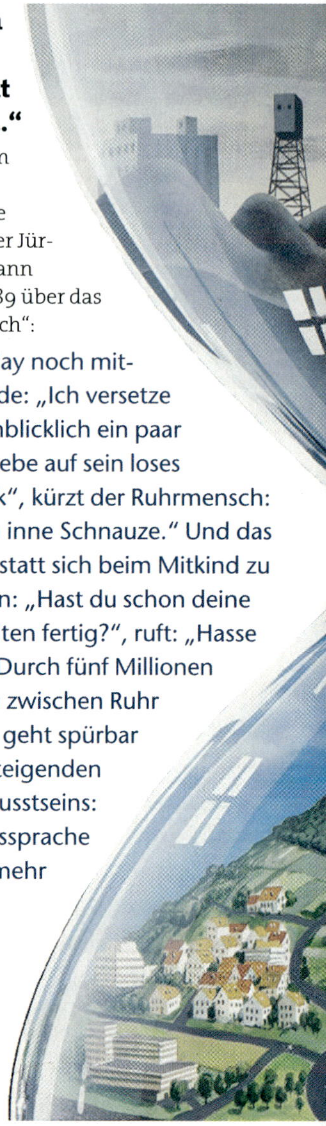

Wo Karl May noch mitteilen würde: „Ich versetze ihm augenblicklich ein paar kräftige Hiebe auf sein loses Mundwerk", kürzt der Ruhrmensch: „Ich'm ein inne Schnauze." Und das Ruhrkind, statt sich beim Mitkind zu erkundigen: „Hast du schon deine Schularbeiten fertig?", ruft: „Hasse Schulla?" Durch fünf Millionen Menschen zwischen Ruhr und Lippe geht spürbar ein Ruck steigenden Selbstbewusstseins: Ihre Alltagssprache gilt nicht mehr bloß als Proletendeutsch[1], als Slang oder Gaudi, sie ist nicht mehr nur exotischer Jux für Süd- und Andersdeutsche, sondern eine Sprache wie andere auch, ernst zu nehmen wie alles, was lebt … Längst hat die Pottsprache auch ihren Platz in der Literatur erobert.

Jürgen Lodemann, Sagen, was Sache ist. In: GEO Special, Ruhrgebiet, Nr. 3/1989, S. 42f.

1 Abwertend nach dem Begriff „Proletarier" (siehe S. 162) für einfache, grammatisch nicht korrekte Sprache

M2 Verwandlung des Ruhrgebiets,
Titelbild der Zeitschrift Wirtschaftswoche vom 18. August 1989

M3 „Arbeiterliteratur“ aus dem Ruhrgebiet

Der Autor des Romans „Irrlicht und Feuer“ (1963), Max von der Grün, geboren 1926, arbeitete von 1951–1963 als Bergarbeiter unter Tage; seitdem lebt er als freier Schriftsteller. In seinen gesellschaftskritischen Romanen beschreibt er den Alltag, die privaten und beruflichen Sorgen und Konflikte der Menschen in der Industriegesellschaft. Die Romanfigur, der Ruhrkumpel Jürgen Fohrmann, hat nach fünfzehnjähriger Arbeit unter Tage zweimal unentschuldigt gefehlt:

Wer zum Betriebsführer gerufen wird oder bei ihm in irgendeiner Sache vorsprechen will, hat erst dann Zutritt, wenn der Kerl die gelbe Karte studiert hat. Ein Angestellter wird eigens dafür bezahlt, die Kartei in Ordnung zu halten und sie zu ergänzen. Also, sagte der Bebrillte, er stand auf und stemmte beide Fäuste auf die Schreibtischplatte. Sie können heute wieder 24 Uhr anfahren, aber nochmaliges Fehlen, ich mache Sie darauf aufmerksam, zieht unweigerlich fristlose Entlassung nach sich. Wir können uns bei der angespannten Absatzlage Bummelanten nicht leisten, sie kosten den Betrieb Geld. Sie werden als vernünftiger Mensch geschildert, nun zeigen Sie auch hier Vernunft. Glück auf also. Den Kerl könnte ich lächelnd umbringen, dachte ich. Aber ich sagte: Danke für das Entgegenkommen. Glück auf. Dann ging ich. Es ist immer dasselbe: große Fresse, wenn uns keiner hört, und wenn es darauf ankommt, kneifen wir die unteren Backen zusammen. Wir Arbeiter sind feige geworden.

Max von der Grün, Irrlicht und Feuer, Reinbek (Rowohlt) 1967, S. 16. © Recklinghausen (Georg Bitter Verlag) 1963.

1 Beschreibe mithilfe des Darstellungstextes den Wandel des Ruhrgebiets. Stelle einen Bezug zu M2 her.

2 Erarbeite anhand vom M1, M3 und M4, wie Lebensgefühl und Selbstbewusstsein der Menschen in den vergangenen Jahrzehnten dargestellt werden.

M4 „Tief im Westen ...“

Herbert Grönemeyer (geb. 1956), verbrachte seine Kindheit und Schulzeit in Bochum, später arbeitete er als Schauspieler, Liedermacher und Sänger. Das Lied „Bochum“ schrieb er 1984:

Vorspann:
„Glück auf, Glück auf!“
Tief im Westen, wo die Sonne verstaubt,
ist es besser, viel besser, als man glaubt.
Tief im Westen.

Du bist keine Schönheit, vor Arbeit ganz grau,
Du liebst dich ohne Schminke, bist 'ne ehrliche Haut,
leider total verbaut, aber gerade das macht dich aus.
Du hast'n Pulsschlag aus Stahl.
Man hört ihn laut in der Nacht.
Du bist einfach zu bescheiden.
Dein Grubengold hat uns wieder hochgeholt,
du Blume im Revier.

Bochum, ich komm aus dir,
Bochum, ich häng' an dir. Glück auf!
Bochum.

Du bist keine Weltstadt.
Auf deiner Königsallee finden keine Modenschauen statt.
Hier, wo das Herz noch zählt, nicht das große Geld.
Wer wohnt schon in Düsseldorf?

Bochum ...

Du bist das Himmelbett für Tauben
und ständig auf Koks.
Hast im Schrebergarten deine Laube,
machst mit ´nem Doppelpass
jeden Gegner nass, du und dein VfL.

Zit. nach Merian Ruhrgebiet, Oktober 1993, Hamburg (Hoffmann und Campe).

Industrialisierung in Rheinland-Westfalen

M1 **Die Weser bei Minden, um 1830**, aquarellierte Zeichnung von Wilhelm Krüger, 1831. Rechts: die „Schlagde" (Umschlagplatz für Güter) mit der zum Hafen erweiterten Bastaumündung.

Die „etwas andere" Industrialisierung: das Minden-Lübbecker Land

Industrialisierung ohne Schornsteine?

Im Februar des Jahres 1847 reiste der Landrat von Lübbecke – ein Nachbarkreis von Minden –, Adolph von der Horst, nach Berlin. Er wollte den König von Preußen um Hilfe bei der Industrieansiedlung bitten. Das Minden-Lübbecker Land galt um die Mitte des 19. Jahrhunderts gegenüber anderen Regionen in Westfalen als „Armenhaus". Die Industrialisierung hatte in dieser Gegend noch nicht begonnen. Im Gegenteil: Mit dem ländlichen Leinengewerbe ging es wegen der Fabrikkonkurrenz bergab. Die Zigarrenherstellung ersetzte zumindest teilweise das Textilgewerbe. Eine „Leitindustrie" wurden die Zigarrenfabriken aber nicht, denn sie konnten keine weiteren industriellen Aktivitäten nach sich ziehen, wie zum Beispiel der Kohlenbergbau im Ruhrgebiet. Das bestehende vorindustrielle Gewerbe verarbeitete landwirtschaftliche Produkte oder verwertete die wenigen vorhandenen Bodenschätze in Steinbruchbetrieben und Ziegeleien.
Die Vorschläge des Landrats, das Leinengewerbe finanziell zu fördern und die vorhandenen, allerdings geringen Steinkohlenlager zu erschließen und Eisen- und Kupferhütten zu bauen, wurden in Berlin abgelehnt. Geld vom Staat sollte es dafür nicht geben. Wie aber sollte man den Anschluss an die „neue Zeit" gewinnen? In welchen Bereichen konnte das „Industriezeitalter" für Minden und Umgebung beginnen? Gab es günstige Standortfaktoren?

M2 Benachteiligter Standort Minden?

Aus einem Bericht der Handelskammer Minden, 1869:

Wenngleich nun die meisten Industriellenbezirke unseres großen Vaterlandes an den Segnungen der neuen Friedens-Ära[1] teilnehmen können, so ließen es für den bedeutendsten Industriezweig unseres Bezirks von außen einwirkende Verhältnisse nicht zu ; – wir meinen die Unruhen auf Kuba, die Missernten in Brasilien, die Verteuerung des Rohmaterials für die hier herrschende umfangreiche Zigarrenfabrikation und hohen Importzölle für Zigarren in Amerika. Eine Einführung, respektive Ausbeute anderer namhafter Fabrikationszweige ist uns nicht gegeben; der südöstliche Teil unseres Bezirks lahmt unter dem Druck der hohen Tarifsätze der Köln-Mindener Bahn – die Stadt Minden krankt an den Hemmnissen der Festungsmauer – und die Verhältnisse des west-nordwestlichen Teils unseres Bezirks laufen Gefahr, im gänzlichen Mangel an Eisenbahnverbindungen dem Rückschritte anheim zu fallen.

Jahresberichte der Handelskammer Minden, 1869. Zit. nach Werner Abelshauser (Hg.), Die etwas andere Industrialisierung, Essen (Klartext) 1999, S.18.

1 Anspielung auf die Kriege Preußens gegen Dänemark (1864) und Österreich (1866) sowie die Gründung des Norddeutschen Bundes 1866/67 durch Preußen, das die deutschen Staaten nördlich des Mains – außer Sachsen und Hessen-Darmstadt – eroberte.

M3 Blick vom Bahnhof Minden zur Porta Westfalica, um 1850, Lithographie von Wilhelm Riefstahl. Im Vordergrund: Drehscheibe für Personen- und Güterwaggons.

M4 Eisenbahnbau und Landwirtschaft

Der Historiker Stefan Brakensiek schreibt 1999:

Mit dem Bau der Köln-Mindener Eisenbahn in den späten 1840er-Jahren erhielt die Landwirtschaft der Kreise Minden und Lübbecke unmittelbaren Anschluss an die sprunghaft wachsenden Märkte im Rheinland und im Ruhrgebiet. Die dortige Nachfrage nach Lebensmitteln und erzeugerfreundlichen Preisen der drei Jahrzehnte zwischen 1850 und 1880 veranlassten die Landwirte, ihre Produktion stetig auszubauen … In den 1880er-Jahren sanken die Getreidepreise auf breiter Front, weil die deutsche Landwirtschaft unter zunehmenden Druck der internationalen Konkurrenz geriet. Wer am Markt bestehen wollte, musste versuchen die Hektarerträge für Getreide zu steigern oder auf die Veredelungswirtschaft zu setzen, um von den stabileren Preisen für Fleisch und Molkereiprodukte zu profitieren. Viele Landwirte beschritten beide Wege. Die infrastrukturellen Voraussetzungen hierfür bot erneut die Eisenbahn … Auf dem Schienenweg gelangten der Mineraldünger und die Futtermittel herbei.

Stefan Brakensiek, Die Landwirtschaft in den Kreisen Minden und Lübbecke im 19. Jahrhundert. In: Werner Abelshauser (Hg.),Die etwas andere Industrialisierung, Essen (Klartext) 1999, S. 80 f.

Lokale Industrialisierung erkunden

Suche nach Spuren der Industriegeschichte Mindens im 20. Jahrhundert. Ziehe Lexika, regionale Literatur und das Internet heran.

Industrialisierung in anderen Bereichen

Genauere Untersuchungen der Bedingungen für eine Industrialisierung des Minden-Lübbecker Raumes führten in den vergangenen Jahren zu einem Umdenken in der regionalgeschichtlichen Forschung. Bisher war – bezogen auf den Raum Minden – von einer verzögerten oder gar ausgebliebenen Industrialisierung die Rede gewesen. Als begonnen wurde, die Industrialisierung nicht allein unter der Frage eines Wachstums der Eisen- und Stahl- sowie der Textilindustrie zu betrachten, wurde deutlich, dass im Raum Minden offenbar andere Wirtschaftszweige von großer Bedeutung für die industrielle Entwicklung waren: die Lebens- und Genussmittelindustrie, Bierbrauereien, die Fleisch- und Wurstwarenfabriken – in Verbindung mit der Landwirtschaft –, aber auch die (Dienstleistungs-)Betriebe der Eisenbahn- und Schifffahrtsgesellschaften. Eine bedeutende Rolle spielte auch die Verknüpfung von Weserschifffahrt, Eisenbahn- und Landstraßenverkehr.

1 Untersuche an M1 und M3, worin sich Anzeichen einer Industrialisierung zeigen.
2 Beschreibe anhand des Darstellungstextes die wirtschaftliche Lage des Minden-Lübbecker Landes.
3 Wie werten M2 und M4 die Versuche das Gebiet zu industrialisieren? Setze dich kritisch mit ihren Aussagen auseinander. Bedenke dabei, welche Leser die Texte ansprechen wollten.
4 Begründe die Formulierung: die „etwas andere" Industrialisierung. Nimm den Darstellungstext auf dieser Seite zu Hilfe.

Fortschritt – auf Kosten der Menschen?

Arbeitsbedingungen und Rollenverteilung in der Fabrik

M1 **Kinderarbeit in einer englischen Baumwollspinnerei,** Stahlstich von Th. Onwyn, 1840

M2 „Bin 12 Jahre alt" – Kinderarbeit um 1830

Aus dem Parlamentsbericht von 1833 über Kinderarbeit in englischen Fabriken. Aufgrund der Berichte erließ das Parlament das Fabrikgesetz von 1833, in dem die Beschäftigung von Kindern unter 9 Jahren verboten wurde. Für 9- bis 12-Jährige wurde die Arbeitszeit auf 9 Stunden, für 13- bis 18-Jährige auf 12 Stunden täglich festgesetzt:

Bin 12 Jahre alt. Bin 12 Monate in der Spinnerei gewesen. Anfang um 6 und Feierabend um 1/2 8. Durchschnittlich über 12 1/2 Stunden Arbeit. Habe zwei oder drei Wochen hindurch Überstunden gemacht. Arbeitete während der Frühstücks- und Teepause und ging erst um 8 Uhr weg ... Habe hier 2 Jahre gearbeitet, bin jetzt 14, arbeite 16 1/2 Stunden am Tag. Kürzlich war ich krank und bat, um 8 Uhr aufhören zu dürfen, und man sagte mir, wenn ich ginge, brauche ich nicht zurückzukommen.

Zit. nach Wolfgang Köllmann, Die Industrielle Revolution, Stuttgart (Klett) 1970, S. 34.

Fabrikarbeit – alte Gewohnheiten aufgeben?

Neben der Arbeit der Männer hatte es auch in der „alten" Wirtschaftsgesellschaft Frauen- und Kinderarbeit gegeben. Unter härtesten Bedingungen mussten Arbeiten in der Landwirtschaft, im Heimgewerbe und in häuslichen Diensten geleistet werden. Hier arbeiteten die Beschäftigten jedoch in Familien oder familienähnlichen Verhältnissen. Wohnung und Arbeitsplatz befanden sich meistens unter einem Dach. Die eigentlich neue Erfahrung für die Beschäftigten in der Industrie war die Arbeit in der Fabrik (siehe S. 131) und damit vor allem die Trennung des Arbeitsplatzes von der Wohnung. Das Arbeitsverhältnis wurde mehr und mehr zu einem „reinen" Lohnarbeitsverhältnis. Die Arbeit wurde zur „Ware" auf dem Arbeitsmarkt.
Welche Arbeitsbedingungen fanden Männer, Frauen und Kinder in den Fabriken vor? Wie entwickelte sich die Rollenverteilung zwischen diesen Gruppen? Wegen der vielfältigen Arbeitstätigkeiten in den verschiedensten Industriezweigen dürfen die Arbeitsbedingungen nicht verallgemeinert werden. Die Materialien in diesem Abschnitt beschränken sich deshalb auf die Arbeitsbedingungen in zwei bedeutenden Zweigen der frühen Industrialisierung: auf die Textilindustrie und auf den Maschinenbau (zum Bergbau siehe S. 148 ff.).

M3 Kinder- und Jugendarbeitsschutz

Auswahl aus gesetzlichen Regelungen in Deutschland (tägliche Arbeitszeit):

1839 Preußisches Regulativ: Verbot unter 9 Jahren, ab 9 Jahren 10 Stunden (keine Beschränkung bei Heim- und Landarbeit)

1853 Ergänzungsgesetz: Verbot unter 12 Jahren, ab 12 Jahren 6 Stunden (keine Beschränkung bei Heim- und Landarbeit)

1891 Gewerbeordnungsnovelle: Verbot unter 13 Jahren, 6 Stunden ab 13 Jahren (keine Beschränkung bei Heim- und Landarbeit)

1903 Kinderschutzgesetz: wie 1891 (Heimarbeit: Verbot unter 10 Jahren, ab 10 Jahren 3 Stunden. Landarbeit: keine Beschränkung)

1976 Jugendarbeitsschutzgesetz: Verbot von Arbeit unter 15 Jahren (Ausnahme bei Landarbeit, Sport-, Musik-, Theaterveranstaltungen, Zeitungen austragen u. Ä.)

M4 In einer Baumwollspinnerei um 1850

Der Historiker Karl Emsbach schreibt 1982 über die Arbeitsbedingungen in einer rheinischen Baumwollspinnerei um 1850:

Auch der Geräuschpegel in den frühindustriellen Spinnereien war sehr hoch. Die rasselnden und kreischenden Maschinen verursachten einen Lärm, „der für den Neuling ganz unerträglich scheint." In den Dämmerungs- und Nachtstunden machte sich die unzureichende Beleuchtung nachteilig bemerkbar. Wegen der großen Brandgefahr wurden Öllampen, die ohnehin ein mattes Licht abgaben, in möglichst geringer Zahl aufgestellt. – Die sanitären und hygienischen Verhältnisse spotteten jeder Beschreibung. An die Errichtung von Umkleide-, Wasch- oder Speiseräumen wurde kein Gedanke, erst recht kein Ziegelstein verwendet. – Bei diesen Arbeitsbedingungen nimmt es nicht wunder, dass man die Baumwollspinnerei ... zu den gesundheitsgefährdendsten Berufen überhaupt zählte. Schwindsucht, Tuberkulose, Katarrhe der Augen, Nasen, des Kehlkopfes und der Lungen sowie Geschwüre an den Beinen waren häufige und typische Berufskrankheiten. Hauptursachen waren die starke Staubentwicklung, die schwüle Atmosphäre in den Sälen und die ständig stehende Arbeitsverrichtung ... Die rohen, unverkleideten Maschinen ... bildeten eine ständige Quelle der Unfallgefahr. Quetschungen, Brüche waren an der Tagesordnung.

Zit. nach Jürgen Kocka, Arbeitsverhältnisse und Arbeiterexistenzen, Bonn (Dietz) 1990, S. 457.

M5 Wochenlöhne

(im Maschinenbau und in der Textilindustrie in Berlin, 1853; in Mark):

Maschinenbau		Textilindustrie	
Kesselschmiede	30,00	Musterzeichner	36,00
Heizer	10,50	Maschinenmeister	15,00
Tagelöhner	9,00	Webergesellen	12,00
Arbeitsbursche	5,00	Arbeiterin	4,00
		Junge	3,00

Zusammengestellt nach Jürgen Kocka, Arbeitsverhältnisse und Arbeiterexistenzen, Bonn (Dietz) 1990, S. 494.

M6 **Weberin an einem Maschinenwebstuhl,** Foto 1910

Dampfpfeifen und Stempeluhren

Erst die Industrialisierung machte das Arbeiten nach der Uhr verbindlich. Die Gewöhnung der Arbeiterinnen, Arbeiter und Kinder an feste Arbeitszeiten muss den Beschäftigten entgegen ihren Gewohnheiten im Heimgewerbe, in der Landwirtschaft und im Handwerk nicht leicht gefallen sein. Fabrikordnungen – nach englischem Vorbild – mit Strafkatalogen und Bußgeldlisten seit den 40er-Jahren des 19. Jahrhundert zeugen von dem schwierigen Verhältnis zwischen Fabrikanten und Arbeiterschaft. Schon in frühindustrieller Zeit wurden Arbeitszeiten und -pausen akustisch signalisiert: Dampfpfeifen, Glocken und Sirenen sollten eine militärähnliche Disziplin in den Fabriken sicherstellen. Überwachten zunächst Vorarbeiter, Meister und Portiers die Arbeitsdisziplin, wurden sie später zumeist durch „Arbeiterkontrolluhren" (Stempeluhren) ersetzt.

1. Erarbeite anhand der Darstellungstexte S. 158 f. und M6 Merkmale der Industriearbeit und grenze sie von der vorindustriellen Arbeit ab.
2. Beschreibe die Arbeitsbedingungen von Kindern in der Textilindustrie des 19. Jahrhunderts (M1, M2) und nimm Stellung.
3. Analysiere M4: Liste die Arbeitsbedingungen und die gesundheitlichen Folgen auf. Überlege, welches Quellenmaterial dem Historiker zur Verfügung gestanden haben muss.
4. Vergleiche die Löhne beider Industriezweige (M5). Erkläre und beurteile die unterschiedlichen Lohnhöhen.
5. Werte M3 aus und beschreibe Tendenzen.

Fortschritt – auf Kosten der Menschen?

M7 Massenproduktion in der Elektro-Kleinmotorenfabrik der AEG, Foto, um 1900

M8 Die Verwendung von Frauenzimmern …

In Sachsen kam es in der Textilindustrie der 30er- und 40er-Jahre des 19. Jahrhunderts zu Auseinandersetzungen zwischen männlichen Druckern und Unternehmern über die Frage, ob Frauen als Textil-Druckerinnen eingestellt werden sollten. In den „Mittheilungen des Industrievereins für das Königreich Sachsen", einer Publikation des Unternehmer-Verbandes, hieß es 1839:

Die … Frage über die Verwendung von Frauenzimmern bei der Druckerei ist unstreitig von großer Wichtigkeit, nicht allein für die Technik der Fabrikation, da die Erfahrung nachgewiesen hat, dass für subtile[1] Arbeit die Frauenhand vorzugsweise geschickt ist: sondern auch in nationalökonomischer Hinsicht, da dann mehrere Glieder einer Familie gleichzeitig eine lohnende Beschäftigung bei der Druckerei finden können und bei vermehrter Arbeit das Heranziehen von Druckern aus dem Auslande sogar entbehrlich werden kann. Es würde daher der Betrieb durch Frauenzimmer, auf der einen Seite nicht nur dem Nahrungsstande der arbeitenden Klasse keinen Eintrag[2] thun: sondern vielmehr das Wohlbefinden der betreffenden Familien erhöhen; auf der anderen Seite dem Fabrikunternehmer aber ökonomische und technische Vorteile gewähren.

Zit. nach Karin Zachmann, Weltmann und Hausfrau. In: Praxis Geschichte, H. 1/1995, S. 37.

1 sorgfältig, genau
2 Nachteil

M9 Über den „Nutzen von Frauen"

Der Nationalökonom Gustav Schmoller, um 1900:

Heute handelt es sich darum, wenigstens so weit wie möglich und nach und nach, wieder die verheiratete Frau und das Kind aus der Mehrzahl der großen Industrien zu verdrängen und für die unverheirateten Mädchen, die eines Erwerbes bedürfen, eine bestimmte Zahl von Gebieten zu öffnen, für die sie besser als die Männer passen … Die meisten Frauen … haben ihren eigentlichen Beruf … verfehlt, wenn sie nicht Mutter und Hausfrau werden; und jede Frau, die eine schlechte Mutter und Hausfrau wird, schädigt … die Nation ebenso sehr oder mehr als sie ihr nützt, wenn sie die trefflichste Ärztin, Buchführerin, Geschäftsfrau oder sonst was wird.

Zit. nach Karin Zachmann, Weltmann und Hausfrau. In: Praxis Geschichte, H. 1/1995, S. 37.

6 Untersuche, wie Frauenarbeit in den „Mittheilungen" beurteilt wird und welche Motive genannt werden (M8). Berücksichtige auch die einleitende Bemerkung der männlichen Arbeiter. Ziehe M6, S. 159, mit heran.

7 Erarbeite die Sichtweise des Autors in M9. Halte seine Argumente fest.

8 Schreibe dem Autor von M9 einen Antwortbrief
a) aus der Sicht einer berufstätigen Frau,
b) aus deiner Sicht.

9 Analysiere mithilfe der Methode S. 152 f. die Fotos M6 und M7.

Ein historisches Thema in Projektarbeit erforschen

Projektarbeit und Geschichte

Projektarbeit hast du sicherlich schon in anderen Fächern kennen gelernt. Bei einem Projekt geht es vor allem darum, in Gruppenarbeit ein bestimmtes Thema zu erarbeiten, das vorher gemeinsam ausgewählt wurde. Am Schluss steht ein „Produkt", wie zum Beispiel eine Ausstellung, eine Dokumentation, eine Wandzeitung. Auf dieser Seite werden die Arbeitsschritte eines Projekts zu einem geschichtlichen Thema vorgestellt. Eine umfangreichere Anwendung findest du auf den Seiten 274f., wo es um die Teilnahme am „Schülerwettbewerb Deutsche Geschichte" geht. Bei der Projektarbeit werden verschiedene Methoden, wie zum Beispiel der Umgang mit Textquellen, eingesetzt.
Als thematischer Rahmen auf dieser Seite wird das „Helfen" vorgeschlagen. Dabei soll es um die Suche nach Spuren gehen, die zeigen, wie den Industriearbeiterinnen und -arbeitern in der frühen Industrialisierung geholfen wurde, ihre Lebenssituation zu verbessern. Eine wichtige Rolle spielten dabei die Gewerkschaften und die Kirchen.

Arbeitsschritte Ein historisches Thema in Projektarbeit erforschen

1. Vorbereitung
– entsprechend dem thematischen Rahmen Ideen sammeln und vorstellen; Problem, Ziel und Zielgruppe benennen
– Themen auflisten, Kleingruppen bilden und den Themen zuordnen

2. Durchführung
– die Themen auf Eignung prüfen: Ist das Thema zu bearbeiten? Gibt es Materialien (Quellen)? Wo sind Fundorte wie Bibliothek, Museum, Archiv (Stadt, Kirchenamt usw.)? Ist Lehrerhilfe erforderlich?
– das weitere Vorgehen planen: Zeit- und Arbeitsplan erstellen, Arbeit verteilen, Material beschaffen, ordnen
– Leitfragen überprüfen, eventuell anpassen
– vereinbaren: Arbeitsberichte schreiben oder ein Projekttagebuch führen

3. Auswertung und Präsentation:
– Materialien auswerten und Gliederung entwerfen
– den aktuellen Stand der „Forschung" vorstellen
– die Form der Ergebnisrepräsentation festlegen (Aufsatz, Wandzeitung, Referat, Videofilm usw.)
– Ergebnisse aufbereiten und vorstellen
– Projektergebnisse auf ihre Bedeutung hin überprüfen, für die Menschen in ihrer Zeit, für euch heute

4. Projekterfahrungen erörtern und bewerten
– die Ergebnisse der einzelnen Arbeitsgruppen (z. B. mithilfe eines gemeinsam entwickelten Beurteilungsrasters) bewerten – eventuell auch mithilfe eures Lehrer oder eurer Lehrerin
– Abschließend sollte jeder Projektteilnehmer und jede Projektteilnehmerin sich über die eigenen Erfahrungen mit der Methode „Projektarbeit" äußern. Sprecht darüber, was gut geklappt hat, was nicht, und sucht nach Gründen dafür.

M1 Aus einer Projektarbeit über die Kolpingfamilie

Der Frage „Wie half die Kolpingfamilie[1] in Wattenscheid Menschen in sozialer Not?" ging eine Schülerin (10. Kl.) nach, aus deren Arbeit hier zitiert wird:

Wenn auch die positiven Erfahrungen eindeutig überwiegen, dennoch denke ich, sollte ich auch ganz offen über meine Misserfolge schreiben, denn auch dies gehört ... zum Forschen ... dazu. Auch wenn mir einige Kommentare zu meiner Arbeit nicht gerade gut getan haben, habe ich mich nie entmutigen lassen. Ich denke, das war auch gut so. Denn nicht nur das Endprodukt, nämlich dieses Buch, ist wichtig, sondern gerade die Kenntnisse, die man selber errungen hat, sind wichtig ... Gerade auch die negativen Erfahrungen haben mir gezeigt, dass Kolping nicht gleich Kolping ist. In den Büchern mag viel stehen, aber sie können die eigenen Erfahrungen nicht ersetzen.

Körber-Archiv, SDG 970840: Sandra Christoph, Die Kolpingfamilie, S. 103.

1 Benannt nach Adolf Kolping (1813–1865), Schuhmachergeselle, Priester, Domvikar in Köln. Er gründete und leitete katholische Gesellenvereine, die Bildung und praktische Lebenshilfe boten.

1 Ordnet M1 dem entsprechenden Arbeitsschritt zu.
2 Formuliert anhand der Themen und Inhalte auf den Seiten 158 bis 167 Fragen für mögliche Projektthemen, bei denen es um „Helfen" – auch im Sinne einer Interessenvertretung der Arbeiterschaft – geht.
3 Entwerft mithilfe der Arbeitsschritte eine Projektskizze und diskutiert die Umsetzung.

Arbeiterbewegung im Obrigkeitsstaat

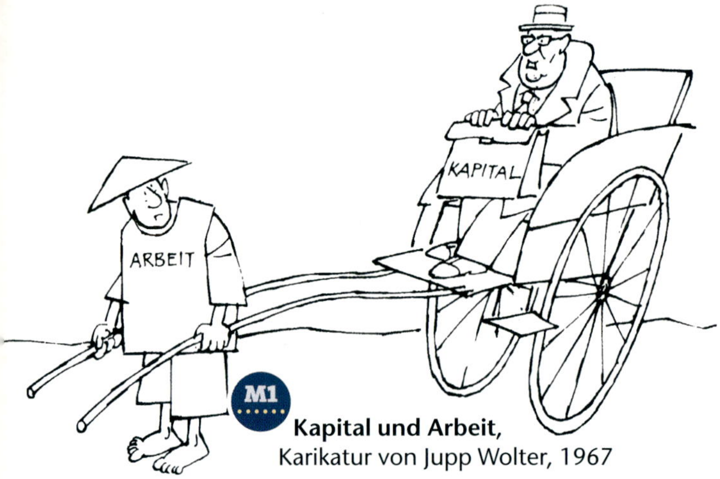

M1 **Kapital und Arbeit,**
Karikatur von Jupp Wolter, 1967

Soziale Frage und Emanzipation

Der tief greifende Wandel der Lebens- und Arbeitsverhältnisse in der Industrialisierung löste viele Menschen aus ihren traditionellen Bindungen in der Landwirtschaft, im Handwerk und im Heimgewerbe. Stärker als früher waren sie jetzt allein auf sich gestellt, wenn es darum ging, für Arbeitslosigkeit, Krankheit, Unfall und Alter vorzusorgen. Die katastrophalen Arbeitsbedingungen in den Fabriken, die Abhängigkeit von der Lohnarbeit, die Unsicherheit des Arbeitsplatzes in wirtschaftlichen Krisenzeiten, die schlechten Wohnbedingungen in den schnell wachsenden Industriestädten und fehlende soziale Sicherheit führten zu Diskussionen in Staat und Gesellschaft über die so genannte „soziale Frage", wie die Folgen der Industrialisierung für die Arbeiter zusammenfassend genannt wurden.
Nach dem Scheitern der demokratischen Kräfte in der Revolution von 1848 (siehe S. 198 f.) kam es in den 60er-Jahren des 19. Jahrhunderts zu neuen Organisierungsversuchen, die die Emanzipation* der Arbeiterschaft vorantreiben sollten.
Welche Ziele hatten Vertreter der Arbeiterbewegung und ihrer Organisationen im 19. Jahrhundert? Was konnten sie erreichen? Wer waren ihre Gegenkräfte?

M2 „Proletarier aller Länder vereinigt euch!"

Aus der Programmschrift „Manifest der Kommunistischen Partei" von Karl Marx und Friedrich Engels, 1848:

Diese Arbeiter, die sich stückweise verkaufen müssen, sind eine Ware wie jeder andere Handelsartikel und daher gleichmäßig allen Wechselfällen der Konkurrenz, allen Schwankungen des Marktes ausgesetzt. Die Arbeit der Proletarier hat durch die Ausdehnung der Maschinerie und die Teilung der Arbeit allen selbstständigen Charakter und damit allen Reiz für den Arbeiter verloren. Er wird ein bloßes Zubehör der Maschine.
Die Geschichte aller bisherigen Gesellschaften ist die Geschichte von Klassenkämpfen. Freier und Sklave, Patrizier und Plebejer, Baron und Leibeigener, Zunftbürger und Gesell, kurz, Unterdrücker und Unterdrückte standen in stetem Gegensatz zueinander, führten einen ununterbrochenen … Kampf, der jedesmal mit einer revolutionären Umgestaltung der ganzen Gesellschaft endete oder mit dem gemeinsamen Untergang der kämpfenden Klassen … Unsere Epoche, die Epoche der Bourgeoisie*, zeichnet sich … dadurch aus, dass sie die Klassengegensätze vereinfacht hat. Die ganze Gesellschaft spaltet sich mehr und mehr in zwei große … Lager, in zwei große, einander direkt gegenüberstehende Klassen: Bourgeoisie und Proletariat.

Dieter Dowe/Kurt Klotzbach (Hg.), Programmatische Dokumente der deutschen Sozialdemokratie, Berlin/Bonn (Dietz) 1973, S. 52 f., 58 f., 64.

Proletariat
(von lat. proles = Nachkomme) Im Römischen Reich Angehöriger der unteren (rechtlosen) Schicht, deren Aufgabe es war, Nachkommen zu zeugen, z. B. für den Militärdienst. Im 19. Jahrhundert (nach Marx und Engels) die Klasse der Lohnarbeiter in einer auf dem Privateigentum an Produktionsmitteln (Fabriken, Maschinen usw.) begründeten industriellen Gesellschaft. Das Proletariat besaß keine Produktionsmittel und lebte vom Verkauf seiner Arbeitskraft.

Klasse, Klassenkampf
(von lat. classis= Gruppe, Stand) Eine Gruppe von Menschen mit gleichen sozialen und wirtschaftlichen Merkmalen. Im 19. Jahrhundert wurde Klasse als Bezeichnung für die Industriearbeiterschaft („Arbeiterklasse") verwendet und zur Rechtfertigung des „Klassenkampfes" der Arbeiter gegen die Kapitalisten (Fabrikbesitzer, Unternehmer) herangezogen.

Vom Arbeiterbildungsverein zur Arbeiterpartei

	Organisation	Ziele und Grundsätze
1863	Gründung des Allgemeinen Deutschen Arbeitervereins (ADAV) unter Führung des Journalisten Ferdinand Lassalle (1825–1864)	– Wahlrecht für Arbeiter – Verwaltung der Fabriken durch die Arbeiter – kein Frauenwahlrecht – keine Mitgliedschaft von Frauen
1869	Gründung der Sozialdemokratischen Arbeiterpartei (SDAP) durch August Bebel (1840–1913) und Wilhelm Liebknecht in Eisenach (1826–1900)	– Wahlrecht für alle Männer ab 20 – Vorschlags- und Verwerfungsrecht des Volkes bei der Gesetzgebung – Schaffung eines demokratischen Staates
1875	Vereinigung von ADAV und SDAP in Gotha zur Sozialdemokratischen Arbeiterpartei Deutschlands; seit 1891 Sozialdemokratische Partei Deutschlands (SPD) genannt	– Wahlrecht für Männer und Frauen – direkte Gesetzgebung durch das Volk – Rechtsprechung und Entscheidung über Krieg und Frieden durch das Volk

M3 **Traditionsfahne der SPD, 1873**

Sozialismus, Kommunismus

(von lat. socius = Genosse) Sozialismus wurde als politisches „Gegenmodell" zum „bürgerlichen Liberalismus" entworfen und betont stärker Gemeinschaft und Gesellschaft als die Rechte des Individuums. An die Stelle des Privateigentums an Produktionsmitteln tritt das Volkseigentum. Die Gleichheit aller Menschen innerhalb der Gesellschaft gilt als eines der obersten Ziele. Sozialistische Ideen wurden als Ziele einer Reform des Liberalismus/Kapitalismus von der europäischen Arbeiterbewegung des 19. und 20. Jahrhunderts aufgenommen, z. B. in der Sozialdemokratie und den Gewerkschaften, jedoch mit der Idee der Demokratie verbunden. Die Verwirklichung sozialistischer Ideen in Herrschaftssystemen im 20. Jahrhundert (z. B. in der Sowjetunion) scheiterte vor allem an mangelnder Freiheit für die Menschen und an wirtschaftlicher Ineffektivität des sozialistischen Systems. Als Kommunismus* wurde – vereinfacht formuliert – die „Endstufe" der sozialistischen Gesellschaft verstanden.

M4 Marx und Engels – vom Wandel überholt?

Eduard Bernstein (1850–1932), Schriftsteller und SPD-Politiker, äußerte sich 1899 zu den Aussagen von Marx und Engels:

Die Zuspitzung der gesellschaftlichen Verhältnisse hat sich nicht in der Weise vollzogen, wie sie das „Manifest" schildert … [Die Bourgeoisie] weicht in allen vorangeschrittenen Ländern[1] Schritt für Schritt demokratischen Einrichtungen … Fabrikgesetzgebung, die Demokratisierung der Gemeindeverwaltungen …, die Befreiung des Gewerkschafts- und Genossenschaftswesens von allen gesetzlichen Hemmungen …, kennzeichnen diese Stufe der Entwicklung … Je mehr aber die politischen Einrichtungen der modernen Nationen demokratisiert werden, umso mehr verringern sich die Notwendigkeiten und Gelegenheiten großer politischer Katastrophen.

Eduard Bernstein, Die Voraussetzungen des Sozialismus und die Aufgaben der Sozialdemokratie (1899), Nachdruck der 2. Aufl., 1921, Berlin 1973, S. 6 ff.

1 Gemeint sind Länder mit einem demokratischen System, wie England und die USA.

1 Entschlüssele M1 und überlege Gründe für das in dieser Form dargestellte Verhältnis von Arbeit und Kapital. Nimm die Seiten 158 ff. zu Hilfe.

2 Fasse die Vorstellungen von Marx und Engels (M2) mit deinen Worten zusammen.

3 Fertige eine Stichwortskizze zum Verlauf des „Klassenkampfes" nach Marx und Engels an (Begriffskästen).

4 Überprüfe die Aussagen in M2 anhand von M4.

5 Beschreibe die Entwicklung zur SPD (Faktenkasten). Erläutere, auf welche Traditionen sich die Sozialdemokraten mit ihrer Fahne berufen.

M1 **Die deutsche Sozialversicherung**, Plakat der Reichsregierung, 1913

Politische Aussagen untersuchen

Das Beispiel Sozialpolitik

Die unsichere soziale Lage der industriellen Arbeiterschaft in der frühen Industrialisierung führte zu politischen Diskussionen, die sich um die Frage der sozialen Sicherung der Arbeiterschaft drehten. Besonders intensiv wurden die Auseinandersetzungen im Deutschen Kaiserreich, als sich die kaiserliche Regierung und die erstarkende Arbeiterbewegung (siehe S. 162f. und 166f.) gegenüberstanden. Dabei ging es vor allem um den Schutz der Arbeiterschaft bei Unfall, Krankheit, Invalidität (Erwerbsunfähigkeit) und im Alter.
Am Beispiel der Sozialpolitik soll der methodische Umgang mit politischen Aussagen erarbeitet werden. Die Erarbeitung ist auch in Gruppen möglich: Teilt euch in vier Gruppen ein, jede Gruppe übernimmt ein Material.

Arbeitsschritte **Politische Aussagen untersuchen**

Bei der Analyse und Interpretation solltest du deine Kenntnisse zur Quellen- und Bildanalyse (siehe S. 290) heranziehen.

1. Schritt: Fragen zum Verfasser (Auftraggeber)
- Von wem und wann wurde die Quelle verfasst bzw. gezeichnet?
- Welche Perspektive nimmt der Autor bzw. Künstler ein?
- Welche Absicht ist zu erkennen?

2. Schritt: Fragen zum Material
- Welche Quellenart liegt vor?
- Welches sind die „Schlüsselbegriffe"?
- Worin besteht die Kernaussage?
- Wird sachlich oder einseitig dargestellt?
- Werden Argumente gebracht?

3. Schritt: Fragen zum Adressaten
- Wer soll erreicht werden (Privatperson, Öffentlichkeit, Nachwelt)?
- Welche Wirkung auf den Adressaten könnte erzielt werden?

4. Schritt: Ergebnisse beurteilen und reflektieren
- Wie können Interessen und Position zusammenfassend formuliert werden?
- Welche Bewertung der Position ist möglich?
- Welche Rolle spielt der eigene Standpunkt bei der Bewertung ?
- Sind weitere Informationen heranzuziehen?

M2 Sozialpolitik Bismarcks

Reichskanzler Bismarck in einer Rede vor dem Reichstag zum eingebrachten Gesetzentwurf für eine Unfallversicherung am 2. April 1881:

Das Almosen ist das erste Stadium christlicher Mildtätigkeit … Das ist die erste Pflicht; die gesetzliche Hilfe des Armenverbandes ist die zweite. Aber ich möchte gerne, dass ein Staat, der … doch in seiner großen Mehrheit aus Christen besteht, die Grundsätze der Religion … namentlich in Bezug auf die Hilfe, die man dem Nächsten leistet, in Bezug auf das Mitgefühl mit dem Schicksal, dem alte, leidende Leute entgegengehen, sich einigermaßen durchdringen lässt.

M3 Sozialpolitik der SPD

Der SPD-Vorsitzende August Bebel antwortete auf die Bismarck-Rede am 4. April 1881 im Reichstag:

Meine Herren, ich komme nun zunächst zu den Motiven des Gesetzentwurfs. … Da heißt es, … dass der gegenwärtige uns vorliegende Gesetzentwurf seine Existenz dem Umstand verdanke, dass man die bei Beratung des Gesetzes vom 21. Oktober 1878, betreffend … [das Sozialistengesetz], abgegebenen Versprechen, nämlich auch für positive Maßregeln zum Wohle der Arbeiter zu sorgen und damit die Sozialdemokratie zu bekämpfen, seinen Ursprung verdanke … Meine Herren, das freut uns ganz außerordentlich, denn damit ist ja bewiesen, dass wir eigentlich die Urheber dieses Gesetzentwurfs sind.

M2 und M3 zit. nach Die deutsche Arbeiterbewegung 1848–1919 in Augenzeugenberichten, hrsg. von Ursula Schulz, 3. Aufl., Düsseldorf (K. Rauch) 1981, S. 236 f.

Die SPD im Kaiserreich

Die Arbeiterbewegung, voran die Sozialdemokratie, gewann immer mehr Anhänger. Für den Kaiser, den Adel und Teile des Bürgertums war sie eine „Umsturzpartei". Reichskanzler Bismarck bekämpfte sie vor allem mit dem „Sozialistengesetz" von 1878 (siehe S. 224). Die Partei wurde verboten, Einzelpersonen konnten sich aber in den Reichstag wählen lassen. Das Gesetz wurde bis 1890 immer wieder verlängert.

Soziale Sicherung in England

Die englischen Arbeiter verfügten über bessere Möglichkeiten der Selbsthilfe; das Recht Vereine, z. B. Gewerkschaften, zu gründen und durch sie die eigenen Interessen zu vertreten, war gesichert. Die Rechtsstellung der Gewerkschaften war stärker. Daneben bestand ein ausgedehnter Arbeiterschutz und die staatlichen Zuschüsse waren höher. 1911 übernahm Großbritannien nach deutschem Vorbild das Prinzip des Versicherungszwangs für bestimmte Bevölkerungsgruppen.

M4 Bismarcks Sozialreform, Karikatur aus der Zeitschrift „Der wahre Jacob", 1891.
Der Text lautet:
Engländer: Was ist das?
Der wahre Jacob: Das ist Bismarcks Sozialreform.

Sozialpolitik

Maßnahmen des Staates, um die soziale Lage bestimmter gesellschaftlicher Gruppen zu verbessern. Staatliche Sozialpolitik begann mit der Industrialisierung, zuerst in England, im ersten Drittel des 19. Jahrhunderts auch in Deutschland, mit Kinderschutzgesetzen und Sozialgesetzen (Krankenversicherung, Unfallversicherung, Alters- und Invalidenversicherung). Sozialpolitik gilt als reformerisches Gegenmodell zu den revolutionären Zielen einer Umwälzung der Herrschaft nach Marx und Engels (siehe S. 162 f.).

Sozialpolitik heute

Sammelt Informationen zur gegenwärtigen Sozialpolitik im Internet und berichtet darüber. Adressen: www.sozialpolitik.com; www.bma.de; www.bmfsfj.de; www.lva.de; www.bfa-berlin.de.

1 Untersucht M1 bis M4 mithilfe der Arbeitsschritte. Nehmt dabei die Darstellungstexte zu Hilfe. Stellt eure Ergebnisse in der Klasse vor und vergleicht.

Gewerkschaften – ein „Reformmotor“ der Arbeiterbewegung

Die „soziale Frage“

Versuche zur Lösung der „sozialen Frage" gab es im Laufe des 19. Jahrhunderts nicht allein durch den Staat und die Sozialdemokratische Partei (siehe S. 162 ff.). Auch die christlichen Kirchen und vereinzelt auch Fabrikanten suchten nach Lösungen, um die soziale Lage der Arbeiterinnen und Arbeiter zu verbessern. Eine entscheidende Rolle spielte jedoch die „Selbstorganisierung" der Arbeiterschaft. Sie zielte nicht auf eine in der Ferne liegende mögliche Revolution, sondern auf Verbesserungen (Reformen) in der Gegenwart.
Schon vor der Industrialisierung wehrten sich Gesellen und Handwerker gegen niedrige Löhne und schlechte Arbeitsbedingungen, indem sie ihre Arbeit niederlegten (streikten) oder Protestumzüge veranstalteten. Sie schlossen sich aber nicht dauerhaft zusammen. Diese Erfahrungen spielten für die frühe Industriearbeiterschaft eine wichtige Rolle bei ihrer Organisierung.
Für die Industriearbeiter waren Streiks ein wirksames Mittel, um ihre Interessen gegenüber dem Fabrikbesitzer zu vertreten und möglichst durchzusetzen. Arbeitsniederlegungen stärkten das Zusammengehörigkeitsgefühl und führten zu dauerhaften Zusammenschlüssen, die allerdings in einzelnen deutschen Staaten erst ab 1861 erlaubt waren, in ganz Deutschland erst ab 1872. Gewerkschaftliche Organisationen entstanden neben den schon bestehenden sozialdemokratischen Arbeiterparteien. Erst durch die Gewerkschaften wurde die Arbeiterbewegung zu einer Massenbewegung. Als „soziale Bewegung" umfasste sie im weiteren Sinne aber nicht nur gewerkschaftliche, sozialdemokratische und sozialistisch-kommunistische Organisationen, sondern auch christliche soziale Bewegungen. Über die Gründe für den Weg der Reformen im kaiserlichen Obrigkeitsstaat gibt es unterschiedliche Auffassungen: Manche beurteilen den gewerkschaftlichen Weg als bittere Konsequenz aus dem Zusammenbruch der Revolutionsstrategie, die keinen greifbaren Erfolg brachte (siehe M4, S. 163). Andere sehen in der Gewerkschaftsbewegung einen eigenständigen Weg, auf dem sie schrittweise die Klassengegensätze abbaute und den modernen Sozialstaat vorbereitete.
Aus gewerkschaftlicher Sicht war der Reformweg keine Schwäche, sondern eine Etappe zur Emanzipation der Arbeiterschaft mit den anderen sozialen Gruppen in Staat und Gesellschaft.

M1 **Ein Streik bricht aus,** Gemälde von Robert Köhler, 1886

M2 **Sind Gewerkschaften überflüssig?**

Aus der Umfrage eines Nachrichtenmagazins, 1996:

Sind Gewerkschaften überflüssig oder grundsätzlich notwendig?	
überflüssig:	10 %
notwendig:	83 %
keine Meinung:	7 %
Wofür sollen die Gewerkschaften in nächster Zeit kämpfen?	
sichere/mehr Arbeitsplätze:	42 %
sichere/höhere Einkommen:	32 %
flexiblere/kürzere Arbeitszeit:	7 %

1 Erarbeite Entstehung und Ziele der Gewerkschaften (siehe S. 166f.).

2 Vergleiche deine Ergebnisse mit der Umfrage M2. Entsprechen die heutigen Erwartungen an die Gewerkschaften deren ursprünglicher Zielsetzung?

3 Beschreibe M1 und M3. Nimm die Methodenseiten 152f. und 290 zu Hilfe.

Und die Frauen?

Erste politische Aktivitäten von Frauen gab es in den 1840er-Jahren des 19. Jahrhunderts. In „Frauenerwerbsvereinen“ organisierten sich vor allem Dienstmädchen, Näherinnen und Arbeiterinnen. Das Scheitern der Revolution von 1848 hatte zur Folge, dass gewerkschaftliche Vereine von Arbeiterinnen erst in den 80er-Jahren gegründet wurden. Sie setzten sich für höhere Löhne, eine geringere tägliche Arbeitszeit und eine Beseitigung der Nacht- und Sonntagsarbeit ein. Das preußische Vereinsgesetz von 1850 hatte den Frauen aber jede politische Betätigung verboten. Deshalb wurden viele Arbeiterinnenvereine von der Obrigkeit wieder aufgelöst. Erst 1903 fielen die Beschränkungen des Vereinsgesetzes von 1850. Die „Männer-Gewerkschaften“ sahen in den Frauen noch um 1900 lohndrückende Konkurrentinnen.

Gewerkschaften

Sie entstanden als Teil der Arbeiterbewegung mit dem Ziel, die soziale Lage der Arbeiterschaft zu verbessern. Dabei ging es vor allem um geringere Arbeitszeiten, höhere Löhne und bessere Bedingungen am Arbeitsplatz. Anders als im Obrigkeitsstaat des 19. Jahrhunderts sind die Gewerkschaften in der Bundesrepublik Deutschland als Tarifpartner anerkannt, das heißt, sie können mit den Arbeitgebern Tarifverträge, z. B. über die Lohnhöhe, Arbeits- und Urlaubszeiten, abschließen (Tarifautonomie).

M3 **Zehnstundentag-Kämpferinnen im Streik,** Foto, 1904

Arbeiterbewegung

Gesamtheit der Organisationen der Industriearbeiter, die mit der Industrialisierung und Entstehung des kapitalistischen Wirtschaftssystems seit Beginn des 19. Jahrhunderts in Europa entstanden. Die Arbeiterbewegung entwickelte sich gegen Ende des 19. Jahrhunderts und im 20. Jahrhundert zu einer Massenbewegung der Arbeiterparteien und Gewerkschaften (siehe Kasten). Sie verstand sich als „Klassenbewegung“, die in sich jedoch stark differenziert war, und umfasste z. B. traditionelle Handwerker, wie Drucker, Papiermacher, Buchbinder, und „moderne“ Industriearbeiter, wie Eisen-, Metallarbeiter und Maschinenweber. Frauen setzten sich erst gegen Ende des 19. Jahrhunderts mit eigenen Organisationen durch. Hauptziele der Arbeiterbewegung waren, die wirtschaftliche Lage der Arbeiterschaft zu verbessern und ihre gesellschaftliche und politische Emanzipation in einem demokratischen Staat durchzusetzen.

M4 Eine geschichtliche Bewegung?

Stephan Born (1824–1898), ein Organisator der Arbeiterbewegung, schrieb 1848:

Wir Arbeiter waren einem großen Teile der deutschen Bürgerklasse fremde, unbekannte Wesen …; konnten wir erwarten, dass man uns in einer geschichtlichen Bewegung sah, dass man uns als Klasse in der Gesellschaft betrachtete, die ihre eigene selbstständige Entwicklung durchmacht? … Wir nehmen unsere Angelegenheiten selbst in unsere Hände und niemand soll sie uns wieder entreißen.

Zit. nach Helga Grebing, Die deutsche Arbeiterbewegung, Mannheim (BI-Taschenbuchverlag) 1993, S. 15.

4 Untersuche an M4, inwieweit Born die Entwicklung der Arbeiterbewegung vorausgesehen hat.

Industriegesellschaft – wohin?

Arbeitswelt – alles im Wandel?

M1 Der Wandel der Arbeitswelt in Deutschland

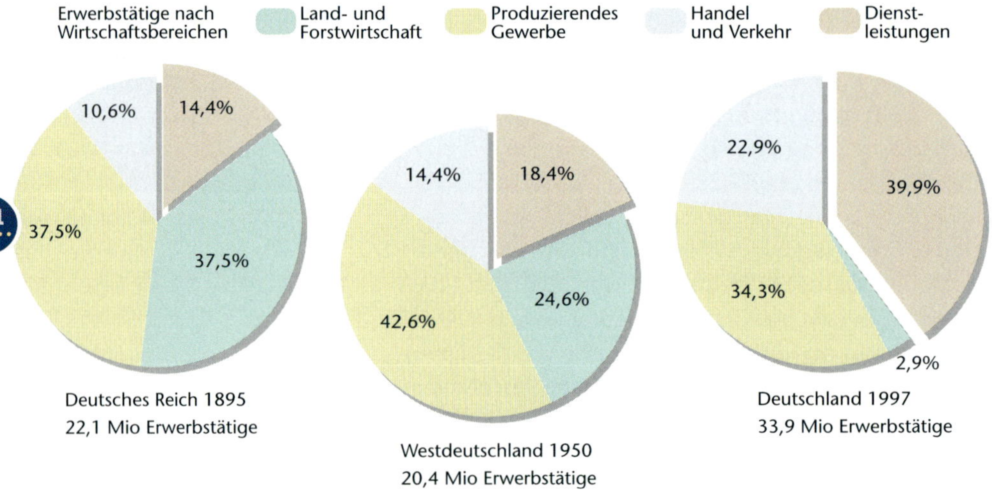

Ende der „Arbeitsgesellschaft"?

Arbeit: Mühe, Mühsal, Maloche, Plackerei – so empfanden nach Untersuchungen von Arbeitswissenschaftlern viele Arbeiterinnen und Arbeiter ihre Tätigkeit in der Zeit der Industrialisierung im 19. Jahrhundert und zu Beginn des 20. Jahrhunderts. Dabei ging es vor allem um die schwere körperliche und gesundheitsschädliche Arbeit in den Fabriken, Hüttenbetrieben und Bergwerken. In den vergangenen einhundert Jahren haben sich die Arbeit und die Arbeitsbedingungen in der Industriegesellschaft stark gewandelt: Maschinen und automatisierte Arbeitsgänge haben die Beschäftigten von schwerer körperlicher Arbeit entlastet. Lärm, Staub und schädliche Stoffe sind weitgehend aus den Produktionsstätten verbannt worden. Die Arbeitszeiten wurden kürzer und die Einkommenslage hat sich für die meisten Menschen in Arbeitsverhältnissen verbessert. Trotz des Wandels nimmt die Arbeit noch immer eine zentrale Stellung im Leben der Menschen in der Industriegesellschaft ein. Erst wenn die Arbeit fehlt, wird den Menschen oft bewusst, wie wichtig sie in ihrem Leben ist. Menschen ohne Arbeit gab es in der Geschichte der Industrialisierung mehr oder weniger immer. Der Wandel der Arbeitswelt in unserer Zeit lässt Branchen schrumpfen, andere wachsen. Die „Zukunft der Arbeit" ist ungewiss. Welcher Wandel lässt sich erkennen? Wie sehen (junge) Menschen ihre gegenwärtige Situation mit Blick auf ihre berufliche Zukunft?

M2 4 Jobs in 10 Jahren

Aus einer Reportage des Journalisten Dirk Fischer über den gelernten Schlosser Günther G. (1997):

Der Job als Paketdienstfahrer ist der vierte in zehn Jahren für den 31-Jährigen. Günther G. war Stahlarbeiter. Bis seine Hütte dichtgemacht hat. Da war er gerade mit der Lehre fertig. Der Schlosser heuerte in einem Handwerksbetrieb an, zwei Jahre lief es gut, dann blieben seinem Chef die Aufträge weg. Eine Zeit lang lebte er von Schwarzarbeit und dem Arbeitslosengeld. Bis es ihm zu blöd wurde, von der Hand in den Mund zu leben. Er kümmerte sich um eine Umschulung. Der Berufsberater beim Arbeitsamt riet zum kaufmännischen Angestellten … Günther fiel es schwer, wieder büffeln zu müssen wie früher in der Schule. Die Umschulung dauerte zehn Monate. Als die vorbei waren, hatten sich mehr als hundert Bewerber beim Baumarkt gemeldet, darunter Abiturienten und Bankkaufleute. Für ihn blieb nur ein Job als Kassierer. Und dafür sei er eigentlich überqualifiziert, sagte der Baumarktleiter achselzuckend, als die Probezeit vorbei war. Der Kollegin, die jetzt an der Kasse arbeitet, zahlt er wesentlich weniger. Der Job beim Paketdienst hat ihn zum Unternehmer gemacht. Die Firma zahlt ihm bei gleich bleibend hohem „Umsatz" einen Fixbetrag von 8000 DM. Ein Teil davon geht für den Transporter drauf, Unfall-, Kranken- und Rentenversicherung muss er selbst zahlen, aber er ist sein eigener Herr.

Dirk Fischer, 4 Jobs in 10 Jahren. In: pz, hg. von der Bundeszentrale für politische Bildung, Nr. 92/1997, S. 31.

Industriegesellschaft – wohin?

M3 **Schülerdemonstration für kleinere Klassen und mehr Mitbestimmung der Schüler/-innen,** Foto, 2000

M4 Gründe für die Arbeitsplatzwahl

In der Studie „Jugend 2000" wurden 4546 deutsche und türkische Jugendliche zwischen 15 und 24 Jahren u. a. nach ihrer Berufsorientierung befragt. Als Kriterien für einen Arbeitsplatz gaben sie an (Mehrfachnennungen waren möglich):

Rang	Wichtiges Kriterium	(in %)
1	Interessante Arbeit, die Spaß macht	53
2	Sicherer Arbeitsplatz	49
3	Abwechslungsreiche Tätigkeit	47
4	Gute Verdienstmöglichkeiten	43
5	Freundliche Kollegen	41
6	Gute Aufstiegsmöglichkeiten	40
7	Fähigkeiten zur Geltung bringen	31
8	Stolz sein auf die eigene Leistung	27
9	Persönliche Entwicklungschancen	25
10	Keine Beeinträchtigung des Privatlebens	25

Angaben nach Yvonne Fritzsche, Modernes Leben, Gewandelt, vernetzt und verkabelt. In: Deutsche Shell AG, Jugend 2000, Bd. 1, Opladen (Leske + Budrich) 2000, S. 192.

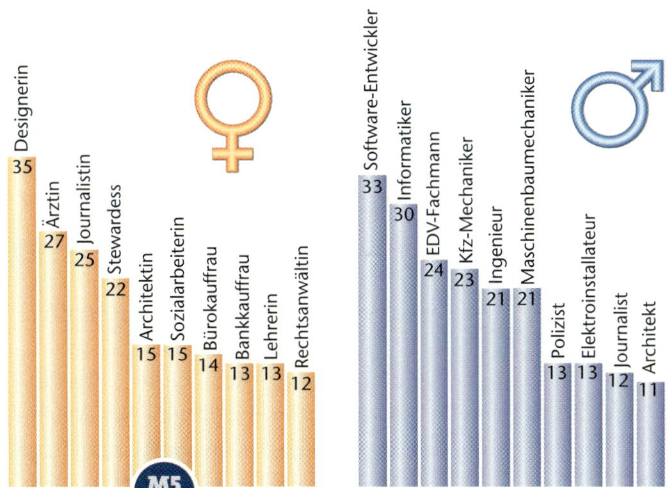

M5 **Berufswünsche Jugendlicher** ab 14 Jahre, 2001 (in Prozent)

Internet-Tipps zu Beruf und Arbeit

Informationen zum aktuellen Arbeitsmarkt und zur Berufswahl findest du unter folgenden Internet-Adressen:
www.arbeitsamt.de
www.berufsstart.de
www.arbeit-online.de
www.bma.bund.de
www.berufs-karriere.de

1 Erabeite die Materialien auf dieser Doppelseite mithilfe folgender Fragen:
– Welcher Wandel ist in der Arbeitswelt zu erkennen?
– Wie reagieren Betroffene auf die Veränderungen?
– Welche Einstellungen zeigen Jugendliche zu Beruf und Arbeit?

2 Schreibe eine eigene Stellungnahme zur Frage „Arbeit und Zukunft – Was kann ich selbst tun?"

„Energiehunger" – alles in der Sonne?

Technik und Wissenschaft

„Ende der Industriegesellschaft", „Explosion der Wissenschaften", „Auf dem Weg zur Informations- und Biotechgesellschaft". So oder ähnlich lauten seit einigen Jahren Titel von journalistischen und wissenschaftlichen Aufsätzen und Büchern. Sie alle stellen die Frage nach dem gegenwärtigen Stand der Industrialisierung und ihrer künftigen Entwicklung. Gemeinsam ist solchen Untersuchungen auch, dass sie einen immer enger werdenden Zusammenhang zwischen der Entwicklung der Technik und den Wissenschaften, vor allem den Naturwissenschaften, annehmen. Häufig wird von einer „Verwissenschaftlichung der Technik" gesprochen, das heißt, wissenschaftliche Erkenntnisse werden häufiger und schneller für die technische Entwicklung genutzt. Wie zeigt sich diese Entwicklung in unserer Gegenwart? Welche Folgen sind zu erkennen? Wie können wir uns verhalten? An den Beispielen Energie, Information und Gentechnik kannst du auf den folgenden Seiten Einblicke in die Zukunft der Industriegesellschaft erarbeiten.

M1 Strategien der Elektroindustrie

Walter Rathenau, Vorstand der Allgemeinen Elektrizitäts-Gesellschaft (AEG), schrieb 1907:

Die älteren Industrien befassten sich mit der Herstellung einzelner Produkte nach Maßgabe des Bedarfs, der vom Konsumenten geschaffen wurde … Bei der Schaffung der angewandten Elektrotechnik handelte es sich um die Entstehung eines neuen Wirtschaftsgebietes und um eine Umgestaltung eines großen Teils aller modernen Lebensverhältnisse, die nicht vom Konsumenten ausging, sondern vom Produzenten organisiert und gewissermaßen aufgezwungen werden musste … Die Elektrizität konnte sich daher nicht darauf beschränken, lediglich Produkte zu Markte zu tragen, sie musste ihre eigenen Bedürfnisse schaffen und ihre eigenen Anwendungen unter eigener Verantwortlichkeit, unter Schaffung und Kontrolle neuer … Unternehmungen erweisen: Sie musste Zentralstationen bauen und betreiben …, sie musste Kraftübertragungsnetze ausbauen …, kurzum, sie musste sich auf einer großen Anzahl von nicht fabrikatorischen Gebieten als Unternehmerin betätigen.

Walter Rathenau, Briefe, Bd. I, 1927, S. 52. Zit. nach Praxis Geschichte, H. 5/1993, S. 30.

M2 Naturschutz kontra Fortschritt

Aus einem Aufruf des „Bundes Heimatschutz" gegen den Bau des Laufenburger Kraftwerks am Rhein, 1905:

Nach Zeitungsberichten steht die Genehmigung des derzeitigen Projektes, durch welches die dortigen Stromschnellen, eines der schönsten Landschaftsbilder Deutschlands, ja der ganzen Welt, zerstört werden soll, unmittelbar bevor. Wir wissen wohl, dass in der heutigen Zeit scharfen internationalen Wettkampfes auf industriellem Gebiet auf die Ausnützung der hier vorhandenen Wasserkräfte nicht verzichtet werden kann und verlangen daher auch nicht die gänzliche Unterlassung der geplanten Erschließung aus Rücksicht auf die Naturschönheit … Die vom Bund Heimatschutz in diesem Sinne an die beteiligten Regierungen gerichtete Bitte, vor Erteilung der … Konzession Gutachten … einzuholen …, um eine Ausnützung der Laufenburger Wasserkräfte unter tunlichster Erhaltung der Naturschönheit zu ermöglichen …, ist bisher erfolglos geblieben. Die Unterzeichneten wenden sich daher jetzt an die öffentliche Meinung von ganz Deutschland und der Schweiz mit einem Protest … gegen das jetzige Projekt.

Mitteilungen des Bundes für Heimatschutz I, 1905, S. 13 f. Zit. nach Praxis Geschichte, H. 5/1993, S. 31.

M3 **Triumph der Elektrizität,** Postkarte zur Elektrotechnischen Ausstellung in Frankfurt a. Main, 1891

M4 Sonnenenergie speichern – ein Traum

Aus der Zeitschrift „Die Gartenlaube" zur Internationalen Elektrotechnischen Ausstellung in Frankfurt, 1891:

Wird nun aber die Technik bei dem erreichten Ziele stehen bleiben? – Sicherlich nicht! Was ist also anzustreben? Einfach die unmittelbare Übertragung der Sonnenwärme in eine solche Kraft, die sich für unsere Verbrauchszwecke eignet. Jeder muss sich irgendwo, womöglich auf seinem eigenen Dache, den hellen, warmen Sonnenschein sammeln können, ihn aufspeichern, um zu gelegener Zeit damit seine Maschinen, seine Beleuchtung, seine Wärme und Kochvorrichtungen in Tätigkeit zu setzen. Die bisher schon erreichten Ziele sind so überraschend, dass wir schon ein Recht haben, dieser Träumerei ein wenig nachzuhängen!

Die Gartenlaube 1891 zur Internationalen Elektrotechnischen Ausstellung in Frankfurt a. M. Zit. nach Praxis Geschichte, H. 5/1993, S. 22.

Wer verbraucht was? (Gesamt: 8.477 Mio. Tonnen Öleinheiten)

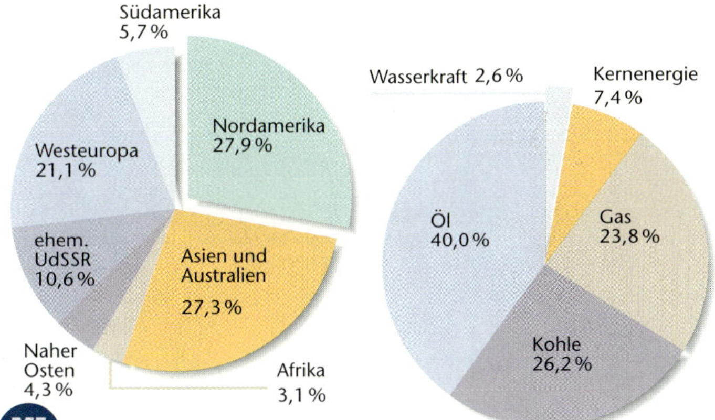

M5 Welt-Primärenergieverbrauch 1998. Primärenergien sind die natürlichen Energien wie Kohle, Wasser, Erdöl usw.

Knappheit – ein Problem unserer Ansprüche?

Lange Zeit wurden die Rohstoffvorräte unserer Erde als unerschöpfliches Vorratslager angesehen. Tatsächlich sind sie in großen Teilen – den nicht erneuerbaren Ressourcen wie Kohle, Erdöl, Erdgas – ein endliches Gut. Ob Ressourcen knapp sind, hängt von unseren Ansprüchen ab. Zu entscheiden ist immer wieder, ob ein Anspruchsniveau gesenkt werden soll oder ob eine optimale Verwendung, zum Beispiel über Recyclingvorgänge, bestehende Ansprüche erhalten kann. Als Ziel wird in der Gegenwart eine „nachhaltige" Wirtschaftsweise angestrebt, das heißt, ein Gleichgewicht zwischen ökologischen und ökonomischen Zielen.

Ökologie

Teilgebiet der Biologie, das sich mit den Wechselbeziehungen zwischen den Lebewesen (Organismen) und zwischen den Lebewesen und ihrer Umwelt befasst. In der Ökologie fließen Erkenntnisse aus verschiedenen wissenschaftlichen Bereichen zusammen. Die Ökologie ist für die Lösung von Problemen der Belastung und Schädigung der Umwelt von besonderer Bedeutung. Zeitweise wurde die Ökologie als Gegenbegriff zur „Ökonomie" (Wirtschaft) verwendet.

Energie – eine Gruppenarbeit

Die Materialien dieser Doppelseite geben nur einen kleinen Einblick in das „Problem Energie". In Gruppen könnt ihr weitere Informationen zur Geschichte und Gegenwart der Energiefrage beschaffen und auswerten. Nutzt Lexika, Fachbücher, Internet. Themenvorschläge: 1. Geschichte der Energiequellen (z. B. Wasser-, Wind-, Dampfkraft), 2. Sonnenenergie – ihre Nutzung in Vergangenheit und Gegenwart, 3. Energie sparen – aber wie? 4. Trends und Prognosen im Energieverbrauch.

1 Erarbeite anhand von M1 und M3 die Bedeutung der Elektrizität um 1900.

2 Untersuche, inwiefern der Aufruf M2 aus unserer Zeit stammen könnte. Nenne aktuelle Beispiele.

3 Beschreibe und beurteile die „Träumerei" in M4.

4 Interpretiere die Kreisdiagramme M5 anhand der Methodenseite 138 f.

5 Erkläre mithilfe der Darstellungstexte und des Begriffskastens, wie Wissenschaft, Technik und Wirtschaft miteinander zusammenhängen.

Industriegesellschaft – wohin?

M1 **Internet-Nutzer,** Fotos, 2000. Private Computer-Schule in Nigeria (oben links); Internet-Cafés im indischen Bangalore (unten links), in Taiwan (oben rechts), in Moskau (unten rechts)

1 Tauscht anhand von M1 eure Erfahrungen als Internet-Nutzer aus und beurteilt den „globalen Informationsaustausch" für eure Lebenssituation und -planung.

2 Schreibe zu den Erfindungen (M2 und Faktenkasten) jeweils auf, welche Auswirkungen sie auf das Leben der Menschen gehabt haben könnten.

3 Untersuche die Erfindungen zur Geschichte der Informationsvermittlung (M2, Faktenkasten) unter der Frage, welche Rolle Wort und Bild bei den einzelnen Erfindungen jeweils spielen.

Informationen – alles im Chip?

Immer mehr – immer schneller?

„Information" – dieser Begriff gehört wohl zu den in unserer Zeit am meisten benutzten Wörtern. Zusammen mit „Kommunikation" – im Sinne eines Austauschs von Informationen – scheint er zu zeigen, dass Information aus unserer Gesellschaft offensichtlich nicht wegzudenken ist. Manche Gesellschaftswissenschaftler sprechen sogar von „Informationshunger", von dem weite Bereiche in Staat und Gesellschaft befallen seien. Daten werden gesammelt, aufgenommen, verarbeitet, verwertet, gespeichert, aktiviert, gelöscht.

Dabei sind Informationen und ihr Austausch keine Erfindung unserer Zeit. Über sehr lange Zeit in der Geschichte der Menschen wurden Informationen mündlich weitergegeben. Die Schrift eröffnete neue Möglichkeiten, etwas Gedachtes oder Gesagtes festzuhalten und auch ohne direkten Kontakt mitzuteilen. Allerdings schufen erst die technischen Erfindungen im Laufe der Industrialisierung Möglichkeiten, immer mehr Daten immer schneller auszutauschen. Welche Chancen bieten die neuen Informationsmedien? Welche Grenzen sind zu erkennen?

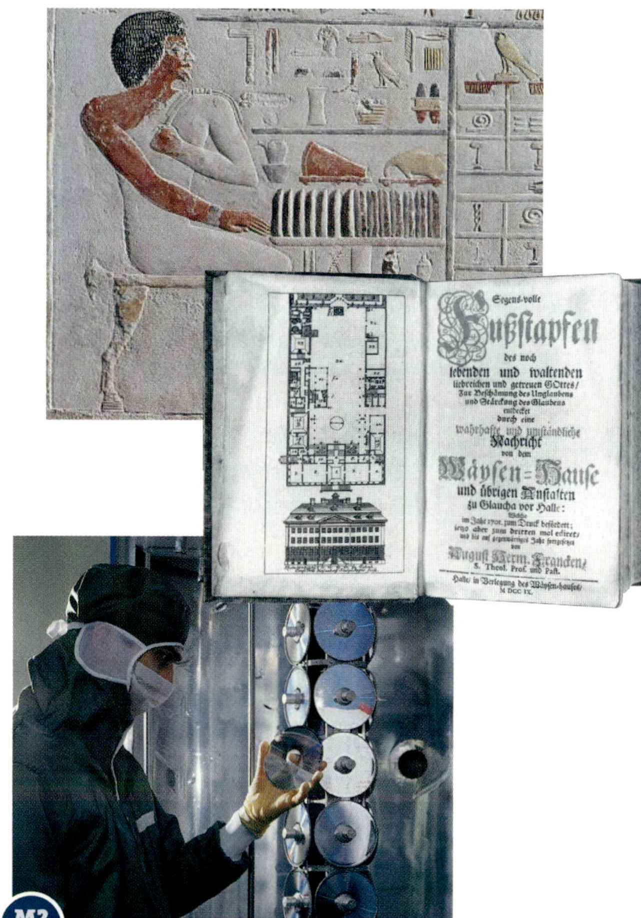

M2 **Datenträger: ägyptische Steintafel vor etwa 4450 Jahren, Papier (Buch), CDs.**

M3 Internet – das neue Universum?

Der Journalist Jörn Müller schreibt 1996:

Eines Abends, 1991, schloss ich zum ersten Mal meinen Computer über das Modem an. „CONNECT" las ich auf dem Schirm, und mit der ersten Sekunde, die ich so verbunden war, war mir, als ob ein Schleier gehoben würde: Hier ist es. Hier ist der Ort, wo die anderen sind, wo die Wörter, die Ideen herkommen. Das Modem hat unsere Welt greifbar gemacht. Es verbindet alle unsere Computer über die Telefonleitung zu Netzen. All diese Netze bilden ein Mega-Netz, das Internet … Im Netz kommen alle unsere Welten zu einem gemeinsamen Universum zusammen. Jetzt sind wir nicht mehr allein mit unseren Ideen. Und das ist es, was Cyberspace[1] wirklich bedeutet … Unsere Netze gehören uns selbst. Wir entscheiden, worüber wir reden, und jeder kann dort anbieten, was er mag … Und das ist erst der Anfang. Die Netze werden alles verändern: Erziehung, Wirtschaft, Medien, Wissenschaft, Demokratie.

Jörn Müller, Ihr habt keine Ahnung von unserer Welt. Zit. nach Wochenschau, Nr. 6/1998, S. 252 f.

1 Welt, die nur in einem elektronischen Datensystem existiert

Arbeitsfeld Multimedia 1999 M5

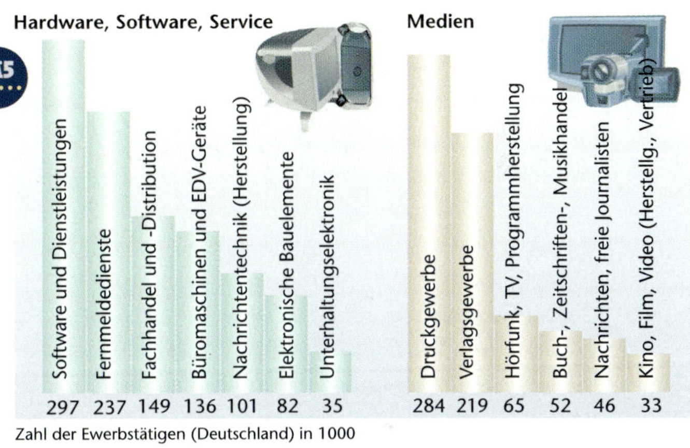

M4 Was kann der Computer (nicht)?

Hartmut Heuermann, Professor für Amerikanistik, schreibt über Computer und Informationsgesellschaft (2000):

1. Informationen sind – technisch gesehen – nichts anderes als in bestimmter Weise kodierte „inhaltsleere" Daten, und die so genannte Informationsgesellschaft ist nichts weiter als eine Gesellschaft, in der dank Computer Daten schneller und zahlreicher zirkulieren als in früheren Gesellschaften …

2. Der menschliche Geist denkt in Ideen, nicht in Informationen. Was den Menschen reifen lässt, seine Kultur entwickelt, die Wissenschaft voranbringt, die Humanität[1] steigert, sind wirkungsmächtige positive Ideen. Nur sie stiften das kreative und kritische Wissen …

3. Wenn sich Ideen auch jederzeit in Informationen umwandeln und per Computer in die Welt senden lassen, so gehen die Ideen als solche doch aus Prozessen hervor, die kein Computer simulieren[2] kann …

4. Computer sind dort exzellente[3] Helfer, wo es um die Verarbeitung von Daten und den Austausch von Informationen … geht. … Es sind armselige Krücken, wo es um die Konzeption von Ideen und die Entwicklung von Wissen … geht. Es sind komplette Idioten, wo es um Weisheit … geht.

Hartmut Heuermann, Klimbimfetischismus und Computerkult. In: Braunschweiger Zeitung vom 25. 6. 2000.

1 Menschlichkeit
2 nachahmen
3 ausgezeichnet, hervorragend

Informationsvermittlung im Überblick

Um 1450 Buchdruck mit beweglichen Lettern	**1954** Fernsehen
1609 Zeitung	**1971** Satelliten-TV
1829 Fotografie	**1978** Video und Kabel
1840 Elektrischer Telegraf	**1980** Bildschirmtext
1875 Telefon	**1981** Personalcomputer
1895 Film	**1983** CD-Spieler
1897 Drahtloser Telegraf	**1987** Digital Audio Tape
1920 Rundfunk	**1990** Digitaler Mobilfunk
1950 Tonbandgerät	**1992** CD-ROM
	Um 2000 Multimedia

4 Erarbeite die Positionen der Autoren von M3 und M4 und vergleiche sie.

5 Zeige am Beispiel „Multimedia" (M5), wie neue Arbeitsplätze geschaffen werden beziehungsweise noch entstehen könnten.

6 Schreibe zu M3 eine Ergänzung, indem du den Gedanken des letzten Satzes fortsetzt.

Industriegesellschaft – wohin?

Der Jungbrunnen, M1
Gemälde von Lucas Cranach dem Älteren, 1546

„Lebenshunger" – alles im Gen?

Größenwahn oder zweite Schöpfung?

Von schwerer Krankheit geheilt zu werden, möglichst gar nicht krank zu werden oder gar ewig jung zu sein, vielleicht durch einen Jungbrunnen, wie ihn der Maler Lucas Cranach im 16. Jahrhundert gemalt hat (M1): Davon träumen Menschen wohl seit alter Zeit. Die Entwicklung von Technik und Wissenschaft scheint uns diesem Ziel einen großen Schritt näher gebracht zu haben. Hatten die „alten" Industrien, wie die Eisen-, Stahl- und Elektroindustrie, ihre Aktivitäten auf die Beherrschung der „äußeren" Natur gerichtet und die Lebensbedingungen entscheidend verändert, so richten die „neuen" Industrien, wie die Bio- und Gentechnologie, ihre Forschungsanstrengungen auf das „Innere" von Pflanze, Tier und Mensch. Sie versuchen ihre „Baupläne" zu verstehen und greifen in die Struktur und Funktion von Organismen ein. Genauere Diagnostik, Therapie durch Gentechnik, Zucht von Organen, neue Impfstoffe und Arzneimittel sind nur einige der Ergebnisse, die von der Gentechnologie angekündigt werden. Als Motive werden zumeist wissenschaftliche Neugier, medizinische Gründe und die künftige Ernährungssituation der Menschheit genannt.
Als eine starke Triebkraft der bio- und gentechnologischen Forschung erweist sich inzwischen aber auch ein großes wirtschaftliches Interesse. Gewinnstreben der Kapitalgeber (Investoren) und die Schaffung neuer Arbeitsplätze treiben den Ausbau dieses neuen Industriezweigs voran.
Die Stimmungslage vieler Menschen schwankt gegenwärtig zwischen dem vernichtenden Urteil über das „Unternehmen Größenwahn" und dem Jubel über die Möglichkeiten einer „zweiten Schöpfung" durch die Menschen. Können wir mit dem neuen Wissen umgehen? Wohin wollen (sollen) die Menschen gehen? Verlässliche Anworten darauf gibt es zur Zeit nicht. Einige Informationen und Standpunkte kannst du auf den folgenden Seiten erarbeiten.

Biotechnologie, Gentechnologie

Die Biotechnologie nutzt die natürlichen Eigenschaften von Organismen technisch aus, indem sie zum Beispiel chemische und pharmazeutische Grundstoffe in Bakterien herstellt. Im Unterschied dazu greift die Gentechnologie in die genetischen Anlagen (das Erbgut) von Lebewesen ein. Sie bringt Lebewesen mit neuen Eigenschaften hervor und überschreitet Artgrenzen.

1 Beschreibt M1 (siehe S. 290) und tragt eure Kenntnisse und Meinungen über den Menschheitstraum „ewiges Leben" zusammen.
2 Erarbeite anhand des Darstellungstextes den Unterschied zwischen „alter" und „neuer" Industrie und kläre die Begriffe Biotechnologie und Gentechnologie (Kasten).
3 Erläutere und bewerte die im Darstellungstext angeführten Gründe für die Bio- und Gentechnologieforschung.

Genetische Forschung im Überblick

Um 1865 Gregor Johann Mendel (1822–1884) entdeckt bei Kreuzungsversuchen an Pflanzen Gesetzmäßigkeiten bei der Vererbung (Mendelsche Gesetze)
1906 Der Begriff „Genetik" wird erstmalig verwendet
1909 Wilhelm Johannsen prägt das Konzept des „Gens" für Mendels Erbfaktoren
1910 Thomas Hunt zeigt, dass Gene wie Perlen einer Kette auf den Chromosomen angeordnet sind
1944 Oswald Avery beschreibt die Substanz Desoxiribonukleinsäure (DNS) als Träger der Erbinformationen
1953 James Watson und Francis Crick bauen als räumliches Modell der DNS ihre „Doppelhelix"
1956 Die Zahl der menschlichen Chromosomen wird ermittelt: Es sind 46
1973 Erstes gentechnisch verändertes Bakterium
1977 Erstmalige Klonierung eines menschlichen Gens
1986 Erster Freilandversuch mit genetisch veränderten Pflanzen (Tabak) in den USA
1990 Beginn des internationalen „Humangenomprojekts" zur Entschlüsselung des menschlichen Erbguts
1997 Das geklonte Schaf „Dolly" wird präsentiert
1998 Zucht embryonaler menschlicher Stammzellen
1999 Menschliches Chromosom 22 entschlüsselt
2000 Das „Humangenomprojekt" gibt die Entschlüsselung des menschlichen Erbguts bekannt

M2 Der Mensch als Produkt der Technik?

Der Moraltheologe und Sozialethiker Johannes Reiter von der Universität Mainz schreibt 1997 anlässlich der Geburt des geklonten Schafs Dolly:

Mit der in Schottland erprobten technischen Methode der Klonierung ist erstmals auch das biologische Wesen Mensch in die Griffnähe dieser Technik geraten … Der Homo sapiens als Produkt der Technik: Das stellte zweifelsohne einen Verstoß gegen seine Würde dar, insofern es nämlich zur Idee des Menschen gehört, nicht Resultat der Technik zu sein, sondern Zufall der Natur … In letzter Konsequenz erweist sich das Klonen von Menschen als unmenschlich. Es widerspricht daher auch dem Menschenbild zivilisierter Gesellschaften. Das nämlich erlaubt es nicht, einen Menschen zu erzeugen, der kein Original ist, sondern eine Kopie … Die realen Interessen, die mit der Klonierung von Menschen verbunden werden, reichen von der Verfügbarkeit menschlicher Ersatzteillager für etwaige Organtransplantationen bis hin zur Ermöglichung von Gehirntransplantationen zur Heilung von Parkinson-Krankheiten. Solche Vorstellungen verdienen … schärfste Zurückweisung.

Johannes Reiter, Natur von der Stange. In: Rheinischer Merkur vom 28. 02. 1997, S. 1.

4 Erarbeite die Position von M2, liste die Argumente auf und nimm Stellung.

5 Erläutere die Entwicklung der Genforschung (Faktenkasten S. 175).

6 Auf einem früheren Foto ist Dolly allein mit dem wissenschaftlichen Leiter des Experiments zu sehen. Vergleiche die mögliche Wirkung des früheren Bildes mit M3.

7 Erarbeite Unterschiede und Gemeinsamkeiten der Überschriften zu den Themeneinheiten (S. 168, 170, 172, 174) und formuliere Antworten auf die darin enthaltenen Fragen.

Das geklonte Schaf „Dolly" mit seinem ersten Nachwuchs, Foto, 1998 **M3**

Die Industrialisierung – Überblick und offene Fragen

Faktoren der Industrialisierung

Die Industrialisierung begann in England. Diese in der Geschichtswissenschaft unumstrittene These erklärt nicht, warum ausgerechnet auf der britischen Insel eine Umwälzung der Arbeits- und Lebensbedingungen einsetzte. Vier Faktoren können als Erklärungen herangezogen werden:

1. Räumlich-klimatische Bedingungen und ein schnelles Wachstum der Bevölkerung begünstigten offensichtlich den Industrialisierungsprozess.
2. Marktwirtschaftliches Denken und Handeln sowie vorhandenes Kapital schufen eine „moderne" Landwirtschaft.
3. Technische und arbeitsorganisatorische Neuerungen – vor allem im Textilgewerbe, im Bergbau und in der Eisen- und Stahlproduktion – trieben sich wechselseitig an. Die heimgewerbliche und handwerkliche Produktionsweise wurde umgewälzt zu Gunsten einer arbeitsteiligen Fertigung in zentralen Produktionsstätten, den Fabriken.
4. Verbesserte Bildungsmöglichkeiten im England des 18. und 19. Jahrhunderts führten zu qualifizierteren Arbeitskräften und trugen damit zu einer Steigerung der Produktivität bei.

Industrialisierung in Europa

Gegenüber England wird in der Geschichtsforschung die Industrialisierung im übrigen Europa als „nachfolgende" oder auch „abgeleitete" Entwicklung bezeichnet. In der Technik und Arbeitsorganisation verlief der Wandel ähnlich wie in England. Andere Wege wurden aber im Tempo der Industrialisierung, in der Herkunft der Unternehmer, des Kapitals und in der Wirtschaftspolitik der Staaten gegangen. Das Beispiel Deutschland (Ruhrgebiet) zeigt andere Antriebskräfte, wie den Kohlenbergbau und die Eisen- und Stahlindustrie; dazu „andere" Formen der Industrialisierung wie im Minden-Lübbecker Raum. Italiens industrielle Entwicklung verdeutlicht, wie „alte" Gewerberegionen ihre Standortvorteile nutzbar machten und industrielle Reformen in Gang setzen konnten.

Partnerarbeit

a. Lest die Zusammenfassung und notiert getrennt die Kernaussagen. Fertigt einen gemeinsamen Entwurf an.
b. Entschlüsselt die Karikaturen (S. 177). Schlagt im Kapitel nach und prüft, wo sich Aussagen der Karikaturen wiederfinden.

Folgen der Industrialisierung

Der industrielle Wandel veränderte die Arbeits-, Wohn- und Lebensbedingungen grundlegend. Das Arbeitsverhältnis wurde zu einem „reinen" Lohnarbeitsverhältnis, die Arbeitskraft zur „Ware". Die Fabrikarbeit trennte Wohnung und Arbeitsplatz und bedeutete harte Arbeitsbedingungen für Frauen, Männer und Kinder. Im Laufe der Industrialisierung verbesserten sich die Lebensverhältnisse. Soziale Probleme, wie die Schutzlosigkeit bei Unfall, Krankheit usw. bewirkten eine Organisierung der Arbeiterschaft in der „Arbeiterbewegung" (Gewerkschaften und Sozialdemokratische Partei). Eine Lösung ihrer Probleme sahen Teile der Arbeiterschaft in einer Ablösung des monarchischen Obrigkeitsstaates durch einen demokratischen Staat.

Globale Industriegesellschaft

Die industrielle Wirtschaftsweise hat inzwischen weite Teile der Erde erfasst. Dabei wird immer deutlicher, dass eine weitere ungehemmte Industrialisierung die natürlichen Lebensgrundlagen aller Lebewesen gefährdet. Es ist noch nicht zu erkennen, ob der enger werdende Zusammenhang zwischen Technik und Wissenschaft eine ökonomisch, ökologisch und ethisch verträgliche Entwicklung nehmen wird.

1769 James Watt erfindet die Dampfmaschine

1785 Erfindung des mechanischen Webstuhls

1833 Kinderarbeit wird in England eingeschränkt

1847/48 Kommunistisches Manifest (Marx/Engels)

1864 Gründung des Allgemeinen Deutschen Frauenvereins

1869 Gründung der Sozialdemokratischen Arbeiterpartei

um 1770 Beginn der Industriellen Revolution in England

um 1840 Beginn der Industriellen Revolution in Deutschland

1750 – 1775 – 1800 – 1825 – 1850 – 1875 – 190[0]

Wir wiederholen zentrale Begriffe und Methoden

- Industrialisierung S. 130
- Fabrik S. 131
- Kapital, Kapitalismus S. 132
- Liberalismus S. 133
- Proletariat S. 162
- Klasse, Klassenkampf S. 162
- Sozialismus, Kommunismus S. 163
- Sozialpolitik S. 165
- Gewerkschaften S. 167
- Arbeiterbewegung S. 167
- Ökologie S. 171
- Biotechnologie, Gentechnologie S. 174
- Statistiken auswerten S. 138 f.
- Fotos analysieren S. 152 f.
- Politische Aussagen untersuchen S. 164 f.
- Ein historisches Thema erforschen S. 161

Karika-Tour durch die Industrialisierung

M1 **Industriearbeit,** französische Karikatur, um 1910

M2 **Lebensstandard,** Karikatur von Gerd Mester, 1993

M3 **Büroarbeit,** Karikatur von Tomaschoff, 1996

6. Einigkeit, Recht und Freiheit? – Deutschland im 19. Jahrhundert

„Einigkeit und Recht und Freiheit für das deutsche Vaterland", mit diesen Worten beginnt die dritte Strophe des „Liedes der Deutschen", das August Heinrich Hoffmann von Fallersleben 1841 dichtete. Sie ist heute die offizielle Hymne der Bundesrepublik Deutschland. Als Hoffmann von Fallersleben diese Verse schrieb, war ein geeintes und freies Deutschland noch eine Utopie, die aber immer mehr Anhänger fand. Die Fürsten der deutschen Einzelstaaten versuchten die nationalen und liberalen Ideen zu unterdrücken, weil sie ihre Herrschaft dadurch gefährdet sahen. Dennoch kam es 1848, wie in vielen anderen europäischen Staaten, auch in Deutschland zur Revolution gegen die Fürstenmacht: Im April trat in der Frankfurter Paulskirche ein gesamtdeutsches Parlament zusammen, dessen Abgeordnete sich zum Ziel gesetzt hatten, einen deutschen Nationalstaat zu gründen und den Bürgern mehr politische Freiheit zu sichern. Doch die Revolution scheiterte. Letztlich waren es die Fürsten selbst, die 1871 unter der Führung Preußens das Deutsche Reich gründeten und den preußischen König zum deutschen Kaiser ausriefen. Vielen erschien das Kaiserreich als die Erfüllung der deutschen Geschichte. Wurden mit der Reichsgründung von 1871 auch die Ideale der Revolution von 1848 verwirklicht?

Die Begriffe Einheit und Freiheit sollen durch dieses Kapitel leiten:

- Wie entwickelten sich die nationalen und liberalen Ideen in Deutschland von 1815 bis 1871?
- Welche Schichten der Bevölkerung engagierten sich für Einheit und Freiheit?
- Wie war das Verhältnis von Einheit und Freiheit im Kaiserreich?

1950

1919
Deutschland wird Republik

1900

1871
Gründung des Deutschen Reichs

1850

1848/49
Revolution in Deutschland

national-liberale Bewegung in Deutschland

1813–14
Freiheitskriege gegen Napoleon

1800

1789
Französische Revolution

1750

Großes Bild: **Postkarte aus dem Jahr 1909,** abgebildet ist Kaiser Wilhelm II. bei einer Truppenparade.
Links: **Anzeige einer Gebäudereiniger-Firma** in Bonn, um 1910.
Oben rechts: **Gedenkblatt an das Vorparlament in Frankfurt a/M,** Lithographie von Franz Heister, um 1848. Das Blatt zeigt die „Germania", die als Gemälde über der Rednertribüne des Paulskirchenparlaments hing.

1 Prüfe, wie auf der Postkarte die Ideen der Einigkeit dargestellt werden. Vergleiche anschließend damit die Abbildung des Gedenkblattes.

2 Erläutere, welche Beziehung Johann Jacoby zwischen den Werten Einheit und Freiheit sieht.

Der Arzt Johann Jacoby, der 1848 Mitglied des Vorparlaments gewesen war, sprach 1866 kurz nach dem Ende des Krieges gegen Österreich im preußischen Abgeordnetenhaus:

Mögen immerhin andere Völker Europas auf dem Wege der Gewalt, durch eine Art Blut- und Eisenpolitik, zu ihrer staatlichen Einheit gelangt sein, das deutsche Volk … hat von jeher solchen Einigungsversuchen erfolgreich Widerstand geleistet. Zwangseinheit, Einheit ohne Freiheit, ist eine Sklaveneinheit, die weder Wert hat noch Bestand.

Die Nation als Orientierungspunkt

Die Neuordnung Europas – enttäuschte Hoffnungen

Der Wiener Kongress

In Wien tagte vom Herbst 1814 bis in das Jahr 1815 ein Kongress der europäischen Fürsten und Staatsmänner, die darüber berieten, wie Europa nach der Niederlage Napoleons neu geordnet werden sollte. Sie folgten dabei einem einfachen Prinzip: Die Herrschaftsverhältnisse aus der Zeit vor der Revolution sollten so weit wie möglich wiederhergestellt werden. Um diese Politik abzusichern, entstand der Gedanke einer so genannten „Heiligen Allianz". Die Herrscher Russlands, Österreichs und Preußens schlossen sich zusammen, um sich „bei jeder Gelegenheit Hilfe und Beistand" zu leisten. Besonders schwierig gestaltete sich die Entscheidung, was mit den deutschen Staaten geschehen sollte. Das alte Reich wurde nicht wiederhergestellt. Stattdessen unterzeichneten die Vertreter der deutschen Könige, Fürsten und Städte am 8. Juni 1815 die „Deutsche Bundesakte". Diese Vereinbarung schuf aber nicht die von vielen erhoffte deutsche Einheit, sondern nur ein lockeres Bündnis der deutschen Staaten ohne ein gemeinsames Oberhaupt und vor allem ohne eine Verfassung. Alle Mitglieder des Deutschen Bundes unterhielten Gesandte beim Bundestag in Frankfurt. Die Grenzen zwischen den Einzelstaaten blieben bestehen.

M2 Die Ursachen der Unzufriedenheit

Gerd Eilers war zwischen 1813 und 1817 Hauslehrer in der Familie eines Frankfurter Kaufmanns und schrieb später seine Lebenserinnerungen auf. Über die Stimmung in Deutschland nach dem Wiener Kongress notierte er:

Fast alle Staatsmänner und Offiziere höherer wissenschaftlicher und politischer Bildung, mit denen ich … verkehrte, erblickten die … Ursachen der stets zunehmenden Unzufriedenheit des Volks mit den Regierungen darin, dass man die Jugend erst für die Befreiung Deutschlands und seiner Fürsten aus schmachvoller Knechtschaft begeistert und ins Feld geführt, dann aber, nachdem das Werk in nie gesehener Einigkeit einer allgemeinen patriotischen Erhebung mit Strömen unschuldigen Bluts vollbracht worden und das ganze deutsche Volk mit geheiligtem Rechte eine neue einheitliche Einrichtung der staatsbürgerlichen Lebensverhältnisse erwarten durfte, der Wiener Fürstenkongress nur zu deutlich die Tendenz verriet, jene dynastischen und hierarchischen Zustände zurückzuführen, die ein halbes Jahrhundert hindurch vor den Freiheitskriegen von der großen Mehrheit des deutschen Volks verabscheut und verhöhnt worden waren.

Zit. nach Geschichte in Quellen, Bd. 5, hg. v. Wolfgang Lautemann u.a., München (bsv) 1980, S. 75.

M1 Mitteleuropa nach dem Wiener Kongress

Die Nation als Orientierungspunkt

Wartburgfest, anonymer Holzstich, um 1880 M4

M3 Restauration

Der Staatswissenschaftler Karl Ludwig von Haller schrieb 1816 über die Ordnung eines Staates:

1. Die Fürsten … herrschen nicht aus anvertrauten Rechten … Es ist ihnen keine Gewalt von dem Volk übertragen worden …, sondern sie besitzen diese Macht … von der Natur …
2. Das Volk ist ursprünglich nicht vor dem Fürsten, sondern im Gegenteil der Fürst vor dem Volk, gleichwie der Vater vor den Kindern, der Herr vor den Dienern, überall der Obere vor den Untergebenen, die Wurzel und der Stamm vor den Ästen, Zweigen und Blättern existiert.

Zit. nach Geschichte in Quellen, Bd. 5, hg. v. Wolfgang Lautemann u.a., München (bsv) 1980, S. 70.

Das Wartburgfest: Aufbruch und Unterdrückung

1815 schlossen sich unter dem Motto „Ehre, Freiheit, Vaterland" in Halle und Jena Studenten zusammen. Ihre Vereinigung nannten sie „Allgemeine Deutsche Burschenschaft". Was die Studenten damit ausdrücken wollten, war allen, die politisch interessiert waren, klar: Eine freie nationale Gemeinschaft wollten die Studenten sein und die Schranken zwischen den deutschen Einzelstaaten sollten fallen. „Freiheit", „Vaterland" – das hatten die Studenten sich schon im Kampf gegen Napoleon auf die Fahnen geschrieben und für diese Ziele kämpften sie weiterhin.

Im Oktober 1817 lud die „Allgemeine Deutsche Burschenschaft" alle deutschen Studenten auf die Wartburg bei Eisenach ein: Den 300. Jahrestag der Reformation, aber auch den 4. Jahrestag der Völkerschlacht von Leipzig galt es zu feiern. Von den Universitäten folgten mehr als 500 Studenten und Professoren der Einladung. Schließlich kamen aber noch so viele andere Teilnehmer, dass die Veranstaltung und die Reden, die dort gehalten wurden, für Schlagzeilen in den aktuellen Nachrichtenblättern sorgten – und die Regierungen aufhorchen ließen. Nicht für jeden klang das Echo von der Wartburg angenehm, denn die verhasste Fürstenherrschaft wurde dort ebenso symbolisch verbrannt – die Zöpfe und Uniformen der Beamten, ein Polizeistock – wie die Erinnerung an Napoleon: Ein Exemplar des Code Napoléon, des Gesetzeswerkes, das unter französischer Herrschaft in den deutschen Staaten eingeführt worden war (siehe S. 117), wurde in die Flammen geworfen. Schon ein Jahr nach diesem großen Ereignis machten die Burschenschaften wieder von sich reden. Nun hatten sie ihre politischen Ziele in einem Programm niedergeschrieben. Eines dieser Ziele war, dass jeder deutsche Einzelstaat eine Verfassung erhalten sollte, so wie es in einigen wenigen bereits geschehen war, z.B. in Baden.

1 Liste die Ursachen auf, die Gerd Eilers (M2) für die „Unzufriedenheit des Volkes" anführt. Ziehe dafür auch den Darstellungstext heran.

2 Das lateinische Verb „restaurare" heißt „wiederherstellen". Erläutere anhand von M3, warum dieser Artikel so überschrieben ist.

3 Die „Verfassungfrage" wurde nach 1815 zu einem der wichtigsten Streitpunkte in der deutschen Öffentlichkeit. Erläutere anhand von M1, wie sie in den einzelnen europäischen Staaten „gelöst" war.

4 Untersuche die Abbildung M4 (Arbeitsschritte S. 290) und deute sie mithilfe des Darstellungstextes dieser Seite.

Die Nation als Orientierungspunkt

M5 Fahne der Jenaer Burschenschaft von 1816. Schwarz-Rot-Gold waren die Uniformfarben des „Lützowschen Freikorps" in den Freiheitskriegen gegen Napoleon. Zahlreiche Gründer der Jenaer Burschenschaft waren zuvor Mitglied dieses Freikorps.

M6 Die Burschenschaften

Aus den „Grundsätzen und Beschlüssen des achtzehnten Oktobers [1817]" :

Es gibt ein Norddeutschland und ein Süddeutschland, wie es eine rechte und eine linke Seite am Menschen gibt. Aber der Mensch ist eins und hat nur einen Sinn und ein Herz und Deutschland ist eins und soll nur einen Sinn und ein Herz haben … Der Wille des Fürsten ist nicht das Gesetz des Volkes, sondern das Gesetz des Volkes soll der Wille des Fürsten sein … Freiheit und Gleichheit ist das Höchste, wonach wir zu streben haben … Aber es gibt keine Freiheit als in dem Gesetz und durch das Gesetz, und keine Gleichheit als mit dem Gesetz und vor dem Gesetz … Das Recht, in freier Rede und Schrift seine Meinung über öffentliche Angelegenheiten zu äußern, ist ein unveräußerliches Recht jedes Staatsbürgers, das ihm unter allen Umständen zustehen muss. Dieses Recht muss das Wahlrecht des Bürgers ergänzen, wenn er die reelle Freiheit behalten soll … Von dem Lande oder Ländchen, in welchem wir geboren sind, wollen wir niemals das Wort Vaterland gebrauchen. Deutschland ist unser Vaterland.

Hans Ehrentreich, Heinrich Luden und sein Einfluss auf die Burschenschaft, in: Quellen und Darstellungen zur Geschichte der Burschenschaft und der deutschen Einheitsbewegung, Bd. 4, Heidelberg (Winter) 1913, S. 118.

M7 Was wollten die Burschenschaften?

Heinrich von Gagern, Heidelberger und Jenaer Burschenschafter, wurde 1848 Präsident der Frankfurter Nationalversammlung. 1818 schrieb er an seinen Vater:

Die Burschen also in diesem Geiste haben in ihrem Burschenleben eine ganz andere Tendenz[1]. Vaterlandsliebe ist bei ihnen das leitende Prinzip; das Vaterland … glücklich zu machen, mehr Nationalität, … bessere Verfassungen zu erstreben ihr Zweck …
Nun wirst du, mein teurer Vater, als verständiger Beobachter sagen: Das ist alles gut und schön, aber auf was zielt das alles in der Wirklichkeit? Wie wollt ihr es in Deutschland? Was sind eure politischen Ansichten? … Wir wünschen unter den einzelnen Staaten Deutschlands größeren Gemeinsinn, größere Einheit in ihrer Politik …; keine eigne Politik der einzelnen Staaten, sondern das engste Bundesverhältnis; überhaupt, wir wünschen, dass Deutschland als ein Land und das deutsche Volk als ein Volk angesehen werden könne … Wir wünschen eine Verfassung für das Volk nach dem Zeitgeiste und nach der Aufklärung desselben, nicht, dass jeder Fürst seinem Volke gibt, was er Lust hat und wie es seinem Privatinteresse dienlich ist.

Heinrich von Gagern, Deutscher Liberalismus im Vormärz: Briefe und Reden 1815–1848. Hg. v. Bundesarchiv und der Hessischen Historischen Kommission Darmstadt, Göttingen (Musterschmidt) 1959, S. 58ff.

1 erkennbare Absicht

„Der Denkerclub", Karikatur, um 1820 M8

Gegen den „Universitätsunfug“: die Karlsbader Beschlüsse

Am 23. März 1819 erstach der Theologiestudent und Burschenschafter Karl Ludwig Sand in Mannheim den damals sehr bekannten Schriftsteller August von Kotzebue, der in der Presse die politischen Ziele der Burschenschaften öffentlich kritisiert hatte. Das Verbrechen bot dem österreichischen Staatskanzler Metternich die erhoffte Gelegenheit, gegen den „Universitätsunfug“, wie er es nannte, mit aller Härte vorzugehen. Er lud die Vertreter der Landesregierungen in die böhmische Stadt Karlsbad ein. Das Ergebnis dieses Treffens waren die „Karlsbader Beschlüsse“, die eine strenge Überwachung aller Studenten und Professoren an den Universitäten vorsahen. Außerdem wurde eine Zentraluntersuchungskommission eingerichtet, die revolutionäre Umtriebe in den deutschen Ländern unterbinden sollte. Kritiker wurden als so genannte „Demagogen“ (= Volksverführer) verfolgt. Sie verloren ihre Arbeit, Professoren ihre Lehraufträge. Die Presse wurde ebenfalls kontrolliert: Ein neues Gesetz schrieb in allen Ländern strenge Zensur* vor.

Die Reaktionen auf den Druck „von oben“ waren unterschiedlich: Flucht ins Ausland, Rückzug in das Privatleben oder in Kunst und Literatur (Biedermeier) als Ersatz für politische Aktivitäten. Aber nicht wenige Menschen setzten sich nun erst recht für ihre politischen Interessen ein.

M9 Gedrucktes wird zur „heißen Sache“

Wie sich die Zensurbestimmungen nach den Karlsbader Beschlüssen auf den Alltag der Menschen auswirkten, zeigt die Kindheitserinnerung eines Wiener Bürgers:

Es war im ersten Frühjahr um die Mittagszeit, die Mutter stand in der Küche, ich neben ihr. In der Bratröhre schmorte ein mächtiger Kalbsbraten … Da stürmt jemand die Treppe hinauf; es ist der Vater, der kurz zuvor ausgegangen war. Einige Minuten darauf schießt er, sehr aufgeregt, den Arm mit Makulatur[1] beladen, in die Küche und stößt mit großer Hast das bedruckte Papier in den Küchenherd, dass die Flammen hoch auflodern. Gleichzeitig erscheint von der Hofseite her ein so genannter „Grenzjäger“ mit Militärkappe und Gewehr und springt auf den Ofen los, um die hineingeworfenen Papierstöße hervorzuziehen. Das will ihm der Vater wehren und es gibt einen wilden Auftritt. Den Grenzjäger verleitet seine Aufregung zur größten Unvorsichtigkeit, er greift mitten hinein in die Flammen, zieht aber beide Hände schrecklich verbrannt zurück. Der wilde Angreifer windet sich jetzt vor Schmerz und jammert ganz erbärmlich. Den Vater hat auch der Zorn verlassen, er leert eine Flasche Olivenöl auf einen Teller und beginnt dem Manne die verbrannten Hände zu salben, die Mutter ist hinausgelaufen und bringt aus dem Nähzimmer Watte herbei … Endlich läuft der Grenzjäger mit den verbrannten, eingewickelten Händen jammernd davon. Was bedeutete dies alles? Mein Vater war ein Abonnent des – natürlich verbotenen – „Nürnberger Correspondenten“. Allwöchentlich brachte Cuhlmann die Nummern; von diesem holte sie mein Vater, um sie auf einsamem Spazierwege zu lesen. Aber längst war er schon dieser Gesetzesübertretung verdächtig.

Alfred Meißner, Geschichte meines Lebens, Bd. I, Wien und Teschen (Prochaska) 1884, S. 9 f.

1 fehlerhafte Druckbögen

5 Erarbeite aus M6 die wichtigsten Programmpunkte, indem du die Aussagen zu „Slogans“ umformulierst.

6 Welche Ziele weist Gagern in M7 den Burschenschaften zu?

7 Teilt die Klasse in drei Gruppen. Untersucht arbeitsteilig an M8, M9 und M10 die Folgen der Karlsbader Beschlüsse und wie sie gewertet werden. Vergleicht eure Ergebnisse.

Die Nation als Orientierungspunkt

M10 Misstrauen regiert

Heinrich von Gagern (siehe S. 182) kehrte 1823 nach einem langen Aufenthalt in den Niederlanden zurück und beschrieb seine ersten Eindrücke von der Heimat:

Die Ströme, die Berge, die alten Türme erkenne ich noch, aber die Menschen nicht mehr … Als ich hier anfangs, noch unbekannt mit den neuen Verhältnissen, nach alter Gewohnheit von der Politik des Tages reden wollte, erhielt ich kaum eine Antwort; der eine wich aus, der andere brach ab, viele stahlen sich weg. – Wo niemand über öffentliche Angelegenheiten öffentlich spricht, da ist gewiss keine Freiheit …
Die Zeitungen stehen alle unter strenger Zensur, sie sind so bleich, dass ein geübtes Auge dazu gehört, um einen Unterschied der Farbe zu erkennen … Man hat die Universitäten ihrer Freiheit beraubt … Ausgezeichnete Lehrer sind entfernt – in den Hörsälen der Philosophie, der Geschichte, des Staatsrechts horcht der Verdacht … Überall ist die Polizei mit ihren Spionen tätig – selbst die Briefe werden geöffnet.

Heinrich von Gagern, Das Leben des Generals Friedrich von Gagern, Bd. 1, Leipzig (Winter) 1856, S. 270 ff.

M11 Zensur – was ist das eigentlich?

Der Historiker Dominik Westerkamp erläutert 1999:

Unter Zensur im formellen Sinn versteht man eine inhaltliche Überprüfung von Schriften durch staatliche Stellen, deren Entscheidung durch Verwaltungs- oder Strafsanktionen durchgesetzt werden kann. Informelle Zensur ist solche, die nicht durch staatliche Stellen durchgeführt wird, sondern von privater Seite … Selbstzensur schließlich meint die Entscheidung des Autors, sich entgegen seinen ursprünglichen Absichten bei dem von ihm Geschriebenen zu beschränken … Die Vorzensur ist die strengstmögliche Form der Zensur: sie bedeutet inhaltliche Überprüfung der Schrift vor Erteilung der Erlaubnis zum Abdruck. Nachzensur hingegen meint die Überprüfung des Druckwerks nach Druck und Vertrieb, also nachdem sie an die Öffentlichkeit gelangt ist … Unter der Prohibitivzensur[1] ist ein Zustand zu verstehen, bei dem die Pressefreiheit grundsätzlich gewährleistet ist, sie aber durch Anordnungen … eingeschränkt zu werden vermag.

Dominik Westerkamp, Pressefreiheit und Zensur im Sachsen des Vormärz, Baden-Baden (Nomos) 1999, S. 6 f.

1 lat. prohibere = abwehren

M12 **Familienbild,** Gemälde von Johann Michael Neder, 1836

Zensur heute

Das Grundgesetz der Bundesrepublik Deutschland schützt Meinungs- und Pressefreiheit als Grundrechte des Menschen. Was bedeutet das? Darf die Presse (z. B. die Schülerzeitung) alles schreiben, was sie will? Oder gibt es Grenzen – Zensur? Informiert euch z. B. bei der Redaktion der Schülerzeitung, der Schulleitung, im Schulgesetz und im Grundgesetz. Berichtet in der Klasse.

8 Erarbeite mithilfe von M11 die verschiedenen Formen der Zensur und untersuche, welche nach den Karlsbader Beschlüssen in den deutschen Ländern angewendet wurden.

9 In Bildern des Biedermeier wird oft das „kleine Glück“ dargestellt. Zeige an M12, was damit gemeint ist.

10 Überlege, wie a) ein politisch aktiver Student, b) ein preußischer Adliger auf ein Bild wie M12 reagiert haben mag.

M1 **Der Zug auf das Hambacher Schloss** am 27. Mai 1832, Radierung, 1832

Das Hambacher Fest – eine staatsfeindliche Demonstration?

Die Freiheit beschworen ...

Am 29. Juli 1833 begann vor dem Geschworenengericht im pfälzischen Landau der Prozess gegen Johann Georg August Wirth, Philipp Jacob Siebenpfeiffer und andere Wortführer des Hambacher Festes. Die Anklage warf ihnen vor, zum Sturz der Regierung aufgerufen zu haben. Die Journalisten Wirth und Siebenpfeiffer hatten mit einigen Gleichgesinnten Männer und Frauen zu einem „deutschen Nationalfest" eingeladen, das am 27. Mai 1832 auf der Schlossruine im pfälzischen Hambach stattfinden sollte. Hier wurde alljährlich am 26. Mai das Fest zu Ehren der bayerischen Verfassung gefeiert, die einige Freiheiten brachte, die Macht des Königs aber nicht antastete. Mehr als 25 000 Menschen waren dem Aufruf Siebenpfeiffers und Wirths gefolgt – Studenten, Bauern aus der Umgebung, Arbeiter, Bürger aus allen deutschen Staaten und dem Elsass. Auch Polen, die 1830/31 nach einem gescheiterten Aufstand aus ihrer Heimat geflohen waren, nahmen am Hambacher Fest teil. Die Teilnehmer der Veranstaltung schmiedeten Pläne für ein national geeintes Deutschland und forderten Freiheit und Gerechtigkeit – für Männer und Frauen. Wie lässt sich erklären, dass so viele Menschen dem Aufruf gefolgt waren? In Frankreich war es im Juli 1830 zur Revolution gekommen, nachdem König Karl X. versucht hatte, die politischen Rechte der Bevölkerung und die Pressefreiheit einzuschränken. Karl X. musste zurücktreten und das Parlament setzte einen neuen König ein. Dieser legte einen Eid auf die Verfassung ab und durfte Regierungsentscheidungen nur noch mit Zustimmung des Parlaments treffen. Der Funke der Revolution sprang schnell über: In Polen und Belgien brachen Unruhen aus und in den deutschen Staaten sahen sich besonders die Bürger darin bestärkt, mehr politische Rechte und Freiheiten einzufordern.

... die Freiheit verloren

Der bayerische König war entschlossen, mit dem Prozess gegen die Organisatoren von Hambach ein warnendes Beispiel zu geben: Die Geschworenen waren so ausgewählt worden, dass Wirth, Siebenpfeiffer und ihre Mitangeklagten mit ihrer Verurteilung rechnen mussten. Doch es kam anders: Das Gericht gestattete ihnen, sich so zu verteidigen, wie es das – in der Pfalz seit der Herrschaft Napoleons geltende französische – Recht vorsah. In mehrstündigen Reden trugen Siebenpfeiffer und Wirth den Geschworenen und applaudierenden Zuhörern im Gerichtssaal ihre politischen Ideen vor. Der Prozess endete mit einem Freispruch. Die Regierung in München gab sich damit aber nicht zufrieden. Siebenpfeiffer und Wirth wurden wenig später wegen Beamtenbeleidigung angeklagt und vor Polizeigerichte gestellt. Dort erhielten sie die Höchststrafe: zwei Jahre Haft. Siebenpfeiffer gelang die Flucht in die Schweiz, während Wirth seine Strafe verbüßte. Er zog anschließend nach Frankreich und in die Schweiz, von wo aus er 1847 nach Deutschland zurückkehrte.

M2 „Hinauf, Patrioten! Zum Schloss!"

Philipp Jakob Siebenpfeiffer hatte 1832 für 300 Handwerksburschen folgendes Lied gedichtet, das während des Zuges zum Hambacher Schloss gesungen wurde:

Hinauf Patrioten! Zum Schloss, zum Schloss!
Hoch flattern die deutschen Farben:
Es keimet die Saat und die Hoffnung ist groß,
Schon binden im Geiste wir Garben:
Es reifet die Aehre mit goldnem Rand,
und die goldne Erndt' ist das – Vaterland.

Wir sahen die Polen, sie zogen aus,
Als des Schicksals Würfel gefallen;
Sie ließen die Heimath, das Vaterhaus,
In der Barbaren Räuberkrallen:
Vor des Czaren finsterem Angesicht
Beugt der Freiheit liebende Pole sich nicht.

Auch wir, Patrioten, wir ziehen aus
In fest geschlossenen Reihen;
Wir wollen uns gründen ein Vaterhaus,
Und wollen der Freiheit es weihen:
Denn vor der Tyrannen Angesicht
Beugt länger der freie Deutsche sich nicht.
...
Drum auf, Patrioten! Der Welt sei kund,
Dass eng, wie wir stehen gegliedert,
Und dauernd wie Fels der ewige Bund,
Wozu wir uns heute verbrüdert.
Frisch auf, Patrioten, den Berg hinauf!
Wir pflanzen die Freiheit, das Vaterland auf.

Zit. nach Johann Georg August Wirth, Das Nationalfest der Deutschen zu Hambach, Neustadt a. d. H. 1832, Nachdruck der Orig.-Ausg., Neustadt a. d. W. (Meininger) 1981, S. 12 f.

M3 Halstuch, Leinenbatist, 1832. Die Tücher wurden nach dem Hambacher Fest in der Schweiz produziert und erfreuten sich in Deutschland großer Beliebtheit. Unter den 16 abgebildeten Männern sind unter anderem Karl von Rotteck, Karl Theodor Welcker, Philipp Jakob Siebenpfeiffer, Silvester Jordan, Ludwig Uhland, Johann Georg August Wirth zu sehen. In den vier Ecken finden sich – in Frauengestalten – die Gerechtigkeit, die Weisheit, die Tapferkeit und die Besonnenheit.

1. Erarbeite anhand des Darstellungstextes S. 185 die Machtverhältnisse zwischen den Organisatoren des „Nationalfestes" und der bayerischen Regierung.
2. Das Hambacher Fest wird von manchen Historikern als „Massendemonstration" bezeichnet. Überprüfe anhand von M1 und des Darstellungstextes (S. 185), ob dieser Ausdruck passt. Vergleiche mit dem Wartburgfest (S. 181).
3. Informiere dich über die auf M3 abgebildeten Personen in einem Lexikon. Berichte, welche Rolle sie zu ihrer Zeit spielten.
4. Untersuche M3 mithilfe der Arbeitsschritte S. 259. Überlege, warum gerade diese Frauengestalten abgebildet sind.

M4 Was die Zukunft bringen soll

Aus der Rede Philipp Jakob Siebenpfeiffers auf dem Hambacher Fest (1832):

4A Und es wird kommen der Tag, ... wo der Deutsche vom Alpengebirg und der Nordseee, vom Rhein, der Donau und der Elbe den Bruder im Bruder umarmt, wo die Zollstöcke und die Schlagbäume, wo alle Hoheitszeichen der Trennung ... und Bedrückung verschwinden samt den Konstitutiönchen ... wo der Beamte ... mit der Volksbinde sich schmückt ... Wo das deutsche Weib, nicht mehr die dienstpflichtige Magd des herrschenden Mannes, sondern die freie Genossin des freien Bürgers, unsern Söhnen und Töchtern schon als stammelnden Säuglingen die Freiheit einflößt ... Wo der Bürger ... dem Gesetze gehorcht und auf den Tafeln des Gesetzes den eigenen Willen liest und im Richter den frei erwählten Mann seines Vertrauens erblickt.

Beide Quellen zit. nach Johann Georg August Wirth, Das Nationalfest der Deutschen zu Hambach, Neustadt a. d. H. 1832, Nachdruck der Orig.-Ausg., Neustadt a. d. W. (Meininger) 1981, S. 34 f. und 41 ff.

Aus der Rede Johann Georg August Wirths auf dem Hambacher Fest:

4B Wenn ... die reinsten, fähigsten und muthigsten Patrioten über die zweckmäßigste Reform unsres Landes sich verständiget und zugleich sich verbunden haben, um durch eigene Journale die öffentliche Meinung des Gesammtvolkes ... zu gewinnen, ... wenn auch solche Männer den Nationalstolz, das Gefühl der Bürgerwürde und die Flamme der Freiheitsliebe durch die Gluth begeisternder Rede in allen deutschen Gauen erwecken, ... wenn endlich die guten Bürger in den lichtern Gegenden unseres Landes das Wirken solcher Männer durch die Verbreitung deren Schriften öffentlich und im Stillen unterstützen; ja, fürwahr, dann wird, dann muss das große Werk gelingen, die verrätherische Gewalt wird vor der Weihe der Vaterlandsliebe und der Allmacht der öffentlichen Meinung in den Staub sinken, Deutschland wird die Freiheit und den Frieden sehen, es wird zur herrlichsten Macht und Größe emporblühen.

M5 „Hambach": ein Fall für die Regierung

Am 10. Juni 1832 schrieb der österreichische Staatskanzler Metternich an seinen Gesandten in Berlin, Graf v. Trauttmannsdorf:

Der 28.te Artikel der Wiener Schlussakte bestimmt Folgendes: Wenn die öffentliche Ruhe und gesetzliche Ordnung in mehreren Bundesstaaten durch gefährliche Verbindungen und Anschläge bedroht sind und dagegen nur durch Zusammenwirken der Gesamtheit zureichende Maaßregeln ergriffen werden können, ist der Bundestag befugt und berufen, nach vorgängiger Rücksprache mit den zunächst bedrohten Regierungen, solche Maaßregeln zu berathen und zu beschließen.
Dieser ... Fall liegt nun vor ... Ich rechne mit aller Zuversicht darauf, dass beide Höfe [in München und Berlin] in demselben Geiste die Revolution fest in das Auge fassen, um ihren Untergang auf diesem allein möglichen Wege herbeizuführen.

Zit. nach Veit Valentin, Das Hambacher Nationalfest, Berlin (Historisch-politischer Verlag) 1932, S. 142 f.

Plakate entwerfen

Entwerft gemeinsam in der Klasse ein „Hambacher Stimmungsbild“: Schreibt die wichtigsten Forderungen der „Hambacher“ auf Plakate. Diskutiert, welche Teilnehmer (siehe Darstellungstext) wohl applaudierten – und warum. Schreibt ihre Namen auf Karten und klebt diese hinter die Aussagen. Wertet anschließend aus, z. B: Wer hat am meisten applaudiert, wer wurde bzw. fühlte sich gar nicht angesprochen?

5 Erarbeite aus M2 Einzelheiten, die die Anklage im Prozess gegen Siebenpfeiffer wohl vorgebracht hat.

6 Untersuche die Argumentation der Redner in M4A und M4B mithilfe des Modells zur Quellenanalyse S. 113.

7 Überlege, ob die Formulierung „Die Nation als Orientierungspunkt“ (Überschrift dieser Themeneinheit) auf das Hambacher Fest zutrifft.

Die Revolution von 1848/49

Armut treibt Männer und Frauen auf die Barrikaden

Brotkrawall in Stuttgart

Zwei Frauen waren angeklagt, am Brotkrawall (3. Mai 1847) teilgenommen und die Umstehenden „zum Widerstand" angestachelt zu haben. „Sie bewaffneten sich mit Lattenstücken, sprangen dem Militär nach, schimpften über das Militär und schrien ‚Halbbatzen Reiter' (Halbbatzen meint: bezahlte Handlanger der Obrigkeit), sie hetzten das Volk auf, indem sie immer demselben zuriefen ‚ihr seyd keine Kerle, ihr Hosenscheißer'. Überhaupt machten sie ein abscheuliches Spektakel" – so schilderte der Fuhrmann Knauer vor dem Stuttgarter Gericht das Verhalten der Wäscherin und Näherin Beate Calwer und ihrer Schwester Friederike. Die Unruhen hatten vor dem Haus des Bäckers Meyer begonnen: Eine johlende und pfeifende Menge, deren Stimmführer Frauen aus der Unterschicht waren, protestierte mit ihrer „Katzenmusik" dagegen, dass der Bäcker sich seit Tagen weigerte, Brot zu backen. Er wartete nämlich darauf, so sagten es Gerüchte, dass die Brotpreise angehoben würden. Später flogen Steine; berittene Soldaten gingen mit Säbeln und Gewehren gegen die Demonstranten vor, die sich durch Barrikaden zu schützen versuchten.
Das traurige Ergebnis dieser Protestaktion waren ein Toter, mehrere Verletzte und mehr als hundert Festnahmen. Davon gab es zahlreiche in jenen Jahren – vor allem seit 1845, als die Grundnahrungsmittel Brot und Kartoffeln so teuer wurden, dass viele Menschen sie nicht mehr bezahlen konnten.

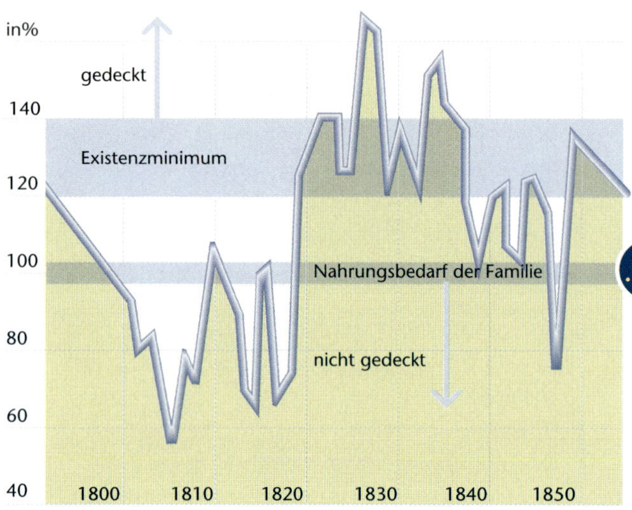

Die schlesischen Weber wehren sich

Besonders schlimm war die Lage der Weber in Schlesien: Hier nutzten viele Unternehmer das Überangebot an Arbeitskräften und die Situation auf dem Warenmarkt, um immer niedrigere Preise für die handgewebten Waren zu zahlen. Die Weber und ihre Familien lebten in bitterster Armut. Im Juni 1844 brach in Schlesien ein Aufstand aus: Mehrere tausend Weber schlossen sich in Gruppen zusammen und gingen mit Gewalt gegen die Fabrikanten vor. Schließlich griff das preußische Militär ein. Viele Weber wurden verhaftet und zu langen Zuchthausstrafen verurteilt. In welcher sozialen und wirtschaftlichen Lage lebten die Weber? Welche Ziele verfolgten sie mit diesem gemeinsamen Protest?

Industrialisierung und Massenarmut

Die technischen Erfindungen der Industrialisierung machten es möglich, dass Waren, die bisher von Handwerkern in Einzelarbeit angefertigt worden waren, seit Beginn des 19. Jahrhunderts maschinell in großer Stückzahl hergestellt wurden (siehe Kapitel Industrialisierung). Von der wirtschaftlichen Entwicklung – vor allem in England – und der Konkurrenz durch billige amerikanische Baumwolle waren vor allen Dingen die Textilarbeiter betroffen. Viele Handwerker mussten ihre Werkstätten, oft sogar ihren Beruf aufgeben und als ungelernte Arbeiter in Fabriken ihren Lebensunterhalt verdienen. Andere wurden Heimarbeiter, die im Auftrag von Verlegern* tätig waren. In den 1830er-Jahren stieg die Zahl der Arbeitssuchenden in allen deutschen Staaten dramatisch an. Die daraus folgende Massenarmut wurde als Pauperismus* (lat. pauper = arm) bezeichnet. Viele Menschen sahen für sich in der Heimat keine Zukunft mehr: Sie wanderten aus – die meisten in die USA.

M1 **Die Kaufkraft der Bauarbeiterlöhne in Leipzig 1800–1850.** Der Prozentsatz gibt an, in welcher Höhe der Jahreslohn eines Zimmergesellen den Nahrungsbedarf einer 5-köpfigen Familie deckte.

M2 Zeitungen berichten über die Ereignisse in Schlesien

Der Weber-Aufstand 1844 in Schlesien wurde von vielen Zeitungen gemeldet – nur in Schlesien war jede Berichterstattung darüber verboten.

2A *Bericht der „Aachener Zeitung" (11. Juni 1844):* Wahrlich, die Not muss unerträglich gewesen sein! ... Das Handlungshaus Zwanziger u. Söhne hatte sich seit langer Zeit durch die gewöhnliche, leinwandkaufmännische Menschenfreundlichkeit den Webern ... verhasst gemacht ... Die Leidenschaft gebiert Dichter und so war denn auch unter den Webern ... ein Spottgedicht entstanden, in dem sich ihre Gesinnung gegen den hartherzigen Fabrikbesitzer sehr erbittert kundgab ... [Schließlich] verliert der Chef die Geduld und lässt einige der ärgsten Schreihälse festnehmen. Die Nachricht hiervon verbreitet sich wie ein Lauffeuer. Die Menge der Weber vergrößert sich von Minute zu Minute ... Mit Schreien und Toben dringen sie an, zerschmettern die Türen, sämtliches Mobiliar und bemächtigen sich der Kasse, deren Inhalt sie unter sich verteilen. Die Bewohner des Palais hatten sich vorher geflüchtet. Von dort ziehen die Anführer zu einem anderen Fabrikanten ... Dieser weiß aber die Gefahr abzuwenden, indem er eine namhafte Summe Geldes unter die Leute verteilt.

2B *Bericht der in Berlin erscheinenden „Vossischen Zeitung" (22. Juni 1844):* Der Verlust, welchen die Brüder Dierig erlitten, ist sehr bedeutend ... In Langenbielau handelte es sich nicht um ein Rachewerk und Volksgericht, sondern um Raub und Plünderung ... Die Herren Dierig waren sehr beliebt in der ganzen Gegend ... und verehrt von allen ihren 4000 Arbeitern ... gutmütig, leutselig, eine Stütze der Bedrängten, Helfer der Armen, haben sie zu keiner Zeit ... die Löhne herabgesetzt ... Man befürchtet, dass sie ihr Geschäft aufgeben und sich nach so bitterer Erfahrung in das Ausland übersiedeln möchten. Unsere Industrie ... würde dadurch einen schweren Schlag erleiden.

Beide Quellen zit. nach Lutz Kroneberg/Rolf Schlösser, Weber-Revolte 1844, Köln (Leske) 1979, S. 155 f. und 190.

M3 Das Elend in Schlesien, Karikatur aus der Münchener Zeitschrift „Fliegende Blätter", 1848

1. Erarbeite, vor welchem Hintergrund die Brotkrawalle in Stuttgart stattfanden (Darstellungstext S. 188). Nimm M1 zu Hilfe.
2. Erarbeite aus dem Darstellungstext, M2A und M3 die wirtschaftliche und soziale Situation der Weber.
3. Vergleiche, wie M2A und M2B das Vorgehen der Fabrikanten und der Aufständischen werten. Suche nach Erklärungen für die Unterschiede und nimm Stellung.
4. Entschlüssele M3 mithilfe der Arbeitsschritte S. 103.
5. Stelle Vermutungen über die Folgen der Ereignisse für die Lage in anderen Gegenden des Deutschen Bundes an. Denke auch an die Rolle der Zeitungen.

Dichter werden politisch aktiv

„Politisch Lied – ein garstig Lied“?

Viele Künstler – ob sie schreiben, zeichnen, oder komponieren – sehen den Wert ihrer Arbeit nicht allein darin, das Publikum zu unterhalten. Sie wollen ihm auch ganz bestimmte Botschaften vermitteln. Häufig enthalten ihre Werke politische Aussagen: über das Zusammenleben der Menschen, über Werte, die den Künstlern wichtig sind, über das „Oben“ und „Unten“ in der Gesellschaft oder über Entscheidungen von Regierungen. Künstler sind häufig kritisch. Dies war auch in den 30er- und 40er-Jahren des 19. Jahrhunderts so.

1 Erarbeite aus M1 die „politischen Botschaften“ des Dichters. Für wen bezieht er Partei?

2 M3 hat in der Geschichte aus unterschiedlichen Gründen Kritik erfahren. Besprecht: Woran nahm 1841 die preußische Regierung Anstoß? Warum wurde das Lied 1945 von den Siegern des Zweiten Weltkriegs verboten? Warum wird heute nur die dritte Strophe gesungen?

3 Sucht aktuelle Lieder, deren Texte politisch-kritisch sind. Legt zunächst fest, was ihr als „aktuell“, als „politisch“ bzw. „kritisch“ bezeichnet, und einigt euch, ob ihr euch auf deutsche Texte beschränkt oder z. B. auch englische einbezieht.

M2 **Heinrich Heine**, Strichzeichnung, um 1830

M3 Das Lied der Deutschen (1841)

August Heinrich Hoffmann von Fallersleben (1798–1874), Professor für deutsche Sprache und Literatur, wurde 1842 wegen seiner politischen Einstellung entlassen und aus Preußen ausgewiesen. Das folgende Lied wurde 1922 deutsche Nationalhymne, 1945 verboten. Seit 1952 ist die dritte Strophe die offizielle Hymne der Bundesrepublik Deutschland:

1. Deutschland, Deutschland über alles,
Über alles in der Welt,
Wenn es stets zu Schutz und Trutze
Brüderlich zusammenhält;
Von der Maas bis an die Memel,
Von der Etsch bis an den Belt:
Deutschland, Deutschland über alles,
Über alles in der Welt!
[…]
3. Einigkeit und Recht und Freiheit
Für das deutsche Vaterland!
Danach lasst uns alle streben
Brüderlich mit Herz und Hand!
Einigkeit und Recht und Freiheit
Sind des Glückes Unterpfand:
Blüh im Glanze dieses Glückes,
Blühe, deutsches Vaterland!

Zit. nach Theodor Echtermeyer, Deutsche Gedichte, hg. v. Benno von Wiese, Düsseldorf (Schwann-Bagel) 1982.

M1 Die armen schlesischen Weber (1844)

Heinrich Heine (1797–1856) kritisierte in vielen Gedichten die Politik und Kleingeistigkeit seiner Zeit. 1831 ging er als Journalist nach Paris und blieb aus politischen Gründen dort bis zu seinem Tod. Das folgende Gedicht verfasste Heine für ein Flugblatt:

Im düstern Auge keine Träne,
Sie sitzen am Webstuhl und fletschen die Zähne:
Altdeutschland, wir weben dein Leichentuch,
Wir weben hinein den dreifachen Fluch -
Wir weben, wir weben!

Ein Fluch dem Gotte, dem blinden, dem tauben,
Zu dem wir gebeten mit kindlichem Glauben;
Wir haben vergebens gehofft und geharrt,
Er hat uns geäfft und gefoppt und genarrt –
Wir weben, wir weben!

Ein Fluch dem König, dem König der Reichen,
Den unser Elend nicht konnte erweichen,
Der uns den letzten Groschen erpresst,
Und uns wie Hunde erschießen lässt –
Wir weben, wir weben!

Ein Fluch dem falschen Vaterlande,
Wo nur gedeihen Schmach und Schande,
Wo nur Verwesung und Totengeruch –
Altdeutschland, wir weben dein Leichentuch,
Wir weben, wir weben!

Zit. nach Heinrich Heine, Sämtliche Gedichte in zeitlicher Folge, 5. Aufl., Frankfurt a. M. (Insel) 1997, S. 466 f.

1848: Revolution in Deutschland

M1 **Kampf zwischen Bürgern und Soldaten** in Berlin am 18. und 19. März 1848, aus der Bilderbogenserie „Das merkwürdige Jahr 1848" von Gustav Kühn, 1848.

„Für die Freiheit!" – „Auf die Barrikaden!"

Ein Augenzeuge, der sich in der Nacht vom 18. zum 19. März 1848 in Berlin an der „Großen Barrikade" aufgehalten hatte, berichtete später: „Über jeder Leiche erneuerte sich der Racheschwur ihrer Mitkämpfer. [Schließlich] wurde die Besatzung der Barrikade durch die furchtbare Wirkung der Artillerie gezwungen, die Verteidigung aufzugeben." Barrikadenkämpfe gab es nicht nur in Berlin: In vielen Städten lieferten sich Militär und Aufständische blutige Gefechte. Bei den Opfern handelte es sich meist um junge Männer (Handwerker, Arbeiter, Studenten), aber auch Frauen und Kinder waren darunter.

Was hatte die Menschen auf die Straße getrieben? Im Februar 1848 hatten in Paris Handwerker und Arbeitslose ein neues Wahlrecht gefordert, das nicht nur wohlhabenden Bürgern*, sondern auch den „kleinen Leuten" erlaubte, politisch mitzubestimmen. Es kam zu blutigen Straßenschlachten, bis der französische König floh. Wie schon 1792 wurde in Frankreich eine Republik ausgerufen. Alle Männer über 21 Jahren erhielten das Wahlrecht.

Wie ein Lauffeuer verbreitete sich die Nachricht in Europa: Am 13. März löste in Wien eine Demonstration von Studenten, liberalen Bürgern und notleidenden Menschen Straßenkämpfe aus und führte zum Rücktritt der Regierung: Staatskanzler Metternich floh verkleidet aus der Stadt. Die Gunst der Stunde nutzten die Polen, Ungarn und andere nationale Minderheiten, um sich vom Habsburger Reich loszusagen – allerdings langfristig ohne Erfolg.

Viele der süddeutschen Landesherren wichen nun dem Druck der Bevölkerung und erfüllten die wichtigsten Forderungen. Friedrich Wilhelm IV., der preußische König, blieb hart. Erst als er erfuhr, dass Metternich geflohen war, stellte er eine Verfassung für Preußen in Aussicht. Doch als sich am 18. März etwa 10 000 Menschen vor dem Schloss in Berlin versammelten, um dem König zu danken, fielen zwei Schüsse. Die Menge fühlte sich verraten, griff zu den Waffen. Tags darauf lenkte der König ein. Er versprach Pressefreiheit und sagte zu, dass Preußen die Idee einer nationalen Einheit unterstützen werde. Außerdem berief er eine „preußische Nationalversammlung" ein, die eine Verfassung ausarbeiten sollte. Welche politischen Ziele verfolgten nun diejenigen, die sich als Sieger der Berliner Märzereignisse sahen?

Die Revolution von 1848/49

M2 **Friedrich Wilhelm IV.** reitet durch Berlin (März 1848), kolorierter Kupferstich, 1849

M3 Straßenschlachten in Berlin

Ende März 1848 wurde in Wien ein Flugblatt verbreitet, das die Schlachten in Berlin aus der Sicht der Aufständischen beschrieb:

Der Sturm, der mit wachsender Gewalt das königliche Schloss umbrauste, konnte nicht länger überhört werden … Es wurden sogleich Barrikaden, die sich in wenigen Stunden über die ganze Stadt ausdehnten, bis zur Zahl von 5000 errichtet, dann mit allen Glocken Sturm geläutet, das Straßenpflaster aufgerissen, mehrere Straßen mit Glasscherben bestreut, spitziges Eisen in den Boden getrieben, um der Reiterei den Weg unmöglich zu machen. Steine wurden auf die Dächer geschafft und sogar abgedeckt, siedendes Wasser und Öl war in Bereitschaft. Leute jeden Alters, Geschlechts und Standes waren dabei, und nur beim Heranrücken des Militärs entfernten sich Frauen, Kinder, Greise in die Häuser, alles Bereitgehaltene herabzuschleudern.

Zit. nach Karl Obermann, Flugblätter der Revolution. Eine Flugblattsammlung zur Geschichte der Revolution von 1848/49 in Deutschland, Berlin (dtv) 1970, S. 102 ff.

1 Lege folgende Tabelle an, mit deren Hilfe du die Unruhen von Paris, Wien und Berlin im Frühjahr 1848 einander gegenüberstellst (siehe S. 191).

Ort	Beteiligte	Verlauf	Ziele	Ergebnisse

M4 Der König und die Toten

Am 19. März musste Friedrich Wilhelm IV. sich dem Druck beugen und den toten Aufständischen die letzte Ehre erweisen. Ein Augenzeuge beschreibt die Situation:

Zuerst wurden sechs bis sieben Leichen von der Breiten Straße her nach dem Schloss angefahren. Die blutigen Wunden aufgedeckt, bekränzt mit Blumen und Laub. Die begleitende Volksmenge sang Lieder und schrie. Der König solle die Leichen sehen, hieß es. Auf den … Ruf erschien der König auf dem Altan[1], der nach dem Schlossplatz hinausführt … Alles hatte den Kopf entblößt, nur der König die Mütze auf. Da hieß es gebieterisch: „Die Mütze herab!", und er nahm sie ab. Die Leichen wurden dann durch das Schloss nach dem Dom gefahren. Alle folgenden ebenso, diese aber machten auf dem inneren Schlosshof halt, und hier musste der König ebenfalls wiederholt auf der Galerie erscheinen, die Leichen grüßen und vieles anhören. Endlich wurde ein geistliches Lied angestimmt … die ganze Volksmenge sang mit und schien versöhnt. Der König durfte sich erschöpft und vernichtet zurückziehen.

Varnhagen von Ense, 19. März 1848. Zit. nach Hans Bentzien, Unterm roten und schwarzen Adler, Berlin (Volk und Welt) 1992, S. 225.

1 Balkon

M5 … Die Ehre des Militärs gerettet

Der Bruder des preußischen Königs, Prinz Wilhelm von Preußen, floh am 24. März 1848 nach London; von dort schrieb er am 21. April an General von Prittwitz, dem Befehlshaber der Berliner Gardetruppen:

Sie können und müssen stolz darauf sein über die Tat, wie Sie den Kampf am 18. und 19. führten, stolz, so herrliche Truppen geführt zu haben … Sie haben den Ruhm, … die Ehre und den Ruhm … die Armee aus der Katastrophe, die uns getroffen hat, unbefleckt gerettet zu haben. Je schwieriger diese Aufgabe war, nach allem, was dieser Truppe zugemuthet worden ist, – im Siege abberufen zu werden, durch Wort, That und Schrift verhöhnt zu werden! –, je höher liegt ihr Verdienst! Der Gedanke ist mir theuer, dass der Geist, welcher Ihnen Ihre Aufgabe möglich machte, in der Truppe wenigstens von mir nicht unangeregt gewesen ist. Dieser Gedanke tröstet mich … bei dem Gedanken, dass das Vergangene nicht wiederkehrt!

Karl Ludwig von Prittwitz, Berlin 1848, Das Erinnerungswerk, bearb. v. Gerd Heinrich, Berlin u. a. (de Gruyter) 1985, S. 488 f.

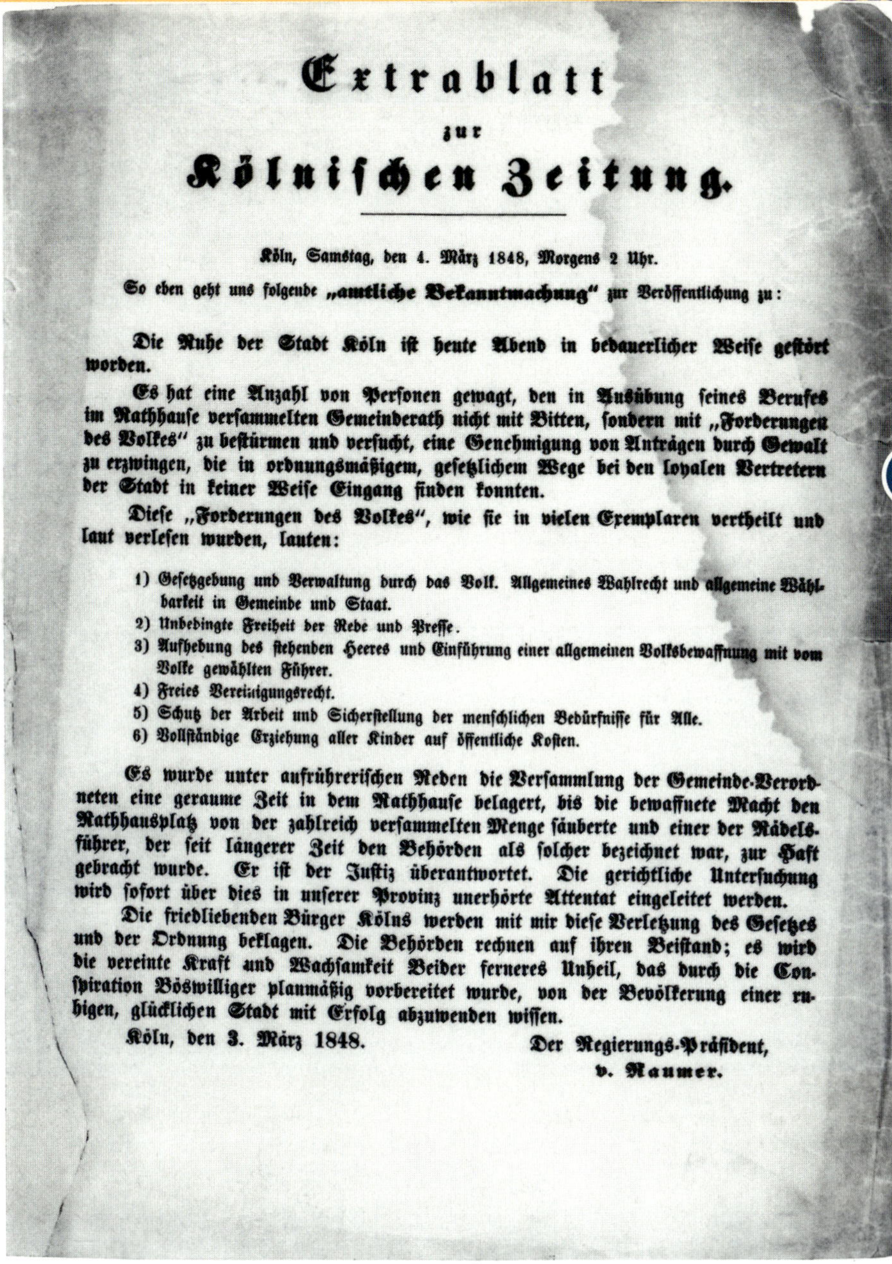

Extrablatt
zur
Kölnischen Zeitung.

Köln, Samstag, den 4. März 1848, Morgens 2 Uhr.

So eben geht uns folgende „amtliche Bekanntmachung" zur Veröffentlichung zu:

Die Ruhe der Stadt Köln ist heute Abend in bedauerlicher Weise gestört worden.

Es hat eine Anzahl von Personen gewagt, den in Ausübung seines Berufes im Rathhause versammelten Gemeinderath nicht mit Bitten, sondern mit „Forderungen des Volkes" zu bestürmen und versucht, eine Genehmigung von Anträgen durch Gewalt zu erzwingen, die in ordnungsmäßigem, gesetzlichem Wege bei den loyalen Vertretern der Stadt in keiner Weise Eingang finden konnten.

Diese „Forderungen des Volkes", wie sie in vielen Exemplaren vertheilt und laut verlesen wurden, lauten:

1) Gesetzgebung und Verwaltung durch das Volk. Allgemeines Wahlrecht und allgemeine Wählbarkeit in Gemeinde und Staat.
2) Unbedingte Freiheit der Rede und Presse.
3) Aufhebung des stehenden Heeres und Einführung einer allgemeinen Volksbewaffnung mit vom Volke gewählten Führer.
4) Freies Vereinigungsrecht.
5) Schutz der Arbeit und Sicherstellung der menschlichen Bedürfnisse für Alle.
6) Vollständige Erziehung aller Kinder auf öffentliche Kosten.

Es wurde unter aufrührerischen Reden die Versammlung der Gemeinde-Verordneten eine geraume Zeit in dem Rathhause belagert, bis die bewaffnete Macht den Rathhausplatz von der zahlreich versammelten Menge säuberte und einer der Rädelsführer, der seit längerer Zeit den Behörden als solcher bezeichnet war, zur Haft gebracht wurde. Er ist der Justiz überantwortet. Die gerichtliche Untersuchung wird sofort über dies in unserer Provinz unerhörte Attentat eingeleitet werden.

Die friedliebenden Bürger Kölns werden mit mir diese Verletzung des Gesetzes und der Ordnung beklagen. Die Behörden rechnen auf ihren Beistand; es wird die vereinte Kraft und Wachsamkeit Beider ferneres Unheil, das durch die Conspiration Böswilliger planmäßig vorbereitet wurde, von der Bevölkerung einer ruhigen, glücklichen Stadt mit Erfolg abzuwenden wissen.

Köln, den 3. März 1848.

Der Regierungs-Präsident,
v. Raumer.

M6 **Extrablatt zur Kölnischen Zeitung,** 3. März 1848 (Faksimile). Zur Fraktur-Schrift siehe Hinweise im Buchumschlag.

2 Erarbeite M1 nach den Arbeitsschritten von S. 290.

3 Erläutere, welche Informationen die Leser aus M3 erhalten. Welche Absicht war wohl damit verbunden?

Lesetipp

Klaus Kordon, 1848. Die Geschichte von Jette und Frieder, Weinheim/Basel (Beltz & Gelberg) 1997. Liebesgeschichte zwischen zwei Jugendlichen, die mitten in die politischen Unruhen des Jahres 1848 hineinführt.

4 „Die Revolution hat über die Monarchie gesiegt!" Setze dich kritisch mit dieser Aussage anhand von M4 und M5 auseinander.

5 Untersuche M6 darauf, welche Gruppen sich hinter dem Begriff „das Volk" verbergen. Mache deutlich, wie du sie „enttarnt" hast.

6 Bildet Vierer-Gruppen: Je ein Mitglied notiert sich die Forderungen, die M6 bis M9 (S. 193 und 194) nennen, und überlegt sich, welche Motive dahinter stehen. Tragt euch die Ergebnisse gegenseitig vor. Stellt ausgehend von M5 Vermutungen darüber an, wie die „Gegenseite" reagiert hat.

Die Revolution von 1848/49

M7 Forderungen von Bauern im Odenwald

1847 verbreitete angeblich der Seifensieder Adam Stoll aus Mudau im Odenwald ein Flugblatt mit dem Wortlaut:

Darum hat Gott den Hunger unter die Menschen geschickt, damit das Volk aufwache und sich einander liebe wie Brüder und auch wie Brüder miteinander und einer für den anderen streite; wir wollen auch nur sagen, weswegen die Revolution entstehen soll:
1. Der Adel muss vernichtet werden.
2. Die Juden müssen aus Deutschland vertrieben werden.
3. Müssen alle Könige, Herzöge und Fürsten weg.
4. Müssen alle Beamten gemordet werden.
Dann wird es wieder gut in Deutschland.

Zit. nach Friedrich Lautenschlager, Die Agrarunruhen in den badischen Standes- und Grundherrschaften im Jahre 1848, Heidelberg 1915, Nachdruck: Nendeln (Kraus) 1976, S. 37.

Liberale, Demokraten

Als Liberale werden die Verfechter des politischen Liberalismus bezeichnet, der (seit dem 18. Jahrhundert) forderte: Glaubens- und Meinungsfreiheit, Sicherung der Menschenrechte und das Recht auf politische Mitbestimmung für alle Staatsbürger, – fixiert in einer Verfassung. Vorwiegend das Bürgertum* sympathisierte mit dieser politischen Ausrichtung. Auch die Demokraten wollten die Mitbestimmung aller Staatsbürger an politischen Entscheidungen, und zwar „radikaler" als die Liberalen: Allein der Wille des Volkes sollte die Politik bestimmen – entweder direkt (z. B. durch Volksentscheide) oder indirekt, durch die Stimmen von Abgeordneten. Die meisten Demokraten waren Kleinbürger, Handwerker, Arbeiter, Dienstboten und andere Berufsgruppen mit geringem Einkommen.

M8 Frauen fordern mehr Rechte

Viele politisch aktive Frauen gründeten Vereine, halfen Aufständischen, nähten Fahnen für ihre kämpfenden Männer und diskutierten die politische Lage. In einem Brief an den demokratischen Wiener Frauenclub vom 5. 9. 1848 hieß es:

Geliebte Schwestern!
Ich reiche euch aus der Ferne die Hand zum Schwesternbunde und versichere euch meine Sympathie. „Emanzipation der Frauen" sei die Perle, die wir vereint aus dem schwarzen Meere männlichen Despotismus herauszuholen gedenken … Wir fordern gleiche Berechtigung in Ausübung der Künste und Gewerbe, wozu wir ebenso befähigt sind wie die Männer. Wir wollen Advokatinnen[1] werden. Wir verspüren dazu das größte Talent; denn wir streiten sehr gern und haben immer das letzte, entscheidende Wort … Wir wollen Hörerinnen der Staatspolitik sein, aber nie Mitsprecherinnen, wenigstens nicht öffentlich … Wir wollen einen Verein bilden für gute, wohltätige Zwecke … Wir wollen Bildungsschulen für deutsche Hausfrauen … Wir wollen darauf bedacht sein, … den verderblichen Putz aus unseren Kreisen zu bannen. Wir wollen mit gutem Beispiel vorangehen und namentlich in unseren Versammlungen ganz einfach erscheinen …
Ein deutsches Weib

Zit. nach Gerlinde Hummel-Haasis (Hg.), Schwestern zerreißt eure Ketten, München (dtv) 1982, S. 150 f.

1 Rechtsanwältinnen

M9 Was die Arbeiter wollen

Viele Arbeiter und Handwerker kämpften auf den Barrikaden, aber ein politisches Programm hatten sie zu Beginn der Revolution nicht. Was sie motivierte, sich in die Kämpfe einzumischen, formulierte am 8. April 1848 die „Deutsche Arbeiter-Zeitung":

Was … die Arbeiter wollen, ist: Menschen sein – Menschen im wahren Sinne des Wortes, Menschen in geselliger und politischer Hinsicht, die arbeiten, aber auch genießen wollen. Schauet auf die Arbeiter, und sehet, dass so viele von ihnen gedrückter und übler dran sind als die Negersklaven in den Kolonien. Arbeiten, schwer arbeiten, sechs Tage in der Woche, Woche für Woche, Monat für Monat, Jahr für Jahr bis Körper und Seele verkümmert ist, und was dafür? – Dafür: Kaum Sattessen, kaum ordentliche Bekleidung, eine dürftige, ungesunde, elende Wohnung, keine ordentliche Erholung, wenig oder gar keine Mittel zur ordentlichen Kindererziehung – und wenn dann das Alter kommt, früher wie bei anderen Menschen durch Anstrengung, Sorge und Not herbeigeführt, oder wenn Siechtum oder sonst ein Unfall bei der Arbeit den Arbeiter zum Krüppel gemacht, – dann keine Zuflucht, keinen Ort, wo der Abgequälte sein Haupt ruhig hinlegen kann, – keine andere Lebensaussicht für Weib und Kind als – elende Armenunterstützung.

Deutsche-Arbeiter-Zeitung, Nr. 1 (8. April 1948). Zit. nach Jürgen Bergmann, Wirtschaftskrise und Revolution, Stuttgart (Klett-Cotta) 1986, S. 74 f.

M1
Einzug der Mitglieder des Vorparlaments in die Frankfurter Paulskirche,
kolorierte Lithographie von Jean Nicolas Ventadour, 1848

Die Nationalversammlung arbeitet die Verfassung aus

Eine „Versammlung von Träumern"?

Die Fürsten aller deutschen Einzelstaaten hatten den Märzforderungen der Revolutionäre nachgegeben, Liberale in die Regierungen aufgenommen und Verfassungen versprochen. Doch eine Forderung, vielleicht die wichtigste, war noch offen: die nationale Einheit – repräsentiert durch ein gesamtdeutsches Parlament. Um die Wahl der Nationalversammlung vorzubereiten, kamen 500 angesehene Männer und Abgesandte der Volksvertretungen aller deutschen Staaten nach Frankfurt. Sie beschlossen: Alle erwachsenen männlichen Deutschen, die eine selbstständige Tätigkeit ausübten, bestimmten die Volksvertreter in geheimer und direkter Wahl. Allerdings hielten sich nur wenige Einzelstaaten daran. In Bayern z. B. war die Wahl nicht geheim. Parteien, wie wir sie heute kennen, gab es 1848 nicht. Deshalb war oft nicht die politische Einstellung der Kandidaten ausschlaggebend für ihre Wahl, sondern ihre Bekanntheit bzw. ihr guter Ruf.
„Professorenparlament", „Versammlung von Träumern" – so bezeichneten viele Kritiker die Frankfurter Nationalversammlung, die im Mai 1848 zum ersten Mal zusammentrat. Der Historiker Wolfgang Siemann widerspricht diesen Urteilen: „Aus vielen spricht bare Unkenntnis über die tatsächliche Arbeit dieses ersten deutschen Parlaments." Was meint er damit? Worauf beziehen sich die Kritiker der Nationalversammlung?

Eine Verfassung für alle Deutschen

Die zentrale Aufgabe der ersten deutschen Nationalversammlung, die wegen ihres Versammlungsortes auch „Paulskirchenparlament" genannt wird, war die Ausarbeitung einer Verfassung. Dafür galt es zunächst zu klären: Sollte das geeinte Deutschland Monarchie bleiben oder Republik werden? Wer sollte das Recht haben zu wählen: Männer und Frauen? Nur Männer? Oder nur Bürger*? Und wie sollten die Machtverhältnisse im künftigen Deutschen Reich geregelt werden: Welche Rechte blieben den Einzelstaaten, welche mussten sie der neuen Zentralregierung übertragen? Auch das Gebiet des neuen Staates war noch festzulegen: Sollten die deutschsprachigen Gebiete des Habsburgerreichs dazugehören („Großdeutsche Lösung") oder nicht („Kleindeutsche Lösung")?
Nach langen Debatten wurde am 28. März 1849 die Verfassung des Deutschen Reiches verabschiedet – und zwar auf der Grundlage der „Kleindeutschen Lösung" und unter Beibehaltung der Monarchie: Der preußische König Friedrich Wilhelm IV. war gewählt worden; er sollte Kaiser der Deutschen werden. Der jedoch hatte inzwischen alle Zugeständnisse an die Liberalen und Demokraten wieder zurückgenommen und eine eigene Verfassung für Preußen angeordnet. Die Kaiserkrone lehnte er ab. Hatte die Nationalversammlung in ihrer Arbeit versagt?

Die Revolution von 1848/49

M2 Medaille zur Eröffnung der Nationalversammlung am 28. Mai 1848, Silber, 1848. Auf der Rückseite der Münze ist eine Schwurszene abgebildet. Die Umschrift lautet: „Vereint, vereint, bis zum Meeresstrand/ein Volk, eine Sprache, ein deutsches Land“.

M3 Die Berufe der Abgeordneten

Die Abgeordneten der Frankfurter Nationalversammlung gehörten folgenden Berufsgruppen an:

173 Verwaltungsbeamte
124 Lehrer und Professoren
110 Richter und Staatsanwälte
106 Rechtsanwälte
56 Unternehmer und Kaufleute
43 adlige und bürgerliche Großgrundbesitzer
35 Akademiker ohne Berufsangabe („Schriftsteller“)
29 Offiziere und Diplomaten
23 Ärzte
20 Journalisten
16 evangelische Pfarrer
4 Handwerkermeister
3 Bauern
(44 können nicht zugeordnet werden)

Zusammengestellt nach Hans-Ulrich Wehler, Deutsche Gesellschaftsgeschichte. Bd. 2, 2. Aufl., München (C.H.Beck) 1989, S. 739 f.

Die geplante Reichsverfassung 1849

In der Verfassung, die die Frankfurter Nationalversammlung am 28. 3. 1849 verabschiedete, die jedoch nie in Kraft trat, fanden sich u. a. folgende Regelungen:

1. Das deutsche Reich, für das die Verfassung gelten soll, besteht aus dem Gebiet des bisherigen Deutschen Bundes.
2. Das deutsche Reich soll ein Zoll- und Handelsgebiet bilden; alle Binnenzölle entfallen.
3. Reichsoberhaupt wird einer der regierenden deutschen Fürsten. Der Titel des Reichsoberhauptes lautet: Kaiser der Deutschen.
4. Der Reichstag besteht aus dem Staatenhaus und dem Volkshaus: Das Staatenhaus wird gebildet aus den Vertretern der deutschen Staaten, die durch die Regierung und die Volksvertretung der betreffenden Staaten ernannt werden. Das Volkshaus setzt sich aus gewählten Vertretern des deutschen Volkes zusammen.
5. Der Reichstag beschließt die Reichsgesetze und legt den Reichshaushalt fest.
6. Das Wahlrecht haben alle deutschen Männer über 25 Jahren, die einer selbstständigen Tätigkeit nachgehen. Ausgeschlossen sind Empfänger von Armenunterstützung, Dienstboten, Handwerksgehilfen, Fabrikarbeiter und Tagelöhner.

Grundrechte des deutschen Volkes:

Vor dem Gesetz gilt kein Unterschied der Stände. Der Adel als Stand ist aufgehoben. Alle Standesvorrechte sind abgeschafft ... (§ 137)

Die Freiheit der Person ist unverletzlich ... (§ 138)

Die Wohnung ist unverletzlich ... (§ 140)

Jeder Deutsche hat das Recht, durch Wort, Schrift, Druck und bildliche Darstellung seine Meinung frei zu äußern. (§ 143)

Die Deutschen haben das Recht, sich friedlich und ohne Waffen zu versammeln; einer besonderen Erlaubnis bedarf es nicht. (§ 161)

1 „Professorenparlament“ – überprüfe anhand von M3, ob diese Kennzeichnung der Nationalversammlung zutreffend ist. Überlege, wer den Begriff geäußert haben mag.

2 Erarbeite mithilfe von M4, welche Argumente aus Sicht der Verfasserinnen für, aus Sicht vieler Männer gegen die Anwesenheit von Frauen im Parlament sprachen.

3 Vergleiche die Grundrechte der Deutschen (Kasten) mit der Deklaration der Menschenrechte 1789 (S. 100). Welche Unterschiede fallen dir auf? Lies auch in der Verfassung der Bundesrepublik nach (Buchumschlag).

M4 Frauen betreten die politische Bühne

Nicht im Parlament selbst, aber auf der Zuhörergalerie der Paulskirche waren Frauen zugelassen – für viele ein erster und notwendiger Schritt in Richtung Gleichberechtigung. In der württembergischen Abgeordnetenkammer dagegen blieb die Galerie den Frauen weiterhin verschlossen.

4A *Eine Leserin an die demokratische württembergische Zeitung „Die Sonne" über ihren Besuch in der Paulskirche (15. 6. 1848):* In kurzer Zeit waren Vorplatz und Stiege besetzt, voll der angesehensten Damen und Herren. Wurde dann geöffnet, kam man halb tot auf dem Platze an und die Damen strichen sich gegenseitig mit kölnisch Wasser die Schläfe. Ich habe mich aber auch noch nie besser unterhalten als hier; oft kam man neben gebildete Männer, die sich belehrend über die jetzigen Zeitverhältnisse unterhielten, Aufschlüsse gaben über dieses und jenes, was mich interessierte, und so verstrich die Zeit, wir wussten nicht wie.

4B *Eine Stuttgarterin in einem offenen Brief an den liberalen Kammerpräsidenten (2.11.1848):* Oh, schnöder Konservativismus! ... Wir wissen den Wert eines Kompliments zu schätzen, mit dem man uns die Türe vor der Nase zuschlägt, die Türe zu der „zu unbequemen und engen" Galerie ... Finden wir den Raum zu unbequem, ... dann werden wir schon selbst so frei sein wegzubleiben. Aber die Galerie ist auch zu eng, sagen Sie, es muss daher das Privilegium der Männer gewahrt und diesen der wenige Raum vorbehalten werden. Es wäre ja töricht, den kostbaren Platz an Frauen zu verschwenden; sie haben ja doch keine Teilnahme, kein Verständnis für die Verhandlungen. Es ist besser, wenn sie zu Hause sitzen, ihre Haushaltung besorgen und nach ihrer Wäsche sehen, statt nach der unsrigen.

M4A und M4B zit. nach Carola Lipp (Hg.), Schimpfende Weiber und patriotische Jungfrauen, 2. Aufl., Baden-Baden (Nomos) 1998, S. 292f.

M5 Die Nationalversammlung im Urteil

Der Historiker Wolfram Siemann schreibt 1998 über die Nationalversammlung:

Hier trafen sich der Gutsbesitzer aus Hinterpommern, ... ein bekannter Prager Nationalökonom[1], ein ... orienterfahrener Gelehrter sowie berühmte Repräsentanten der Literatur und Wissenschaft ... Alle Kontraste der Mentalität und des Temperaments, der Nationalität von den Deutschfranzosen bis zu den Deutschslawen waren hier aufgeboten, sich für ein künftiges Deutsches Reich auf eine gemeinsame Verfassung zu einigen ... Es gleicht einem Wunder, dass das Parlament angesichts schwer wiegender innerer und äußerer Zerreißproben mit seinem Verfassungswerk nicht scheiterte; die lang andauernden Verhandlungen stifteten zwar keineswegs nur Konsens[2], wohl aber ein gemeinsam nationales Bewusstsein ...
Lange Zeit hat man übersehen, wie die Paulskirchenversammlung binnen kürzester Zeit eine hoch entwickelte parlamentarische Praxis ausbildete: Fraktionen vom konservativ-liberalen bis zum demokratisch-republikanischen Flügel bündelten den Willen der vielen einzelnen Abgeordneten zu handlungsfähigen Mehrheiten.

Wolfram Siemann, Griff nach der Nation. In: ZEIT Punkte Nr. 1/1998, S. 53 f.

1 Volkswirtschaftler 2 Übereinstimmung

M6 Blick in die Frankfurter Nationalversammlung, kolorierte Lithographie, 1848

4 Überlege, welche Bevölkerungsgruppen ihre Märzforderungen in der Verfassung von 1849 (Kasten) verwirklicht sahen und welche nicht.
5 Erarbeite die „Botschaft" von M2.
6 Hat die Nationalversammlung versagt? Untersuche, zu welchem Urteil M5 kommt. Erläutere, inwieweit du dem Autor zustimmst.

Die Fürsten schlagen zurück

Während in der Frankfurter Paulskirche die Abgeordneten um eine zukunftsweisende nationale Verfassung rangen, verloren in den Jahren 1848/49 auf anderen Schauplätzen Tausende ihr Leben im Kampf für politische Freiheit, für nationale Unabhängigkeit und persönliche Rechte: Die alten Machthaber hatten sich nach dem „Revolutionsschock" ihrer Stärke erinnert und setzten das Militär ein, wann immer Unruhen drohten. Aufständische Republikaner, die in Sachsen, im Rheinland, in Baden und in der Pfalz für die Reichsverfassung kämpften, um wenigstens dieses Ergebnis der Revolution zu retten, wurden hingerichtet oder zu langen Zuchthausstrafen verurteilt. Wer fliehen konnte, wanderte aus: in die Schweiz oder nach Amerika.

Die Landesherren der deutschen Staaten schränkten die Rechte der Parlamente ein und erließen Verfassungen, die ihnen ihre Macht sicherten. Sogar die Grundrechte der Paulskirchen-Verfassung wurden wieder aufgehoben. Als der preußische König die Kaiserkrone verweigerte, verließen viele Abgeordnete die Nationalversammlung. Etwa 100 republikanisch orientierte Parlamentarier flohen nach Stuttgart und bildeten dort ein „Rumpfparlament". Im Juni 1849 musste es dem Militär weichen und löste sich, in sich zerstritten, auf. 1850 vereinbarten die preußische und die österreichische Regierung, den Deutschen Bund wiederherzustellen. War die deutsche Revolution am Ende ohne Ergebnis geblieben?

M7 'S ist wieder März geworden

In Baden und in der Pfalz wurden demokratische Aufstände durch preußische Truppen im Sommer 1849 mit brutaler Härte beendet. Ihr Scheitern war das Thema vieler Volkslieder:

'S ist wieder März geworden –
Vom Frühling keine Spur!
Ein kalter Hauch aus Norden
Erstarret rings die Flur.
…
Der März ist wohl erschienen.
Doch ward es Frühling? – nein!
Ein Lenz kann uns nur grünen
Im Freiheitssonnenschein.

Seht hier den „Wütrich" thronen,
Beim „Tausendguldenkraut",
Dort jene „Kaiserkronen" –
Die „Königskerze" schaut!

Wie zahlreich die „Mimosen",
Das „Zittergras", wie dicht. –
Doch freilich „rote Rosen" –
Die kamen diesmal nicht.

Demokratisches Liederbuch, Stuttgart 1898. Zit. nach Zupfgeigenhansel: Volkslieder 3, Dortmund (pläne) 1977, S. 26.

M8 Friedrich Wilhelm lehnt die Krone ab. Karikatur aus den „Satyrischen Zeitblättern", 1849. Die Unterschrift lautet: „Soll ich? – Soll ich nich? – Soll ich?! – Knöppe, ihr wollt! – Nu jerade nich!!"

7 Suche ausgehend von M8 nach möglichen Gründen für Friedrich Wilhelms IV. Weigerung, die Kaiserkrone anzunehmen.

8 Versuche die Botschaften zu entschlüsseln, die M7 vermitteln will. An wen wendet sich der Liedtext?

M9 Ist die Revolution gescheitert?

Zwei Historiker urteilen über die Revolution 1848/49:

9A *Dieter Langewiesche (1985):* Die europäischen Revolutionen scheiterten, doch sie blieben nicht folgenlos. Die „Bauernbefreiung" überdauerte das Ende der Revolutionen und die Arbeiterschaft hatte einen Politisierungsprozess erfahren, der nicht mehr rückgängig zu machen war ... Zu den Lernerfahrungen ..., die die europäischen Arbeiter in den Revolutionsjahren machten, gehört auch die Erkenntnis, dass ihre Forderungen nach sozialen Reformen und nach voller staatsbürgerlicher Gleichberechtigung von großen Teilen des Bürgertums abgelehnt wurden. Und das Bürgertum nahm als prägende Erfahrung aus den Revolutionsjahren mit, dass sich die zu politischem Selbstbewusstsein erwachte Arbeiterschaft nicht mehr lenken ... ließ ...

Auch das europäische Bürgertum kam nicht mit leeren Händen aus der Revolution ... Zu den wichtigsten Folgen des Revolutionsschocks zählte vielmehr die erhöhte Bereitschaft der Regierungen zur ... Modernisierung, die vor allem im wirtschaftlichen Bereich Möglichkeiten zur Zusammenarbeit mit dem Bürgertum bot.

9B *Ernst Engelberg (1998):* Die Niederlage von 1849/49 ließ viele demokratisch gesinnte Menschen resignieren oder emigrieren. Manche passten sich den alten Ordnungen wieder an und übernahmen geistige Leitbilder, die nichts gemein hatten mit dem Optimismus der Vormärzsituation ...

Doch trotz des politischen Sieges der traditionellen Mächte – so leicht war es nicht, den Geist der Heiligen Allianz wiederaufleben zu lassen ... Immerhin hatte die Revolution so viele Kräfte in Bewegung gebracht, dass selbst nach dem politischen Rückschlag vieles, vor allem der ökonomische Fortschritt, nicht aufzuhalten war. Auch um seinetwillen musste das Testament der Revolution von 1848 verwirklicht werden: die nationale Einheit und die Befreiung von nationaler Unterdrückung. Diese Ziele erreichten Deutschland, Italien und Ungarn in den Jahren 1864 bis 1871 durch die von Preußen ausgehende Revolution von oben.

M9A: Dieter Langewiesche, Europa zwischen Restauration und Revolution, München (Oldenbourg) 1985, S. 111.
M9B: Ernst Engelberg, Sturm über Europa. In: ZEIT Punkte Nr. 1/1998, S. 11.

M10 **Gedenkblatt für das Jahr 1848,** kolorierte Zeichnung, Nürnberg, 1849

9 Erarbeite M10 entsprechend den Schritten auf S. 290 (zur Schrift siehe Buchumschlag).

10 Vergleiche die Positionen M9A und M9B. Worin stimmen sie überein? In welchen Punkten weichen sie voneinander ab?

Der Weg zum Nationalstaat

M1 **Die wilde Jagd,** Karikatur aus der österreichischen Zeitung „Der Floh“, Dezember 1870. Der preußische König Wilhelm I. braust als Triumphator in seinem Siegeswagen über die Schlachtfelder. Sein Ministerpräsident Bismarck, der die Fahne „Blut und Eisen“, „Gewalt vor Recht“ hochhält, hetzt zusammen mit dem zweifach dargestellten Tod die drei Rosse.

Durch Krieg zur Einheit

Bismarck und die Reichsgründung

Die Revolution von 1848/49 und die damit verbundenen Freiheitsziele und nationalen Vereinigungsbestrebungen waren zwar gescheitert, beide Ideen, besonders die eines deutschen Nationalstaates, aber längst nicht aus der Welt geschafft. Eine wichtige Rolle spielte dabei Otto von Bismarck, der seit 1862 preußischer Ministerpräsident war.

M2 Eisen und Blut statt Mehrheitsbeschlüsse

Vor der Budgetkommission des preußischen Abgeordnetenhauses machte Bismarck am 30. September 1862 folgende Bemerkung:

Nicht auf Preußens Liberalismus sieht Deutschland, sondern auf seine Macht: Bayern, Württemberg, Baden mögen den Liberalismus dulden, darum wird ihnen noch keiner Preußens Rolle anweisen; Preußen muss seine Kraft … zusammenhalten auf den günstigen Augenblick, der schon einige Male verpasst ist; Preußens Grenzen nach den Wiener Verträgen sind zu einem gesunden Staatsleben nicht günstig; nicht durch Reden und Mehrheitsbeschlüsse werden die großen Fragen der Zeit entschieden – das ist der große Fehler von 1848 gewesen – sondern durch Eisen und Blut.

Otto von Bismarck, Die gesammelten Werke, Bd. 10, Berlin (Stollberg) 1928, S. 140.

Konflikt zwischen Preußen und Österreich

Neben Preußen war Österreich der zweite große Machtfaktor unter den deutschen Fürstenstaaten, und beim Ringen um die Vorherrschaft in Deutschland schien ein Konflikt der beiden Kontrahenten unausweichlich. Zunächst kämpften Österreich und Preußen 1864 noch gemeinsam in einem Krieg gegen Dänemark um den Besitz der Fürstentümer Schleswig und Holstein. Nicht ganz zwei Jahre später jedoch begann mit dem Vormarsch preußischer Truppen auf österreichisches Interessengebiet im Juni 1866 der Preußisch-Österreichische Krieg, aus dem Preußen nach nur wenigen Wochen als Sieger hervorging. Eine 1848 noch für möglich gehaltene „großdeutsche Lösung“ bei der Bildung eines deutschen Nationalstaates war durch diesen Krieg unmöglich geworden. Noch im selben Sommer forderte Preußen die norddeutschen Staaten auf, einen neuen Bund zu schließen. Er sollte innere und äußere Sicherheit garantieren und eine Bundesverfassung als Grundlage erhalten. Das Bündnis trat am 1. Juli 1867 in Kraft (Norddeutscher Bund). Parallel dazu hatte sich der neue Zollverein gebildet: Zwischen den Staaten des Norddeutschen Bundes und den vier süddeutschen Staaten waren nun alle Zollgrenzen gefallen.

1 Untersuche die Karikatur M1 mithilfe der Arbeitsschritte S. 103.
2 Stelle anhand von M3 und M4 dar, welche Hoffnungen und welche Befürchtungen von welcher Seite mit der Reichsgründung verbunden waren.
3 Beurteile, welche Rolle Otto von Bismarck im Prozess der Reichsgründung spielte (M2, Darstellungstext, Kasten).

Einheit durch Krieg!

Im europäischen Ausland sprach sich besonders Frankreich gegen die Bildung eines deutschen Staates aus. Zu groß war die Angst vor einem so mächtigen Nachbarn im Osten. Als dann auch noch ein Verwandter des preußischen Königs aus dem Hause Hohenzollern König von Spanien werden sollte, erhob Frankreich Einspruch. Obwohl die Kandidatur daraufhin zurückgezogen wurde, verlangte Frankreich vom preußischen König die Zusage, dass er nie wieder der Kandidatur eines Hohenzollernprinzen auf den spanischen Thron zustimmen würde. König Wilhelm, der sich gerade zur Kur in Bad Ems aufhielt, lehnte diese Zusage ab. Daraufhin formulierte Bismarck eine Pressemitteilung, die Frankreich in der Öffentlichkeit zutiefst beleidigen musste. Diese Provokation genügte, um Frankreich zu einem militärischen Eingreifen zu verleiten. Am 19. Juli 1870 erklärte Frankreich Preußen den Krieg.
Auch dieser Krieg endete mit einem Sieg Preußens und der anderen deutschen Staaten. Noch während der militärischen Auseinandersetzung fand am 18. Januar 1871, unter dem Eindruck des sich abzeichnenden Sieges, die feierliche Gründung des Deutschen Reiches im Spiegelsaal in Versailles statt. König Wilhelm I. von Preußen wurde zum deutschen Kaiser ernannt. Frankreich musste hohe Kriegsentschädigungen an das Deutsche Reich zahlen und zudem auch noch Elsass-Lothringen abtreten.

Otto von Bismarck

Otto von Bismarck (1815–1898) entstammte einer alten preußischen Landadelfamilie und wurde im Sinne konservativer, monarchisch geprägter Werte erzogen. Nach einem Jurastudium und einer kurzen Dienstzeit als Beamter widmete er sich der Bewirtschaftung der väterlichen Güter. Gleichzeitig betätigte er sich aktiv in den politischen Gremien seiner Heimat. Schließlich kam er als konservativer Abgeordneter in den preußischen Landtag und tat sich dort als Kämpfer gegen die Revolution von 1848 hervor. Später lernte er als Gesandter in Frankfurt, Petersburg und Paris die deutsche und europäische Diplomatie kennen. Während eines Streits zwischen preußischem Abgeordnetenhaus und Krone berief ihn König Wilhelm I. 1862 zum preußischen Ministerpräsidenten. Bismarcks aggressive Kriegspolitik nach außen und seine geschickte Diplomatie zwischen den deutschen Fürsten führten 1871 zur Gründung des Deutschen Kaiserreichs, dessen Politik er als Reichskanzler bis 1890 bestimmte.

M3 Siegestaumel

Tagebucheintrag der Baronin Spitzemberg über die Stimmung in Berlin, 3. März 1871:

Und was für ein Friede für uns Deutsche! Herrlicher und glorreicher als wir je einen geschlossen! Vereint zu einem Reiche, dem größten, mächtigsten, gefürchtetsten in Europa, groß durch seine physische Macht nicht allein, größer noch durch seine Bildung und den Geist, der das Volk durchdringt! … Glücklich sind wir, … dass wir noch jung genug sind,… um die … reichen und segensvollen Früchte zu genießen, die aus dieser unter Blut und Tränen gesäten Saat hervorgehen. Möge Gott den Geist meines Volkes also lenken, dass seine Entwicklung eine friedliche und zivilisatorische bleibe, sein Reich ein Reich des Lichts, der Freiheit, der wahren, christlichen Gesinnung sei!

Zit. nach Geschichte in Quellen, Bd. 5, hg. v. Wolfgang Lautemann u.a., München (bsv) 1980, S. 370.

M4 ... und Kritik

Der Abgeordnete der Sozialdemokratischen Arbeiterpartei August Bebel schrieb 1874 in einer Wahlkampfbroschüre:

Als am 3. März 1871 unter dem Glockengeläute und Kanonendonner für den Versailler Frieden dieser Reichstag gewählt wurde, gab es wohl viele, die hoffnungsselig ihm entgegensahen. Aber das durch „Blut und Eisen" mühsam zusammengeschweißte „Reich" ist kein Boden für bürgerliche Freiheit, geschweige für die soziale Gleichheit. Staaten werden mit den Mitteln erhalten, durch die sie gegründet wurden. Der Säbel stand als Geburtshelfer dem „Reich" zur Seite, der Säbel wird es ins Grab begleiten.

August Bebel, Die Sozialdemokratie im deutschen Reichstag, Bd. 1, Berlin (Vorwärts) 1909, S.3 f.

Historiengemälde deuten

M1 Die Proklamierung des Deutschen Kaiserreichs im Spiegelsaal zu Versailles am 18. 1. 1871, Gemälde von Anton von Werner, 1877. Der Künstler nahm im Auftrag des Hofes an der Zeremonie in Versailles teil. In den folgenden Jahrzehnten erarbeitete er vier Fassungen des Gemäldes. Das 4,30 m x 7,30 m große Bild (1. Fassung) schenkten die Fürsten Wilhelm I. zum 80. Geburtstag. Es wurde bei einem Angriff auf das Berliner Schloss im Zweiten Weltkrieg zerstört.

Bild und Wirklichkeit

Historienbilder sind „Geschichtsbilder". Oft stellen sie einen besonders Aufsehen erregenden Moment der Vergangenheit dar. In der Regel sind Historiengemälde als Auftragsarbeiten mit einer Zielsetzung entstanden. Im Mittelpunkt steht meistens eine große, handelnde Einzelpersönlichkeit, die in einem bestimmten Licht erscheinen soll. Die Erinnerung an das abgebildete Ereignis oder an die Person soll Handlungen in der Gegenwart rechtfertigen. Historiengemälde verraten uns deshalb oft mehr über die Zeit, in der sie entstanden sind, als über das abgebildete Ereignis selbst.

Arbeitsschritte Historiengemälde deuten

1. Schritt: Das Bild beschreiben

– Welches Ereignis ist dargestellt?
– An welchem Ort spielt sich das Geschehen ab?
– Welche Personen sind zu sehen? Welche stehen im Mittelpunkt?

2. Schritt: Die Entstehung des Bildes untersuchen

– Wer hat es gemalt?
– Wer hat es in Auftrag gegeben?
– Für welchen Zweck wurde es geschaffen?
– Welcher Zeitraum liegt zwischen dem Ereignis und der Entstehung des Bildes?
– Hat der Maler das Geschehen selbst miterlebt?

3. Schritt: Bild und Wirklichkeit vergleichen

– Suche nach Abbildungen (Fotos, Gemälde, Zeichnungen usw.), die das gleiche Ereignis zeigen.
– Ziehe gegebenenfalls schriftliche Informationen und Quellen heran.

4. Schritt: Die Aussage des Bildes erschließen

– Was wollte der Maler dem Betrachter zeigen? Berücksichtige, ob es Abweichungen zwischen Bild- und weiteren Quellenaussagen gibt.
– Welche Wirkung wollte der Künstler beim Publikum erreichen?
– Welche Informationen erhalten wir über das zentrale Thema des Bildes hinaus, die z. B. Aufschluss geben über politische, gesellschaftliche Verhältnisse oder über die Kultur (zur Zeit des dargestellten Ereignisses bzw. des Künstlers).

M2 **Die Proklamierung des Deutschen Kaiserreichs im Spiegelsaal zu Versailles am 18.1. 1871**, Gemälde von Anton von Werner, 1885. Das 1,70 x 2,00 m große Bild (3. Fassung) war ein Geschenk Kaiser Wilhelms I. an Bismarck zu dessen 70. Geburtstag. Es hängt heute im Bismarck-Museum in Friedrichsruh.

M3 Die Gefühle des Kaisers

Wilhelm I. schrieb am 18. Januar 1871 aus Versailles an seine Gemahlin Augusta:

Eben kehre ich vom Schlosse nach vollbrachtem Kaiserakt zurück! Ich kann Dir nicht sagen, in welcher morosen[1] Emotion ich in diesen letzten Tagen war, teils wegen der hohen Verantwortung, die ich nun zu übernehmen habe, teils und vor allem über den Schmerz, den preußischen Titel verdrängt zu sehen! In einer Konferenz gestern mit Fritz [dem Kronprinzen], Bismarck und Schleinitz [Minister des Königlichen Hauses] war ich zuletzt so moros, dass ich drauf und dran war, zurückzutreten und Fritz alles zu übertragen! Erst nachdem ich in inbrünstigem Gebet mich an Gott gewendet habe, habe ich Fassung und Kraft gewonnen!

Briefe Kaiser Wilhelms des Ersten, hg. von Erich Brandenburg, Leipzig (Insel) 1911, S. 254.

1 mürrischen

M4 Bayern und Preußen

Der bayerische Prinz Otto schrieb am 2. Februar 1871 an seinen Bruder, König Ludwig II. von Bayern:

Ach Ludwig, ich kann Dir gar nicht beschreiben, wie unendlich weh und schmerzlich es mir während jener Zeremonie zu Mute war, wie sich jede Faser in meinem Innern sträubte und empörte gegen all das, was ich mit ansah … Welchen wehmütigen Eindruck machte es mir, unsere Bayern sich da vor dem Kaiser neigen zu sehen … Alles so kalt, so stolz, so glänzend, so prunkend und großtuerisch und herzlos und leer. Endlich drängte man sich durch diese Knäuel zurück und aus dem Saale hinaus. Mir war's so eng und schaal in diesem Saale, erst draußen in der freien Luft atmete ich wieder auf. Dieses wäre also vorbei.

Michael Doeberl, Bayern und die Bismarckische Reichsgründung, München/Berlin (Oldenbourg) 1925, S. 174 f.

1 Erarbeite anhand der Arbeitsschritte eine Deutung für M1 und M2. Berücksichtige dabei die Textquellen M3 und M4.

2 Vergleiche M1 mit M2 und stelle die Unterschiede fest. Konzentriere Dich dabei auf die Hauptpersonen Wilhelm I. und Bismarck.

3 Finde Erklärungen für die von dir notierten Unterschiede.

M1 Die Verfassung des Deutschen Reiches von 1871

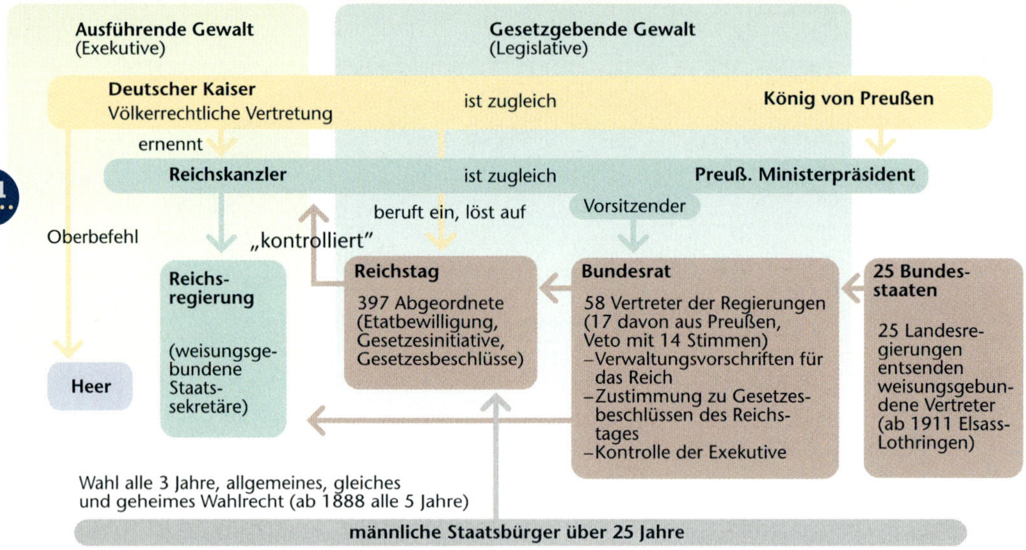

Die Verfassung von 1871: Einheit vor Freiheit und Demokratie?

Die Verfassung des Kaiserreichs

22 deutsche Fürstentümer und drei Freie Reichsstädte hatten 1871 in einem gegenseitigen Vertrag das Deutsche Reich, einen Bundesstaat*, gegründet. Die Verfassung des Reiches jedoch, die die politische Machtverteilung regelte, war unter der Regie des preußischen Ministerpräsidenten Bismarck entworfen worden. In den Jahrzehnten nach der Reichsgründung wurde sie immer wieder kritisiert. Welche politischen Merkmale und Ziele lässt die Verfassung erkennen? Wie entwickelte sich der deutsche Nationalstaat innenpolitisch?

M2 Preußen und das Reich

Freiherr von Mittnacht vor dem württembergischen Parlament am 7. Dezember 1899:

Preußen ist für sich allein eine Großmacht, der König von Preußen ist zugleich deutscher Kaiser, der preußische Ministerpräsident zugleich Reichskanzler. Preußen wird und kann niemals die politische Führung im Reiche in wichtigen Angelegenheiten, vielleicht in Lebensfragen der deutschen Nation aus der Hand geben. Wir leben … in einem Bundesstaat, in welchem ein Einzelstaat eine ganz überwiegende Macht und Bedeutung hat, und diesem Staat die Führung und Initiative in Reichsangelegenheiten zu entwinden, das möge man sich nicht zu leicht vorstellen.

Verhandlungen der Württembergischen Kammer der Abgeordneten auf dem 34. Landtag in den Jahren 1899/1900. Protokoll-Band III, Stuttgart 1900, S. 2141.

M3 Über den Reichstag

Bismarck in einem Brief an Ludwig II. von Bayern (12. August 1878):

Der Zweck des Deutschen Reiches ist der Rechtsschutz; die parlamentarische Tätigkeit ist, als der bestehende Bund der Fürsten und Städte gegründet wurde, als ein Mittel zur Erreichung des Bundeszweckes, aber nicht als Selbstzweck aufgefasst worden. Ich hoffe, dass das Verhalten des Reichstages die verbündeten Regierungen nicht zwingen wird, die Konsequenzen dieser Rechtslage jemals praktisch umzusetzen. Aber ich bin mir nicht sicher, ob die Mehrheit des jetzt gewählten Reichstages schon der richtige Ausdruck der … loyal und monarchisch gesinnten Mehrheit der deutschen Wähler ist. Sollte das nicht der Fall sein, so wird die Frage einer … Auflösung in die Tagesordnung treten.

Michael Stürmer (Hg.), Bismarck und die preußisch-deutsche Politik 1871–1890, 3. Aufl., München (dtv) 1978, S. 128f. Bearb. d.Verf.

1 Untersuche M1 (siehe Arbeitsschritte S. 79). Überlege, welche Elemente bei der Bevölkerung wohl auf Kritik stießen. Bedenke, welche Gesellschaftsgruppen sich an der Revolution von 1848 beteiligt hatten.

2 Nenne die Elemente der Verfassung, auf die sich die Kritik Mittnachts in M2 bezieht.

3 Erläutere die in M3 wiedergegebene Einschätzung. Ziehe M1 hinzu. Was erfährst du außerdem über die Befugnisse des Reichstags?

Politische Parteien im Kaiserreich

Während der Revolution von 1848/49 hatten sich Gruppen von Abgeordneten der Frankfurter Nationalversammlung, die sich durch gemeinsame Ziele und Überzeugungen verbunden fühlten, in politischen „Klubs" organisiert. Während es sich hierbei um lose Gruppierungen handelte, kam es seit den 1860er- Jahren zur Gründung von politischen Parteien*. Sie waren straffer organisiert und hatten ein festes Programm. Zu den wichtigsten Parteien im Reichstag gehörte die Nationalliberale Partei. Sie stand für Werte wie Demokratie, Rechtsgleichheit und vor allen Dingen für die nationale Einheit. Ihre Wählerschaft fand sie größtenteils bei den Industriellen und Bildungsbürgern. Die Anhänger der Linksliberalen waren vorwiegend Freiberufler und Angehörige des mittleren Bürgertums. Sie wollten u.a. dem Reichstag mehr Macht einräumen. Eine weitere große bürgerliche Partei war das Zentrum. Sie vertrat die Interessen der katholischen Bevölkerung im protestantisch dominierten Reich. Die Konservativen standen für die Interessen des Adels und der Großgrundbesitzer. Im Gründungsprogramm ihrer Partei sagten sie: „Wir legen Gewicht auf die monarchischen Grundlagen unseres Staatslebens ... Wir wollen in Provinz, Kreis und Gemeinde eine Selbstverwaltung, gegründet nicht auf das allgemeine Wahlrecht, sondern auf die natürlichen Gruppen und organischen Gliederungen des Volkes." Zu den schärfsten Gegnern der Konservativen zählte die im Mai 1875 gegründete Sozialistische Arbeiterpartei Deutschlands, die spätere SPD (siehe S. 163). Sie forderte das allgemeine, gleiche und direkte Wahlrecht für Männer und Frauen, direkte Gesetzgebung, Entscheidung über Krieg und Frieden durch das Volk und ein Volksheer.

4 Erläutere, wie Sybel die Verantwortlichkeit der Minister gegenüber dem Reichstag beurteilt (M4). Informiere dich über die heutige Stellung der Minister und des Bundeskanzlers gegenüber dem deutschen Parlament (siehe Buchumschlag).

5 Erarbeite aus dem Darstellungstext die Haltung der Konservativen und der Sozialisten gegenüber dem allgemeinen Wahlrecht. Ziehe Rückschlüsse auf ihre Einschätzung der Reichsverfassung.

6 Beschreibe M5 und nimm Stellung zu der Inschrift an dem Gebäude.

M4 Ein „persönliches Regiment"

Der Historiker und Politiker Heinrich von Sybel beschrieb in einem für eine englische Zeitschrift verfassten Aufsatz 1871 die Grundlagen des deutschen Regierungssystems:

Bleibe nicht die Regierung des Königs oder des Kaisers, wenngleich einsichtig, gemäßigt und erfolgreich, trotz alledem ein gouvernement personnel[1]? Es würde nicht viel helfen, ... anzuführen, dass wir Parlamente haben, ... ein deutsches und ein preußisches, dass wir für beide das allgemeine und wenigstens für jenes auch das gleiche, direkte und geheime Stimmrecht besitzen, ... dass sie [die Regierung] ... keine Gesetze ohne parlamentarische Zustimmung erlässt. Ohne Zweifel ist mit diesen Dingen eine Verwaltung schnurstracks gegen den deutlichen Willen des Landes auf die Dauer unmöglich. Aber nicht minder gewiss ist es freilich, dass das neue Reich kein verantwortliches Ministerium und sein Parlament kein Recht zur Ministeranklage ... besitzt. Bleibt ein ministerieller Antrag oder Gesetzentwurf in der Minorität[2], so ist der Antrag freilich beseitigt, aber kein Minister denkt deshalb daran, seine Entlassung zu nehmen oder seinem politischen Verfahren eine andere Richtung zu geben. Wir haben eine konstitutionelle Monarchie, aber wir haben keine parlamentarische Regierung.

Heinrich v. Sybel, Das neue deutsche Reich. In: Vorträge und Aufsätze, 2. Aufl., Berlin (Hofmann) 1874, S.322 ff.

1 persönliches Regiment 2 Minderheit

M5 **Der Deutsche Reichstag** in Berlin, Foto, 1990. Das Gebäude wurde 1894 eingeweiht. Abgebildet ist die Feier zur deutschen Einheit (3. 10. 1990).

Der Weg zum Nationalstaat

M6 Die Länder des Deutschen Reichs:
A. politische Entwicklung 1864 bis 1871
B. Sprachen 1914
C. Konfessionen 1914

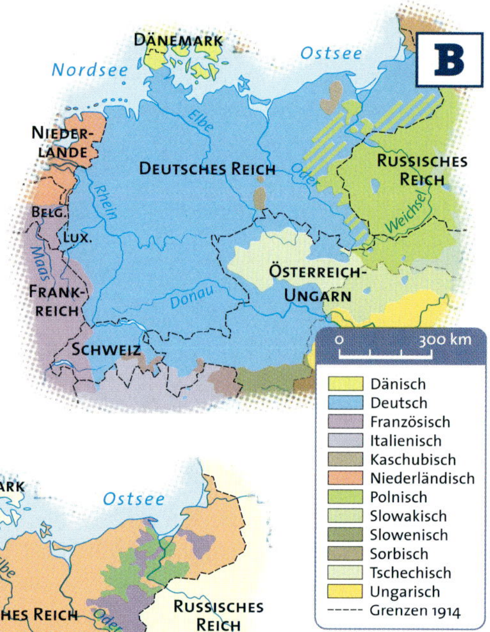

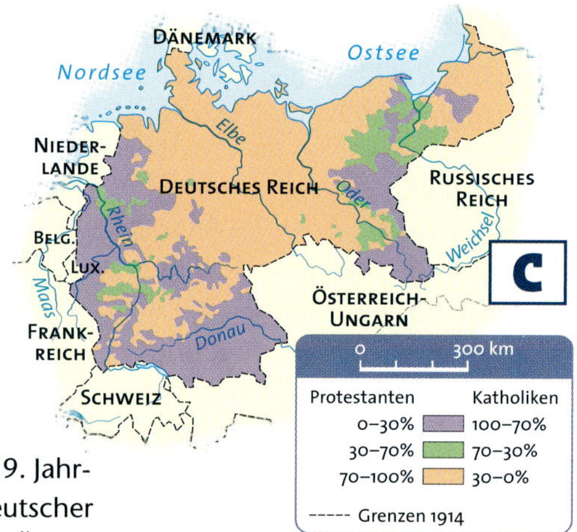

Wer gehörte zum Nationalstaat?

Das Ziel der deutschen Nationalbewegung im 19. Jahrhundert war ein Staat, in dem alle Menschen deutscher Sprache und deutscher Kultur zusammenlebten. Über die Größe und das Aussehen dieses deutschen Nationalstaates hatte es allerdings immer unterschiedliche Auffassungen gegeben, z. B. darüber, ob Teile des habsburgischen Vielvölkerstaates zu einem deutschen Nationalstaat gehören sollten (siehe S. 200).
Innerhalb der Grenzen des Deutschen Reichs von 1871, das sich als Nationalstaat verstand, lebten etwa 42,5 Millionen Einwohner. Darunter waren 3 Millionen Polen und 0,2 Millionen Dänen. Auch etwa 1,5 Millionen Franzosen waren seit der Annexion* von Elsass-Lothringen 1871 Bürger des Deutschen Reichs. Obwohl sie als Bewohner des französisch-deutschen Grenzgebietes beide Sprachen beherrschten, fühlten sie sich in ihrer Mehrheit weiterhin Frankreich zugehörig.
Ein Beispiel für die Situation dieser nationalen Minderheiten im Kaiserreich hast du bereits im Europa-Kapitel kennen gelernt (siehe S. 36 f.).

Nation, Nationalstaat

(von lat. nasci = geboren werden, entstehen).
Bezeichnung für eine große Gruppe von Menschen, die sich durch ihre Sprache, Kultur, Religion oder Geschichte miteinander verbunden fühlt und meist über ein zusammenhängendes Siedlungsgebiet verfügt und einen Staat bilden will.
Nationalstaat: Ein Staat, dessen Bürger ganz oder überwiegend Angehörige einer Nation sind. Im Unterschied zum Nationalstaat spricht man von einem Nationalitätenstaat oder Vielvölkerstaat, wenn ein Staat von mehreren großen Nationalitäten bewohnt wird, wie z. B. das ehemalige Jugoslawien.

M7 Was ist eine „Nationalität"?

Mitte des 19. Jahrhunderts benannte der englische Philosoph John S. Mill Voraussetzungen, die erfüllt sein müssen, damit eine Gruppe von Menschen eine gemeinsame Nationalität besitzt und somit als Nation bezeichnet werden kann:

Man kann von einem Teil der Menschheit sagen, dass er eine Nationalität bilde, wenn die dazugehörigen Menschen unter sich durch gemeinsame Sympathien verbunden sind,… und … dass sie wünschen, unter derselben Regierung zu stehen, und zwar unter einer Regierung, die ausschließlich entweder durch sie selbst oder durch Personen aus ihrer Mitte gebildet wird. Dieses Gefühl der Nationalität kann aus sehr verschiedenen Ursachen hervorgegangen sein. Bisweilen ist es die Folge von Identität[1] der Rasse und Abstammung. Gemeinsamkeit der Sprache und der Religion trägt sehr viel dazu bei, es zu fördern. Die Art der geografischen Begrenzung kann ebenfalls zu seinen Ursachen gehören. Die stärkste derselben ist aber immer die Identität des politischen Lebens und der politischen Entwicklung, der Besitz einer nationalen Geschichte und die sich daraus ergebende Gemeinsamkeit der Erinnerungen sowie die Übereinstimmung in Stolz und Scham, Freude und Leid, die sich an dieselben Ereignisse der Vergangenheit knüpfen. Indessen ist keiner von diesen Umständen unerlässlich.

John Stuart Mill, Gesammelte Werke, Bd. 8, Leipzig (Fues) 1873, S.220 f.

1 vollkommene Gleichheit

M8 **Denkmal für Goethe und Schiller** in Weimar, errichtet 1857

Denkmäler erkunden

Sucht an eurem Wohn- bzw. Schulort nach Denkmälern, die im 19. und frühen 20. Jahrhundert errichtet wurden. Fotografiert sie und beschreibt ihr Aussehen und ihre Wirkung auf die Betrachter. Informiert euch über die Hintergründe ihrer Entstehung (Stadtbibliothek, Stadtarchiv).
Denkmäler bilden oft den Ausgangspunkt für ein historisches Projekt. Informationen dazu findet ihr auf S. 161 und 274 f.

M9 **Bismarckturm** im Stadtpark Bochum, eingeweiht 1910. Inschrift innerhalb des Turms: „Dankbarkeit baute den Turm Dir, Bismarck, Schöpfer der Einheit. Sie waren getreu, mahnen soll uns der Turm".

7 Stelle aus M7 zusammen, welche Faktoren nach Mill aus einem Volk eine Nationalität machen. Erstelle auf dieser Grundlage eine Definition, die so beginnt: „Von einer Nationalität spricht man, wenn …". Vergleiche dein Ergebnis mit dem Kastentext S. 206.

8 Die in M8 und M9 abgebildeten Denkmäler wurden von bürgerlichen Gruppen gespendet und errichtet. Vergleiche sie und überlege, welche Ideen von Nation die Erbauer in den Vordergrund stellen wollten.

9 Beurteile aufgrund von M6 und deiner bisherigen Kenntnisse, ob es sich beim Deutschen Reich von 1871 um einen Nationalstaat handelte.

Bismarcks Außenpolitik – Gleichgewicht durch Verträge?

M1 **Der Weichensteller**, Karikatur aus der Londoner Zeitung „Punch", 1878

M2 **Was wird Bismarck tun?**

In der englischen Zeitung „Morning Advertiser"erschien 1882 folgender Kommentar:

Deutschland nimmt jetzt eine gebietende Stellung in Europa ein, welche Frankreich zu erlangen stets bemüht war und auch eine kurze Zeit innehatte. Mit jedem Jahr ist unter Bismarcks wachsamer Führung die Stellung Deutschlands fester und sicherer geworden, und sein definitives Übergewicht darf jetzt als gesichert betrachtet werden … Es kann nicht bezweifelt werden, dass der Einfluss des Fürsten Bismarck und das Ansehen Deutschlands gegenwärtig die großen Faktoren in der Bestimmung der Politik Europas sind und dass dieser Einfluss und dieses Ansehen für die Aufrechterhaltung des Friedens ausgeübt worden sind und ferner ausgeübt werden … Es ist merkwürdig, … wie, wenn immer irgendeine Schwierigkeit in Europa entsteht, die Augen aller Leute auf Fürst Bismarck gerichtet sind. Wie denkt er über die Sache? Was wird er tun? Für wen wird er Partei ergreifen? ... Berlin ist somit der Mittelpunkt des diplomatischen Verkehrs geworden.

Walter Bußmann, Bismarck im Urteil der Zeitgenossen und der Nachwelt, 3. Aufl., Stuttgart (Klett) 1980, S. 39 f.

Machtpolitik und Friedenssicherung

Seit dem Wiener Kongress von 1815 herrschte zwischen den fünf europäischen Großmächten England, Frankreich, Russland, Preußen und Österreich-Ungarn ein ungefähres Gleichgewicht. Durch die Gründung des Deutschen Reiches 1871 war nun in der Mitte Europas ein starker Flächenstaat entstanden, der dieses System zu gefährden schien.

Bismarck befürchtete, dass die Nachbarn im Westen und Osten sich verbünden könnten, um eine weitere Ausdehnung des Deutschen Reichs zu verhindern. Im Falle eines Krieges müsste es sich nämlich dann mit zwei Gegnern auseinander setzen. Um dies zu verhindern, verkündete die Reichsregierung den europäischen Großmächten wiederholt, dass das Deutsche Reich sein Gebiet nicht weiter ausdehnen würde.

Das europäische Gleichgewicht war zwar durch die Gründung des deutschen Nationalstaats ins Wanken gekommen, fast außer Kontrolle geriet es allerdings durch Kräfte und Konflikte in den Vielvölkerstaaten im Osten und Südosten: Dort forderten einige der Minderheiten ihre Unabhängigkeit, um einen eigenen Nationalstaat zu gründen. In Russland fanden die auf dem Balkan lebenden Slawen eine Großmacht, die sie in diesem Bestreben unterstützte. Das Osmanische Reich, unter dessen Herrschaft sie bisher gelebt hatten, war zu schwach, um sich Russlands Druck zu widersetzen. Damit stieg die Gefahr eines Krieges, denn England und Österreich sahen eigene Interessen gefährdet, wenn Russland sich zum „starken Mann am Bosporus" erklärt hätte. Bismarck trat in dieser Situation als Vermittler auf und berief 1878 eine internationale Konferenz nach Berlin. Hier und in den folgenden Jahren gelang es ihm, zwischen den europäischen Mächten ein relativ starkes Netz aus Verträgen zu knüpfen, sodass der Frieden gesichert schien – zumindest bis 1890, als Bismarck von Wilhelm II. zum Rücktritt gezwungen wurde. Wie gelang es Bismarck, die Großmächte in ein solches Vertragsnetz einzuspannen?

M3 Das europäische Bündnissystem zur Zeit Bismarcks

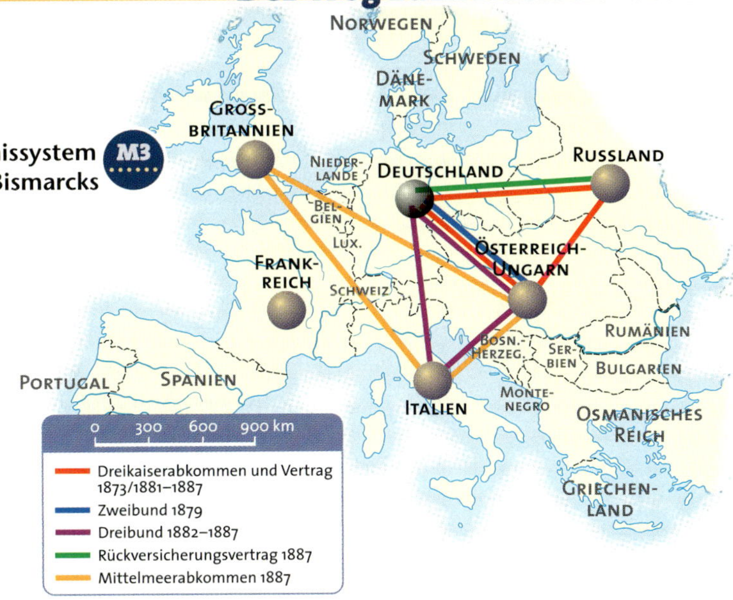

Europäische Verträge 1879–1887

1879 Zweibund (Deutschland, Österreich-Ungarn): Die beiden Partner schließen ein Verteidigungsbündnis für den Fall, dass Russland einen von ihnen angreift.

1881 Dreikaiserbündnis (Deutschland, Österreich-Ungarn, Russland): Die drei Partner schließen ein Neutralitätsabkommen für den Fall, dass eine vierte Macht einen von ihnen angreift. Der Vertrag wurde 1887 nicht mehr verlängert.

1882 Dreibund (Deutschland, Österreich-Ungarn, Italien): Die drei Partner schließen ein Verteidigungsbündnis. Bei einem Angriff Frankreichs auf Italien besteht für Deutschland und Österreich-Ungarn Beistandspflicht, bei einem Angriff Frankreichs auf Deutschland nur für Italien.

1887 Rückversicherungsvertrag (Deutschland, Russland): Die beiden Partner schließen ein Neutralitätsabkommen für den Fall, dass einer von ihnen sich im Krieg mit einer dritten Großmacht befindet. Es gilt jedoch nicht, wenn einer von ihnen Österreich oder Frankreich angreift. In einem geheimen Zusatzprotokoll verpflichtet sich Deutschland zu wohlwollendem Verhalten bei allen Maßnahmen, die Russland für notwendig hält, um seine Interessen am Bosporus zu sichern.

1887 Mittelmeer-Abkommen (Großbritannien, Italien, Österreich-Ungarn): Auf Vermittlung Bismarcks verpflichten sich die drei Partner, das Osmanische Reich bei einem russischen Angriff zu verteidigen.

1 Erläutere, wie die außenpolitische Rolle des Deutschen Reichs in M1 und M2 dargestellt wird.

2 Bismarck nannte seine Außenpolitik das „Spiel mit den fünf Kugeln". Erläutere diese Aussage mithilfe von M3 und der Informationen im Kasten.

3 Fasse die Ausführungen Bismarcks in M4 in Thesen zusammen und überlege, vor welcher Politik der Reichskanzler Kaiser Wilhelm II. warnen wollte.

M4 Deutschland in Europa

Bismarck, der 1890 entlassen worden war, erläuterte die Grundsätze seiner Außenpolitik 1892 in seinen Memoiren:

Dem Vortheile, welcher der deutschen Politik ihre Freiheit von directen orientalischen Interessen gewährt, steht der Nachtheil der centralen und exponirten Lage des Deutschen Reiches mit seinen ausgedehnten Vertheidigungsfronten nach allen Seiten hin und die Leichtigkeit antideutscher Coalitionen gegenüber … Unser Interesse ist, den Frieden zu erhalten, während unsre continentalen Nachbarn ohne Ausnahme Wünsche haben…, die nur durch Krieg zu erfüllen sind. Dementsprechend müssen wir … den Krieg nach Möglichkeit hindern oder einschränken, uns in dem europäischen Kartenspiele die Hinterhand wahren und uns durch keine Ungeduld … vor der Zeit aus dem abwartenden Stadium in das handelnde drängen lassen … Unsre Zurückhaltung kann … nicht den Zweck haben, über … einen unsrer Nachbarn oder möglichen Gegner mit geschonten Kräften herzufallen, nachdem die andern sich geschwächt hätten. Im Gegentheil sollten wir uns bemühen, die Verstimmungen, welche unser Heranwachsen zu einer wirklichen Großmacht hervorgerufen hat, durch den ehrlichen und friedliebenden Gebrauch unsrer Schwerkraft abzuschwächen, um die Welt zu überzeugen, dass eine deutsche Hegemonie in Europa nützlicher und unpartheiischer … für die Freiheit andrer wirkt als eine französische, russische oder englische.

Otto von Bismarck, Erinnerung und Gedanke, hg. von Rudolf Buchner, Stuttgart u. a. (Kohlhammer) 1975, S. 498 f.

Gesellschaft im Kaiserreich

Wandel in Stadt und Land

Die Verstädterung des Kaiserreiches

Wer in den 70er-Jahren des 19. Jahrhunderts seine Heimatstadt verlassen hatte, vielleicht sogar aus Deutschland ausgewandert war, dem konnte es beim ersten Besuch nach zehn oder zwanzig Jahren leicht passieren, dass er sich in seiner altvertrauten Umgebung gar nicht mehr zurechtfand: Innerhalb weniger Jahrzehnte veränderte sich nicht nur das Gesicht vieler Städte, sondern auch ihr „Innenleben“. Hatten 1871 etwa 36 % der deutschen Bevölkerung in Städten über 2000 Einwohner gelebt, so waren es 1910 schon 60 %. Die Großstädte lockten mit ihrer Industrie Arbeitskräfte an, denen per Eisenbahn und Pferdefuhrwerk die Familien und ihre gesamte Habe folgten (siehe S. 148). Die Stadtverwaltungen standen vor neuen Herausforderungen: Sie mussten eine Wasser-, Gas- und Stromversorgung aufbauen und für Müllabfuhr, Kanalisation und Feuerwehr sorgen. Außerdem wurden Krankenhäuser, Schulen und Markthallen benötigt. Mit der Einführung des öffentlichen Nahverkehrs wurden die Städter mobil: Wer es sich leisten konnte, baute sich sein Häuschen bzw. seine Villa im Grünen. In den Vorstädten dagegen – oft nahe bei den Fabriken bzw. Industriegebieten – entstanden große Mietskasernen, in denen viele Menschen auf engstem Raum wohnten. Das ruhelose Tempo des Alltags und das vielseitige Angebot an Waren, an Kommunikationsmöglichkeiten, wie z. B. Telefon und Kino, an Unterhaltung jeder Art schufen einen besonderen Lebensstil.

M1 Das Wachstum deutscher Großstädte

	Bevölkerung im Jahr 1875	1910	Wachstum in %
Duisburg	37 380	229 438	513,8
Kiel	37 246	211 627	468,2
Essen	54 790	294 653	437,8
Leipzig	127 387	589 850	363,0
Düsseldorf	80 695	358 728	344,5
Frankfurt/M.	103 136	414 576	302,0
Köln	135 371	516 527	281,6
Dortmund	57 742	214 226	271,0
Chemnitz	78 209	287 807	268,0
Nürnberg	91 018	333 142	266,0
Hamburg	264 675	931 035	251,8
Magdeburg	87 925	279 629	218,0
München	193 024	596 467	209,0
Berlin	966 859	2 071 257	114,2

Zusammengestellt nach Gerd Hohorst/Jürgen Kocka/Gerhard A. Ritter (Hg.), Sozialgeschichtliches Arbeitsbuch. Materialien zur Statistik des Kaiserreichs 1870–1914, München (C. H. Beck) S. 45.

1 Erläutere mithilfe des Darstellungstextes und M1, was unter „Verstädterung“ zu verstehen ist. Nenne Gründe für diese Entwicklung im Kaiserreich. Diskutiert, welche Folgen sie hatte – über die im Text genannten hinaus: für den Einzelnen und die Stadt.

M2 **Untergrundbahnhof Friedrichstraße in Berlin,** Postkarte, 1910

M3 „Die Gesellschaft“ wird mobil

Der Historiker Hermann Glaser schildert die Einführung neuer Verkehrsmittel im Kaiserreich (1994):

Die Veränderungen des Straßenbildes erfolgten zunächst in der Großstadt; zum Gewimmel der Kutschen, Fuhrwerke, Pferdeomnibusse kam als Erstes die elektrische Straßenbahn; bald tauchten Fahrräder auf und schließlich die ersten Autos … Ursprünglich hatten die Fahrräder nur dem Sport gedient; man organisierte sich dazu in exklusiven Bicycle-Clubs [Stahlfahrräder wurden aus England importiert und kosteten 900 Goldmark das Stück]. Als die „Knochenschüttler“ durch Massenfabrikation [um 1895] billiger geworden waren, wurden sie ein allgemeines Beförderungsmittel für Arbeit und Freizeit … Das Auto, soweit es nicht gewerblich genutzt wurde, gehörte zum Statussymbol der Oberklassen [„Herrenfahrer“]; doch leistete sich auch mancher Angehörige des Mittelstandes ein Auto zum Privatvergnügen. Um 1914 gab es in Deutschland rund 55 000 Personenkraftwagen, 9000 Lastkraftwagen und 20 600 Krafträder. Auf die einzelnen Städte und Gegenden verteilt, bedeuteten freilich diese Zahlen zunächst nur eine geringe Verkehrsdichte. 1907 zählte man zum Beispiel in Karlsruhe 14 Motorräder, 50 Automobile und sechs Lastkraftwagen.

Hermann Glaser, Industriekultur und Alltagsleben. Vom Biedermeier zur Postmoderne, Frankfurt a. M. (Fischer) 1994, S. 189, 193.

M4 **Gleisanlagen im Norden Berlins,** Gemälde von Franz Skarbina, um 1895

2 Beschreibe anhand von M2, M4 und M5 deinen Eindruck von der Großstadt Berlin. Achte besonders auf die Menschen, die Architektur und die Technik.

3 Untersuche, wie der Autor von M3 den Zusammenhang von Mobilität und Gesellschaft im Kaiserreich darstellt. Nenne Gemeinsamkeiten und Unterschiede zur heutigen Zeit.

4 Suche mithilfe von Lexika und Internet nach technischen Erfindungen und Neuerungen aus der Zeit des Kaiserreichs und stelle einen Datenkasten zusammen.

M5 **Berlin, Ecke Unter den Linden/Friedrichstraße,** Postkarte, um 1900

Gesellschaft im Kaiserreich

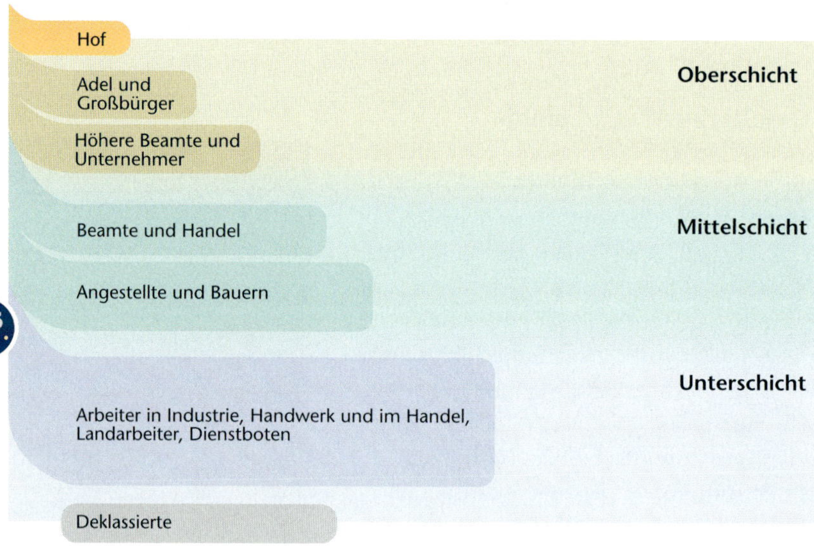

M6 **Die Gesellschaft im Kaiserreich** (vereinfachtes Modell)

Eine Gesellschaft der Unterschiede

Die staatliche Einheit Deutschlands hatte nicht zu einem Ausgleich der sozialen Gegensätze geführt, im Gegenteil: Durch die tief greifenden Veränderungen der Industrialisierung hatten sich die Unterschiede zwischen den einzelnen gesellschaftlichen Gruppen vergrößert und neue waren hinzugekommen.
Die führende Schicht im Kaiserreich war immer noch der Adel, obwohl in der Politik, in der Verwaltung und im Militär hohe Stellen zunehmend mit Bürgerlichen besetzt wurden. Die bürgerliche Oberschicht bestand aus den Besitzbürgern, die leitende Positionen in der Wirtschaft einnahmen, und den Bildungsbürgern, die eine akademische Bildung genossen hatten. Viele Angehörige dieser beiden Gruppen bemühten sich, den Lebensstil des Adels nachzuahmen oder auch durch Einheirat in eine adlige Familie einen Adelstitel zu erwerben. Die Mittelschicht bestand aus dem alten und dem neuen Mittelstand. Zur ersten Gruppe zählten die selbstständigen Handwerker und die kleinen Kaufleute, die unter der Konkurrenz durch die Industrie und die Warenhäuser litten und sich vor dem sozialen Abstieg fürchteten. Zur zweiten Gruppe gehörte die stark wachsende Schicht der Angestellten, die darauf bedacht war, sich von der Arbeiterschaft abzugrenzen. Kennzeichnend für die arbeitende Unterschicht waren die ständige Unsicherheit des Arbeitsplatzes und die völlige Lohnabhängigkeit. Daraus hatten die Arbeiter ein starkes Zusammengehörigkeitsgefühl entwickelt – die Basis für Gewerkschaften und Parteien (siehe S. 166 ff.). Innerhalb der Arbeiterschaft bestanden große Unterschiede zwischen gelernten und ungelernten Beschäftigten. Die am besten bezahlten Arbeiter orientierten sich am Lebensstil des Bürgertums. So genannte Deklassierte gingen keiner regelmäßigen Arbeit nach und waren von Almosen abhängig, z. B. Obdachlose und Arbeitslose, außerdem viele Mütter mit unehelichen Kindern.

M7 **Die Belegschaft eines Handwerksbetriebs** vor der Werkhalle, Foto, um 1900

M8 Arbeiter in einer Montagehalle der Allgemeinen Elektrizitätsgesellschaft (AEG), Foto, um 1900

M9 Wie ich mir „mein Mädchen" erziehe

Ein Ratgeber für die Hausfrau von 1909 empfahl aus eigener Praxis:

Finde ich des Abends bei später Heimkehr einmal eine der vorgeschriebenen Arbeiten nicht getan …, so nehme ich wohl auch einmal Zuflucht zu einem Verschen, das ich auf einen Zettel schreibe, etwa: „Ei, was bin ich doch beschmutzt / Liese hat mich nicht geputzt! / Schnell ans Werk und reibe flink, / Blank die Wanne, Hahn und Ring." Diesen Zettel hänge ich im Badezimmer am Wasserhahn auf und bin gewiss, am andern Morgen alles blitzblank und das Mädchen mit dankverschämtem Lächeln vorzufinden.

Die Welt der Frau (1909). Zit. nach Cornelia Julius, Marga S. und Grete N. In: Praxis Geschichte, H. 5/1994, S. 44.

Herrschaften und Dienstmädchen

Bürgerfamilien legten Wert auf gepflegte Häuslichkeit und großzügige Gastfreundschaft. Dass die bürgerliche Hausfrau außerhalb des Hauses einer Erwerbstätigkeit nachging, galt ihrer gesellschaftlichen Stellung nicht als angemessen. Sie konzentrierte sich auf die Führung des Haushalts, wobei ihr Dienstmädchen zur Hand gingen. Das Hauspersonal half beim Einkaufen, Kochen, Putzen, Waschen und Flicken, es öffnete den Gästen die Tür und hütete die Kinder. Die Dienstmädchen kamen meistens aus ländlichen und ärmlichen Verhältnissen und hatten wesentlich geringere Rechte als z. B. Fabrikarbeiterinnen. Nach den geltenden Gesindeordnungen war es den Hausherren erlaubt, Dienstmädchen den Ausgang zu verbieten und Vorschriften über Kleidung und Frisur zu erlassen. Auch gegen Prügel und andere Misshandlungen konnten sich die Dienstmädchen nicht wehren. Waren sie mehr als vier Wochen krank, durfte der Hausherr sie fristlos entlassen. Viele Dienstmädchen betrachteten ihren Beruf nur als Übergangsstation bis zu einer geplanten Heirat. Bei Handwerkern und Kaufleuten galten sie wegen ihrer hauswirtschaftlichen Kenntnisse als „gute Partie".

M10 Dienstmädchen warten in der Stellenvermittlung, Foto, 1913

5 Vorschlag für Partnerarbeit: **a** Beschreibt die Personen bzw. Gruppen in M7 und M8. Berücksichtigt dabei Hinweise auf Tätigkeit, Arbeitsplatz, Kleidung und Körperhaltung. **b** Ordnet die auf dieser Doppelseite abgebildeten Berufsgruppen dem Schaubild M6 zu.

6 Versetze dich in die Lage eines Dienstmädchens, das vom Land in die Stadt gekommen ist. Schreibe zwei Briefe an die jüngere Schwester: einen, der ihren Eindruck wiedergibt, als sie die Stelle antritt, und einen, der ihre Erfahrungen nach einem halben Jahr schildert. Berücksichtige M9, M10 und den Darstellungstext dieser Seite.

Gesellschaft im Kaiserreich

M11 Gutsbauern gratulieren dem Gutsherrn zum Geburtstag, Lithographie aus der Zeitschrift „Gartenlaube“, 1891

Wandel auf dem Land

Während in der Stadt immer mehr die berufliche Tätigkeit über den Platz in der Gesellschaft entschied, blieb in ländlichen Gebieten noch relativ lange der Landbesitz das wesentliche Kriterium für das soziale Ansehen. Dabei gab es regionale Unterschiede: In Südwestdeutschland, wo die Höfe relativ klein waren, fielen die Unterschiede zwischen den Bauern, den Landarbeitern, den Knechten und Mägden nicht so sehr ins Gewicht. Wesentlich krasser waren die sozialen Gegensätze in den östlich der Elbe gelegenen Teilen des Kaiserreichs. Die dort ansässigen Gutsbesitzer waren in ihren Bezirken oft die alleinigen Arbeitgeber. Sie bestimmten die Pfarrer und Lehrer und übten die örtliche Polizeigewalt aus.

Der wirtschaftliche Wandel machte sich auch auf dem Land bemerkbar: Während sich noch im 18. Jahrhundert fast alle Güter im Besitz von Adligen befunden hatten, erwarben seit Beginn des 19. Jahrhunderts immer mehr Bürgerliche Landgüter. Als Ende der 1870er-Jahre unter dem Druck der amerikanischen Konkurrenz die Getreidepreise sanken und die Gutsherren ihr Personal durch „billigere“ Dreschmaschinen und Mähmaschinen ersetzten, mussten sich viele Landarbeiter in den Städten nach neuen Verdienstmöglichkeiten umschauen. In der Erntezeit mangelte es auf den Gütern nun an Arbeitskräften, deshalb holten die ostelbischen Gutsbesitzer und auch die Bauern aus Nord- und Westdeutschland Saisonarbeiter aus Pommern und Ostpreußen, seit 1890 auch aus dem russischen Teil Polens. Wie erlebten die ländlichen Bewohner die Veränderungen ihrer alten Ordnung?

M12 Ostelbische Gutsherrschaft

Der Offizier Oldenburg-Januschau übernahm 1883 das Gut Januschau in Ostpreußen. Die Art, wie er seine „Leute“ behandelte, beschrieb er 1936 in seinen Erinnerungen:

Auf meinen Gütern gelang es mir, einen sesshaften Arbeiterstand zu schaffen. Im Anfang musste ich manchem ungehorsamen und aufsässigen Gesellen persönlich entgegentreten und mit der Faust Ordnung und Gehorsam erzwingen. Im Laufe der Jahre wurden die schlechten Arbeiter dadurch abgestoßen und die guten angezogen. Mein Mittel zu diesem Ziel hieß Gerechtigkeit. Als Offizier hatte ich gelernt, was Gerechtigkeit ausmacht, was man von einem gerecht behandelten Menschen verlangen kann und wie Gerechtigkeit Menschen verschiedener Lebensstufen auch für Zeiten der Not aneinander bindet … Der Landarbeiter ist immer eine der gesichertsten menschlichen Existenzen gewesen. Nach altem Herkommen, das schon aus der Zeit vor der Errichtung all der vielen Versicherungen stammt, ist der Landarbeiter des deutschen Ostens für die Zeit seines Alters versorgt. Er wird nicht von Haus und Hof verjagt, sondern bleibt auf dem Gute wohnen … Söhne des Landarbeiters brauchen sich nicht nach Stellung und Beruf umzusehen. Sie treten ohne weiteres an die Stelle ihres Vaters.

Elard Oldenburg-Januschau, Erinnerungen, Leipzig (Koehler&Amelang) 1936, S. 44 f.

M13 Im Sachsengängerzug

Franz Rehbein musste sich als Vierzehnjähriger eine Arbeit suchen, da sein Vater gestorben war und seine Mutter ihn und seine vier Geschwister nicht ernähren konnte. Er erinnerte sich 1911:

Um die Osterzeit, kurz nach meiner Schulentlassung, bereiste ein Agent[1] aus Köslin die Gegend, um „Landarbeiter nach Sachsen“ anzuwerben. Alles konnte der Mann gebrauchen: Männer und Frauen, Mädchen und Jungen. Schon einige Jahre vorher hatte er mit einem gewissen Vorschnitter Höhnke zusammen sowohl aus der Stadt wie aus den umliegenden Dörfern ganze Trupps von Landarbeitern angeworben, die vom Frühjahr bis zum Spätherbst kontraktlich[2] zur Arbeit auf den Zuckerfabriken der Magdeburger und Braunschweiger Gegend oder auf verschiedenen Gütern von Hannover, Oldenburg und Schleswig-Holstein verpflichtet worden waren. Meistenteils waren diese Arbeiter zum Winter wieder nach der Heimat zurückgekehrt; jedoch hatten es auch zahlreiche Einzelne wie auch ganze Familien vorgezogen, der Heimat für immer Valet[3] zu sagen und dort zu bleiben. Der Agent verstand es ausgezeichnet, den Leuten den Mund wässrig zu machen. Nach seinen Darstellungen war „Sachsen“ einfach das gelobte Land, wo Milch und Honig floss … Kaum hatte ich die Erlaubnis meiner Mutter zur Abwanderung erlangt, so suchte ich auch schon den Agenten auf, um mich ebenfalls als Sachsengänger einschreiben zu lassen. Er tat zuerst zwar so, als sei ich noch ein „bisken reichlich klein“ … Hier sprang nun der Vorschnitter Höhnke ein. „Den Bünzelt[4] könnte ich gebrauchen“, meinte er, „der kann Ochsenjunge auf der Zuckerfabrik werden; da wird's nicht so genau genommen.“ Gleichzeitig holte er ein Kontraktformular hervor und forderte mich auf, meinen Namen darunter zu setzen. „Zu lesen brauchst du das gar nicht erst, Junge“, sagte er dabei, „du kriegst auf der Fabrik 6 Groschen Tagelohn, und wenn du tüchtig bist, wird dir das Fahrgeld nicht vom Lohn abgezogen.“ Mit dieser summarischen Erklärung begnügte ich mich auch vollauf; gingen mir doch lediglich die 60 Pfennige Tagelohn im Kopfe herum. Welches Glück! Ich sollte als vierzehnjähriger Junge in Sachsen ebenso viel verdienen wie ein vollwertiger Tagelöhner in meiner hinterpommerschen Heimat!

Franz Rehbein, Das Leben eines Landarbeiters, hg. v. Paul Göhre, Jena 1911, Nachdruck hg. v. Karl Friedrich Schafhausen, Darmstadt/Neuwied (Luchterhand) 1973, S. 59 ff.

1 Beauftragter eines Unternehmens
2 vertraglich
3 Lebewohl
4 Knirps

7 Prüfe, wie Oldenburg-Januschau sein Vorgehen darstellt und begründet (M12). Wie wirken seine Aussagen auf dich?

8 Schildere die Gedanken, die den ältesten Söhnen der beiden auf M11 dargestellten Familien möglicherweise durch den Kopf gehen.

9 Erläutere anhand von M13 und M14 die möglichen Erwartungen eines jungen Sachsengängers.

10 Untersuche in M13, welche Wertung Franz Rehbein in seine Erinnerungen einfließen lässt. Welche Erfahrungen könnten hinter dieser Einstellung stehen?

M14 **Pferdewagen mit Sachsengängern in Berlin,** Foto, 1908. Berlin war das Drehkreuz des preußischen Eisenbahnverkehrs. Die Sachsengänger kamen meistens am Schlesischen Bahnhof an und wurden mit Pferdewagen zum Lehrter Bahnhof weitertransportiert.

Welche Bildung brauchen wir? – eine Diskussion im Kaiserreich

M1 **Gruppenbild einer Volksschulklasse,** Foto, um 1887

Bildung für die Industriegesellschaft

Über die Erziehungsziele, die für die Schülerinnen und Schüler des Deutschen Reiches gelten sollten, wurde heftig debattiert. Wie nämlich sollte eine Ausbildung aussehen, die zu den Anforderungen einer modernen Industriegesellschaft passte, wie sie sich im letzten Drittel des 19. Jahrhunderts entwickelte? Die Wirtschaft bot ein breites Spektrum an Berufen, die spezielle Qualifikationen benötigten. Gleichzeitig stieg die Massenproduktion und damit der Bedarf an „billigen", ungelernten Arbeitskräften – das waren meistens Frauen. Einen Beruf zu erlernen wurde nicht nur für Töchter von Arbeiterfamilien wichtig, sondern auch für viele „höhere Töchter" aus bürgerlichen Familien, da sie, wenn sie ledig blieben, nicht mehr wie früher als Hausdame bei Verwandten ihr Auskommen fanden. Viele von ihnen wurden Lehrerinnen, denn dieser Beruf galt als standesgemäß. Eine akademische Ausbildung war ihnen allerdings verwehrt, da erst seit 1908 Mädchen zum Abitur und zum Studium zugelassen wurden.

Wozu ist die Schule da?

Was in der Schule gelehrt wird, soll für's Leben gelernt werden, behauptet ein altes Sprichwort. Aber bestimmt wird es durch Lehrpläne, Gesetze, durch die Regierung. Was Schulabgänger im Kaiserreich mit ins Leben nehmen sollten, das erklärte Kaiser Wilhelm II. im April 1889 bei der Entlassungsfeier einer Fortbildungsschule, einer Berufsschule für junge Arbeiter: „Worin zeigt und bewährt sich denn die Vaterlandsliebe eines deutschen Jünglings? – Zuerst und vor allem darin, dass er den Gesetzen und Ordnungen gehorcht, welche im Lande gelten, dass er dem Kaiser und dem König gibt, was des Kaisers und Königs ist … Von diesem Standpunkte aus müsst ihr auch die persönlichen Leistungen ansehen, die der Staat von euch verlangt: die Steuern und, was in euren Jahren namentlich wichtig ist, das Waffentragen fürs Vaterland."
Ein weiteres Erziehungsziel formulierte 1872 eine Versammlung von Lehrern, die in Mädchenschulen unterrichteten: „Es gilt dem Weibe eine der Geistesbildung des Mannes … ebenbürtige Bildung zu ermöglichen, damit der deutsche Mann nicht durch die geistige Kurzsichtigkeit und Engherzigkeit seiner Frau am häuslichen Herd gelangweilt und in seiner Hingabe an höhere Interessen gelähmt werde."

M2 **Aus einem ABC-Büchlein** für „muntere Knaben und Mädchen" von 1868. Das Schulbuch wurde auch im Kaiserreich verwendet.

Vorschläge für Reformen

Gerade die Lehrerinnen- bzw. Frauenorganisationen gehörten zu den Gruppen, die Reformen im Bildungsbereich forderten. Daneben entwickelten viele Pädagogen Alternativen für Unterrichtsgestaltung und Erziehungsziele. Die Sozialdemokraten unter den Reformern wandten sich vor allem gegen die Tatsache, dass der Besuch weiterführender Schulen Schulgeld kostete. Da Arbeiterfamilien dieses nicht zahlen konnten, endete für ihre Kinder die Schulzeit meist nach der Volksschule (mit 13 oder 14 Jahren), zumal deren Abschluss nicht berechtigte, eine höhere Schule zu besuchen. Die Bildungsdiskussion lässt sich an folgenden Fragen untersuchen:

– Wie wurde den Schülern Gehorsam beigebracht gegenüber dem „was des Kaisers und Königs ist"?
– Welche Inhalte wurden den Schülern vermittelt und was galt als vorbildlich?
– Wogegen richteten sich kritische Stimmen bzw. welche Alternativen schlugen sie vor?

M4 Die Jugend muss sich als lernend fühlen!

Der Berliner Pfarrer Hermann Freiherr von Soden forderte 1900 auf einem Kongress, dass alle Schulabgänger der Volksschule die Fortbildungsschule besuchen müssten:

Die Hauptsache ist, dass die Jugend bis zum 17. Jahre … sich fühlt als lernend … Sie muss unter einer ganz festen Disziplin ganz und gar sich unfertig wissen, unter Autoritäten, denen gegenüber sie sich schlechterdings nichts erlauben darf. Das ist doch der Hauptunterschied zwischen der Erziehung der so genannten höheren Klassen und derjenigen Schichten, die uns hier vor allem beschäftigen. Dort ist der junge Mensch nach der Konfirmation in keiner Weise selbstständig … Das haben wir auch durchzuführen den breiten Massen des Volkes gegenüber. Wir müssen das Bewusstsein in sie ganz tief einzwängen, … dass sie noch gar nichts sind als ganz unreife … Schülernaturen.

Zit. nach Karlwilhelm Stratmann, „Zeit der Gärung und Zersetzung", Weinheim (Deutscher Studienverlag) 1992, S. 173.

M3 Strafgericht für „höhere Töchter"

Elisabeth Flitner (geb. 1894) erinnert sich 1987:

Ich hatte mehrmals Konflikte mit der Schule, weil ich vom Elternhaus her mehr Freiheit gewohnt war … Bei den Herbstmanövern zum Gedenken an die Schlacht bei Jena (1906) hatten die Jungen schulfrei bekommen. Einige ältere Schülerinnen setzten ein Telegramm an die Großherzogin, Schutzpatronin unserer Schule, auf und baten, sie möge auch uns die Teilnahme an den Manövern erwirken. Ich brachte es mit … Mitschülerinnen in der Pause zur Post … Eine Stunde später wurde die ganze Schule in der Turnhalle versammelt; es ging ein Strafgericht nieder und die Schuldigen wurden aufgefordert sich zu melden. Von den älteren Schülerinnen rührte sich niemand. Wir jüngeren traten vor; eine schlechte Zensur in Betragen war die Strafe.

Elisabeth Flitner, Auf dem Katheder brannte frühmorgens eine Kerze. In: Kindheit im Kaiserreich, hg. v. Rudolf Pörtner, Augsburg (Bechtermünz) 1998, S. 45 ff.

Vorschlag für eine Gruppenarbeit

a. Bearbeitet die folgenden Seiten mithilfe der Arbeitsaufträge in vier Gruppen. Gruppe A: S. 216 und 217 Gruppe B: S. 218, Gruppe C: S. 219, Gruppe D: 220 und 221.

b. Erörtert am Ende der Gruppenarbeit, wie ihr die drei Leitfragen aus dem Darstellungstext dieser Seite beantworten würdet.

c. Strafen/Disziplin und gemeinsamer Unterricht für Mädchen und Jungen. Vergleicht die Situation im Kaiserreich mit euren eigenen Erfahrungen.

1 Erarbeite anhand von M1 bis M3 Schulerfahrungen im Kaiserreich. Nimm das Alphabet im Buchumschlag zu Hilfe.

2 Untersuche, wie M4 die vorherrschenden Erziehungsprinzipien begründet. Setze deine Ergebnisse um, indem du als Lehrer/in den in M3 geschilderten Vorfall schriftlich den Eltern von Elisabeth Flitner mitteilst.

Gesellschaft im Kaiserreich

M5 **Gymnasiasten bei der Sedanfeier,** Foto, 1891. Das Foto zeigt die Abiturklasse des Gymnasiums Christianeum in Hamburg-Altona. Die Sedanfeiern setzten sich im Kaiserreich als inoffizieller Nationalfeiertag durch. Erinnert wurde damit an den Sieg über die französische Armee am 2. September 1870.

M6 Lernen für das Vaterland

Kaiser Wilhelm II. forderte 1890:

Wir müssen als Grundlage für das Gymnasium das Deutsche nehmen; wir sollen nationale junge Deutsche erziehen und nicht junge Griechen und Römer … Ebenso möchte ich das Nationale bei uns weiter gefördert sehen in Fragen der Geschichte, Geografie und Sage … Warum wird immer an unserer Regierung herumgenörgelt und auf das Ausland verwiesen? Weil die jungen Leute nicht wissen, wie unsere Zustände sich entwickelt haben …

[Es] ist absolut notwendig, dass wir mit der Anzahl unserer Stunden heruntergehen … Die statistischen Angaben über die Verbreitung der Schulkrankheiten … sind wahrhaft erschreckend … Bedenken Sie, was uns für ein Nachwuchs für die Landesverteidigung erwächst. Ich suche nach Soldaten, wir wollen eine kräftige Generation haben, die auch als geistige Führer und Beamte dem Vaterlande dienen.

Wilhelm II., Ansprache zur Eröffnung der Schulkonferenz in Berlin (4.12.1890). In: Kaiserreden. Ein Charakterbild des Deutschen Kaisers, Leipzig (Weber) 1902, S. 283 ff.

M7 Die kaiserliche Familie als Unterrichtsthema

Lesebuchtexte wie M7A wurden von den Schülern im Unterricht laut vorgelesen, wobei reihum jeder Schüler einen Satz sprach. Die Rechenaufgabe stammt aus einem Übungsbuch für die 5. Klasse der höheren Mädchenschule (M7B):

7A Unsre geliebte Kaiserin hat ihrem hohen Gemahl sechs blühende Söhne und ein liebliches Töchterlein geschenkt. Der älteste Sohn, der Kronprinz Wilhelm, wurde am 6. Mai 1882 geboren. Voll Freude rief sein greiser Urgroßvater, Kaiser Wilhelm I., bei der Nachricht von der Geburt aus: „Hurra, vier Kaiser!“ und so jubelte das ganze Land ihm nach. Die kaiserlichen Prinzen werden einfach und streng erzogen. Besonders gern spielen sie Soldaten. Dann ist der Kronprinz ihr Hauptmann, dem sie willig gehorchen. Kommt der Kaiser in ihre Stube, dann stehen sie stramm wie rechte Soldaten und warten, bis der Kaiser sie soldatisch, d. h. mit dem Finger an der Mütze, grüßt.

Ferdinand Hirts Deutsches Lesebuch, B, 3. Teil, 7. Aufl., Breslau 1916, S. 178.

7B Wilhelm I., geboren am 22. März 1797, übernahm am 9. Oktober 1858 die Regentschaft für den erkrankten König Friedrich Wilhelm IV., folgte diesem am 2. 1. 1861 in der Regierung, wurde am 18. Januar 1871 zum Deutschen Kaiser proklamiert und starb am 9. März 1888. **a** Wie alt ist er geworden? **b** In welchem Alter übernahm er die Regentschaft? **c** In welchem Alter wurde er König von Preußen? **d** In welchem Alter wurde er Deutscher Kaiser?

F. Otto, Rechenbuch für zehnklassige Höhere Mädchenschulen, Fünftes Heft, 2. Aufl. , Leipzig (Ferdinand Hirt & Sohn) 1909, S. 2; 37 f; 47.

3 Zeige anhand von M6, welche Ziele Wilhelm II. dem Lehrplan voranstellte. Nimm Stellung.

4 Untersuche anhand von M5 und M7, wie die Vorgaben des Kaisers (M6) umgesetzt wurden.

M8 Chemieunterricht für Mädchen?

Aus dem Vorwort eines Chemie-Schulbuchs für höhere Mädchenschulen (1885):

Es würde ... vollständig verfehlt sein, den Unterricht in der Chemie in den höheren Mädchenschulen in der wissenschaftlichen, systematischen Ausdehnung zu treiben, wie dies für höhere Knabenschulen vorgeschrieben ist. Es ist vielmehr der Lehrstoff wie in allen anderen Unterrichtsfächern der höheren Mädchenschulen so auch hier „einer durchgreifenden Sichtung zu unterwerfen, welche das für die weibliche Bildung Wertvolle heraussucht und die weiblichen Lebensverhältnisse zu ihrem Rechte kommen lässt." Nach diesem ... Grundsatz ... sind hauptsächlich betont die Stoffe und Vorgänge, welche uns täglich entgegentreten und namentlich in der Hauswirtschaft und Familien-Gesundheitspflege, diesen wichtigen Gebieten weiblichen Wirkens, eine bedeutende Rolle spielen.

Albert Fricke, Chemie, 7. Aufl., Braunschweig (E. Appelhans & Comp.), 1908, S. III.

Schulformen im Kaiserreich

Volksschule: 6.–14. Lebensjahr; einzige Schulform, die Jungen und Mädchen gemeinsam besuchen; Abschluss bereitet nicht auf die weiterführende Schule vor. Schulpflicht.
Mittelschule: Endet nach dem 9. Schuljahr mit der mittleren Reife. Schulgeld.
Gymnasium: nur für Jungen, endet mit dem 13. Schuljahr (Abitur). Schulgeld.
–Humanistisches G.: Schwerpunkt auf „klassischer" Bildung (Latein und Griechisch).
–Realgymnasium, Oberrealschule: Humanistische Bildung wird mit naturwissenschaftlicher und berufspraktischer Bildung verbunden.
Höhere Mädchenschule: Einzige weiterführende Schule für Mädchen, Abschluss nach der 10. Klasse; danach Möglichkeit, das Lyzeum bis zur 12. Klasse zu besuchen; seit 1908 Mädchenabitur. Schulgeld.

M9 Führt die Volksschule in die Sackgasse?

Der Sozialpädagoge Otto Rühle warnte 1911:

Die Volksschule droht eine reine Proletarierschule zu werden. Was sie an Volksbildung vermittelt, wird von der oberen Gesellschaftsschicht als Bildung im eigentlichen Sinne des Wortes nicht mehr anerkannt. Erst wer das so genannte Einjährige[1] erworben hat, tritt in die Reihe der Gebildeten ein. In ... dem auf der allgemeinen Wehrpflicht beruhenden Volksheer scheidet er sich dann streng von der Masse der Ungebildeten. Die ganz dünne Schicht der höher Gebildeten ist ausgestattet mit allen gesellschaftlichen Vorrechten, und jeder Angehörige dieser Schicht wacht mit Eifersucht darüber, dass die Berechtigungen, die ihm die Bildung verliehen hat, nicht von irgendeinem Eindringling durchbrochen werden. Ist ein Schulwesen, in dessen Organisation das Trennende viel schärfer hervortritt als das Einigende, geeignet, ein sozialer Erziehungsfaktor zu werden?

Otto Rühle, Das proletarische Kind, München (Langen) 1911, S. 255.

1 Jungen, die in die 10. Klasse des Gymnasiums versetzt waren, konnten ihren Wehrdienst auf ein Jahr verkürzen und Offizier werden – eine wichtige Weichenstellung für die berufliche Karriere.

M10 Mädchengymnastik in der Volksschule, um 1900

5 Erarbeite aus M8 und M10 Erziehungsvorstellungen, die an Mädchenschulen Geltung hatten.

6 Wie begründet der Verfasser von M8 den „pädagogischen" Wert seines Buches? Überprüfe seine Aussagen mithilfe des Darstellungstextes S. 216.

7 Welche Gefahren sieht M9? Lass zwei Zeitgenossen (Väter) dazu Stellung beziehen: einen Facharbeiter und einen Eisenwarenhändler. Berücksichtige dabei den Faktenkasten.

M11 **Unterricht in einem Reformrealgymnasium**, Foto, 1908.
Diese Klasse hat zum Thema Werbung Materialien gesammelt und analysiert.

Mehr Qualität für die Mädchenbildung

Die Mädchenbildung, die – über die Volksschule hinaus – in den meist privaten höheren Mädchenschulen schlecht ausgebildeten Lehrerinnen überantwortet war, geriet im Kaiserreich zunehmend in die Kritik. Frauenrechtlerinnen wie Hedwig Kettler oder Hedwig Dohm forderten neben Reformen in der Mädchenbildung auch, dass man junge Frauen wie ihre männlichen Kollegen zum Studium zuließ, um die Lehrerinnen höher zu qualifizieren.

8 Untersuche M11 und M13. Was kommt dir „modern" vor, was nicht? Beachte, dass Unterricht fotografiert ist, der damals als fortschrittlich galt.

9 Untersuche M12 und M14 mithilfe des Modells zur Quellenanalyse S. 113.

10 Halte die Argumente aus M12 und M14 in einem Plakat „Frauen fordern: gleiche Rechte, gleiche Bildung" fest und stelle es in der Klasse vor.

11 Erläutere, mit welchen Argumenten der preußische Kultusminister seine Position vertritt (M15). Nimm Stellung.

M12 Wozu Mädchengymnasien?

Hedwig Kettler (1851 – 1937) gründete 1888 den „Frauenverein Reform". Sie trat für die Einrichtung von Mädchengymnasien ein, die nach den Lehrplänen der Jungengymnasien unterrichten sollten. 1893 schrieb sie:

Man denke sich einmal Folgendes: Die Klasse einer Knabenschule teilt man in zwei Hälften … Der einen Hälfte gibt man Gymnasialbildung, der anderen die Bildung unserer höheren Töchterschulen. Diese Letzteren erklärt man mit ihrem 16. Jahre für fertig ausgebildet, die Ersteren schickt man mit 20 Jahren auf die Universität zu einem … Studium. Wenn nun später die Hälfte, welche bis zum 20. Jahr eine Gymnasial- und darauf eine Universitätsbildung genoss und jene, welche bis zum 16. Jahr die Bildung einer höheren Töchterschule erhielt, gleiche Examina zu machen hätten, wenn die erstere diese gut bestände und die andere glänzend durchfiele, würde es dann wohl jemandem einfallen zu behaupten: „Dies Examen beweist, dass die Hälfte 1 nur aus Schlauköpfen, Hälfte 2 nur aus Dummköpfen besteht; es beweist die angeborene Inferiorität der letzteren?"… Weil wir den Beweis von der Gleichwertigkeit der Intelligenz beider Geschlechter brauchen, um den Glauben an ihre Verschiedenheit zu vernichten – und damit den Glauben an das Recht des Mannes, die Frau wegen dieser Verschiedenheit zu bevormunden, … darum brauchen wir gleiche Schulen für sie, – und darum brauchen wir Mädchengymnasien.

Zit. nach Elke Kleinau/Christine Mayer (Hg.), Erziehung und Bildung des weiblichen Geschlechts, Bd. 1, Weinheim (Deutscher Studienverlag) 1996, S. 125 f.

Berliner Schulklasse, M13
Foto, 1918.
Als fortschrittlich galt damals der Einsatz von Anschauungsmaterial wie Wandkarten und -bilder.

M14 „Koedukation“ – die Zukunft der Bildung

Hedwig Dohm (1831 – 1919) wuchs mit 17 Geschwistern auf. Mit 15 Jahren beendete sie die höhere Töchterschule. Sie engagierte sich – als Mutter von fünf Kindern – in der Frauenbewegung. 1910 schrieb sie in einem Artikel:

Wir wollen die gemeinsame Erziehung der Geschlechter. Durch die Trennung der Knaben und Mädchen in der Schule wird von vornherein die Geschlechtsunterschiedlichkeit scharf betont, wird darauf hingewiesen, dass dem Knaben anderes – das heißt mehr gebühre als dem Mädchen. Damit ist der Grund gelegt zu einer Geringschätzung des Knaben dem Mädchen gegenüber. Eine Geringschätzung, die konsequenterweise zur Verweigerung des Stimmrechts führen musste.
Die Sorge, dass die höhere Intelligenz der Knaben durch das mindere Geistesgefüge der Mädchen gehemmt werde, ist durch die amerikanischen Resultate als erledigt zu betrachten.
Hinfällig ist auch die Sorge um die bedrohte Sittlichkeit bei der Koedukation[1]. Nirgends in den betreffenden Schulen sind sittliche Schäden zu Tage getreten. Erfahren die kameradschaftlichen Beziehungen der Mädchen und Knaben ab und zu einen leicht sinnlichen Einschlag – immer noch besser als die gegenstandslosen, erotischen Abirrungen, die ja in der Pubertätszeit unvermeidlich scheinen.

Zit. nach Elke Kleinau/Christine Mayer (Hg.), Erziehung und Bildung des weiblichen Geschlechts, Bd. 1, Weinheim (Deutscher Studienverlag) 1996, S.157 f.

M15 Die Grundsätze der preußischen Unterrichtsverwaltung

Der preußische Kultusminister Studt stellte 1902 in einer Grundsatzerklärung zur höheren Mädchenbildung fest:

Ich darf zum Schluss die Grundsätze noch kurz zusammenfassen, von denen die Unterrichtsverwaltung bisher ausgegangen ist und die sie fortgesetzt zu beobachten gesonnen ist. Der deutschen Familie soll die eigenartig ideale Stellung der deutschen Frau nach Möglichkeit erhalten bleiben. Die Unterrichtsverwaltung kann nicht die Hand dazu bieten, dass aus einer z. T. dem deutschen Wesen nicht entsprechenden Agitation der Anlass genommen werde, durch Errichtung von Mädchengymnasien, durch Teilnahme der Mädchen an dem Unterricht in den für Knaben bestimmten höheren Bildungsanstalten und durch Änderung der Grundsätze über die Zulassung von Frauen zum akademischen Studium eine vollständige Umgestaltung der bisherigen Verhältnisse herbeizuführen. Dass der Zudrang der Frauen zu den männlichen Berufsarten seitens der Unterrichtsverwaltung noch künstlich befördert werden sollte, das werden sie, glaube ich, von der Unterrichtsverwaltung nicht verlangen können.

Zit. nach Hannelore Faulstich-Wieland, Koedukation – enttäuschte Hoffnungen, Darmstadt (Wissenschaftliche Buchgesellschaft) 1991, S. 20.

1 Gemeinschaftliche Schulausbildung von Mädchen und Jungen

Konflikte überwinden durch Ausgrenzung?

Spannungen in der Gesellschaft

Das Deutsche Reich war ein kompliziertes Gebilde aus Einzelstaaten mit unterschiedlichen politischen und konfessionellen Traditionen. Bismarck sah sein Ziel, das Deutsche Reich zu einer europäischen Großmacht zu machen, vor allem dadurch gefährdet, dass politische und gesellschaftliche Kräfte ihre jeweiligen Interessen gegen den Willen der Regierung durchzusetzen versuchten. Er befürchtete nicht nur innenpolitische Spannungen, sondern vor allem auch den Zusammenbruch seines Bündnissystems. Um dies zu verhindern, schien ihm der Nationalismus* das geeignete Mittel zu sein. Die Nation sollte als „einigendes Band" gefeiert und propagiert werden. Und wer sich gegen dieses Band sträubte, sollte gezwungen oder bekämpft werden. Welche Konsequenzen zog Bismarck aus diesem Entschluss? Wie ging er vor und zu welchem Ergebnis führte diese Politik?

Der „Kulturkampf"

Im Deutschen Reich lebten ungefähr 62 % Protestanten und 36 % Katholiken (siehe S. 206). Während die evangelische Kirche traditionell Entscheidungen der Regierung akzeptierte und mittrug, machte die katholische Kirche ihre Stellungnahme von der Weisung des Papstes abhängig. Dieser „Staat im Staate" störte im Konzept Bismarcks, zumal die Zentrumspartei, die sich als politische Vertretung der Katholiken verstand, aus den Reichstagswahlen 1871 als zweitstärkste Partei hervorgegangen war. Eine politische Kraft, die nicht zu kalkulieren, geschweige denn zu steuern war, musste nach Bismarcks Ansicht ausgeschaltet werden. Deshalb wurden zahlreiche Gesetze erlassen, die die Stellung des Staates gegenüber den Kirchen stärkten. Wer sich wehrte, musste mit Haftstrafen rechnen. Letztendlich verlor jedoch Bismarck den so genannten Kulturkampf. Er konnte die Verbindung zwischen Kirche, Zentrum und deutschen Katholiken nicht zerstören.

M1 **Der große Kampf des Jahrhunderts,** Karikatur aus der in Barcelona erscheinenden Zeitung „La Madeja politica", 1874. Der Papst mit dem Schild „Unfehlbarkeit" kämpft gegen Preußen mit dem Schild „Moderne Weltanschauung".

M2 Eine Mobilmachung gegen den Staat

Bismarck griff die Zentrumspartei am 30. Januar 1872 vor dem preußischen Abgeordnetenhaus an:

Wie ich gefunden habe, dass die Fraktion [Zentrumspartei], von der ich sprach, im Reichstage sich bereitwillig Elemente aneignete, deren fortdauernder prinzipieller ... Widerspruch gegen den preußischen Staat und gegen das Deutsche Reich notorisch[1] war, ... da bin ich mir immer klarer in der Besorgnis geworden, dass wir durch diese Partei zu der bedauerlichen Situation kommen würden, in der wir uns befinden ... Aber wir können den dauernden Anspruch auf eine Ausübung eines Teiles der Staatsgewalt den geistlichen Behörden nicht einräumen, und soweit sie dieselbe besitzen, sehen wir im Interesse des Friedens uns genötigt, sie einzuschränken, damit wir nebeneinander Platz haben, damit wir in Ruhe miteinander leben können.

Stenographische Berichte über die Verhandlungen der durch die Allerhöchste Verordnung vom 16.11.1871 einberufenen beiden Häuser des Landtages. Haus der Abgeordneten, Bd. 1, Berlin 1872, S. 535 ff.

1 offenkundig, allbekannt

Die Gesetze gegen die Kirchen

1871 „Kanzelparagraph": Den Geistlichen im Reich wird es verboten, in ihren Predigten staatliche Angelegenheiten „in einer den öffentlichen Frieden gefährdenden Weise" zu behandeln.
1872 Schulaufsichtsgesetz: Alle öffentlichen und privaten Schulen in Preußen werden unter die Aufsicht des Staates gestellt.
1872 Jesuitengesetz: Verbot des Jesuitenordens im Reich.
1873 „Maigesetze": Die Ausbildung und die Anstellung der Geistlichen in Preußen werden staatlich kontrolliert.
1874 Expatriierungsgesetz: Die Geistlichen im Reich können auf einen bestimmten Aufenthaltsort beschränkt oder ausgebürgert werden.
1874 Zivilstandsgesetz: Geburten, Todesfälle und Trauungen können nur noch von den neu geschaffenen Standesämtern rechtswirksam beurkundet werden.
1875 „Brotkorbgesetz": Preußen sperrt alle staatlichen Geldzuweisungen an die katholische Kirche.
1875 Klostergesetz: Alle Orden in Preußen (mit Ausnahme der in der Krankenpflege tätigen) werden verboten.

1 Das Wort „Kulturkampf" wurde von dem liberalen Abgeordneten Virchow 1873 im preußischen Abgeordnetenhaus geprägt. Begründe, warum es den Konflikt zwischen Kirche und Staat treffend beschreibt.

2 Informiere dich bei einem Juristen, ob die im Kasten genannten Gesetze heute noch gültig sind.

3 Erkläre mithilfe von M2, warum Bismarck gerade diese Gesetze im „Kampf" gegen die Kirche erließ.

4 Partnerarbeit: Schreibt zwei Zeitungsberichte über die Gefangennahme des Kölner Erzbischofs: einen für die dem Zentrum nahe stehende „Kölnische Volkszeitung" und einen für die in Berlin erscheinende liberale „National-Zeitung". Lest sie einander vor und diskutiert, ob sie „realistisch" erscheinen.

M3 Kulturkampf in Köln

Der Historiker Adolf Klein berichtet 1992 über das staatliche Vorgehen gegen den Kölner Erzbischof Paulus Melchers:

Er war in mehreren Strafverfahren zu Geldstrafen verurteilt worden, weil er geistliche Ämter ohne die jetzt vorgeschriebene Anzeige an den Oberpräsidenten besetzt hatte. Da er die Geldstrafen nicht zahlte ..., wurde er im Jahre 1874 für sechs Monate in der Kölner Strafanstalt „Klingelpütz" zur Vollstreckung der Ersatzfreiheitsstrafen inhaftiert. Das machte den Erzbischof zum Märtyrer, was dem Staat kaum erwünscht sein konnte ... Trotz allen Entgegenkommens der Gefängnisverwaltung geschahen Fehlgriffe ... Als Ministrant für die täglich zu lesende Messe wies man ihm einen Zuhälter an. Die Zentrumspresse schlachtete das weidlich aus ... 1876 erklärte der staatliche Gerichtshof für kirchliche Angelegenheiten den Kölner Erzbischof für abgesetzt. Die kirchlichen Stellen, die sich allein dem Kirchenrecht verpflichtet fühlten, nahmen das nicht zur Kenntnis. Der Erzbischof war nach Holland emigriert und leitete von dort die Diözese weiter. Unterdessen ließ der Staat die erzbischöflichen Vermögensverhältnisse durch einen königlichen Kommissar verwalten. Wie der Erzbischof, so wurden auch viele einfache Pfarrer wegen Verstoßes gegen die verschiedenen Kulturkampfgesetze strafrechtlich verfolgt. Nicht wenige Pfarren waren verwaist.

Adolf Klein, Köln im 19. Jahrhundert. Von der Reichsstadt zur Großstadt, Köln (Wienand) 1992, S. 246 f.

M4 **Verhaftung des Kölner Erzbischofs,** Holzstich, 1874

M5 **„Einer Meinung (wenigstens diesmal!)"**, Karikatur in der Londoner Zeitung „Punch", 1879

Der Kampf gegen die Sozialdemokratie

Der wichtigste gesellschaftliche Konflikt im Kaiserreich beruhte auf den gegensätzlichen Interessen von Arbeitnehmern und Arbeitgebern. Jeder Versuch der Gewerkschaften und der 1869 entstandenen Sozialdemokratischen Arbeiterpartei Deutschlands (siehe S. 163), die soziale und politische Benachteiligung der Arbeiterschaft zu verringern, scheiterte. Deshalb verschärften sich die gesellschaftlichen Spannungen. Bismarcks Strategie war doppelt angelegt: Um die Arbeiter für sich bzw. die Regierungspolitik zu gewinnen, führte er zwischen 1883 und 1889 die Kranken-, Unfall-, Alters- und Invalidenversicherung ein. Um ihre gewerkschaftlichen und politischen Organisationen auszuschalten, nahm Bismarck 1878 zwei Attentate auf Wilhelm I. zum Anlass für das „Sozialistengesetz": Es verbot die Sozialdemokratische Partei (die gar nicht an den Anschlägen beteiligt war) nicht, schränkte aber ihre politischen Tätigkeiten ein. Bismarck erreichte sein Ziel jedoch nicht: Die Zahl sozialdemokratischer Wähler verdreifachte sich von 493 000 (1877) auf 1 427 000 (1890). Der Reichstag beschloss 1890, das Sozialistengesetz nicht mehr zu verlängern. Dennoch mussten Sozialdemokraten nach wie vor mit politischer Verfolgung rechnen. Die Kluft zwischen der Arbeiterschaft und dem Staat vertiefte sich daher weiter.

M6 Das „Sozialistengesetz"

Auszüge aus dem „Gesetz gegen die gemeingefährlichen Bestrebungen der Sozialdemokratie" vom 21. Oktober 1878:

§ 1. Vereine, welche durch sozialdemokratische, sozialistische oder kommunistische Bestrebungen den Umsturz der bestehenden Staats- oder Gesellschaftsordnung bezwecken, sind zu verbieten.
§ 7. Aufgrund des Verbots sind die Vereinskasse sowie alle für Zwecke des Vereins bestimmten Gegenstände durch die Behörde in Beschlag zu nehmen.
§ 9. Versammlungen, in denen sozialdemokratische, sozialistische oder kommunistische, auf den Umsturz der bestehenden Staats- oder Gesellschaftsordnung gerichtete Bestrebungen zu Tage treten, sind aufzulösen.
§ 11. Druckschriften, in welchen sozialdemokratische, sozialistische oder kommunistische, auf den Umsturz der bestehenden Staats- oder Gesellschaftsordnung gerichtete Bestrebungen in einer den öffentlichen Frieden, insbesondere die Eintracht der Bevölkerungsklassen gefährdenden Weise zu Tage treten, sind zu verbieten.
§ 17. Wer an einem verbotenen Vereine als Mitglied sich beteiligt oder eine Tätigkeit im Interesse eines solchen Vereins ausübt, wird mit Geldstrafe bis zu fünfhundert Mark oder mit Gefängnis bis zu drei Monaten bestraft.

Reichs-Gesetzblatt 1878, S. 351 ff.

M7 **Kontrolle der Kranzschleifen auf dem Friedhof der Märzgefallenen in Berlin**, Foto, 1912. Am 18. März jeden Jahres erinnerten Arbeiter an die Opfer der Revolution von 1848. Polizisten kontrollierten die Texte auf den Kranzschleifen und schnitten missliebige Verse heraus.

M8 Die Sozialdemokratie in Trümmern

August Bebel, der parlamentarische Führer der Sozialdemokratie im Reichstag, berichtete 1913 in seinen Memoiren:

Sobald das Gesetz verkündet und in Kraft getreten war, fielen die Schläge hageldicht. Binnen wenigen Tagen war die gesamte Parteipresse mit Ausnahme des „Offenbacher Tageblatts" und der „Fränkischen Tagespost" in Nürnberg unterdrückt. Das gleiche Schicksal teilte die Gewerkschaftspresse mit Ausnahme des Organs des Buchdruckerverbandes, des „Korrespondenten". Auch war der Verband der Buchdrucker, abgesehen von den [liberalen] Hirsch-Dunckerschen Vereinen, die einzige Gewerkschaftsorganisation, die von der Auflösung verschont blieb … Ebenso verfielen der Auflösung die zahlreichen lokalen sozialdemokratischen Arbeitervereine, nicht minder die Bildungs-, Gesang- und Turnvereine, an deren Spitze Sozialdemokraten standen … Durch die Verfolgungen aufs Äußerste verbittert, zogen sie [die Sozialdemokraten] von Stadt zu Stadt, suchten überall die Parteigenossen auf, die sie mit offenen Armen aufnahmen, und übertrugen jetzt ihren Zorn und ihre Verbitterung auf ihre Gastgeber, die sie zum Zusammenschluss und zum Handeln anfeuerten. Dadurch wurde eine Menge örtlicher geheimer Verbindungen geschaffen, die ohne die Agitation der Ausgewiesenen kaum entstanden wären. Der Vorgang erinnert an die Verfolgung der Christen in den ersten Jahrhunderten unserer Zeitrechnung durch die römischen Cäsaren und ihre Werkzeuge.

August Bebel, Aus meinem Leben, bearb. v. Ursula Herrmann, Berlin (Dietz) 1983, S. 509 ff.

5 Erläutere, warum die Sozialdemokratie von den herrschenden Schichten als Gefahr gesehen wurde. Nutze hierfür die Informationen auf S. 162.

6 Beschreibe M5. Erkläre den Zusammenhang zwischen der Beendigung des Kulturkampfs und Bismarcks Vorgehen gegen die organisierte Arbeiterschaft.

7 Nenne die Grundrechte, die durch das Sozialistengesetz (M6) verletzt wurden. Ziehe dabei auch M8 hinzu.

8 Zeige mithilfe von M7 bis M9, wie die „Obrigkeit" im Kaiserreich gegen die Sozialdemokraten vorging. Welche Wirkung hatten diese Maßnahmen?

9 Untersuche M10 mithilfe der Arbeitsschritte zur Bildanalyse (siehe S. 290). Ziehe Schlüsse auf die langfristige Wirkung der Sozialistengesetze.

M9 Die Staatsbahnen und der Sozialismus

Der Minister der öffentlichen Arbeiten, Hermann Budde, erläuterte am 23. Februar 1903 im preußischen Abgeordnetenhaus, wie die Staatsbahnen mit Beschäftigten umgingen, die sich zur Sozialdemokratie bekannten:

Wir dürfen es nicht zulassen, dass sich in unserer Organisation, in unseren 365 000 Köpfen Bestrebungen geltend machen, die ich kurzweg mit Umsturz bezeichnen möchte … Mein Herr Amtsvorgänger hat den Erlass herausgegeben: Wer sich agitatorisch an sozialdemokratischen Bestrebungen beteiligt innerhalb des Eisenbahnpersonals, der wird als Arbeiter sofort entlassen, natürlich unter Einhaltung der gesetzlichen Kündigungsfrist. Wer als nichtständiger Beamter [= Angestellter] dasselbe tut, dem wird ebenfalls gekündigt, und er wird entlassen; wer aber als Beamter, der den Treueid geschworen hat, sich an Umsturzbestrebungen macht, der wird einfach im Disziplinarverfahren beseitigt. Das ist ein Testament, welches ich übernommen habe, und welches ich auch halten werde.

Stenographische Berichte über die Verhandlungen des Preußischen Hauses der Abgeordneten, 19. Legislaturperiode, V. Session, Bd. 2, Berlin 1903, S. 1826.

M10 **Gedenkblatt der Sozialdemokratie** anlässlich der Abschaffung des Sozialistengesetzes, Lithographie, 1890

M11 **Postkarte aus Frankfurt am Main**, 1897. Der Text lautet: „Geehrter Herr Pfarrer! Da ich mich aus dem Judengewimmel in der Stadt in obiges Lokal geflüchtet habe, um in Ruhe ein Pilsner zu schlürfen, gedenke ich Ihrer und sende die besten Grüße."

Der Antisemitismus: mehr als nur Ausgrenzung

Die über Jahrhunderte hinweg vorhandenen Vorurteile gegenüber Juden, die immer wieder zu Gewalttaten und Verfolgungen geführt hatten, erhielten in den 1860er-Jahren eine neue Richtung: Die so genannte Rassentheorie (siehe S. 241 f.), die den Anspruch von Wissenschaftlichkeit erhob, jedoch durch keinerlei wissenschaftliche Erkenntnisse begründet werden konnte, wurde immer populärer. Sie wertete Völker nach biologischen Merkmalen und stufte die „semitische" Rasse niedriger ein als die „arische" Rasse.

Der Antisemitismus im Kaiserreich ging nicht – wie die Gesetze gegen die Katholiken oder Sozialdemokraten – von den Regierungen und den Parlamenten aus. Im Gegenteil: Kurz nach der Reichsgründung erlangten die deutschen Juden 1871 die vollständige rechtliche Gleichstellung mit den übrigen Staatsbürgern. Zu diesem Zeitpunkt bildeten sie etwa ein Prozent der Gesamtbevölkerung. Da sie jahrhundertelang von vielen Berufen ausgeschlossen worden waren, hatten sie sich spezialisiert auf Handel und Bankwesen, und viele waren in Buch- und Zeitungsverlagen und in freien Berufen (Anwälte, Ärzte, Künstler) tätig. Der wachsende Antisemitismus im Kaiserreich hatte vor allem soziale Gründe: Der ungeheure wirtschaftliche Aufschwung, der nach der Reichsgründung eingesetzt hatte, brach bereits 1873 wieder zusammen, weil die in immer größeren Stückzahlen hergestellten Waren nicht genügend Abnehmer fanden. Viele Menschen erlebten die so genannte „Gründerkrise" als bedrohlich, verloren jegliche Hoffnung und sie – vor allem Landwirte, Handwerker und Kaufleute – suchten die Schuld dafür bei den Juden.

M12 Unsere Aussichten

Unter diesem Titel beschäftigte sich der Historiker Heinrich von Treitschke 1879 mit der aufkommenden Propaganda gegen die Juden. Sein Aufsatz trug dazu bei, diese Gesinnung in gebildeten Kreisen salonfähig zu machen:

Was wir von unseren israelitischen Mitbürgern zu fordern haben, ist einfach: Sie sollen Deutsche werden, sich schlicht und recht als Deutsche fühlen – unbeschadet ihres Glaubens und ihrer alten heiligen Erinnerungen, die uns allen ehrwürdig sind … Keine deutsche Handelsstadt, die nicht viele ehrenhafte, achtungswerte jüdische Firmen zählte; aber unbestreitbar hat das Semitentum an dem Lug und Trug, an der frechen Gier des Gründer-Unwesens[1] einen großen Anteil, eine schwere Mitschuld an jenem öden Materialismus unserer Tage, die jede Arbeit nur noch als Geschäft betrachtet und die alte gemütliche Arbeitsfreudigkeit unseres Volkes zu ersticken droht; in tausenden deutscher Dörfer sitzt der Jude, der seine Nachbarn wuchernd auskauft … Überblickt man alle diese Verhältnisse – und wie vieles ließe sich noch sagen! – so erscheint die laute Agitation des Augenblicks doch nur als brutale und gehässige, aber natürliche Reaktion des germanischen Volksgefühls gegen ein fremdes Element, das in unserem Leben einen allzu breiten Raum eingenommen hat.

Heinrich von Treitschke, Unsere Aussichten. In: Preußische Jahrbücher, 44 (G. Reimer), 1879, S. 572 ff.

1 Wirtschaftsboom der Gründerjahre 1871–1873

Antisemitismus

Das Hebräische und das Arabische gehören zu einer gemeinsamen Sprachgruppe, die im 18. Jahrhundert nach Sem, dem ältesten Sohn Noahs, benannt wurde. Das Wort „Antisemitismus" erfand 1879 der Publizist Wilhelm Marr. Er bezeichnete damit die Ablehnung oder Bekämpfung des Judentums aus rassischen, religiösen oder sozialen Gründen. Obwohl sich der Begriff schnell durchsetzte, ist er irreführend, da er sich ausschließlich gegen Juden und nicht gegen Araber oder andere Angehörige der semitischen Sprachgruppe richtet.

M13 Die Juden unter Fremdenrecht

Der Vorsitzende des nationalistischen „Alldeutschen Verbandes", der Justizrat Heinrich Claß, forderte 1912:

Die Forderung muss sein: die landansässigen Juden werden unter Fremdenrecht gestellt. Die Vorfrage lautet: Wer ist Jude, und schon sie muss mit Härte beantwortet werden, indem man zwar den Glauben als ursprüngliches Erkennungszeichen ansieht, aber die Rassenangehörigkeit ins Auge fasst und auch den vom jüdischen Glauben Abgewandten als Juden behandelt, gleichzeitig auch ... die Nachkommen von Mischehen ... Man müsste, um durchzuschlagen, bestimmen: Jude im Sinne des geforderten Fremdenrechts ist jeder, der am 18. Januar 1871 der jüdischen Religionsgemeinschaft angehört hat sowie alle Nachkommen von Personen, die damals Juden waren, wenn auch nur ein Elternteil jüdisch war oder ist ... Was aber soll das Fremdenrecht bestimmen? Es soll den Strich zwischen Deutschen und Juden ziehen und die Möglichkeiten einschränken, eine volksschädigende Wirkung auszuüben. Dahin gehören folgende Maßnahmen: Den Juden bleiben alle öffentlichen Ämter verschlossen, einerlei ob gegen Entgelt oder Ehrenamt, einerlei ob für Reich, Staat und Gemeinde. Zum Dienst in Heer und Flotte werden sie nicht zugelassen. Sie erhalten weder aktives noch passives Wahlrecht. Der Beruf der Anwälte und Lehrer ist ihnen versagt; die Leitung von Theatern desgleichen ... Als Entgelt für den Schutz, den die Juden als Volksfremde genießen, entrichten sie doppelte Steuern wie die Deutschen.

Daniel Frymann (Pseudonym von Heinrich Claß), Wenn ich der Kaiser wär' – Politische Wahrheiten und Notwendigkeiten, Leipzig (Dietrich'sche Verlagsbuchhandlung) 1912, S. 74 ff.

M14 **Der Kaufmann Max Stern** in Niederstetten (Württemberg) mit Familie und Gästen, Foto, 1912.

10 a) Erläutere, wie Treitschke in M12 die Begriffe Deutsche und Juden verwendet und überprüfe diese Begriffswahl anhand des Darstellungstextes.
b) Stelle fest, was Treitschke den Juden vorwirft. Überlege, bei wem diese Beschuldigungen vermutlich Gehör fanden.

11 Untersuche M13 mithilfe des Modells zur Quellenanalyse S. 113. Erläutere, in welchem Kontext die Äußerungen von Claß zu beurteilen sind.

12 Wie erklärst du, dass der Antisemitismus gerade im Mittelstand Anhänger fand?

13 Vergleiche M12 mit M13: Durch welche Vorstellungen war die Haltung der Verfasser gegenüber den Juden geprägt?

14 Überlege, welche Konsequenzen die gesellschaftliche Haltung, die in M11 bis M13 zum Ausdruck kommt, für den jüdischen Kaufmann Max Stern und seine Kinder (M14) haben konnte.

15 Vergleiche die Verfolgung der Katholiken, Sozialdemokraten und Juden. Nenne Gemeinsamkeiten und Unterschiede.

Deutschland im 19. Jahrhundert – Überblick und offene Fragen

Die Zeit der Restauration

Die Beteiligung des Volkes am Sieg gegen Napoleon hatte die Hoffnung geweckt, dass nun ein geeintes und freies Deutschland entstehen werde. Auf dem Wiener Kongress von 1815 gründeten die deutschen Fürsten aber nur den „Deutschen Bund", ein lockeres Staatenbündnis ohne eine eigene Verfassung. Doch ließ sich der Wunsch nach Einheit und Freiheit nicht dauerhaft unterdrücken: Auf dem Wartburgfest verbrannten Studenten 1817 die Symbole der Fürstenherrschaft – mit schwer wiegenden Folgen: Die Regierungen erließen 1819 die „Karlsbader Beschlüsse". Viele politisch aktive Bürger flohen vor drohender Verhaftung ins Ausland oder zogen sich ins Privatleben zurück. Aber das Hambacher Fest von 1832 war wieder eine spektakuläre Demonstration für die beiden Leitwerte der deutschen Nationalbewegung.

Seit den 1830er-Jahren entstanden neben politischen Protestformen auch soziale Unruhen, denn die Folgen der Industrialisierung hatten die Verarmung vieler Untertanen beschleunigt (Pauperismus). Hungernde Familien beteiligten sich an Brotkrawallen, schlesische Weber, die durch die Gründung von Fabriken ihre Arbeit verloren hatten, begannen 1844 einen Aufstand, der gewaltsam niedergeschlagen wurde.

Die Revolution von 1848/49

Nach dem Sturz der französischen Monarchie im Februar 1848 spitzte sich die politische Lage in den deutschen Staaten zu. Im März 1848 kam es in Berlin und anderen Residenzstädten zu Barrikadenkämpfen. Zwei Monate später trat in der Frankfurter Paulskirche das erste gesamtdeutsche Parlament zusammen, das nach langen Diskussionen im März 1849 eine Verfassung verabschiedete. Nach dem Vorbild der amerikanischen und französischen Verfassungen waren hier zum ersten Mal Grundrechte aller Bürger schriftlich festgehalten und garantiert. Die Forderungen nach Freiheit schienen erfüllt worden zu sein. In welcher Form die staatliche Einheit Deutschlands nun vollendet werden sollte, darüber stritten sich die Abgeordneten der Paulskirche. Doch die Fürsten weigerten sich, die Beschlüsse der Abgeordneten zu akzeptieren. Das Parlament wurde im Juni 1849 gewaltsam aufgelöst und die Regierungen vereinbarten, den Deutschen Bund in der alten Form wiederherzustellen. Bis heute berufen sich Demokraten auf die Ideen der 1848er-Revolution – trotz ihres Scheiterns.

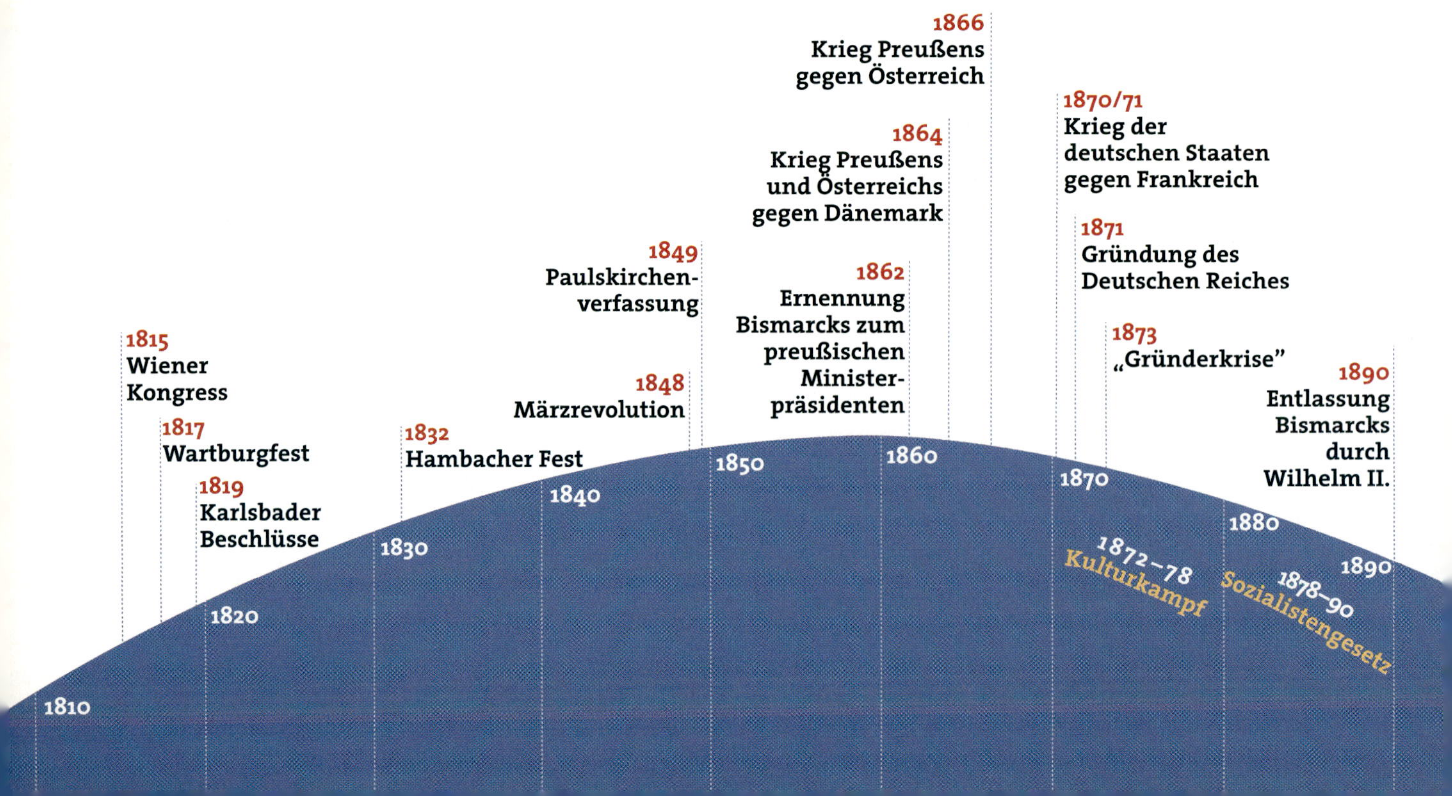

Wir wiederholen zentrale Begriffe und Methoden

Liberale, Demokraten S. 194

Nation, Nationalstaat S. 206

Antisemitismus S. 227

Historiengemälde deuten S. 202 f.

Einheit oder Freiheit?

Das Bürgertum, dem die Beteiligung an der politischen Macht verwehrt worden war, konzentrierte sich nun darauf, Handel und Gewerbe zu beleben. Dafür war die Schaffung eines einheitlichen Wirtschaftsraums nötig. Die politische Einigung im Deutschen Bund blieb deshalb ein Hauptziel.
Sie vollzog sich unter dem Einfluss militärischer Konflikte Preußens mit Dänemark und Österreich. Während des Krieges gegen Frankreich 1870/71 verloren die Unterschiede zwischen den deutschen Staaten an Bedeutung. Die Ausrufung Wilhelms I. zum Deutschen Kaiser besiegelte die nationale Einheit unter preußischer Führung.
Die 1871 erlassene Verfassung brachte aber nicht die politische Freiheit, sie stellte die Vorherrschaft von König, Adel und Militär nicht infrage. Zwar galt bei den Wahlen zum Reichstag das allgemeine gleiche Wahlrecht (zumindest für die Männer), dem Parlament fehlten aber wesentliche Rechte: So hatte es keinen Einfluss auf die Ernennung des Reichskanzlers und die Bildung der Regierung. Im Unterschied zu 1848 waren 1871 die Grundrechte der Deutschen nicht in in der Verfassung verankert worden.

M1 „Kommt es unter einen Hut? Ich glaube, 's kommt eher unter eine Pickelhaube!". Österreichische Karikatur, 1870. Die Pickelhaube gilt als Symbol für das preußische Militär im 19. Jahrhundert.

Integration durch Ausgrenzung

Das Deutsche Reich war kein in sich geschlossener Nationalstaat: Viele Deutsche lebten außerhalb der Reichsgrenzen, umgekehrt gab es polnische und dänische Minderheiten im Reichsgebiet. Dazu kamen die Elsass-Lothringer, die sich überwiegend als Franzosen fühlten. Die konfessionellen Spannungen und die sozialen Probleme, die durch die Industrialisierung und das Städtewachstum entstanden, stellten den Staat vor enorme Herausforderungen. Sie spiegelten sich z. B. in der Diskussion um das Schulwesen wider. Reformen des Unterrichts und die langsame Verbesserung der Mädchenbildung (Zulassung zum Abitur 1908) zeigen, dass das Deutsche Reich sich wandelte. Bismarck nutzte das Nationalgefühl, das in der deutschsprachigen Bevölkerung weit verbreitet war, zur Ausgrenzung von so genannten „Reichsfeinden":
Sein Kampf gegen die katholische Kirche und die sozialdemokratische Partei blieb jedoch erfolglos. Das übersteigerte Nationalgefühl (Nationalismus) führte in breiten Schichten der Gesellschaft zu Fremdenhass und Antisemitismus.

M2 Demonstration in Dresden, November, 1989

1 M1 und M2 entstanden 1870 und 1989 – ein Jahr vor der Gründung des Deutschen Reichs und ein Jahr vor der Wiedervereinigung der DDR mit der Bundesrepublik Deutschland. Diskutiert in der Klasse, ob sich die dargestellten Prognosen und Wünsche erfüllt haben.

„Was ist des Deutschen Vaterland?“ – Aussagen über die Nation

M1 Karikatur von Mester, 1999

Welcher Aussage stimmen Sie am ehesten zu:

	West	Ost	18–24 Jahre	25–29 Jahre	30–44 Jahre	45–59 Jahre	ü. 60 Jahre
„Ich bin stolz ein Deutscher zu sein.“	31	27	7	9	23	34	45
„Ich freue mich, Deutscher zu sein, aber ich bin nicht stolz darauf.“	34	39	24	48	37	40	31
„Es ist mir unangenehm, als Deutscher gesehen zu werden.“	2	1	9	2	2	-	1
„Diese Frage beschäftigt mich nicht.“	27	26	57	32	35	22	12

M2 **Stolz auf Deutschland?** Befragung von 1000 Personen im März 2001

Die Frage nach der „Nation“

„Was ist des Deutschen Vaterland?“ Das war die Ausgangsfrage des Schriftstellers Ernst Moritz Arndt (1769–1860) für ein „vaterländisches“ Gedicht. Mit seinen Reden und Schriften setzte sich Arndt für die „nationale Erhebung“ gegen Napoleon ein und forderte die nationale Einheit Deutschlands. 1848/49 war er Mitglied der Frankfurter Nationalversammlung.

Wie Arndt setzten sich auch andere Menschen in seiner Zeit mit der Frage nach der Zukunft der Deutschen und Deutschlands, das ja als einheitlicher Staat (noch) nicht existierte, auseinander. Aus der älteren Vorstellung von den Deutschen als ein Volk – mit gemeinsamer Sprache und Geschichte – wurde in der ersten Hälfte des 19. Jahrhunderts, angeregt durch die Französische Revolution, ein politisches Nationalbewusstsein. Nachdem der Versuch, einen demokratischen Nationalstaat zu gründen, 1848/49 am Widerstand der monarchischen Obrigkeit und des Adels gescheitert war (siehe S. 198 f.), gelang 1871 die Gründung eines deutschen Nationalstaates. Unter der Führung Preußens entstand allerdings „nur“ ein Staat ohne demokratisch-parlamentarische Strukturen – ein autoritärer Macht- und Obrigkeitsstaat als „kleindeutsche“ Lösung (siehe S. 204 ff.). Ist die Frage Arndts „Was ist das deutsche Vaterland“ heute noch aktuell?

M3 „Schwarz-Rot-Gold“

Karl Heinrich Schnauffer, ein bürgerlicher Liberaler schrieb 1848:

Schwarz, Rot und Gold, das sind die Farben,
Die stolz der deutsche Bürger trägt;
Schwarz, Rot und Gold, das sind die Farben,
Für die er sich im Kampfe schlägt.

Das Schwarz, das ist die Warnung denen,
Die Deutschlands Freiheit noch bedrohn.
Das Rot, das ist das Blut von jenen,
Die für die Freiheit fielen schon.

Das Gold, das ist der Freiheit Segen,
Wenn Männer ihre Pflicht getan,
Drum schlagt auf Wegen und auf Stegen
Die heiligen drei Farben an.

Schwarz, Rot und Gold, das sind die Farben,
Drauf stolz das deutsche Auge sieht;
Schwarz, Rot und Gold – das sind die Garben,
Darin die Ernte Deutschlands blüht!

Zit. nach Peter Alter (Hg.), Nationalismus, München (Piper) 1994, S. 93 f.

M4 Die „Nation“ nach der Einheit 1990

Der Sozialwissenschaftler Ralf Dahrendorf (1990):

Wie man sich auch dreht und wendet, ja windet, die Nation ist wieder da und der Nationalstaat mit ihr, und zwar hier, mitten in Europa, in Deutschland … Die Frage ist nur, was denn Nation und Nationalstaat am Ende des 20. Jahrhunderts sinnvoll bedeuten können und wo ihre Grenzen liegen …
Nun haben die Autoren, denen die Nation Angst macht, … sich dabei ja etwas gedacht. Sie halten die Nation nicht nur für antiquiert[1] , sondern für bedrohlich … Insoweit Nationalstaat Rechts- und Verfassungsstaat heißt, liegt darin kein Grund zur Klage oder Sorge … Es geht vor allem um Bürgerrechte, und diese verlangen verlässliche Institutionen in immer größeren, daher notwendig heterogenen[2] Gemeinwesen. Sie verlangen selbstbewusste Nationalstaaten in einem kooperativen Europa, das seine Grenzen so weit zieht wie möglich und aktiv mitwirkt an der Schaffung einer internationalen Ordnung des Rechts.

Ralf Dahrendorf, Die Sache mit der Nation. Zit. nach Peter Alter (Hg.), Nationalismus, München (Piper) 1994, S. 304 ff.

1 veraltet 2 vielfältigen

M5 Nationalstaat und Region

Aus einem Interview mit dem Bundespräsidenten Johannes Rau (März 2001):

Rau: Der Begriff Stolz ergibt sich in meinem Denken bei der Heimat und der eigenen Nation nicht …
Frage: Sehen Sie kein Bedürfnis nach einer nationalen Debatte?
Rau: Doch. Das ist ein Thema, das mich seit vielen Jahren umtreibt. Ich sehe darin auch ein Symptom für Verunsicherung, für die Suche nach Orientierung. Ich kann allen politischen Verantwortlichen nur raten, die Sorgen vieler Menschen ernst zu nehmen: die materiellen Sorgen genauso wie das Bedürfnis nach Identität, Tradition und Heimat …
Frage: Sie glauben also nicht, dass die Region in den europäischen Ländern die Nation ersetzen wird?
Rau: Nicht ersetzen, ergänzen. Ich halte den Nationalstaat für unverzichtbar, jedenfalls auf lange Sicht. Ich glaube, dass wir eine europäische Verfassung brauchen, für eine Föderation[1] von Nationalstaaten … In Zeiten der Globalisierung brauchen die Menschen eine stärkere Verwurzelung in der Region. Die Regionen formieren sich auch neu.

Der Spiegel, Nr. 13/2001 vom 26. 03. 2001, S. 29 f.

1 Zusammenschluss selbstständiger Staaten

1 Tragt anhand von M1 und M2 eure Kenntnisse und Meinungen zu den Begriffen „Vaterland“, „Nation“, „Stolz auf Deutschland“ zusammen und formuliert Fragen zu diesem Thema, die für euch wichtig sind.

2 Erarbeite mithilfe des Darstellungstextes sowie M3 und M6, wie die „Nation“ im 19. Jahrhundert gesehen wurde. Achte besonders darauf, wie M3 und M6 die geschichtliche Situation widerspiegeln. Zur Schrift siehe Hinweise im Buchumschlag.

3 Stelle zusammen, wie Dahrendorf (M4) und Rau (M5) die „Nation“ beurteilen und welche Perspektive sie für die Zukunft Deutschlands als „Nationalstaat“ sehen.

4 Nimm zu folgender These Stellung: Was eine „Nation“ ist, kann eindeutig und dauerhaft beantwortet werden. Begründe deine Beurteilung.

5 Nehmt eure Fragen aus Aufgabe 1 auf und versucht sie zu beantworten. Haltet Meinungsunterschiede fest.

M6 Schützenscheibe, Gemälde von Lorenz Kaim, 1862

7. Imperialismus und Erster Weltkrieg

„Verzichtet Deutschland auf die Erweiterung seines Wirtschaftsgebietes, so heißt dies: Deutschland kann nicht als politisch maßgebendes Land abdanken, sondern es geht auch wirtschaftlich zurück", warnte die Zentrumspartei auf der Rückseite der hier abgebildeten Postkarte. Damit war ihr Standpunkt klar: Das Deutsche Reich hatte Anspruch auf ein großes Stück vom „Weltkuchen". Dieser Meinung waren viele Deutsche – allen voran Kaiser Wilhelm. Doch es gab auch kritische Stimmen, vor allem im Ausland. Denn seit 1870 hatte sich ein regelrechter Wettkampf zwischen den europäischen Mächten um den Erwerb von Kolonien entwickelt : Die USA wie die europäischen Industriestaaten setzten sich zum Ziel, ein Weltreich (lat. imperium) zu errichten und brachten deshalb Gebiete in Asien und Afrika unter ihre Herrschaft.

Die Motive und Gründe waren vielschichtig: Sie reichten von wirtschaftlichen Interessen, von der Vorstellung, den Menschen außerhalb Europas überlegen zu sein, bis hin zum machtpolitisch bestimmten Geltungsbedürfnis. Aber alle hatten das gleiche Ziel und wählten den gleichen Weg: Sie nutzten ihre eigene Überlegenheit, um Gebiete zu erwerben bzw. zu erobern und diese als Kolonien auszubeuten.

Da Interessen, Ziel und Wahl der Mittel übereinstimmten, verschärfte sich die Rivalität zwischen den Großmächten. Die Mission, die sie nach Übersee gesandt hatten, kam in Form einer Kriegserklärung nach Europa zurück.

Im Kapitel kannst du untersuchen:

– welche Motive und Ziele mit dem Imperialismus verbunden waren
– wie dies die Beziehung zwischen den Europäern und Einheimischen prägte
– welche Folgen die imperialistische Politik der Großmächte für Europa hatte
– inwieweit ihre Kolonialgeschichte heute unabhängige Staaten Afrikas beeinflusst.

Großes Bild: **Propaganda-Postkarte** der Zentrumspartei zur Reichstagswahl 1912
Unten links: **Kaiser Wilhelm II.** im Kreise der „Kolonialvölker", Titelseite der Zeitschrift „Kolonie und Heimat", 1913
Unten rechts: **Der Imperialismus und seine Folgen**, Karikatur, 1994

1 Beschreibe die Abbildungen und suche nach inhaltlichen Verbindungen.

1914
Beginn des Ersten Weltkriegs

1912/13
Krisen auf dem Balkan: europ. Großmächte rüsten auf

1900
„Boxer“-Aufstand in China

1898
Das Deutsche Reich rüstet seine Flotte auf

1885
Kongo-Konferenz

1884/85
Das Deutsche Reich erwirbt Kolonien (Afrika/Pazifik)

1882
Ägypten wird britische Kolonie

1881
Tunesien wird französische Kolonie

Mit Bibel, Flinte, Korb und Flagge nach Übersee

Europäische Mächte: Bündnisse und Spannungen

M1 **Das europäische Konzert,** Holzschnitt nach einer Zeichnung von Albert Robida auf dem Titelblatt der Pariser Zeitschrift „La Caricature" vom 1. Juli 1882

Der „Wettlauf" um Kolonien

In Europa hatte der Wiener Kongress 1815 (siehe S. 180) auf eine Balance der Großmächte gesetzt mit dem Ziel, Frieden zu erreichen bzw. zu erhalten. Dieses Ziel hatte sich mit dem Deutsch-Französischen Krieg 1870/71 als Illusion erwiesen. Von einem politischen Gleichgewicht in Europa konnte spätestens seit der Gründung des Deutschen Reichs keine Rede mehr sein, denn der neue Staat wuchs schnell zum politischen und wirtschaftlichen Konkurrenten der anderen europäischen Mächte heran.
Diese Entwicklung beunruhigte vor allem Großbritannien und Frankreich, denn beide hatten sich zum Ziel gesetzt, die eigene Macht zu vergrößern: „Greater Britain", „Empire Francais", so lauteten die Schlagwörter, mit denen – vor allem konservative – Politiker seit Beginn der 70er-Jahre ihre Reden würzten. Was hatte es damit auf sich?
Neu war ja die Idee von Besitz und Macht außerhalb Europas nicht – sie wurde seit Ende des 15. Jahrhunderts von Spanien, Portugal, Holland, Frankreich und England in ihren Kolonien praktiziert mit der Zielsetzung, sie Gewinn bringend auszubeuten. Die Gründung der Vereinigten Staaten, die Loslösung lateinamerikanischer Kolonien von ihren Mutterländern zu Beginn des 19. Jahrhunderts waren für diese ein empfindlicher Rückschlag. Aber bis in die 1870er-Jahre hinein beschränkte sich die Besitznahme von Gebieten in Übersee (Afrika, Asien) im Wesentlichen auf Küstenregionen und erfolgte meist durch Handelsgesellschaften, nicht offiziell durch die Regierungen.
Dies änderte sich zu Beginn der 80er-Jahre so massiv, dass die Zeitgenossen die neue Politik als „Scramble", als „Wettlauf" um die noch unverteilten Gebiete auf der Welt bezeichneten. Eine entscheidende Rolle spielte dabei, dass diese Staaten, die zum Teil identisch waren mit den alten Kolonialmächten, den Ländern in Afrika und Asien technologisch, militärisch und wirtschaftlich weit überlegen waren.
Im Unterschied zu Großbritannien, Frankreich, Deutschland und Belgien war Russland ein Agrarstaat. Seine Industrie entwickelte sich erst allmählich im europäischen Teil des Landes. Dennoch beteiligte es sich an der imperialistischen Expansion. Russland betrieb seine Expansion in Mittelasien und Sibirien. Die dort im 19. Jahrhundert erfolgte Ansiedlung von 7 Millionen Russen sollte die Annexion stabilisieren.
Insgesamt führte der Wettlauf zu einer wachsenden Rivalität zwischen den Großmächten in Europa und Übersee.

1. Untersuche M1 anhand der Arbeitsschritte von S. 103.
2. Informiere dich mithilfe der Karte M2, auf welche Ereignisse M1 anspielt.
3. Zeige, wie sich der Wettlauf um die Kolonien in M2 widerspiegelt.
4. Überlege, warum Bismarck nicht die Weichen stellte, um außenpolitisch auf „Imperialismus-Kurs" zu gehen.

Mit Bibel, Flinte, Korb und Flagge nach Übersee

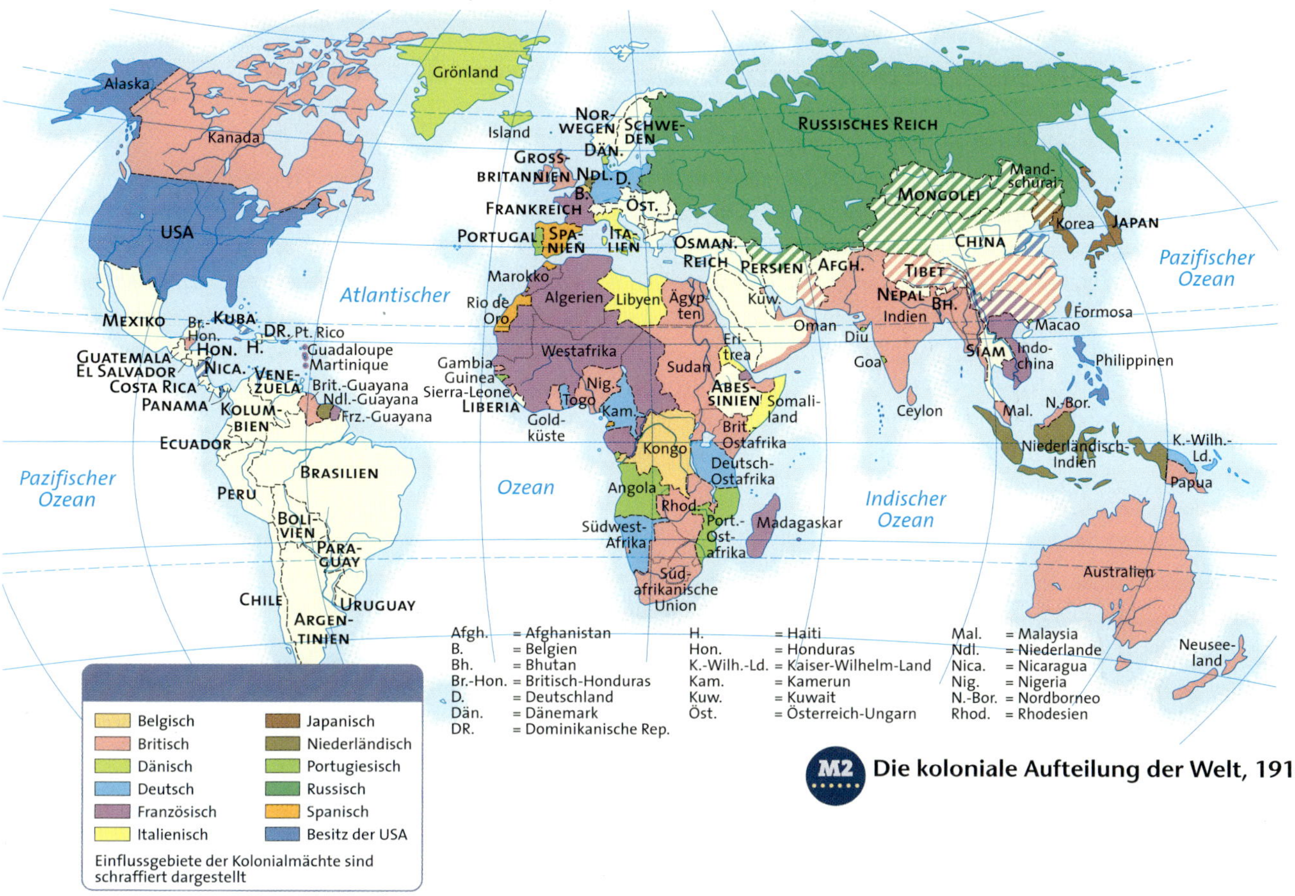

M2 Die koloniale Aufteilung der Welt, 1914

Imperialismus

Als Imperialismus wird die Herrschaft eines infolge seiner Industrialisierung weiter entwickelten Staates über weniger entwickelte Länder bezeichnet. Die Herrschaft wird „direkt" (Besetzung und Einrichtung einer Kolonialregierung) oder „indirekt" (Kontrolle über die eingesetzte einheimische Regierung) ausgeübt. Identisch sind die Ziele: massive politische und kulturelle Einflussnahme, wirtschaftliche Ausbeutung der abhängigen Länder (vor allem in Afrika und Asien), Schaffung eines vom Mutterland aus gesteuerten Reiches (Empire). Diese Zielsetzung löst Konkurrenzdenken zwischen den imperialistischen Mächten aus und führt zu politischen und militärischen Auseinandersetzungen.
Als Epoche des Imperialismus wird der Zeitraum zwischen ca. 1880 und 1914–1918 überschrieben.

Beispiel Deutsches Reich

Am deutschen Beispiel lässt sich dies erkennen: Reichskanzler Bismarck hatte durch ein internationales Bündnissystem (siehe S. 209) die Gefahr einer antideutschen Koalition gebannt und wies sich nun die Rolle eines Schiedsrichters zu. Er lud Vertreter der Großmächte nach Berlin zur internationalen Kongo-Konferenz ein (1884/85). Erklärte Ziele waren: Bekämpfung des Sklavenhandels und Förderung der Missionierung in Afrika. Wichtiger waren den Teilnehmern jedoch Vereinbarungen, die Afrika als „Markt" dem freien Handel öffneten, und Abkommen, die kolonial-, militärpolitische Fragen bzw. Konflikte – im Sinne der Großmächte – regelten. Sah Bismarck die „Kongo-Akte" als persönlichen Erfolg an, so änderte sich nach seinem Rücktritt 1890 der außenpolitische Kurs: Kaiser Wilhelm II. wollte den Vorsprung der anderen Großmächte aufholen. Der Wettlauf um Kolonien endete im Ersten Weltkrieg.

Mit Bibel, Flinte, Korb und Flagge nach Übersee

Der imperialistische Geist durchdringt nicht nur die Politik

Imperialistische Expansion – warum?

Die Motive und Begründungen derjenigen, die sich in den imperialistischen Staaten für den Erwerb von Kolonien aussprachen, waren vielfältig. Die Geschichtsforschung bündelt sie zu verschiedenen „Strängen", von denen hier drei vorgestellt werden. Weitere lernst du im Verlauf des Kapitels kennen.

– Aus der Industrialisierung ergaben sich die technischen und finanziellen Möglichkeiten, um Kolonien zu „erwerben", zugleich entstand aus ihr die Notwendigkeit, Absatzmärkte zu suchen.

– Ihr Machtinteresse und das Bedürfnis, gegen Angriffe anderer Großmächte geschützt zu sein, befriedigten die Staaten, indem sie möglichst große Gebiete in Afrika und Asien unter ihre Herrschaft brachten.

– Der Imperialismus verminderte die Gefahr von innenpolitischen Krisen, bot die Möglichkeit, von sozialen Problemen abzulenken, indem z. B. nationalistische Gefühle und nationales Bewusstsein gefördert wurden. Wie sich dies im Einzelnen darstellte, kannst du auf den folgenden Seiten am Beispiel von Frankreich, Großbritannien, Deutschland und den USA erarbeiten.

M1 **Emailplakat aus den Niederlanden, 1912.** Das Schild wurde im Auftrag der niederländischen Regierung angefertigt. Es warb für die niederländischen Kolonialtruppen in Niederländisch-Indien. Historische Fotos belegen, dass diese Schilder häufig in Bahnstationen angebracht waren.

Wozu Kolonien? – eine Gruppenarbeit

Teilt die Klasse in 4 Gruppen (Gruppe A bearbeitet Frankreich S. 237, Gruppe B Großbritannien S. 238, Gruppe C Deutschland S. 239, Gruppe D die USA S. 240).

a. Untersucht die Materialien daraufhin,
– wie die Einflussnahme in fremden Ländern begründet wird,
– wie diese Einflussnahme erfolgte,
– ob der Verfasser eine Wertung trifft.

b. Tauscht euch innerhalb der Gruppen über die Ergebnisse der Textarbeit aus, überprüft Unterschiede nochmals anhand der Materialien.

c. Einigt euch auf die Textinhalte bzw. Antworten, die ihr der Klasse vorstellen werdet.

d. Visualisiert die wichtigsten Ergebnisse und tragt sie in der Klasse vor.

Besprecht anschließend, welche Texte übereinstimmende oder ähnliche Aussagen treffen.
Sucht nach möglichen Gründen dafür. Bezieht dazu die Informationen aus dem Darstellungstext ein.

M2 Die Bedeutung von Kolonien für Frankreich

Jules Ferry (Ministerpräsident Frankreichs 1883–1885) äußerte sich 1882 folgendermaßen:

2A Wenn die Republik nicht darauf verzichten kann, in Europa, im Orient und im Mittelmeerraum politisch wirksam zu werden, dann bedarf sie auch ... einer Kolonialpolitik: Das bedeutet, dass man in dieser Hinsicht weder vergesslich noch unaufmerksam sein darf, sei es aus Geringschätzung oder aus Trägheit; man muss wachsam, aktiv und dazu bereit sein, alle notwendigen Opfer für die Bewahrung alter und neuer Besitzungen zu bringen, welche in unterschiedlichem Maße und in den verschiedenen Teilen der Erde dazu beitragen, den Namen Frankreichs in der Welt zu verbreiten ... Die Konkurrenz zwischen den europäischen Nationen wird immer heftiger im Streit um diese weit entfernten Absatzmärkte, diese Niederlassungen an den Toren zur Barbarei, welche ein sicherer Instinkt dem alten Europa als Brückenköpfe der Zivilisation und als Wege in die Zukunft anweist. Die Bedürfnisse einer ständig wachsenden industriellen Produktion, ... die Suche nach unerschlossenen Märkten, ... die durch das moderne Leben so rasch entwickelten Tendenzen, die einzelne Völker veranlassen, ihren Blick über die Heimat hinaus zu richten; die Wissenschaft, welche die äußersten Enden der Erde in wenige Stunden Entfernung von London, Berlin oder Paris rückt; die sichtbaren Fortschritte der europäischen Gesellschaft und der Friedensidee; all dies drängt die zivilisierten Nationen dazu, ihre alten Rivalitäten auf das ausgedehntere und fruchtbare Feld weit entfernter Unternehmungen zu verlagern.

Zit. nach Wolfgang Mommsen, Imperialismus, Hamburg (Hoffmann und Campe) 1977, S. 84f.

Eugène Etienne, Vorsitzender der französischen „Kolonialpartei", auf einem Empfang der Vereinigung französischer Industrieller in Indochina in Rouen, 1889:

2B Frankreich kann stolz darauf sein, dass es in der Vergangenheit seine Tore weit geöffnet hat, ... dass es den Reichtum seiner Nachbarn geschaffen hat. Heute aber darf es nicht ignorieren, was in seinem Umkreis geschieht ... Amerika, das seine Industrie hinter sorgsam verschlossenen Toren aufgebaut hat, plant nunmehr die Errichtung eines „Zollvereins", der allein für amerikanische Erzeugnisse geöffnet ist. Heute also muss Frankreich darum besorgt sein, sich seinen eigenen Markt zu bewahren ... Es gibt ein Land, das wir als Erste erforscht und kolonisiert haben, nämlich Afrika. Alle europäischen Nationen stürzen sich auf dieses Land, sogar diejenigen, die sich noch vor kurzer Zeit verachtungsvoll gegen koloniale Unternehmungen aussprachen ... Es ist deshalb nötig, dass Frankreich sich nach außen begibt. Frankreich muss nach Afrika und nach Indien gehen ... Wir müssen von dort aus nach China vorstoßen und verhindern, dass uns ein Volk zuvorkommt, das niemals zögert und niemals pausiert, nämlich die Engländer, welche mit Siam und Burma über zwei Zugänge nach China verfügen.

Zit. nach Wolfgang Mommsen, Imperialismus, Hamburg (Hoffmann und Campe) 1977, S. 97f.

M3 **Gloire à la plus grande France,** Postkarte, 1917.
Im Ersten Weltkrieg fielen 75 000 Soldaten aus den Kolonien für das französische „Vaterland".

Mit Bibel, Flinte, Korb und Flagge nach Übersee

M4 Gründe für eine Kolonialpolitik Großbritanniens

Der konservative Politiker Benjamin Disraeli (britischer Premierminister 1874–1880) in einer Rede am 24. Juni 1874 im Kristallpalast in London:

4A Wenn ich „konservativ“ sage, so gebrauche ich das Wort in seinem reinsten und erhabensten Sinn. Ich will damit sagen, dass das englische Volk und besonders die arbeitenden Schichten Englands stolz darauf sind, einem großen Land anzugehören und seine Größe bewahren wollen – dass sie stolz sind, zu einem Imperium zu gehören und entschlossen sind, ihr Imperium, wenn sie können, aufrechtzuerhalten – dass sie überhaupt glauben, dass die Größe und das Weltreich Englands den altehrwürdigen Institutionen des Landes zuzuschreiben sind.

Wenn es das erste Ziel ist, die Institutionen des Landes aufrechtzuerhalten, so ist es meiner Meinung nach das zweite, das englische Empire zu stützen. Wenn Sie auf die Geschichte dieses Landes seit dem Aufstieg des Liberalismus* – vor vierzig Jahren – blicken, so werden Sie finden, dass keine Bemühung ... von so viel Energie unterstützt und mit so viel Fähigkeit und Scharfsinn vorangetrieben worden ist, wie die Versuche des Liberalismus, die Desintegration des englischen Empire zu erreichen ...

Nun, was war das Ergebnis dieses Versuchs ...? Er ist gänzlich gescheitert. Aber warum ist er gescheitert? Dank der Sympathien der Kolonien mit dem Mutterland. Sie haben entschieden, dass das Empire nicht zerstört werden soll, und meiner Meinung nach wird kein Minister in diesem Land seine Pflicht tun, der eine Gelegenheit versäumt, so weit wie möglich unser koloniales Weltreich wieder aufzubauen und jenen Sympathiebekundungen aus der Ferne zu entsprechen, die die Quelle unschätzbarer Stärke und Beglückung für dieses Land werden können.

Zit. nach Wolfgang Mommsen, Imperialismus, Hamburg (Hoffmann und Campe) 1977, S. 47 f.

Der britische Außenminister Lord Robert Salisbury wies am 16. Oktober 1879 Edward Mallett, den englischen Generalkonsul von Ägypten, folgendermaßen an:

4B Das Hauptziel unserer ägyptischen Politik ist die Erhaltung der Neutralität dieses Landes, d.h. die Erhaltung einer Situation, in der dort keine Großmacht mächtiger sein kann als Großbritannien ... Wir haben ... keinen Anlass, eine formelle Änderung des Status und der politischen Institutionen Ägyptens zu wünschen ... Unsere Repräsentanten in Ägypten sollen deshalb alles in ihrer Macht Stehende tun, um die einheimische Regierung ... zu unterstützen ... Es hat sich bereits zur Genüge gezeigt, dass die Muselmanen nicht bereit sind, einer Regierung zu gehorchen, die nominell europäisch ist bzw. deren maßgebende und herausragende Elemente europäisch sind ... Es ist deshalb von besonderer Bedeutung, der einheimischen Regierung zum Erfolg zu verhelfen. Aus diesem Grund sollte sie in ihrem eigenen Interesse weitgehend Europäer beschäftigen bzw. dazu gezwungen werden, wenn sie in dieser Beziehung ihre eigenen Interessen verkennt. Allerdings sollten die Europäer so weit wie möglich im Hintergrund bleiben ... Um die Stellungen, die den größten Einfluss ausüben und den geringsten Neid erwecken, sollten sich die Europäer bemühen.

Zit. nach Wolfgang Mommsen, Imperialismus, Hamburg (Hoffmann und Campe) 1977, S. 49 f.

M5 **„So kolonisiert der Engländer“**, Karikatur von Th. Th. Heine in der satirischen Zeitschrift „Simplicissimus“, 1905

M6 Ziele der deutschen Kolonialpolitik

Vor dem Reichstag sagte Reichskanzler Otto von Bismarck in einer Rede anlässlich der Erwerbung des späteren Deutsch-Südwestafrika am 26. Juni 1884:

6A Ich wiederhole, dass ich gegen Kolonien [bin] ..., die als Unterlage ein Stück Land schaffen und dann Auswanderer herbeizuziehen suchen, Beamte anstellen und Garnisonen schaffen, ... dass ich meine frühere Abneigung gegen diese Art von Kolonisation, die für andere Länder nützlich sein mag, für uns aber nicht ausführbar ist, heute noch nicht aufgegeben habe ... Etwas ganz anderes ist die Frage, ob es zweckmäßig, und ... ob es die Pflicht des Deutschen Reiches ist, denjenigen seiner Untertanen, die solchen Unternehmungen im Vertrauen auf des Reiches Schutz sich hingeben, diesen Reichsschutz zu gewähren und ihnen gewisse Beihilfen in ihren Kolonialbestrebungen zu leisten ... Unsere Absicht ist nicht Provinzen zu gründen, sondern kaufmännische Unternehmungen, aber in der höchsten Entwicklung auch solche, die sich eine Souveränität, eine schließlich dem Deutschen Reich lehnbar bleibende, unter seiner Protektion[1] stehende kaufmännische Souveränität zu erwerben, zu schützen in ihrer freien Entwicklung sowohl gegen die Angriffe aus der unmittelbaren Nachbarschaft als auch gegen Bedrückung und Schädigung vonseiten anderer europäischer Mächte.

Zit. nach Imperiale Zeitalter, hg. v. Ulrich Janiesch, Stuttgart (Klett) 1998, S. 34.

1 Schutz

Reichskanzler Bernhard von Bülow erklärte am 6. Dezember 1897 im Reichstag:

6B Die Zeiten, wo der Deutsche dem einen seiner Nachbarn die Erde überließ, dem anderen das Meer und sich selbst den Himmel reservierte, ... die Zeiten sind vorüber. Wir betrachten es als eine unserer vornehmsten Aufgaben, gerade in Ostasien die Interessen unserer Schifffahrer, unseres Handels und unserer Industrie zu fördern und zu pflegen. Wir müssen verlangen, dass der deutsche Missionar und der deutsche Unternehmer, die deutschen Waren, die deutsche Flagge und das deutsche Schiff in China so geachtet werden wie diejenigen anderer Mächte ...
Mit einem Worte: Wir wollen niemand in den Schatten stellen, aber wir verlangen auch unseren Platz an der Sonne.

Zit. nach Wolfgang Mommsen, Imperialismus, Hamburg (Hoffmann und Campe) 1977, S. 130.

M7 **„So kolonisiert der Deutsche"**, Karikatur von Th. Th. Heine in der satirischen Zeitschrift „Simplicissimus", 1905

M8 **„Der Schutzmann der Welt"**, amerikanische Karikatur auf Theodor Roosevelts imperialistische Außenpolitik („Big-Stick-Policy"), 1905

M9 USA: Der Handel der Welt ...

Der amerikanische Politikwissenschaftler Albert J. Beveridge (1899–1911 US-Senator) sprach im April 1889 bei einer politischen Veranstaltung in Boston über die Zukunft der USA:

9A Amerikanische Fabriken stellen mehr her, als für die Versorgung des amerikanischen Volkes notwendig ist. Die amerikanische Erde erzeugt mehr, als es verzehren kann. Das Schicksal hat uns unsere Politik vorgeschrieben: Der Handel der Welt muss und wird unser sein. Und wir werden ihn bekommen, da unser Mutterland England uns den Weg dazu gewiesen hat. Wir werden in der ganzen Welt Handelsniederlassungen als Umschlagplätze für amerikanische Waren gründen. Unsere Handelsflotte wird bald über den ganzen Ozean fahren. Wir werden eine Kriegsmarine aufbauen, die unserer Größe entspricht. Aus unseren Handelsniederlassungen werden Kolonien erwachsen, die sich selbst regieren, unsere Flagge führen und mit uns Handel treiben ... Und das amerikanische Recht, die amerikanische Ordnung, die amerikanische Zivilisation und die amerikanische Flagge werden an bis dahin blutigen und unkultivierten Ufern Fuß fassen, Ufern, die ... von nun an schöner und zivilisierter werden ... Im Pazifik liegt das eigentliche Feld unserer nächsten Aufgaben.

Zit. nach Wolfgang Mommsen, Imperialismus, Hamburg (Hoffmann und Campe) 1977, S. 211.

Nach der Eroberung Kubas, Puerto Ricos und der Philippinen schrieb der amerikanische Präsident Wilhelm McKinley 1898 den Gesandten, die die USA bei den Friedensverhandlungen in Paris vertreten sollten:

9B Der Verzicht Spaniens auf die westliche Hemisphäre war eine unerlässliche Notwendigkeit. Indem wir diese Forderung aufstellten, erfüllten wir nur eine allgemein anerkannte Pflicht ... Mit den Philippinen verhält es sich jedoch anders ... Wenn wir uns auch nach wie vor zu den Zielsetzungen bekennen, die unsere Bemühungen geleitet haben, ... so dürfen wir dennoch nicht vergessen, dass der Krieg uns gegen unseren Wunsch und unsere Absichten neue Pflichten und Verantwortlichkeiten auferlegt hat, denen wir uns stellen müssen, wie es einer großen Nation geziemt ... Zudem eröffnet der Besitz der Philippinen uns neue wirtschaftliche Möglichkeiten ... Es ist nur billig, jedes legitime Mittel zur Erweiterung des amerikanischen Handels zu ergreifen; jedoch suchen wir im Fernen Osten keine Vorteile, die nicht allen Nationen gleichermaßen zugänglich sein sollen. Da wir für uns nur eine Politik der „offenen Tür" verlangen, sind wir auch bereit, diese anderen ebenfalls zuzugestehen.

Zit. nach Wolfgang Mommsen, Imperialismus, Hamburg (Hoffmann und Campe) 1977, S. 212.

„Die armen Wilden“: Christliche Kultur als Allheilmittel?

M1 Mit Bibel und Flinte nach Afrika

Das Lied, das im „Demokratischen Liederbuch“ der Arbeiterbewegung (1898) abgedruckt war, thematisiert Motive des Imperialismus in Afrika, die nicht nur für Deutschland Geltung haben:

Was treiben wir Deutschen in Afrika?
Hört, Hört!
Die Sklaverei wird von uns allda
zerstört.
Und wenn so ein Kaffer von uns nichts will,
Den machen wir flugs auf ewig still.
Piff paff, piff paff, hurra!
O glückliches Afrika!

Wir pred'gen den Heiden das Christentum.
Wie brav!
Und wer's nicht glauben will, den bringen wir um
Piff, paff!
O selig die „Wilden“, die also man lehrt
Die „Christliche Liebe“ mit Feuer und Schwert.
Piff paff, piff paff, hurra!
O glückliches Afrika!

Wir haben gar „schneidige Missionär“,
Juchhei!
Den Branntwein, den Krupp[1] und das Mauser[1]gewehr
Die drei.
So tragen „Kultur“ wir nach Afrika.
Geladen! Gebt Feuer! Halleluja!
Piff paff, piff paff, hurra!
O glückliches Afrika!

Zit. nach Zupfgeigenhansel, Volkslieder 2, Dortmund („pläne“ Verlag) 1977.

1 Waffenhersteller

Missionsarbeit aus Pflichtgefühl?

Der englische Imperialismus-Kritiker John A. Hobson erklärte in seinem Buch „Imperialismus“ (1902), dass es unter seinen Landsleuten nicht wenige gäbe, die den Wunsch hätten, „das Christentum unter den Heiden zu verbreiten, die Grausamkeiten und Leiden zu vermindern“. Aber diese Missionare unterlagen, so Hobson, dem Irrtum, „Religion und andere Kulturgüter seien transportable Artikel und sie zu den rückständigen Völkern zu befördern, sei unsere Pflicht“.
Tatsächlich waren schon vor der Eroberung und Inbesitznahme der Kolonien christliche Missionare in Afrika, Asien und Ozeanien tätig, vor allem im Gefolge der Entdeckungs- und Forschungsreisenden. Doch im Schutz der imperialen Kolonialpolitik erlebte die Missionsarbeit einen enormen Aufschwung. Die Missionare hatten nun die politische und militärische Unterstützung, die nötig war, um die eigene Sicherheit zu gewährleisten und den Widerstand unter der einheimischen Bevölkerung abzubauen.
Zugleich waren die christlichen Missionsgesellschaften wichtige Wegbereiter für die Verbreitung der Kolonialidee in den europäischen Staaten: Mit ihren Missionsblättern, in denen sie über ihre Arbeit in Übersee berichteten und für sie warben, gewannen sie Gesellschaftsgruppen wie z. B. katholische Bauern, Arbeiter und Kleinbürger für die Kolonialpolitik, die eigentlich keinen Grund hatten, sich jenseits der Landesgrenzen zu engagieren. Welche Motive und Ziele führten die Missionare nach Afrika?
An der Berechtigung und Notwendigkeit ihrer Arbeit zweifelten die Missionare nie, da sie von der Überlegenheit der christlichen Kultur (die mit der abendländischen gleichgesetzt wurde) gegenüber „heidnischen“ Glaubensvorstellungen ausgingen. Hierin fanden sie die uneingeschränkte Unterstützung der politischen Gruppen, die davon ausgingen, dass die „weiße Rasse“ allen anderen überlegen sei. Ihre Argumentation stützten sie auf die Evolutionstheorie des Biologen Charles Darwin, der für die Tierwelt nachgewiesen hatte, dass sich im Kampf ums Dasein nur die Anpassungsfähigsten durchsetzten (siehe Faktenkasten S. 242).

1 Formuliere die Aussage des Liedes M1.
2 Prüfe, ob M1 als politisches Lied bezeichnet werden kann (siehe dazu S. 190).

Mit Bibel, Flinte, Korb und Flagge nach Übersee

M2 Von der weißen Ameise lernen?

In der Januarausgabe des Deutschen Kolonialblattes von 1903 wird ein namentlich nicht genannter Missionar zitiert, der seinem Freund schrieb:

Unsere Kameruner Schwarzen sind leider noch ein an der Sinnenwelt haftendes Volk, welches für das Reich des Geistes wenig Verständnis hat ... Einst ermahnte ich unsere Kinder mit den Worten der hl. Schrift: „Gehe hin zur Ameise, du Fauler, und lerne von ihr." Aber da erhoben sich zahlreiche Proteste: „Wie, von der Ameise sollen wir lernen?! Weißt du denn nicht, dass die weiße Ameise alles zerstört und selbst auf eure europäischen Kleider und Häuser keine Rücksicht nimmt? Dass die böse Wanderameise uns unerbittlich auffressen würde, wenn wir nicht bei ihren nächtlichen Besuchen im Schlafsaal schleunigst Reißaus nähmen und ihr das Feld räumten? ..." Es war umsonst ihnen begreiflich machen zu wollen, dass sie nicht die Diebesgelüste, die Mord- und Zerstörungswut der Ameisen nachzuahmen brauchten, sondern nur ihre emsige Tätigkeit.

Deutsches Kolonialblatt 1/1903, S. 22.

M3 „Wir sind die erste Rasse in der Welt"

Cecil Rhodes, britischer Politiker und 1890–1896 Premierminister der Kap-Kolonie, schrieb 1877:

Ich behaupte, dass wir die erste Rasse in der Welt sind und dass es für die Menschheit umso besser ist, je größere Teile der Welt wir bewohnen ... Da (Gott) sich die Englisch sprechende Rasse offensichtlich zu seinem auserwählten Werkzeug geformt hat, durch welches er einen auf Gerechtigkeit, Freiheit und Frieden gegründeten Zustand der Gesellschaft hervorbringen will, muss es auch seinem Wunsch entsprechen, dass ich alles in meiner Macht Stehende tue, um jener Rasse so viel Spielraum und Macht wie möglich zu verschaffen. Wenn es einen Gott gibt, denke ich, so will er daher eines gern von mir getan haben: nämlich so viel von der Karte Afrikas britisch rot zu malen wie möglich und anderswo zu tun, was ich kann, um die Einheit der Englisch sprechenden Rasse zu fördern und ihren Einflussbereich auszudehnen.

The Last Will and Testament of C. Rhodes. Zit. nach Wolfgang Mommsen, Imperialismus, Hamburg (Hoffmann und Campe) 1977, S. 48f.

Sozialdarwinismus

Der britische Naturforscher Charles Darwin (1809–1882) lehrte, dass die natürliche Auslese im „Kampf um das Dasein" Entstehung und Entwicklung der Arten verursacht (Evolutionstheorie). Die Übertragung dieser Theorie auf die menschliche Gesellschaft nennt man Sozialdarwinismus. Aus ihr heraus werden soziale Ungleichheit und Rassismus gerechtfertigt. Aus ihr wird z. B. auch abgeleitet, dass ein Volk untergehen müsse, das nicht in der Lage sei, sich gegen andere zu behaupten, d. h. erfolgreich Kriege zu führen.

M4 **Frankreich wird Marokko Kultur, Wohlstand und Frieden bringen können,** Titelseite der französischen Zeitschrift „Le Petit Journal", 19. November 1911

M5 **Lehrprobe eines afrikanischen Lehrers vor einem deutschen Schulrat in der deutschen Kolonialschule in Daressalam in Deutsch-Ostafrika** (heute Tansania), Foto, 1903. Die afrikanische Jungenklasse wird in Mathematik und Swahili geprüft.

M6 Unterricht in Missionsschulen

Der Gouverneur von Togo erließ 1902 eine Schulordnung, die für alle Missionsschulen verbindlich war, die von der deutschen Regierung finanziell unterstützt wurden:

Als Gegenstand des Sprachunterrichts ist außer der Landessprache keine andere Sprache zugelassen als die deutsche ...

1. Kurs [mindestens 6 Wochenstunden]: 1. Lesen und Schreiben der deutschen Sprache in lateinischen oder deutschen Schriftzeichen. ... 2. Benennung der Gegenstände im Schulzimmer und der Körperteile im Deutschen. 3. Rechnen im Zahlenkreis 1 bis 20. 4. Singen: Auswendiglernen und Einüben von zwei deutschen Liedern. ...

5. Kurs [mindestens 10 Wochenstunden]: 1. Lesen: Lesen größerer Lesestücke. ... Auswendiglernen von vaterländischen Gedichten. 2. Schreiben: Schriftliche Wiedergabe von Lesestücken aus dem Gedächtnis, kleine Aufsätze aus dem Leben. ... 3. Grammatik: Satzlehre, Wiederholung des Wichtigsten aus der Formenlehre. 4. Rechnen: Eigentliche Bruchrechnung (gewöhnliche und Dezimalbrüche), einiges aus den bürgerlichen Rechnungsarten, einiges aus der Raumlehre. 5. Geschichte: Deutsch-Französischer Krieg 1870/71. Die drei deutschen Kaiser seit 18. Januar 1871. Pflichten gegenüber der Obrigkeit. 6. Erdkunde: Erweiterung der Kenntnisse über Deutschland; das Wichtigste von Europa ... 7. Singen: Auswendiglernen und Einüben von zwei weiteren deutschen Liedern.

Deutsches Kolonialblatt 7/1906, S. 221 f.

Rassismus im Alltag – Beispiele suchen

Seit den ersten Entdeckungsreisen in den schwarzen Kontinent tauchen sie immer wieder auf: die rassistischen Darstellungen von Menschen in Afrika. Es sind Bilder, die wenig über die Menschen in Afrika aussagen, dafür aber umso mehr über unsere Sicht und unseren Umgang mit ihnen. Auch wenn wir viele dieser Bilder heute ablehnen und ein partnerschaftliches Miteinander statt der alten Überheblichkeit anstreben – die alltäglichen rassistischen Darstellungen und Klischees sind nicht weniger geworden. Viele Vorurteile fallen uns gar nicht auf, weil sie zu unserem Alltag gehören: leckere Naschereien nennen wir z. B. Negerküsse oder Mohrenköpfe.

Sucht weitere Beispiele aus der Alltagssprache und überlegt, inwiefern sich darin Vorurteile ausdrücken.

3 Überprüfe mithilfe von M2 und M3, ob John A. Hobson mit seinem Urteil (Darstellungstext) Recht hat.

4 Erarbeite aus M3 Cecil Rhodes' politische Leitlinien.

5 Analysiere M4 mithilfe der Arbeitsschritte S. 290.

6 Zeige an M5 und M6, wie afrikanischen Schülern deutsche Kultur vermittelt wurde. Nimm Stellung.

7 Informiere dich über Projekte von Missionsorganisationen heute (Internet-Adressen u. a.: www.missio.de; www.vemission.org).

Afrika – ein weißer Fleck auf der Weltkarte?

M1 **Auf den Straßen Dakars (Senegal) kreuzen sich Tradition und Moderne,** Foto, 2000.

M2 Wer bin ich? – oder: Das Problem afrikanischer Identität

Der Presseartikel einer westafrikanischen Zeitschrift kommentiert 1977:

Der Schlüssel zum zukünftigen Erfolg Afrikas liegt darin, dass es seine Identität wirklich anerkennt … Die richtige Einstellung (ist): Einmal Afrikaner, immer Afrikaner. Afrika mag zwar in finanzieller Hinsicht nicht reich sein, aber es hat ein ungeheures Potenzial. Und da „Zivilisationen" kommen und gehen, könnte schon morgen Afrika an der Reihe sein … Es gibt keine Anzeichen dafür, dass Afrika auf ewig durch Bürgerkriege und Unterentwicklung zerrissen sein wird. Afrika hat der Welt große Sportler (wie Pele, Muhammad Ali) gegeben. Es hat der Welt bedeutende Kunst und Kultur gegeben. Und es hat der Welt sogar den ersten Homo sapiens gegeben und damit den Kontinent zum Geburtsort des Menschen gemacht. All dies sollte genügen, jeden heutigen Afrikaner – ob auf dem Kontinent oder in der Diaspora – zu ermutigen, sich zu seiner Herkunft zu bekennen.

West Africa, 13. April 1997, S. 540.

Das „alte" Afrika im Umbruch?

Haben Traditionen noch Bedeutung?

Ghana zählt zu den politisch und wirtschaftlich stabilsten Staaten Westafrikas – eine Tatsache, die Jerry Rawlings (Staatspräsident 1981–2000) gern als Ergebnis einer strikt zukunftsorientierten Regierungspolitik darstellte. Bei Empfängen und Staatsfeiern trug Rawlings jedoch über Hemd und Krawatte einen ponchoartigen Überwurf, wie es die „chiefs", die traditionellen Führer der verschiedenen Volksgruppen, tun. Denn noch heute leben die meisten Ghanaer in dörflichen Gemeinschaften und respektieren Traditionen, die z. B. beim Volk der Ashanti seit Jahrhunderten Geltung haben. Die Ashanti wanderten vermutlich von Mali her ins Gebiet des heutigen Ghana ein, besiegten viele der dort wohnenden Völker oder verbündeten sich mit ihnen. Bis zum Ende des 17. Jahrhunderts war so ein großes Reich entstanden, das von dem so genannten „Asantehene" regiert wurde. Kriegszüge gegen die Nachbarn, aber auch der Handel mit Gold und Sklaven machten die Ashanti zu einem der reichsten und politisch einflussreichsten Völker Westafrikas. Im 19. Jahrhundert gerieten sie in Konflikt mit den Briten, die ähnliche Interessen hatten. Die Ashanti verloren den Kampf und der „Asantehene" seine politische Macht. Aber noch heute gibt es in Ghana zahlreiche „chiefs" und die der Ashanti gelten als die mächtigsten. Ihre Autorität wird von der lokalen Bevölkerung anerkannt.

Projekt – Altkleider nach Afrika

Führt in der Klasse ein Projekt durch, das sich mit dem Problem des Altkleiderverkaufs in Afrika (bzw. Entwicklungsländern) und der Suche nach „Alternativen" befasst. Geht dabei nach den Hinweisen zur Methode „Projektarbeit", S. 161, vor.

1 Erarbeite, wie M2 die Frage „Wer bin ich?" beantwortet.

2 Besprecht, ob ihr als junge Afrikaner dieser Antwort zustimmen würdet.

3 Überlege, warum der ghanaische Staatspräsident traditionelle Kleidung trug (M1, M2, M5, Darstellungstext).

M3 Altkleider nach Afrika?

Eine deutsche Altkleider-Recyclingfirma informiert über die Ergebnisse einer ministeriellen Untersuchung:

3A Der Export von Altkleidern in die afrikanischen Hauptabnehmerländer Benin, Ghana und Kamerun hat keine schädliche Wirkung auf die Textil- und Bekleidungsproduktion und den Arbeitsmarkt in den Ländern ...
In allen drei Ländern existiert ein von den Altkleidern weitgehend unabhängiger Marktbereich afrikanischer Bekleidung, die zu festlichen Anlässen getragen wird. Schneider in diesem Bereich sind durch Altkleider-Importe nicht beeinträchtigt, so die Studie. Schneider und Händler von europäischer Bekleidung haben dagegen in allen betrachteten Ländern mit der Ausweitung des Altkleiderhandels Auftragseinbußen zu verzeichnen ... Gleichzeitig bietet der Altkleidermarkt dem Schneiderhandwerk auch eine neue Nachfrage nach Ausbesserung und Änderung der Kleidungsstücke.

Europäischer Wirtschaftsdienst GmbH, Recycling und Entsorgung, Jahrgang 9, Nr. 17 v. 20. 04. 1999.

Ein Textilunternehmer aus Ghana sagt 1995 in einem Interview:

3B Unsere Firma gibt es seit 40 Jahren, ... wir weben Stoffe für den hiesigen Markt, unter anderem die typischen ghanaischen Kente-Stoffe. Auf dem amerikanischen Exportmarkt tun wir uns schwer, denn mit Billigprodukten aus Asien können wir nicht konkurrieren ... Unser Markt ist eingebrochen ... Von den ursprünglich 1500 Mitarbeitern sind noch 700 da und wahrscheinlich steht uns in drei Monaten die nächste Entlassungswelle bevor. Dann werden es nur noch 300 sein. Und bedenken Sie, jeder Arbeitsplatz ernährt etwa acht Personen. Die Textilindustrie ist der größte industrielle Arbeitgeber in Ghana, aber sie steht vor dem Zusammenbruch. Das Problem sind die Billigimporte aus Asien, aber schlimmer noch sind die Altkleider. Sie sind qualitativ hochwertig und konkurrenzlos billig ... Wir produzieren Handtücher und einfarbige Anzugstoffe. Dieser Markt ist weg, seit die Altkleider ins Land kommen. So billig können wir nicht anbieten.

Franziska Strobusch/Boris Terpinc, Zum Beispiel: Altkleider, Göttingen (Lamuv) 1995, S. 43f.

M4 Kente – mehr als ein Stück Stoff

Die Ashanti in Ghana besitzen mit den gewebten Kente-Streifen eine sehr alte Tradition kostbarer Webarbeiten. Sie lassen sich seit Ende des 15. Jahrhunderts als Handelsware portugiesischer Seefahrer nachweisen:

Die Ashanti haben ihre Arbeit immer in zwei Gruppen unterteilt: Die Baumwoll- und einfacheren Seidenstoffe für den Gebrauch durch die gewöhnlicheren Klassen heißen „N'tama", während die Seidenstoffe, die Muster für den ausschließlichen Gebrauch durch die königliche Familie und deren Kammerleute, als „Asasia" bekannt sind. Die Asasia-Stoffe sind eine exklusive Abart der Webereien aus reiner Seide und bilden eine ganz eigene Kategorie. Die N'tama Seidenstoffe mit lebhaften Farben und exotischen Mustern mögen zwar von Adligen, Handelsleuten und Kriegern getragen werden, ihre Nutzung ist für die Asantahene uninteressant. Es sind die königlichen Stoffe und die Gewänder des inneren Kreises am Hof, die Asasia, die der Häuptling und seine Familie in Auftrag geben, benutzen und ihren wertvollsten Untertanen in gebotener Zeremonie überreichen.

Peter Adler/Nicolas Barnard, African Majesty, London (Thames and Hudson) 1995, S. 57.

M5 Einführung des neu ernannten „chief" in Peki, Ghana, Foto, 2000. Einige der abgebildeten Personen tragen Kente, Webstoffe mit traditionellen Mustern.

4 Stelle die zentralen Aussagen von M4 zusammen.

5 Erarbeitet die unterschiedlichen Positionen von M3A und M3B.

6 „Kente kaufen für Ghanas Zukunft": Diskutiert, welche Reaktionen dieser Werbeslogan in Ghana auslösen könnte (Unternehmer und Beschäftigte der Textilindustrie, Händler, Politiker usw.).

Afrikanische Literatur – Zugang zum „alten"Afrika

M1 Botschaft aus dem Jenseits

In der Erzählung des nigerianischen Autors Odun Balogun wird ein Mann durch den Tod des Vaters veranlasst, einen Orakel-(Ifa-)Priester aufzusuchen:

Auch wenn ich nur ein armer Schulvorsteher in den Vierzigern bin, weiß ich, welche Traditionen man einhalten muss … So steckte ich, sobald ich sicher sein musste, dass mein Vater nicht wieder aufwachen würde und seine Reise zu unseren Vorfahren angetreten hatte, ein paar Naira (= nigerianische Währung) in die Tasche und begab mich zu dem Ifa-Priester, zu dem ich immer ging … Wieder und wieder studierten seine Augen angespannt die Orakel-Schnüre: „Er [Dein Vater] grüßt dich und sagt, dass du dir um nichts Sorgen machen musst."… Ich erinnerte mich daran, wie ich ihn vor noch nicht allzu langer Zeit damit aufgezogen hatte, dass er sich den Vorwurf werde machen müssen, ungebührlich lange zu leben und mich so dazu zu treiben, das Geld auszugeben, das ich in all den Jahren für seine Beerdigung zusammengespart hatte. Ich fragte mich, ob er mir meinen Scherz übel genommen hatte. Er hatte zwar gelacht und gemeint, er befürchte, die ungeziemende Ungeduld unserer Generation würde uns vorschnell zur Vereinigung mit den Vorfahren treiben, und so würden wir uns um die Freuden des Alters bringen… „Er sagte, du brauchst dir um nichts Sorgen zu machen … Dass du dich lediglich um die normalen Beerdigungsriten kümmern musst, damit er wohlbehalten in die Welt der Vorfahren eingehen kann."

Balogun, Odun, Die Wiederkehr. In: Frommlet, Wolfram (Hg.), Die Sonnenfrau, Wuppertal (Peter Hammer Verlag) 1994, S. 155 ff.

M2 Die Marktfrauen von Accra

Edna ist dafür ausersehen, den Markstand von Ma, ihrer Großmutter, zu übernehmen, die erfolgreich Elfenbeinimitate als echte Elfenbeinkämme verkauft. Eines Tages kommt ein junger Mann, der gerade einen Kamm gekauft hat, zurück und verlangt einen zweiten:

„Was ist denn", mischte Ma sich ein. „Dieser Herr will sagen, dass unsere Kämme nicht aus Elfenbein sind …" „So ist es Ma", unterbrach sie der Kunde. „Und du weißt selbst, dass es stimmt" …

Ma wurde sich … bewusst, dass sie in ihrem ganzen Marktfrauendasein noch niemals eine Beleidigung geduldet hatte, und sie begann all ihren Nachbarinnen zuzurufen, dass ein unbekannter Mann es ihr gegenüber an Respekt habe fehlen lassen ... Im Handumdrehen sah sich der Kunde umringt von den Marktfrauen, von denen eine aggressiver als die andere war …

„Er beleidigt mich, eine alte Frau, und er stiehlt meinen Kamm! …" „Aber Ma, jetzt wird es unerträglich!" Das war Ednas Stimme. Edna stand hinter ihrer Großmutter und hatte bisher die Szene beobachtet, ohne etwas zu sagen. Bei ihrem plötzlichen Ausruf richteten sich alle Blicke auf sie. Einen Moment lang herrschte Schweigen. Verdutzt wandte sich Ma ihrer Enkelin zu. „Edna, Edna, Tochter meines Herzens, was hast du gesagt?" „Ma, ich sage, dass es genug ist. Wir sind nicht gerecht."…

„Wir sind nicht gerecht", fuhr Edna nach einer kurzen Pause fort, „weil wir diesem Mann nicht einmal die Möglichkeit lassen sich zu rechtfertigen." „Na, was habe ich gesagt?" wandte sich der Mann an die Marktfrauen … „Was habe ich, was habe ich …", fiel ihm Ma ins Wort. …

„Mich wirst du … nicht bestehlen. Was dich angeht, Edna, so kann ich nur sagen: wenn du mit diesem Verhalten Marktfrau werden willst, so bin ich des Erfolges jetzt gewiss. Habt ihr gehört, wie respektlos mich meine eigene Enkelin vor allen Leuten behandelt …?"

Das tadelnde Murmeln der Menge zeugte davon, wie sehr Ma im Recht war. Es konnte wohl passieren, dass Edna zu anderen Gelegenheiten respektlos war. Davon gibt es im Leben viele. Aber der gegenwärtige Fall konnte nicht geduldet werden: vor allen Leuten.

Bebey, Francis, Das Alphabet der Sonne während des Regens, übers. v. Jutta Lossos, Wuppertal (Peter Hammer Verlag) 1995, S. 13–16.

1 Suche in den Texten Hinweise auf Traditionen – sozusagen „ungeschriebene Gesetze" –, die das Verhalten der Personen beeinflussen. Wie werden diese bewertet?

2 Die „Alten" beherrschen die „Jungen"! Beziehe Stellung zu dieser Aussage – auf der Grundlage der Texte.

Als die Weißen kamen – das Beispiel Ruanda

M1 Ruanda – ein Reiseziel für Touristen?
Ein Reiseführer über Ruanda im Jahr 2000:

Ruanda ist ein schönes, wenn auch brutalisiertes Land, das aus den falschen Gründen berühmt ist. Es ist ein Land mit zahllosen Bergen, atemberaubenden Aussichten und die Heimat von einigen der wenigen auf der Erde verbliebenen Berggorillas. Trotzdem ist Ruanda als Brennpunkt einer der fürchterlichsten Versuche zum Völkermord auf der Welt in das Bewusstsein des späten 20. Jahrhunderts eingebrannt … Ruanda heute: Ruanda hat bemerkenswerte Arbeit geleistet, wieder auf seine Füße zu kommen und hat einen erstaunlichen Grad an Sicherheit erreicht … Man kann wieder sicher durch die Straßen laufen, ohne über zerstückelte Leichen steigen zu müssen oder mit Panga[1] schwingenden Schlägern zu tun zu haben. Allerdings ist nicht jeder zufrieden mit der PFR[2]-Regierung, und die Rebellen bleiben eine Bedrohung für die Stabilität des Landes.

Finlay, Hughes u.a., East Africa, Melbourne (Lonely planet Publications) 2000, S. 617, 622. Übers. d. Verf.

1 großes, schweres afrikanisches Messer
2 Patriotische Front Ruandas

Der Völkermord in Ruanda 1994

Als 1993 in Ruanda ein dreijähriger Bürgerkrieg zu Ende ging, wurde dadurch kein Frieden erreicht. Im April 1994 starb der Staatspräsident, als sein Flugzeug – wahrscheinlich nach einem Raketenangriff – abstürzte. Wenige Stunden später begannen Hutu-Milizen (Hutu: in vor- und kolonialer Zeit: Ackerbauern, heute ca. 85 % der Bevölkerung) unvorstellbare Massaker an den Tutsi (Tutsi: in vor- und kolonialer Zeit: Nomaden, Viehbauern, heute ca. 14 % der Gesamtbevölkerung). Nach heutigen Schätzungen starben innerhalb von 3 Monaten mehr als 800 000 Menschen – darunter viele Hutus, die sich gegen die Regierung gestellt hatten. Die Hälfte der ruandischen Bevölkerung war auf der Flucht; unter den 2 Millionen Hutus befanden sich auch Angehörige der Milizen.
Der UNO – wie auch anderen internationalen Organisationen, die in Ruanda Einfluss haben, wie z. B. der katholischen Kirche – wird vorgeworfen, dass sie Hinweise auf den Völkermord ignoriert und ihn weder verhindert noch gestoppt haben.
Rund 125 000 Menschen sitzen im Jahr 2000 in ruandischen Gefängnissen, die meisten unter dem Vorwurf, am Massaker beteiligt gewesen zu sein, aber ohne Aussicht auf einen Prozess. Die genauen Hintergründe der Vorgänge von 1994 sind bis heute nicht klar. Bekannt ist jedoch, dass der Völkermord lange geplant und von hochrangigen Persönlichkeiten aus Politik, Presse und Kirche initiiert worden war.
Muss man die „Wurzeln“ des Völkermordes in der Kolonialzeit suchen, als Ruanda von deutschen, später belgischen Kolonialherren regiert wurde?

1 Informiert euch mithilfe von M1, M2 und dem Darstellungstext über Gefahren in Ruanda.
2 Stellt euch vor, ihr kennt jemanden, der nach Ruanda reisen möchte. Überlegt, welche Ratschläge ihr ihm geben wollt, bevor er die Reise antritt.

M2 Narben prägen die Menschen nach dem Krieg.
Matias Costas Foto von einem etwa 10-jährigen Kriegswaisen in Kigali, der Hauptstadt Ruandas, wurde zum Unicef-Kinderfoto 2000 gewählt.

Afrika – ein weißer Fleck auf der Weltkarte?

M3 Der Völkermord – Folge der Kolonialzeit?

Mit dieser Frage setzen sich die Wissenschaftler Célestin Muyombano (1995) und Anna Kreuzer (1997) auseinander:

3A *Der ruandische Historiker Célestin Muyombano (1995):* Vor der Kolonisation gab es keine ethnischen Konflikte in Ruanda. Die drei Volksgruppen – Hutu, Tutsi, Twa (Pygmäen) – verwalteten das Land gemeinsam, jede in dem wirtschaftlich-sozialen Bereich, in dem sie vorwiegend tätig war: in der Landwirtschaft, der Viehzucht, der Metallverarbeitung oder der Töpferei.

Die Keime des ruandischen Konflikts sind schon lange vor der Unabhängigkeit gesät worden. Maßgebend war der Einfluss des belgischen Kolonialherren auf die politische Entwicklung des Landes. Die Deutschen hatten die vorgefundenen sozial-politischen Einrichtungen nicht angetastet. Um ihre Autorität zu behaupten, beeilten sich aber ihre Nachfolger, die Belgier, die dreifache Verwaltung aufzulösen, indem sie die ethnischen Gruppen gegeneinander ausspielten.

Die belgische Kolonialverwaltung betrachtete die Tutsi als Menschen mit großem Organisationstalent. Sie wurden als Instrument der belgischen Machthaber verwendet und dienten als Treibriemen zwischen dem Volk und den Kolonialherren, indem sie deren Befehle ausführten, Strafen verteilten etc.

Später trennte sich der belgische Kolonialherr von seinem „befehlsausführenden" Organisationstalent – den Tutsi – und erhob das „ausgebeutete Kind" – die Hutu – auf den Thron.

Célestin Muyombano, Ruanda, Die historischen Ursachen des Bürgerkriegs, Stuttgart (S. Naglschmid) 1995, S. 75 ff.

3B *Die deutsche Völkerkundlerin Anna Kreuzer (1997):* Das Gemisch aus vermeintlich wissenschaftlichen Erkenntnissen, der ruandischen höfischen Geschichtsschreibung und der (gegen Ende des 19. Jahrhunderts) am Königshof herrschenden Machtverhältnisse führte dazu, den unterschiedlichen Gruppen auch unterschiedliche ... Eigenschaften zuzuschreiben. Dementsprechend galten die Tutsi als die „intelligentesten", Hutus galten als „arbeitswillig" und „mäßig intelligent". Auf unterster Stufe wurden die Twa, „eine alte, müde Menschenrasse, die dem baldigen Untergang entgegengeht ..." angesiedelt ...

In der Folgezeit wurden die angeblichen Unterschiede der Bevölkerungsgruppen durch den eingeschränkten Zugang zu Schulen, Verwaltungs- und Regierungsposten usw. verfestigt. Das in den ruandischen Schulen vermittelte Geschichtsbild entsprach der Betrachtungsweise der europäischen Kolonialmächte. Dementsprechend fanden und finden sich von Ruandern geäußerte ethnische Vorurteile vor allem in Bevölkerungsschichten, die während der belgischen Kolonialzeit westliche Schulbildung erhalten haben ...

Die Bezeichnungen „Hutu", „Tutsi" und „Twa" waren in vorkolonialer Zeit eher soziale denn ethnische Zuordnungen. So konnten Hutu durch Heirat, Viehbesitz usw. Tutsi werden und umgekehrt Tutsi zu Hutu. Die Twa waren am ehesten eine in sich geschlossene Gruppe.

Anna Kreuzer, Landwirtschaft und Sozialstruktur in Ruanda, Pfaffenweiler (Centaurus-Verlagsgesellschaft) 1997, S. 27 f. Bearb. d. Verf.

M4 Hutu-Flüchtlinge in Zaire, Foto, 1995

3 Erarbeite aus M3, wie die europäischen Kolonialmächte das Zusammenleben der ruandischen Bevölkerungsgruppen veränderten.

4 Lässt sich der Völkermord von 1994 als eine Spätfolge der europäischen Kolonialpolitik interpretieren? Erläutere, wie die Wissenschaftler diese Frage beantworten (M3). Nimm Stellung.

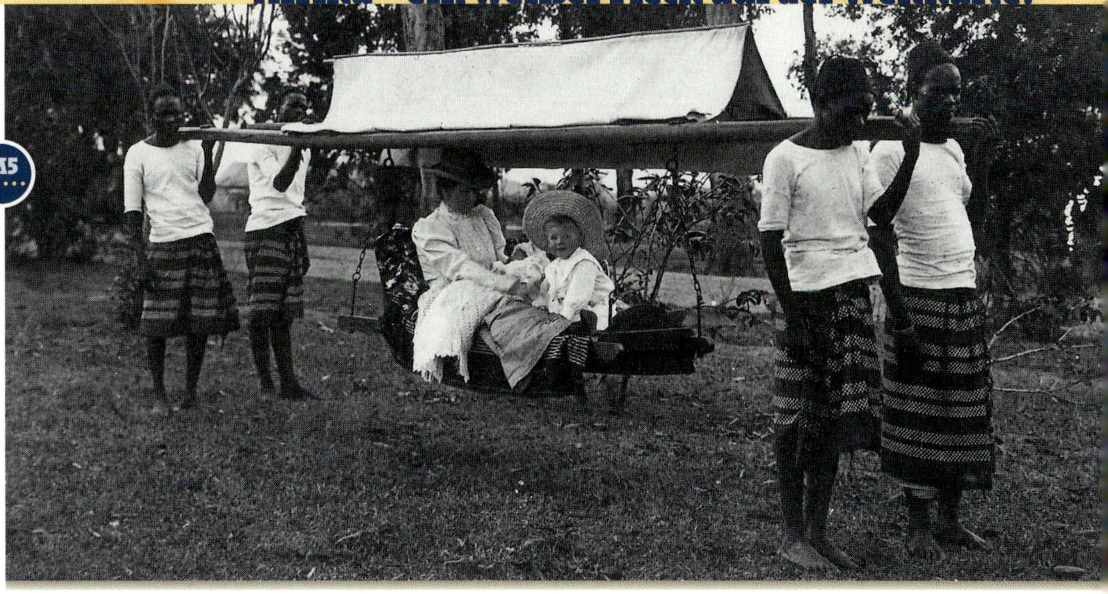

M5 **Aufbruch zu einer Reise in das Landesinnere von Deutsch-Ostafrika,** (heute Tansania), Foto, um 1905

Was führte die ersten Europäer nach Ruanda?

„In die Zelte zurückkehrend, als der Himmel von dem roten Glanz der Sonne gefärbt wurde, fesselte die Beobachtung einiger kühner, in den Himmel ragender Kegel im Lande Ruanda meine Aufmerksamkeit und rief mir die undeutlich wiedergegebene Erzählung der Araber von einem wundervollen, stets mit Wolken verhangenen Berg ins Gedächtnis, aus welchem beständig Schnee oder Hagel herabfalle". Diese Worte, die John Hanning Speke am 28./29. November 1861 auf seiner Forschungsreise zu den Nilquellen in sein Tagebuch notierte, lassen die Erwartungen erahnen, mit denen er als erster Europäer und viele, die das gleiche Ziel verfolgten, nach Ruanda kamen. Geschichten wurden erzählt von einem geheimnisvollen Land, in dem Fremde unerwünscht waren, wo Menschen auf Bäumen lebten, wo es Riesen und Zwerge gab, wilde, unberechenbare Menschen, die von einem mächtigen König regiert wurden, – und viele Reichtümer.

Die Kolonialgeschichte Ruandas

1885 Ruanda wird auf der Berliner Kongo-Konferenz dem deutschen Kaiserreich zugesprochen.

Ab 1892 deutsche Kolonialreisende (Kaufleute, Militärs) und Forscher in Ruanda

1897 Hauptmann Ramsay übergibt König Yuhi V. Musinga Schutzbrief und Flagge des Deutschen Reichs.

1898 Errichtung des ersten deutschen Militärpostens in Ruanda

Ab 1900 Gründung von katholischen und evangelischen Missionsstationen

1906 Der Gouverneur von Deutsch-Ostafrika lässt in Bukoba, Ruanda und Urundi Residenturen errichten: ein deutscher Resident steht dem einheimischen Herrscher als Berater und Vertreter des Gouverneurs zur Seite.

1907 Richard Kandt wird Kaiserlicher Resident von Ruanda.

1914 Ausbruch des Ersten Weltkriegs

1916 Einmarsch belgischer Truppen

1919 im Rahmen des Versailler Vertrags muss Deutschland seine Kolonien abgeben; Ruanda kommt unter belgisches Völkerbundmandat.

Bis 1962: Von der belgischen Regierung wurden die Ruander bestimmten Bevölkerungsgruppen (Hutu, Tutsi, Twa) zugewiesen.

Seit 1962 ist Ruanda unabhängig; Machtkämpfe führen immer wieder zu Massakern an der Tutsi-Bevölkerung.

M6 Begegnungen mit ruandischen Königen

Der deutsche Offizier Gustav Adolf Graf von Götzen (1901–1906 Gouverneur von Deutsch-Ostafrika) unternahm mehrfach Reisen ins Landesinnere der deutschen Kolonie – mit dem Ziel, zu jagen und das Gebiet zu erkunden. Im Mai 1894 traf er mit einer 360 Mann zählenden Begleitung in Ruanda ein. Ein Junge, der Sohn des ruandischen Königs Luabugiri Kigeri, führte die Gruppe zu seinem Vater. Über den Empfang beim König schrieb von Götzen in seinem 1895 veröffentlichten Reisebericht:

6A Wir sind eben im Begriff, von unsern Mauleseln abzusteigen, als uns eine merkwürdige Gestalt entgegentritt: ein hochgebauter Mann, gleich imponierend durch seine Körpergröße wie durch seine geschmackvolle Tracht ... Dieser Riese ... tritt auf mich zu und bedeutet mit gebieterischer Gebärde, indem er mit einem weißen Stab zur Erde zeigt, Halt zu machen. Als ich ihn lächelnd ansehe, malt sich sprachloses Erstaunen auf seinen Zügen. Als dann gar noch einige meiner Leute in lautes Lachen ausbrechen, eilt er in großen Sätzen wieder in den Hofraum zurück ...
Nach einer Weile treten noch mehrere Würdenträger aus dem Innern der Hütte heraus, und schließlich erscheint, gebückt wegen der geringen Höhe der Eingangswölbung, zögernd und scheu auf uns blickend der gefürchtete Kigeri selbst.
Ein niedriger Schemel, völlig mit rosa und weißen Glasperlen bestickt, wurde vor ihn hingestellt, und schwerfällig ließ sich der Riese auf ihm nieder ... Luabugiris Gesichtszüge waren von eigentümlicher Schönheit ... Seine Bewegungen waren schwerfällig, und der ganzen Gestalt merkte man es an, dass sie des Gehens fast gänzlich entwöhnt war und meistens getragen zu werden pflegte. Wir warteten ruhig ab, bis Luabugiri, seiner Gewohnheit getreu, angefangen hatte, mithilfe einer dünnen Röhre Pombe (eine Art Bananenbier) zu saugen; dann begannen wir ein zeremonielles Gespräch, das jener des Öfteren unterbrach, um sein Erstaunen über unsere weiße Hautfarbe durch grunzende Töne auszudrücken. Er wollte mehrere Male unsere Knie besehen, da es ihm nicht glaublich erschien, dass unser ganzer Körper gleichfarbig sei ...
Als er uns dann seinerseits im Lager aufsuchte, wurde er vollends neugierig wie ein Kind und schien auf unsere Kosten Witze zu machen, über die sein Gefolge jedes Mal in pflichtschuldiges Lachen ausbrach ...
Luabugiri selbst aber, der Gefürchtete, Blutige, zeigte sich uns bald von einer ganz anderen Seite ... Auf mein mehrfaches Ersuchen um Lieferung von Lebensmitteln ließ er die Antwort erteilen, er sei gewohnt, zuerst zu empfangen und dann zu geben, ein Prinzip, von dem er umso weniger abweichen wollte, als er wohl ... allerhand über die Menge der von mir mitgeführten Schätze gehört haben mochte.

Gustav Adolf von Götzen, Durch Afrika von Ost nach West, Berlin (Reimer) 1895, S. 178–182, S. 185.

M7 Zwei Forschungsreisende bei einem Besuch am Hof des Königs von Buganda (heute Uganda), Zeichnung von John H. Speke, 1863. Eine strenge Etikette regelte die fast täglichen Zeremonien zu Ehren König Mutesis. Die Tatsache, dass die beiden Gäste in Gegenwart des Königs Platz nehmen durften, war die Ausnahme.

Der deutsche Arzt und spätere Resident von Ruanda (leitender Kolonialbeamter) Richardt Kandt, der die Nilquellen entdecken und erforschen wollte, kam 1898 nach Ruanda. Er blieb 2 1/2 Jahre am Kivusee und unternahm von dort aus Forschungsreisen ins Landesinnere. Über seinen Empfang am Königshof 1898 berichtete er:

6B Im schwach erhellten Vorraum saßen eng gedrängt ein Dutzend der Vornehmsten; rechts von ihnen ein leerer Schemel, auf dem ich mich niederlassen wollte. Aber Ruhenankiko (ein Gesandter) wehrte es mir, weil er für den König bestimmt sei, und wies mit der Hand auf die mattenbedeckte Erde zu seiner Rechten. Ich erwiderte, dass ich nicht gewohnt sei, auf dem Boden zu sitzen, und verlangte einen Stuhl für mich. Nach einigem Zögern eilte einer der Jüngeren davon und kehrte bald darauf mit einem der üblichen Sitze wieder. In demselben Augenblick belehrte mich ein Händeklatschen der Anwesenden, dass der aus dem Hintergrund der Hütte Kommende ... der König war. Ohne mich anzusehen, setzte er sich auf den Schemel zu meiner Rechten. Ich war aufs Äußerste verblüfft, denn nach allem, was ich bis dahin gehört hatte, musste Yuhi ein sechzehnjähriger Jüngling sein; was da aber neben mir saß, das war ein etwa vierzigjähriger Mann mit halb geschlossenen, schläfrigen Augen und kupferner Indianerhaut. Und doch trug er das Attribut des Königs, ein etwa zwanzig Zentimeter breites Band von weißen Perlen, von denen sich sechs Zackenlinien von rosa Perlen abhoben ...

Die ... Unterhaltung wurde von einem Hofbeamten geführt ... Der König beteiligte sich zunächst gar nicht ..., aber ich sehe von Zeit zu Zeit ein leichtes Kopfnicken und höre ein diskretes Grunzen, das ich als wohlwollende Zustimmung zu meinen ... Worten auffasse und mit dem gleichen Wohllaut beantworte. Dies wiederholte sich in der nächsten Viertelstunde noch mehrere Male, dann aber fing mir diese Art sich zu unterhalten doch an, ein wenig eintönig zu werden, worauf ich mich verabschiedete ...

17. Juni, 10 Uhr vormittags. ... Je mehr ich darüber nachdenke, umso klarer wird mir, dass das Ganze gestern eine gut gemimte, aber schlecht inszenierte Komödie war.

Richard Kandt, Caput Nili, Bd. II, 4. Aufl., Berlin (Reimer) 1919, S. 12–15.

Begegnung mit anderen Kulturen

Sicherlich kennt ihr aus dem Fernsehen Bilder von Gesprächen wichtiger Personen der Politik, Wirtschaft, Wissenschaft usw. mit Kollegen anderer Länder. Solche Begegnungen stellen oft die Weichen für die künftigen Beziehungen: Sie können Interesse und Sympathie füreinander bewirken, aber auch zu Konflikten und Spannungen führen.
Diskutiert : Welche Einstellungen zeichnen sich bei den Treffen Götzens und von Kandts ab (M5)?
Formuliert anschließend in Kleingruppen auf Plakaten „Benimmregeln" für Treffen, wie in M5 und M6 dargestellt: Sie sollen bewirken, dass die Begegnung zu einem positiven Ergebnis führt.
Überlegt, ob für ähnliche Anlässe heute die gleichen oder ganz andere Regeln gelten (siehe auch Methodenseite „Diskussion" S. 84).
Vergleicht anschließend die Plakate und diskutiert darüber.

5 Stelle anhand von M6A , M6B und M7 zusammen, wie ein offizieller Empfang bei einem ruandischen König verlief.

6 Versetze dich in die Situation eines Einheimischen, der den Besuch des Grafen oder Richard Kandts miterlebt hat. Schildere seine Eindrücke.

7 Suche in M6A und M6B Hinweise darauf, wie die Autoren jeweils die Situation und das Verhalten ihrer Gastgeber bewerten.

Kolonien – ein Stück Deutschland in Übersee?

In dem Buch „Das Deutsche Kolonialreich" (Leipzig 1909) bezeichnete der damals bekannte Wissenschaftler Hans Meyer, der verschiedene Expeditionen angeregt und mitgeplant hatte, als Ziele deutscher Kolonialpolitik u. a.: Die Kolonien sollten „Pflanzstätte deutschen Wesens", „Kraftquelle für die Heimat", „Stützpunkte deutscher Macht" sein. Und um dies erreichen zu können, wäre, so Meyer, „die Mitarbeit des Negers" und die „Erziehung des Negers zu dieser Mitarbeit im Dienste unserer nationalen Zwecke" notwendig.
Doch zum Zeitpunkt, als der Text geschrieben wurde, hatten Deutschland und auch Ruanda bereits mehrere Jahrzehnte Kolonialgeschichte hinter sich (siehe Kasten S. 249). Er nannte folglich nicht Ziele für die Zukunft, sondern er beschrieb das Selbstverständnis, das seit vielen Jahren die Politik der Kolonialherren in Ruanda bestimmte.
Die Beziehung zwischen europäischen Kolonialherren und den Einheimischen stand unter einer Spannung, die sich aus der Eroberung überseeischer Gebiete zwangsläufig ergab: Die Europäer versuchten zu verwirklichen, was die Regierung (des Mutterlandes, der Kolonie), was Handelsunternehmen, Missionsgesellschaften oder auch einzelne Kolonialisten als Ziele ihres „Wirkens" verkündet hatten. Sie waren sich zugleich der Tatsache bewusst, dass sie in vielerlei Hinsicht der einheimischen Bevölkerung unterlegen waren, ihr jedoch – als Eroberer! – keine Gelegenheit bieten „durften", dies zu erkennen und zu nutzen.

M8 Die „Erziehung" der Afrikaner

Seit den 1880er-Jahren erschienen zahlreiche Bücher und Aufsätze, die sich dem (als solchen verstandenen) „Zivilisationsauftrag" widmeten – der Erziehung der Afrikaner zur Arbeit:

Die Ausdauer der Schwarzen nicht nur im Laufen, Gehen und Tragen von Lasten, sondern auch beim Verrichten von Arbeiten, die sie gewohnt sind, z. B. beim Gebrauch des allgemein üblichen Ackergeräts, der Hacke, ist bewundernswert ... Beim Erbauen ihrer Häuser, beim Herstellen ihrer Geräte und dem Verfertigen ihrer Waffen zeigen sie recht oft viel Geschick. Unfähigkeit kann man als Grund für ihre Scheu, Dienst zu nehmen, nicht anführen. Man kann auch nicht behaupten, dass sie so träge sind, dass ihre Faulheit keine Lust zur Arbeit aufkommen ließe ... Selbst barbarische Bedürfnislosigkeit erklärt diese Abneigung des Negers, Dienst zu nehmen, nicht hinreichend, denn Bedürfnisse hat derselbe auch und lebt, wo die Verhältnisse seines Landes geordnet sind, gar nicht schlecht ... Das System der Vielweiberei ermöglicht dem Mann, sich in Besitz vieler Hände zu setzen, die alle für ihn arbeiten ...; der Afrikaner ist also ein reicher Mann ... Wohlsituierte Leute pflegen sich aber in der ganzen Welt nicht gern nach Dienst bei anderen Menschen umzusehen.

A. Merensky, Wie erzieht man am besten den Neger zur Plantagenarbeit? Zit. nach Nestvogel, Renate, Die Erziehung des „Negers" zum deutschen Untertan. In: Dies./ Rainer Tetzlaff (Hg.): Afrika und der deutsche Kolonialismus, Berlin (Reimer) 1984, S. 67.

M9 Wegebaukolonne in der Umgebung von Daressalam in Deutsch-Ostafrika (heute Tansania), Foto, um 1900

M11 Hochsprung eines Intore-Kriegers. Es wurden dabei Höhen bis zu 2,40 m erreicht.

M10 Kolonialherren und Einheimische

Aus der Rede des Staatssekretärs des Reichs-Kolonialamts Dernburg vor einem der Finanzausschüsse des Reichstags 1908. Abgedruckt wurde die Rede im „Deutschen Kolonialblatt“:

Ich möchte mit meinen Ausführungen ... die Überzeugung erwecken, dass die Regierung nur prosperieren[1] kann, wenn sie eine vorsichtige, langsame, wie manche sagen, „negerfreundliche“ und, wie ich sage, negererhaltende Politik einschlägt ... Die Hauptforderung ..., die im Interesse des deutschen Ansehens und der Ruhe und Sicherheit des Schutzgebiets liegt, ist die, dass das Vertrauen der schwarzen Bevölkerung zur Regierung gestärkt wird ...
Es ist ... beabsichtigt, einen Eingeborenenkommissar mit der Durchführung entsprechender Maßnahmen dort zu betrauen, wo eine größere Anzahl Schwarzer im Dienst der Weißen tätig ist. Die Hauptaufgabe der Kommissare soll die Wahrnehmung der Interessen der Schwarzen gegen die Weißen und vor Gericht ... sein. ... Ebenso ist zu überlegen die Einschränkung des Züchtigungsrechts des Karawanenführers wie des Plantagenleiters; ebenso notwendig wird sein, mehr Geldstrafen zu verhängen ... Nun hat man der Regierung eine besondere Schwarzenfreundlichkeit, ja Weichlichkeit gegenüber den Eingeborenen angedichtet. Ich muss demgegenüber konstatieren, dass von der Regierung die Interessen sämtlicher in den Schutzgebieten tätigen Personen abzuwägen sind, dass auch besonders auf das Deutsche Reich und seinen Säckel Rücksicht genommen werden muss ...
Zweitausend Jahre sind die Schwarzen hinter Europa zurück. Mit einer Verordnung lässt sich die Kulturdifferenz nicht überbrücken. Die Sache muss ihren Gang selbst gehen ... Wir müssen in Wahrung unserer eigenen Würde als Kolonisatoren auch diesen Gesichtspunkten zum Durchbruch verhelfen.

Deutsches Kolonialblatt, 1. März 1908, S. 216 – 231.

1 Gewinn machen

8 Schreibe aus M8 alle Aussagen heraus, die eine Wertung über Afrikaner enthalten. Unterscheide dabei zwischen denen, die du für positiv, und jenen, die du für negativ hältst.

9 Lies im Darstellungstext auf S. 252 nach, welche Ziele die deutsche Kolonialpolitik verfolgte, und vergleiche daraufhin deine Ergebnisse aus Arbeitsauftrag 8.

10 Erarbeite aus M10, welche Maßnahmen Dernburg in Deutsch-Ostafrika erwägt und wie er sie begründet.

11 Stelle dir vor, du bist ein deutscher Plantagenbesitzer in Ruanda, und liest im Kolonialblatt die Rede Dernburgs (M10). In welche Stimmung versetzt sie dich? Wie reagierst du darauf – und warum?

12 Schau dir M5 und M11 genau an. Inwiefern bieten sie Hinweise darauf, dass die Einheimischen sich dem „Selbstverständnis“ der Fremden und deren kolonialen Zielen nicht ohne weiteres fügten?

13 Als „Last des Erinnerns“ kennzeichnet der nigerianische Literaturnobelpreisträger Woyle Soyinka die Beziehung zwischen Afrika und Europa. Gilt dies auch für Ruanda? Prüfe es mithilfe der Seiten 247 bis 253. Begründe deine Antwort.

Afrika – ein weißer Fleck auf der Weltkarte?

M1 Europäische Kolonien und antikoloniale Aufstände in Afrika vor 1914

Herrschaftsformen der europäischen Mächte in Afrika

Kolonien: Erobern – herrschen – verwalten

Die Aufteilung Afrikas und damit auch die Festlegung der Grenzen zwischen den einzelnen Kolonialgebieten erfolgte im Grunde nicht in Afrika selbst, nicht in den Eroberungskriegen, sondern in Europa, am Verhandlungstisch zwischen den europäischen Politikern. Für die „offizielle" Inbesitznahme schlossen Vertreter der Kolonialmacht in dem betreffenden Land Verträge mit afrikanischen Herrschern, Clan-Ältesten oder anderen Persönlichkeiten ab, die nach Auffassung der Europäer ihr Volk repräsentierten. Ob dies tatsächlich so war, spielte für die Kolonialherren keine Rolle.
Widerstand einzelner Volksgruppen, z. B. der Herero in Deutsch-Südwestafrika, wurde durch den Einsatz von Militär bzw. brutale „Strafaktionen" gebrochen und kostete tausende Afrikaner das Leben. Die Kolonialmächte hatten keine schlüssigen Konzepte, wie sie die eroberten Gebiete verwalten sollten. Ganz grob sind zwei Formen der Verwaltung zu unterscheiden: die direkte und die indirekte Herrschaft. Erstere wurde von Frankreich, Belgien, Portugal bevorzugt, letztere von England und Deutschland. Im ersten Fall wurden alle wichtigen Verwaltungsstellen mit Beamten der Kolonialmacht selbst besetzt, während im zweiten Fall die vorhandenen Machtverhältnisse und – mehr oder weniger – die traditionellen Führer als „Mittelsmänner" zwischen Kolonialmacht und Bevölkerung genutzt wurden.
Allerdings erwies sich – unabhängig von den „Formen der Herrschaft" – die Wirklichkeit der Kolonialherrschaft als ein ununterbrochener Machtkampf, in dem ständig die Positionen und Bedingungen neu „ausgehandelt" wurden – und der meist mit einem „Sieg" aufseiten der Kolonialmacht endete, zumal sie versuchte, ihre eigene Rechtsprechung den traditionellen Wertordnungen der Afrikaner „überzustülpen" und diese so letztlich zerstörten.

M2 Das Drama von Dori

Amadou Hampâté Bâ (1900–1991), einer der bedeutendsten Schriftsteller Westafrikas, arbeitete lange Jahre im Dienst der französischen Kolonialverwaltung. In einem seiner Bücher berichtet er von einem Zwischenfall in Dori (Burkina Faso). Der Kommandant hatte Bewohner zweier Dörfer zu einem gemeinsamen Arbeitseinsatz beordert, ohne zu beachten, dass die Bewohner des einen Dorfes die ehemaligen Sklaven des Dorfes Fulbenoble (d.h. vornehme Fulbe) gewesen sind:

Der Kommandant blieb unnachgiebig ... „Ich erwarte, dass man mir gehorcht, und ich will nichts mehr hören von Fulbenoblen, ihren Sitten und überholten Traditionen." ... [Es kommt tatsächlich zum Streit.] Der Chefbrigadier brachte die ... Streithähne ... nach Dori; ich glaube, es waren zwischen siebzig und neunzig an der Zahl. Sich strikt an den ausdrücklichen Befehl des abwesenden Kommandanten haltend, ließ er sie ohne Haftbefehl einsperren ... Die vier winzigen, fensterlosen Zellen mit ihren niedrigen Decken waren lediglich für vier bis sechs Personen vorgesehen. Obwohl die Gefangenen protestierten, stopften die Wächter sie gewaltsam da hinein, wo sie den ganzen Abend und die ganze Nacht wie in einem Backofen zubrachten ... Als der Chefbrigadier am nächsten Morgen die Tore öffnete, um die Angeklagten in sein Büro zu führen, ... bot sich ihm ein entsetzlicher Anblick! Dem Ersticken nahe, türmten sich die Gefangenen übereinander ... [Der Zwischenfall wird vom Stabsarzt gemeldet; die Dienstaufsichtsbehörde sucht nach Personen, die dafür verantwortlich sind.]

Normalerweise hätten die betroffenen Beamten vor das Schwurgericht zitiert werden müssen, da sie den Tod von neun Menschen und die schwere Erkrankung von fünfzehn weiteren Personen zu verantworten hatten. Aber hier war ein Administrator in die Sache verwickelt. Es konnte also nicht angehen, dass er wegen einer Bagatelle zu Zwangsarbeit verurteilt würde ... Man bedachte ihn mit einem schriftlichen Verweis und einer Verwarnung. Der Gefängnisvorsteher erhielt einen Tadel mit Eintrag in seine Personalakte. Der Dumme bei der ganzen Angelegenheit war der Chefbrigadier. Er wurde getadelt, degradiert und strafversetzt. Es konnte gar nicht anders sein, denn sobald ein Neger unter Weißen allzu sehr auf sich aufmerksam macht, darf er ihre Koffer tragen.

Amadou Hampâté Bâ, Oui, mon commandant!, Übers. von K. Boden/M. Lütgens, Wuppertal (Hammer) 1997, S. 201 ff., 207 f.

M3 **Halb verhungerte Herero, die vor deutschen Truppen geflüchtet sind,** Foto, 1907

M4 Aus der deutschen Kolonialgesetzgebung

In einer Verordnung von 1907 für Südwestafrika:

§ 1 Eingeborene können nur mit Genehmigung des Gouverneurs Rechte oder Berechtigungen an Grundstücken erwerben.

§ 3 Die Eingeborenen werden in ein von der Aufsichtsbehörde geführtes Eingeborenenregister eingetragen.

§ 4 Eingeborene, die herumstreichen, können, wenn sie ohne nachweisbaren Unterhalt sind, als Landstreicher bestraft werden.

§ 15 Eingeborene, die den ihnen durch Vorschriften dieser Verordnung auferlegten Verpflichtungen nicht nachkommen, werden nach Maßgabe der für sie geltenden Bestimmungen bestraft.

Zit. nach Imperiale Zeitalter, hg. von Ulrich Janiesch, Stuttgart (Klett) 1998, S. 42.

M5 **Manasse von Omaruru,** Foto, um 1900. Manasse war einer der Führer im „Herero-Aufstand" von 1904.

Afrika – ein weißer Fleck auf der Weltkarte?

M6 **Gouverneurspalast von Buea, Kamerun.** Buea wurde von Freiherr Jesko von Puttkammer, dem ersten deutschen Gouverneur, vor allem wegen seines für Europäer günstigen Klimas zur Hauptstadt des „Schutzgebietes" Kamerun erklärt. Der Gouverneurspalast, 1902 auf der höchsten Bergkuppe der Umgebung errichtet, wird heute als Sommersitz des Staatsoberhauptes genutzt.

M7 Kolonialherrschaft in Afrika – eine Wertung am Ende des 20. Jahrhunderts

Der englische Afrikanist John Iliffe, schreibt in seiner „Geschichte Afrikas":

Die Untertanen waren von der Stärke dieser Regierungen beeindruckt, wie es die Aufzeichnungen der des Lesens und Schreibens kundigen Ganda zeigen; doch die in Buganda [heute Uganda] herrschenden Europäer waren sich ihrer Schwäche ... durchaus bewusst. Die Aufrechterhaltung einer mehr oder weniger gefestigten Ordnung – wenn nötig unter Einsatz von Gewalt – war deshalb das vorrangige Ziel der Kolonialmacht. Ein zweites war, dies mit möglichst geringem Aufwand zu erreichen. „Lerne deinen Distrikt und dein Volk kennen. Überwache sie, treibe Steuern ein, so weit wie möglich, aber bereite um Himmels willen dem Hauptquartier keine Scherereien" – so fasste ein ausgedienter Native Commissioner in Südrhodesien seine Pflichten zusammen ...

Für die Mehrheit ... war die Steuerlast wahrscheinlich weniger drückend als die Zwangsarbeit .... Im Kongo-Freistaat betrugen die Fronleistungen laut Gesetz aus dem Jahr 1903 40 Stunden pro Monat; in der Realität wurde diese Vorschrift jedoch äußerst willkürlich gehandhabt ...

Die Beschaffung von Arbeitskräften für private Unternehmer war häufig die missliebigste Pflicht eines Beamten der frühkolonialen Phase. Weit mehr Gefallen fanden Kolonialbeamte in ... der Gerichtsbarkeit und der Anwendung der Gesetze ... : Die Rechtsprechung vergrößerte ihre politische Macht, festigte das Vertrauen in ihre Herrschaft und verlieh ihnen die Möglichkeit, ihre Vorstellungen von Recht und Gerechtigkeit durchzusetzen ... Viele frühe Beamte waren äußerst brutal und wurden nur deshalb eingesetzt, weil keine anderen zur Verfügung standen. Sie wurden mit einer überwältigenden militärischen Macht an Feuerwaffen ausgestattet und waren der Kontrolle ihrer Vorgesetzten oder der Öffentlichkeit entzogen. Nach dem Ersten Weltkrieg verbesserte sich die „Qualität" dieser Beamten enorm, doch selbst die gerechtesten unter ihnen waren letztlich Vertreter fremder und unpersönlicher Regime.

John Iliffe, Geschichte Afrikas, übers. v. G. Gockel/ R. Seuß, 2. Aufl., München (Beck) 2000, S. 263 ff.

1 Untersuche anhand des Darstellungstextes, M1 und M7 die Grundzüge der Kolonialpolitik in Afrika.

2 Vom ersten französischen Gouverneur von Marokko stammt folgende Aussage: „In jeder Gesellschaft gibt es eine zum Herrschen geborene herrschende Klasse. Diese müssen wir auf unsere Seite ziehen." Erläutere, was er damit meinte. Repräsentierte seine Auffassung die „offizielle Linie"?

3 Welche „Lehre" vermittelt Hampâté Bâ dem Leser mit seiner Geschichte (M2)?

4 Zeige an M3, M4 und M6, wie die Kolonialregierungen Macht ausübten und demonstrierten.

5 Welche Grundzüge weist M7 der Kolonialherrschaft in Afrika zu? Überprüfe dies mithilfe des Darstellungstextes und der Materialien M1 bis M5.

Ein Platz an der Sonne? – Der Kampf um die Kolonien

Das Deutsche Reich als Weltmacht: Sich rüsten und brüsten

Deutschland „muss“ Weltpolitik betreiben

Hatte sich die Außenpolitik Bismarcks (siehe S. 208 f.) im Wesentlichen auf Europa beschränkt und sein Engagement in der Kolonialpolitik darauf, das Vorgehen privater Kolonialgesellschaften, z. B. der „Gesellschaft für deutsche Kolonisation“ von Carl Peters, zu unterstützen, so wurden seit Anfang der 1890er-Jahre nach Bismarcks Rücktritt die Stimmen immer lauter, die forderten, das Deutsche Reich müsse „Weltmacht“ werden und Kolonien haben. In den imperialistischen und chauvinistischen* Parolen des neu gegründeten „Alldeutschen Verbands“ verband sich die Klage darüber, dass Deutschland zu spät gekommen sei, mit dem Aufruf, alle Kräfte zu mobilisieren, um den Vorsprung der „alten“ Weltmächte aufzuholen. Und selbst bürgerlich gemäßigte Wissenschaftler und Politiker stimmten dieser Forderung zu. Der Staatssekretär im Auswärtigen Amt Freiherr von Bieberstein löste im Reichstag im März 1897 Beifallsstürme aus, als er seine Forderung nach Weltpolitik so begründete: „Die (Kolonialisten) haben auf dem großen Schachbrett der Welt die deutschen Steine aufgestellt in der Erwartung, dass wir sie schützen und nützen.“

Die deutsche Flottenpolitik

Wichtigster und engagiertester Förderer war der Kaiser selbst: Wilhelm II. Das Deutsche Reich hatte seiner Meinung nach Anspruch auf einen „Platz an der Sonne“ und damit das Recht bzw. die Pflicht, imperialistische Politik zu betreiben. Der Bau einer großen Kriegsflotte sollte diesen Anspruch geltend machen. 1897 wurde dieses Vorhaben in Angriff genommen und unter Leitung von Admiral Tirpitz umgesetzt. Gleichzeitig mischten sich deutsche Politiker und Militärs überall auf der Welt in aktuelle Konflikte ein und verlangten, dass deutsche Interessen Geltung fänden – z. B. in Kiautschou, der deutschen Kolonie in China. Das führte zu erheblichen Spannungen mit den anderen Großmächten, traf aber im Deutschen Reich selbst – bis auf wenige Ausnahmen, z. B. die Sozialdemokraten – auf breite Zustimmung. Der 1898 gegründete Deutsche Flottenverein, dessen Propaganda von der Schwerindustrie mitfinanziert wurde, zählte schon bald mehr als eine Million Mitglieder.

Was war es, das viele Deutsche für die Flottenpolitik Wilhelms II. einnahm, viele europäische Nachbarn jedoch empörte?

M1 **„Das erste Kaiserwort im neuen Jahrhundert“**, Postkarte zum Flottenbauprogramm, 1900. Zur Fraktur-Schrift siehe Hinweise im Buchumschlag.

M2 Deutschland als Seemacht

Alfred von Tirpitz, 1897 – 1916 Staatssekretär im Reichsmarineamt, formulierte im Februar 1896 in einem Brief an General Albrecht von Stosch:

Unserer Politik fehlt bis jetzt vollständig der Begriff der politischen Bedeutung der Seemacht. Wollen wir aber gar unternehmen, in die Welt hinauszugehen und wirtschaftlich durch die See zu erstarken, so errichten wir ein gänzlich hohles Gebäude, wenn wir nicht gleichzeitig ein gewisses Maß an Seekriegsstärke uns verschaffen. Indem wir hinausgehen, stoßen wir überall auf vorhandene oder in der Zukunft liegende Interessen. Damit sind Interessenkonflikte gegeben. Wie will nun die geschickteste Politik, nachdem das Prestige von 1870[1] verraucht ist, etwas erreichen ohne reale, der Vielseitigkeit der Interessen entsprechende Macht? Weltpolitisch vielseitig ist aber nur die Seemacht.

Zit. nach Peter Alter, Der Imperialismus, Stuttgart (Klett) 1998, S. 77.

1 1870/71 gewann Deutschland den Deutsch-Französischen Krieg.

M3 Die Flotte – eine Gefahr für Deutschland?

Friedrich von Holstein, 1876 – 1906 Vortragender Rat im Auswärtigen Amt, schrieb am 20. 11. 1906 an den ehemaligen Gesandten in Peking, Maximilian von Brandt:

Ich glaube mich zu erinnern, dass wir in der Flottenfrage einer und derselben Ansicht waren, nämlich 1. je [mehr] wir zur See rüsten, desto fester drücken wir England an Frankreich heran; 2. wir können, selbst wenn wir die Steuern verdreifachen, niemals eine Flotte herstellen, die der englisch-französischen, ja auch nur der englischen allein gewachsen ist;
3. in einem Krieg gegen Frankreich allein spielt, wie das Jahr 70 zeigt, die Flotte eine Nebenrolle;
4. es ist eine Bedrohung und Herausforderung Englands, dass der Flottenverein es seit Jahren bei jeder neuen Flottenforderung offen ausspricht, die Rüstungen seien gegen England gerichtet ...
Die Gefahr wird dadurch vergrößert, dass beim Schiffbau (Panzerplatten etc.) ungezählte Millionen zu verdienen sind, viel mehr als bei den Kolonien ...
Die Flotte vermehrt die Zahl unserer Feinde, wird aber niemals stark genug sein, um sie zu besiegen.

Werner Frauendienst (Hg.), Friedrich von Holstein, Die geheimen Papiere, Bd. 4, Göttingen, 1961, S. 401.

Weltmacht

Der Begriff „Weltmacht" ist Teil der Weltreichslehre, deren Inhalte einem geschichtlichen Wandel unterliegen. Im 19. Jahrhundert umfasste sie die Vorstellung, dass die Welt von zwei, drei oder vier übergroßen Reichen beherrscht wird. Diese Reiche zeichneten sich aus durch politische und wirtschaftliche Unabhängigkeit. Grundlagen ihrer Macht waren ein riesiges Herrschaftsgebiet (z. B. Kolonien), eine große, immer weiter wachsende Bevölkerung und unerschöpfliche wirtschaftliche Kräfte und Reserven.

M4 **Die Faust des deutschen Kaisers reicht bis zum äußersten Osten,** Karikatur aus der Zeitung „Weekblad voor Neederland", 1898

1. Erarbeite M1 entsprechend den Schritten auf S. 273 und stelle einen Bezug zu den übrigen Materialien her (M2–M4).
2. Erläutere mithilfe der Arbeitsschritte auf S. 103, wie der Zeichner von M4 die deutsche Politik wertet.
3. Formuliert zeitgenössische Argumente pro und kontra deutsche Flottenpolitik und vergleicht sie.
4. Diskutiert die Frage am Ende des Darstellungstextes (siehe S. 257).

Propaganda anhand von Gebrauchsgegenständen analysieren

Beeinflussung im Alltag

M1 zeigt eine Tischuhr. Auf den ersten Blick ist sie eine „ganz normale“ Uhr – mit Zifferblatt und Zeiger. Aber wenn du genau hinschaust, siehst du, dass das Uhrenschild bedruckt ist mit Bildern und Wörtern bzw. Sätzen, die politische Aussagen enthalten und den Betrachter beeinflussen sollen. Die „Botschaft“ und ihre Absicht zu erkennen, helfen dir die folgenden Arbeitsschritte.

Arbeitsschritte

1. Schritt: Den Gegenstand beschreiben und die Aussagen analysieren
– Wozu wurde der Gegenstand genutzt?
– Was ist das Thema der Bild- oder Textbotschaften? Ziehe dazu die Methodenseite 290 heran.

2. Schritt: Die Propagandastrategie ergründen
– Gibt es einen Bezug zwischen der „ursprünglichen“ Funktion des Gegenstandes und der Botschaft?
– Suche nach Einzelheiten, die darauf abzielen, das (politische) Bewusstsein der Menschen zu beeinflussen.
– An welchen Adressatenkreis richtete sich die Propaganda?

3. Schritt: Weitere Informationen heranziehen
– Nutze Angaben aus der Bildunterschrift oder Informationen aus Lexika, um die ersten Ergebnisse zu überprüfen und zu ergänzen.

4. Schritt: Ziel und (vermutete) Wirkung der Propaganda kritisch werten
– Mache dir anhand deiner Ergebnisse nochmals klar, welchen Zweck die untersuchte Propaganda hatte.

M1 **Deutsche Reichs-Colonial-Uhr, hergestellt ca. 1905 in der Badischen Uhrenfabrik Furtwangen** (Höhe: 40 cm, Breite: 32 cm, Tiefe: 5 cm)

M2 **Emailplakat der Dresdner Zigarettenmarke „Unsere Marine“**, hergestellt um 1916 (Größe: 32 x 49,5 cm)

1 Erarbeite M1 mithilfe der Arbeitsschritte. Nutze dafür die Informationen auf S. 257 f.
2 Verfahre mit M2 genauso.
3 Besprecht in der Klasse, ob M1 und M2 im Hinblick auf ihren propagandistischen Wert vergleichbar sind.

Der Streit der Kolonialmächte um die „weißen Flecken“ der Erde

M1 Britische und französische Kolonialpolitik in Afrika

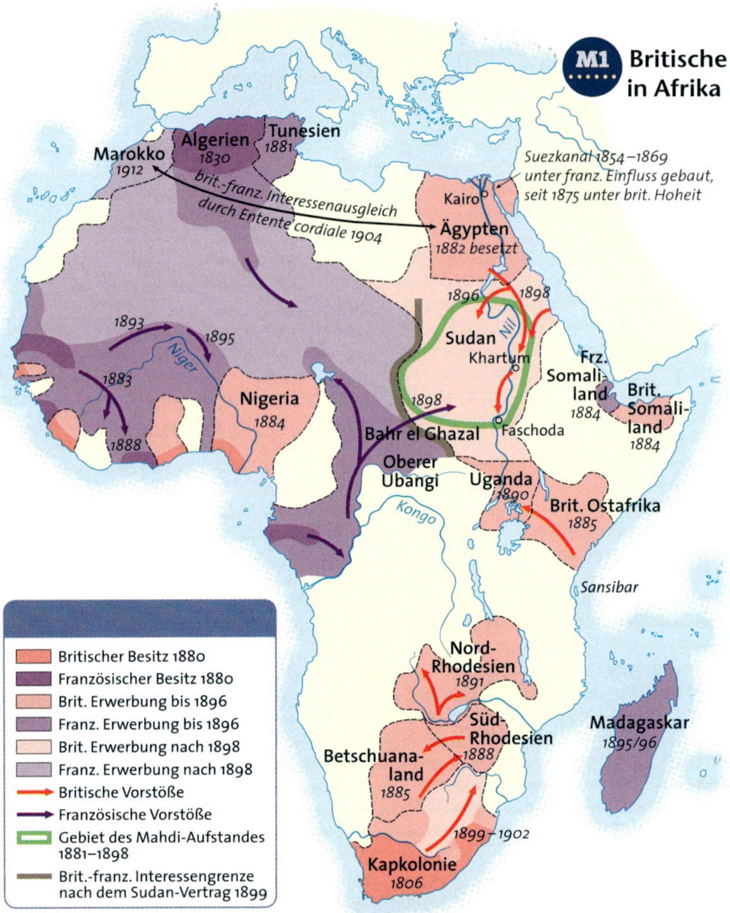

Kollisionen und Koalitionen

Das Bemühen der imperialistischen Mächte, den eigenen Einflussbereich möglichst schnell auszudehnen, führte zu schweren politischen Konflikten, ja an den Rand militärischer Auseinandersetzungen. Die Spannungen nahmen seit der Jahrhundertwende zu und bezogen neben afrikanischen Schauplätzen auch Gebiete in Asien ein.
Drei solcher Krisen sollen näher beleuchtet werden, da sie exemplarisch die Interessenslagen der Großmächte, aber auch die Entwicklung der Konflikte und den Weg in den Ersten Weltkrieg zeigen.

1. Die Faschoda-Krise: Großbritannien hatte nach der Besetzung Ägyptens weite Teile Ostafrikas unter seine Herrschaft gebracht mit dem Ziel, eine durchgehende Landbrücke „vom Kap bis Kairo“ zu kontrollieren. Frankreich dagegen wollte von seinen Kolonien in Zentralafrika eine Verbindung zum Golf von Aden herstellen. Der Sudan bildete gewissermaßen den Schnittpunkt beider Interessenbereiche. Als im September 1898 ein französisches Heer bei Faschoda im Sudan auf britische Truppen stieß und dies in Europa bekannt wurde, drohte ein Krieg zwischen den beiden Staaten.

2. Die Marokko-Krisen: 1905 provozierte der deutsche Kaiser Frankreich und England dadurch, dass er in dem von Frankreich besetzten Marokko erschien, die Freiheit des Landes und das Prinzip der „offenen Tür“ verkündete. Er wirbelte damit viel politischen Staub auf, aber sein Ziel, Nordafrika dem deutschen „Einfluss“ zu öffnen, verfehlte er. Als 1911 in Marokko Unruhen ausbrachen und Frankreich militärisch eingriff, schickte die deutsche Regierung das Kanonenboot „Panther“ nach Agadir unter dem Vorwand, deutsche Interessen zu schützen. England versetzte seine Flotte daraufhin in Alarmzustand und drohte mit Krieg. Wilhelm II. lenkte ein, erkannte Marokko als französisches Einflussgebiet an und gab sich zufrieden mit einem kleinen Landgewinn für die deutsche Kolonie Kamerun.

Konflikte untersuchen – Gruppenarbeit

Teilt die Klasse in 3 Gruppen. Jede untersucht eine internationale Krise (Faschoda-Krise, Marokko-Krise, „Boxer“-Aufstand), zu der ihr auf den Seiten 260–264 Informationen und Materialien findet. Leitfragen für eure Arbeit können sein:
– Wer war beteiligt?
– Welche Interessen, Ziele kommen zum Ausdruck?
– Welche Mittel wendeten die Kontrahenten zur Durchsetzung ihrer Ziele an?
– Welches Ergebnis stand am Ende des Konflikts?
Präsentiert eure Ergebnisse der Klasse und klärt Gemeinsamkeiten und Unterschiede der Beispiele. Diskutiert, warum die einzelnen Krisen nicht in Kriege mündeten.

Ein Platz an der Sonne? – Der Kampf um die Kolonien

M2 China und Japan von der Mitte des 17. Jh.–1912

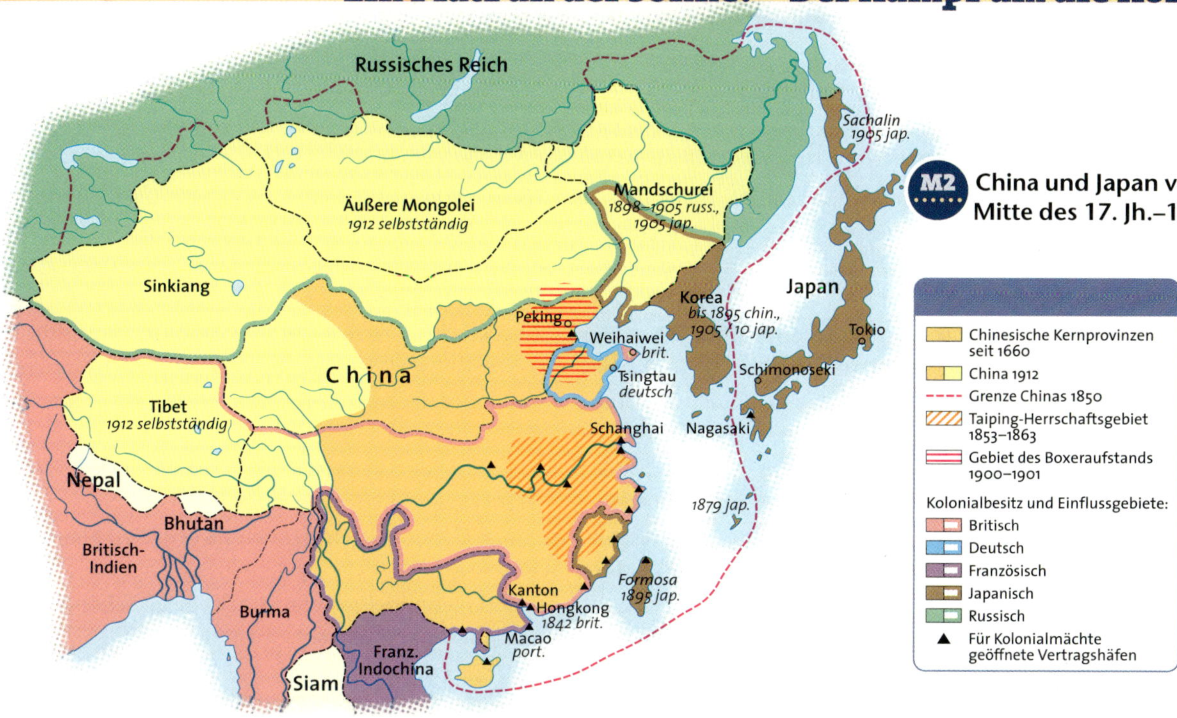

3. Der „Boxer"-Aufstand: Das chinesische Kaiserreich hatte aufgrund seines Bevölkerungsreichtums, seiner Größe und seiner unsicheren politischen Lage seit Mitte des 19. Jahrhunderts das Interesse der europäischen Großmächte auf sich gezogen und Gebiete an sie verloren. Die Forderung der USA (1899), dass alle Mächte das Recht haben sollten, China wirtschaftlich zu nutzen („Politik der offenen Tür"), führte zu heftigen Rivalitäten zwischen diesen und dazu, dass China – im Netz von Verträgen gefangen – auch politisch abhängig wurde. Japan versuchte die Schwäche des riesigen Nachbarn zu seinen Gunsten zu nutzen, geriet allerdings damit in Konflikt zu den anderen Kolonialmächten. In den politischen Wirren gewann der chinesische Geheimbund der „Boxer", der die Rückkehr zu Traditionen forderte und sich gegen die europäisch orientierte Modernisierung wandte, an Einfluss.
Im Sommer 1900 kam es zu Mordanschlägen auf Europäer und auch zu Militäraktionen des Kaiserhofs. Die Großmächte schlugen gemeinsam – unter der selbst ernannten Führung Wilhelms II. – den Aufstand nieder und forderten von China hohe Entschädigungszahlungen.
In keinem der drei Beispiele für eine internationale Krise kam es zu militärischen Aktionen zwischen den Großmächten. Lässt es sich dennoch rechtfertigen, sie als Stationen auf dem Weg in den Krieg zu betrachten?

Wettstreiten und Wettrüsten

1898 Deutschland beginnt mit dem Bau einer Kriegsflotte
1898 (September) Faschoda-Krise zwischen Frankreich und Großbritannien
1900 „Boxeraufstand" in China: Er wird durch das gemeinsame Eingreifen von Großbritannien, Frankreich, Russland, Deutschland und den USA niedergeschlagen.
1904/05 Großbritannien rüstet seine Kriegsflotte auf.
1904 „Entente cordiale": Großbritannien und Frankreich verständigen sich über ihre kolonialen Interessen.
1904/05 Russisch-japanischer Krieg endet mit dem Sieg Japans.
1905/06 Erste Marokko-Krise: Wilhelm II. provoziert Frankreich und Großbritannien. Die internationale Konferenz von Algeciras entscheidet, dass Marokko von allen Großmächten wirtschaftlich genutzt werden dürfe (Politik der „offenen Tür"), diese aber Frankreichs politische Einflussnahme dulden müssen.
1907 Großbritannien und Russland verständigen sich über ihre Interessensgebiete in Asien.
1911 Zweite Marokko-Krise: Deutschland schickt das Kriegsschiff „Panther" ins marokkanische Agadir („Panthersprung") und verschärft dadurch die Spannungen mit Großbritannien und Frankreich.

M3 Die Faschoda-Krise

Am 25. September 1898 traf ein französisches Heer unter der Leitung von Hauptmann J. B. Marchand in dem Ort Faschoda (Sudan) auf britische Truppen, die General H. H. Kitchener anführte. Beide Militärs berichteten über das Zusammentreffen:

3A *General Kitchener schrieb an die britische Regierung:* Ich bin soeben von Faschoda zurückgekehrt, wo ich auf Hauptmann Marchand in Begleitung von 8 Offizieren und 120 Soldaten traf … Er teilte mir [schriftlich] mit, dass er Faschoda am 10. Juli erreicht habe und von seiner Regierung den Befehl erhalten habe, das Land bis zur Mündung des Bahf-el-Jebel und auch das Shilluk-Land auf dem linken Ufer des Weißen Nils bis nach Faschoda zu besetzen … Als wir in Faschoda eintrafen, kamen Hauptmann Marchand und Herr Germain an Bord. Ich teilte ihnen sofort mit, dass die Anwesenheit französischer Streitkräfte in Faschoda und im Niltal als direkte Verletzung der Rechte der ägyptischen Regierung und Großbritanniens betrachtet werde, und ich legte gegen die Besetzung Faschodas und das Hissen der französischen Fahne … schärfsten Protest ein. In seiner Erwiderung erklärte Hauptmann Marchand, er habe genaue Befehle … Als ich ihn nachdrücklich um eine Erklärung bat, ob er sich angesichts meiner überlegenen Streitmacht dem Hissen der ägyptischen Fahne widersetzen würde, zögerte er und antwortete schließlich, Widerstand sei unmöglich. Ich ließ daraufhin die Fahne … ungefähr 450 Meter südlich der französischen Fahne und an der Straße, die von der französischen Stellung ins Innere des Landes führt, hissen.

Zit. nach Peter Alter, Der Imperialismus, Stuttgart (Klett) 1998, S. 72 f.

3B *Hauptmann Marchand zitierte den Gesprächsverlauf:* „Herr General, ich bin Hauptmann Marchand von der französischen Armee. Ich bin hierher gekommen auf Befehl der französischen Regierung." …

„Es hat sich viel ereignet, seit Sie unterwegs sind …"

„Herr General, was auch geschehen mag, Frankreich, das nicht die Gewohnheit hat seine Offiziere zu verlassen, wird mir Befehle geben."

„Herr Major, ich muss in Faschoda die Flagge Seiner Hoheit, des Khediven[1], hissen."

„Herr General, ich bin bereit sie selbst zu hissen, über dem Dorf …"

„Und wenn meine Befehle mir vorschreiben, auf dem Fort die Flagge Seiner Hoheit, des Khediven, zu hissen?"

„Dann wäre ich gezwungen mich dem zu widersetzen, Herr General."

Der Mahdiaufstand in Augenzeugenberichten, hg. von Heinrich Pleticha, München (dtv) 1981, S. 397 f.

1 ägyptischer Herrschertitel

M4 Major Marchand's Mission, Karikatur aus der Pariser Zeitung „La Silhouette" vom 2. 10. 1898

M5 Die Marokko-Krise 1911

Am 1. Juli 1911 landete das deutsche Kanonenboot „Panther" in Agadir (Marokko). Die Ententemächte Frankreich und Großbritannien verstanden dieses Vorgehen als Drohung gegen sich und den internationalen Frieden.

5A *Der britische Schatzkanzler Lloyd George sagte in Mansion-House am 21. Juli 1911:* Das Einzige, was ich über England sagen kann, ist, dass es kein Land gibt, das ein ebenso großes Interesse am Wohlstande der anderen Länder hat, wie wir es haben. ... Aber auf der anderen Seite fühle ich mich verpflichtet zu betonen, dass ich es für im höchsten Maße wichtig halte, nicht nur im Interesse Englands, sondern auch im Interesse der Welt, dass Großbritannien unter allen Umständen seinen Platz und sein Prestige unter den Großmächten aufrechterhält ... Wenn uns eine Situation aufgezwungen würde, in der der Friede nur durch die Aufgabe der großen und wohltätigen Stellung erhalten werden könnte, die England sich in Jahrhunderten von Heroismus und Erfolg erworben hat, und nur dadurch, dass Großbritannien in Fragen, die seine Lebensinteressen berühren, in einer Weise behandelt würde, als ob es im Rate der Nationen gar nicht mehr mitzählte, dann – ich betone es – würde ein Friede um jeden Preis eine Erniedrigung sein, die ein großes Land wie das unsrige nicht ertragen könnte.

Geschichte in Quellen, Bd. 5, bearb. v. Günter Schönbrunn, München (bsv) 1980, S. 711 f.

5B *Der Staatssekretär Alfred Kiderlen-Wächter in einem Schreiben an Reichskanzler von Bethmann-Hollweg:* Wir müssen den ganzen französischen Kongo haben – es ist die letzte Gelegenheit, ohne zu fechten – etwas Brauchbares von Afrika zu erhalten ... Wir müssen bis an den belgischen Kongo heran, damit wir mittun, falls dieser einmal aufgeteilt werden sollte, und damit wir durch ihn ... die Verbindung zu unserem Ostafrika erhalten. Jede andere Lösung bedeutet für uns eine Niederlage ... Ich bin daher der Ansicht, dass, wenn die Franzosen sich weiter ablehnend verhalten sollten, wir ihnen erklären müssen: Gut, wir haben uns entgegenkommend gezeigt und euch trotz entgegenstehender Verträge zum Abschluss eures großen nordafrikanischen Kolonialreiches verhelfen wollen. Ihr seht euch, aus Gründen innerer Politik oder sonst wie, außer Stande, die von uns geforderten Gegenleistungen zu gewähren. Also müssen wir uns auf den ganz formellen Standpunkt der Algeciras-Akte stellen. Wir bitten euch darum, uns den ganz genauen Termin anzugeben, bis zu dem ihr Marokko – inklusive Casablanca – geräumt haben werdet. Widrigenfalls werden wir euch des Vertragsbruchs anklagen... Ich glaube nicht, dass die Franzosen den Fehdehandschuh aufnehmen, aber sie müssen fühlen, dass wir zum Äußersten entschlossen sind. ... Wer im Voraus erklärt, dass er nicht fechten will, kann in der Politik nichts erreichen.

Zit. nach Wolfgang Mommsen, Imperialismus, Hamburg (Hoffmann und Campe) 1977, S. 143 f.

M6 Delcassés neuer Ritt,
Karikatur von Olaf Gulbransson aus der Zeitschrift „Simplicissimus", 1911.
In seiner Funktion als französischer Außenminister war es Delcassés Hauptziel, gegen das Deutsche Reich Bündnispartner zu gewinnen. Er bemühte sich um die Beilegung der Kolonialkonflikte mit Großbritannien und leitete die „Entente cordiale" ein. Die 1. Marokko-Krise veranlasste ihn 1905 zum Rücktritt.

M7 Frankreich in China, Karikatur auf die Benachteiligung Frankreichs bei der „Teilung“ Chinas, aus der französischen Tageszeitung „Figaro“, 1901

M8 Der „Boxer“-Aufstand in China

Im Juni wurde der deutsche Gesandte von Ketteler vom Geheimbund der „Boxer“ ermordet, das Gesandtschaftsviertel in Peking anschließend 55 Tage lang durch chinesische Aufständische belagert. Eine internationale Truppe sollte Peking befreien, „die Ordnung“ wiederherstellen.

8A *Am 3. Juli 1900 informierte der amerikanische Außenminister John Hay die Auslandsvertretungen der USA:* Bisher war es immer die Absicht des amerikanischen Präsidenten, mit den anderen Mächten gemeinsam zu handeln, um 1. mit Peking Verbindung aufrechtzuerhalten … 2. überall in China Amerikanern und ihrem Eigentum jeden möglichen Schutz zu gewähren …, 3. die Ausbreitung der Unruhen in andere Provinzen des Reiches und ihre Wiederholung zu verhindern …, aber die Politik der amerikanischen Regierung ist es, eine Lösung zu suchen, die China Sicherheit und einen dauerhaften Frieden bringt, die Chinas politische Einheit erhält, alle durch Verträge und vom Völkerrecht garantierten Rechte friedlicher Mächte schützt und allen Staaten der Welt das Prinzip gleichberechtigten Handelns in allen Teilen des chinesischen Reiches offen hält.

Zit. nach Peter Alter, Der Imperialismus, Stuttgart (Klett) 1998, S. 77.

8B *Wilhelm II. verabschiedete am 27. Juli 1900 die Truppen, die nach China geschickt wurden:* Das Deutsche Reich hat seinem Charakter nach die Verpflichtung, seinen Bürgern, wofern diese im Ausland bedrängt werden, beizustehen … Das Mittel, das ihm dies ermöglicht, ist unser Heer … Eine große Aufgabe harrt eurer: Ihr sollt das schwere Unrecht, das geschehen ist, sühnen … Pardon wird nicht gegeben, Gefangene werden nicht gemacht …
Wahrt die Manneszucht, der Segen Gottes sei mit euch, die Gebete eines ganzen Volkes, meine Wünsche begleiten euch, jeden Einzelnen: Öffnet der Kultur den Weg ein für alle Mal!

Zit. nach Michael Balfour, Kaiser Wilhelm II. und seine Zeit, Berlin (Ullstein) 1973, S. 240.

M1 **„Deutschland im europäischen Gleichgewicht".** Die Postkarte von 1914 zeigt Personen, die jeweils ein Land vertreten: auf der linken Waagschale Österreich und Deutschland, auf der rechten Frankreich, England, Russland und Belgien, Japan und China (hängend), auf dem Balken Serbien, in der Mitte: Türkei, USA, Italien.

Der „Panther" springt zurück: Konflikte in Europa

Wer die Fäuste ballt, kann niemandem die Hand reichen

Die Rivalitäten der imperialistischen Mächte um Gebiete in Afrika und Asien belasteten das politische Klima in Europa. Hinzu kamen finanzielle Probleme, die aus den wachsenden Rüstungsausgaben entstanden. Vor allem zwischen dem Deutschen Reich und Großbritannien entwickelte sich ein Wettrüsten, das den deutschen Finanzhaushalt dem Ruin zutrieb.
Zudem musste Deutschland befürchten, auf dem politischen Schauplatz Europa isoliert zu werden, während Großbritannien, Frankreich und Russland in dessen Zentrum vorrückten.

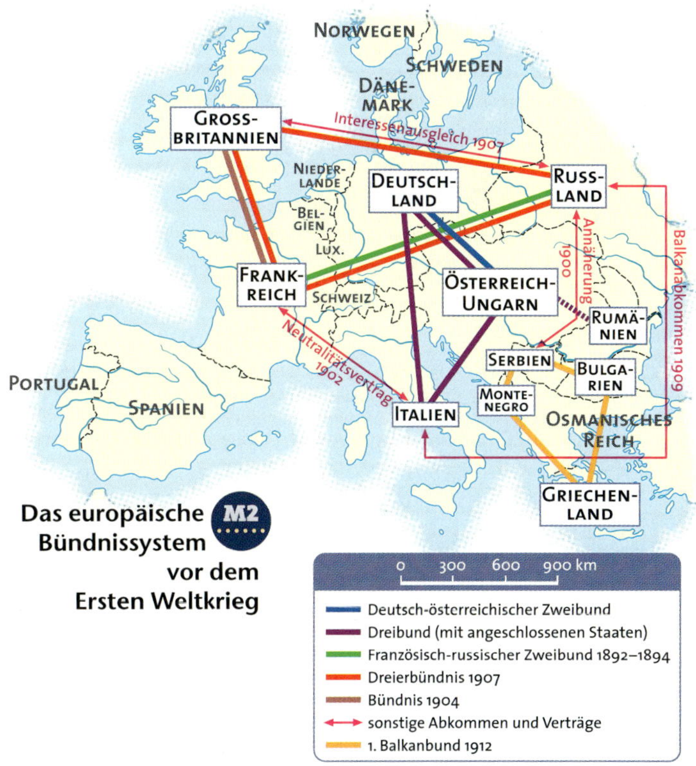

M2 **Das europäische Bündnissystem vor dem Ersten Weltkrieg**

1. Benenne die Bündnispartner Deutschlands und Großbritanniens um 1914 nach M2 und weise sie den einzelnen Verträgen zu.
2. Erläutere, wie die Überschrift des Darstellungstextes die Situation in Europa wertet.
3. Erarbeite M1 und M3 mithilfe der Schritte auf S. 103.
4. Beurteile die deutsche Einschätzung des „Gewichtsverhältnisses" in Europa (M1).

M3

„Balkan Troubles", Karikatur von 1908 aus der englischen Satire-Zeitschrift „Punch"

Ein explosives Gemisch auf dem Balkan

Das Ziel „Nationalstaat", das sich seit dem 19. Jahrhundert viele Staaten in Europa setzten, musste fast zwangsläufig auf dem Balkan zu Problemen führen, da dort sehr viele Völker zusammenlebten – unter der Regierung der habsburgischen Monarchie Österreich-Ungarn. In Serbien war in der 2. Hälfte des 19. Jahrhunderts eine nationale Bewegung entstanden, die von Russland unterstützt wurde. Russland verstand sich als Schutzmacht aller slawisch sprechenden Völker und förderte deshalb Serbiens Bemühungen, aus der Donaumonarchie auszutreten. Da Serbien jedoch nach seiner Unabhängigkeitserklärung alle Serben zu einem Großserbischen Reich vereinigen wollte, kam es mehrfach zu Spannungen mit Russland.

Als Österreich-Ungarn 1908 die ehemals türkischen Provinzen Bosnien und die Herzegowina annektierte, löste dies zunächst den Protest von Serbien und Russland und dann mehrere Kriege zwischen verschiedenen Balkanstaaten aus. Den Großmächten gelang es jedoch, die Gegner an den Verhandlungstisch zu holen und die Kriege zu beenden.

Die Spannungen blieben, vor allem zwischen Österreich-Ungarn und Serbien, dessen Idee vom Großserbischen Reich mit den Interessen der Habsburger nicht vereinbar war. Die Situation eskalierte im Juni 1914: Als der österreichische Thronfolger Franz Ferdinand und seine Gattin nach Sarajewo kamen, wurde ein Anschlag auf sie verübt, bei dem beide starben. Einen Monat später, am 28. Juli, stellte Österreich den Serben ein Ultimatum, in dem sie u. a. aufgefordert wurden, österreichische Beamte in die Untersuchung des Attentats einzubeziehen. Zu Eingriffen in ihre staatliche Souveränität waren sie nicht bereit. Österreich erklärte daraufhin Serbien den Krieg. Der deutsche Kaiser stellte sich hinter Österreich, Russland hinter Serbien – und damit war dessen Bündnispartner Frankreich nun Kriegsgegner Deutschlands. Das Attentat von Sarajewo war Anlass des Ersten Weltkriegs, der Funke, der die Explosion auslöste. Was war das „Pulverfass", was die „Zündschnur"?

M4 Wilhelm II. verspricht volle Unterstützung

Graf von Szögyényi, 1892–1914 österreichisch-ungarischer Gesandter in Berlin, telegrafierte am 5. 7. 1914 an seinen Außenminister über eine Unterredung mit Wilhelm II.:

Als ich nochmals den Ernst der Situation mit großem Nachdruck betonte, ermächtigte mich Seine Majestät, unserem Allergnädigsten Herrn zu melden, dass wir ... auf die volle Unterstützung Deutschlands rechnen können ... Russlands Haltung werde jedenfalls feindselig sein, doch sei er hierauf schon seit Jahren vorbereitet und sollte es sogar zu einem Krieg zwischen Österreich-Ungarn und Russland kommen, so könnten wir davon überzeugt sein, dass Deutschland in gewohnter Bündnistreue an unserer Seite stehen werde. Russland sei übrigens ... noch keineswegs kriegsbereit und werde sich noch sehr überlegen, an die Waffen zu appellieren. Doch werde es bei den anderen Mächten der Tripelentente[1] gegen uns hetzen ... Er begreife sehr gut, dass es Seiner Majestät bei seiner bekannten Friedensliebe schwer fallen würde in Serbien einzumarschieren; wenn wir aber die Notwendigkeit einer kriegerischen Aktion gegen Serbien erkannt hätten, so würde er es bedauern, wenn wir den jetzigen, für uns so günstigen Moment unbenützt ließen.

Zit. nach Asmut Brückmann, Die europäische Expansion, Stuttgart (Klett) 1993, S. 143.

1 Großbritannien und Frankreich

M5 England soll seine Flottenmacht zeigen

Der britische Staatssekretär im Außenministerium, E. A. Crow, kommentierte im Juli 1914 ein Schreiben des britischen Botschafters in Sankt Petersburg an den britischen Außenminister Grey:

Es ist klar, dass Frankreich und Russland entschlossen sind, den ihnen hingeworfenen Handschuh aufzuheben ... Worauf es ankommt ist, ob Deutschland zu diesem Krieg jetzt absolut entschlossen ist oder nicht ... Wenn Seiner Majestät Regierung in dem Augenblick, wo entweder Österreich oder Russland zu mobilisieren[1] beginnen, Befehl erteilt, unsere ganze Flotte unverzüglich auf Kriegsfuß zu setzen, so mag dies ... Deutschland die Augen über den Ernst der Gefahr öffnen, der es ausgesetzt wäre, wenn England am Kriege teilnähme ... Sollte der Krieg ausbrechen und England unbeteiligt bleiben, dann muss sich Folgendes ergeben: a.) Entweder siegen Deutschland und Österreich, sie erdrücken Frankreich und demütigen Russland. b.) Oder Frankreich und Russland siegen. Wie werden sie sich dann gegen England verhalten? Und wie wird's mit Indien und dem Mittelmeer stehen? In diesem Kampf, der nicht um den Besitz Serbiens geht, sondern bei dem es sich um das Ziel Deutschlands, seine politische Vorherrschaft in Europa zu errichten, und um den Wunsch der Mächte handelt, ihre individuelle Freiheit zu erhalten – in diesem Kampf sind unsere Interessen mit denen Frankreichs und Russlands verknüpft. Wenn wir dazu beitragen können, den Konflikt zu verhüten, indem wir unsere maritime Stärke zeigen, ... dann wäre es falsch, diesen Versuch nicht zu machen.

Zit. nach Asmut Brückmann, Die europäische Expansion, Stuttgart (Klett) 1993, S. 147.

1 zu den Waffen rufen

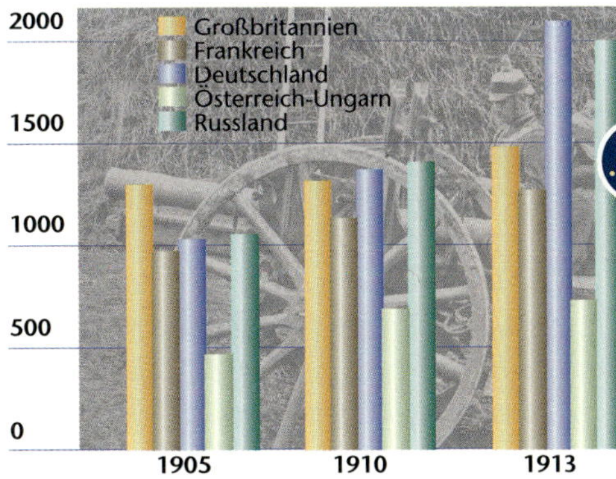

M6 Rüstungsausgaben der Großmächte 1905–1913 (in Millionen Mark).

Erster Weltkrieg – eine Wandcollage

Wie ihr sicherlich festgestellt habt, ist die Vorgeschichte des Weltkriegs ein Geflecht aus langfristigen Entwicklungen und Ereignissen, aus Haltungen, Einstellungen und Wertvorstellungen, aus Einzelschicksalen und -entscheidungen, aus Staatsgründen und Größenwahn und vielem mehr. Um dieses Geflecht zu entwirren, bieten sich eine Analyse verschiedener Aspekte bzw. Teilthemen und die Visualisierung der Ergebnisse an.

Als Grundlage könnt ihr euer Arbeitsbuch (Kap. 5–7), eure Aufzeichnungen, aber auch weiteres Informationsmaterial benutzen.

Für die Wandzeitung verwendet ihr am besten mehrere Bögen Flip-Chart-, Pinnwand- oder Makulatur-Papier und hängt dieses an die Rückwand des Klassenzimmers. In die Mitte schreibt ihr das Thema: „Ursachen des Ersten Weltkriegs".

Ihr bildet Gruppen, die jeweils eines der folgenden Teilthemen erarbeiten: Nationalismus/nationalistische Motive – Imperialismus/imperialistische Antriebskräfte – Rüstungswettlauf – Industrialisierung/Kapitalanhäufung – Innenpolitik/innenpolitische Spannungen – Soziale Probleme/Soziale Frage – technische Entwicklung – Rohstoffbedarf/Suche nach Absatzmärkten – imperiale Machtkonflikte.

Jede Gruppe arbeitet selbstständig, aber es ist von Vorteil, wenn ihr euch zwischendurch über den aktuellen Stand informiert.

Legt fest, wie groß der Raum ist, der den einzelnen Collage-Teilen zur Verfügung steht. Beachtet die Vorgaben der Methode „Präsentieren/Visualisieren" (siehe S. 293).

5 Notiere aus M4 die Aussagen Wilhelms II. über sein weiteres Vorgehen und versuche Gründe und Ziele für das Verhalten bzw. die Einstellung des Kaisers zu finden.

6 Liste die Argumente und Vorschläge auf, mithilfe derer Crow in M5 zum Eingreifen in den Krieg rät.

7 Informiere dich über die Rüstungsausgaben der Großmächte (M6).

8 Formuliere eine Antwort auf die Frage am Schluss des Darstellungstextes S. 266.

Das „Augusterlebnis“ 1914

In nationaler Eintracht und Begeisterung für den Krieg?

Im August 1914 zog Deutschland in den Krieg. Die Meldungen über politische Hintergründe des Attentats auf den serbischen Thronfolger und über Spannungen zwischen Österreich und Serbien verschwanden nach wenigen Tagen aus der Presse. Unklar blieb, wer hinter dem Attentat stand. Die österreichische Regierung verdächtigte die serbische, was diese von sich wies.
Für viele Deutsche waren die Tagesgeschäfte, der Urlaub, für die Bauern die Ernte wichtiger als die Krise auf dem Balkan. Das änderte sich, als Ende Juli Österreich Serbien den Krieg erklärte: Die serbische Regierung hatte ein Ultimatum Österreichs, dessen Bedingungen sie nicht erfüllen konnte, nicht angenommen. Für Deutschland, Bündnispartner Österreichs, dem die Reichsregierung am 6. Juli bedingungslose Unterstützung zugesichert hatte, bedeutete das Krieg: gegen Russland, das sich hinter Serbien gestellt hatte, und gegen dessen Verbündeten Frankreich. Am 3. August marschierten deutsche Truppen in das neutrale Belgien ein; daraufhin erklärte England Deutschland den Krieg.
Als am 1. August Kaiser Wilhelm mit der Aussage zitiert wurde, er kenne keine Parteien mehr, er kenne nur noch Deutsche, löste das in Berlin eine Welle der Begeisterung aus: Nationale Lieder wurden gesungen. Hunderttausende Freiwilliger meldeten sich, um für Deutschland in den Krieg zu ziehen. Nationalflaggen schmückten die Straßen – sogar in den Arbeitervierteln. Am 4. August stimmte die SPD, die noch kurz zuvor in vielen Städten Anti-Kriegs-Demonstrationen organisiert hatte, im Reichstag fast geschlossen der Bewilligung von Kriegskrediten zu.
War Deutschland in jenen Augusttagen national geeint, die Idee der Nation verwirklicht – am Beginn eines Krieges, der nach dem so genannten Schlieffenplan innerhalb weniger Wochen erst gegen Frankreich und dann gegen Russland zum Sieg führen sollte? Was war der „Geist von 1914“, der in den folgenden vier Jahren und auch nach dem Ende des verlorenen Weltkriegs propagiert wurde?

M1 **Wir müssen siegen!**, Propagandaflugblatt vom Dezember 1916. Der Ausschnitt zeigt Generalfeldmarschall von Hindenburg, Reichskanzler von Bismarck und zwischen ihnen den Berliner Reichstag.

M2 In Gedenken an den 4. August 1914

1917 fand im Reichstag eine Gedenkveranstaltung statt, bei der Reichskanzler Georg Michaelis eine Rede hielt:

Wir stehen unter dem Eindruck der Größe des Tages, an dem vor drei Jahren das Volk aufstand, um in begeisterter Einmütigkeit den Riesenkampf aufzunehmen, der uns aufgezwungen worden war. Der 4. August wird in der Geschichte des deutschen Volkes zu allen Zeiten sein der Tag höchster vaterländischer, todesmutiger und siegesgewisser, entschlussfreudiger Bereitwilligkeit gegenüber der größten Gefahr, die je auf ein Volk hereinbrach ... Heute kommt es darauf an, die Leuchtfeuer hell auflodern zu lassen, ein Ziel, ein Wille, ein Vaterland! Und dieses Vaterland ist größer und wichtiger als unser Einzelleben! Je größer die Opfer, desto herrlicher der Lohn. Wir geloben dem Kaiser und dem Reiche die Treue und was uns das Herz frei macht, das rufen wir aus: Vaterland, Kaiser und Reich hurra, hurra, hurra!

Zit. nach Jeffrey Verhey, Der „Geist von 1914“, übers. v. J. Bauer/E. Nerke, Hamburg (Hamburger Edition HIS) 2000, S. 287.

M3 Pressemeldungen über die Stimmung zu Kriegsbeginn

Die Norddeutsche Allgemeine Zeitung, das „Sprachrohr" der Reichsregierung, schilderte die Vorgänge in der ersten Augustwoche 1914 folgendermaßen:

3A Was sich vom 30. Juli bis heute in Berlin abspielte, ist eine Offenbarung des starken nationalen Empfindens, das in unserm Volke lebt ... Man war brüderlich: der Arbeiter, der in der Bluse barhäuptig die Fahne trug, der Akademiker, der neben ihm schritt, Kaufleute, Wandervogelscharen[1], Studenten mit Verbindungsband auf der Brust, Soldaten, die, zum Teil schon in der grauen Felduniform, sich singend in die Reihen der Marschierenden eingegliedert hatten. Oft ging man Arm in Arm, in Reihen zu 30 und 40 Menschen.[2]

Zit. nach Jeffrey Verhey, Der „Geist von 1914", übers. v. J. Bauer/E. Nerle, Hamburg (Hamburger Edition HIS) 2000, S. 121.

1 Um 1895 gegründete Jugendbewegung, deren Begeisterung für ein ursprüngliches, naturnahes Leben 1914 teilweise in Kriegsbegeisterung umschlug.
2 Anm. Verheys: Die Bemerkung, die Arbeiter seien am 1. 8. brüderlich mitmarschiert, findet sich nur in der NAZ.

Der sozialdemokratische Volksfreund Braunschweig stellte am 3. August 1914 fest:

3B Ernste Stimmung trifft man überall nur in den Straßen, nichts von Fröhlichkeit, nichts von Abend-Bierbegeisterung der Halbstarken. Wer die Stimmung des Volkes kennen lernen will, der gehe dahin, wo das Volk sich bewegt. Wer die Szenen gestern Nachmittag auf dem kleinen Exerzierplatz[1], dem Sammelpunkt der Einberufenen, und vor der Kaserne wie auf dem Bahnhof beobachtet hat, dem krampfte sich das Herz zusammen vor Weh .

Zit. nach Wolfgang Kruse, Krieg und nationale Integration, Essen (Klartext) 1993, S. 58.

1 Truppenübungsplatz

Jubelnde Kriegsfreiwillige in Berlin, Foto, 1914 **M5**

M4 Schweigend in den Krieg

Tagebucheintrag einer Augenzeugin vom 6. August 1914 in Freiburg:

Es war nach sechs Uhr, ein feiner Regen rieselte herunter, hinter dem Münster stand ein fahles Morgenrot – war da wohl einer in dem langen Zuge, der nicht gedacht hätte: „Morgenrot, Morgenrot, leuchtest mir zum frühen Tod?" Alle Soldaten waren mit Blumen geschmückt, aber sie zogen schweigend, ohne zu singen, dahin und die Offiziere ritten stumm und ernst vor ihnen her ... Dann war alles wie ein Traum verschwunden und schweren Herzens fragte sich wohl jeder ...: „Wer von diesen allen kommt einst wieder zurück?"

Charlotte Herder, Mein Kriegstagebuch, 1955, S. 8 f. Zit. nach Christian Geinitz, Kriegsfurcht und Kampfbereitschaft, Essen (Klartext) S. 151.

1. Erkläre anhand von M1 und M2, welche Werte und Ziele dem „Geist von 1914" zugeschrieben wurden.
2. Erläutere die Bildaussage von M1. Warum wurden wohl gerade diese Bildelemente gewählt?
3. Wie reagierten die Menschen in Deutschland auf den Kriegsbeginn? Vergleiche M3A, M3B und M4 und versuche Gründe für die unterschiedlichen Aussagen zu finden.
4. Das „Augusterlebnis" 1914 – welche Antworten ergeben sich aus M4, M5 und dem Darstellungstext auf die Frage der Überschrift? Diskutiert in der Klasse eure Ergebnisse.

Heimatfront und Schützengraben: Grau war nicht nur die Uniform

Der Krieg bestimmt den Alltag

Während noch die deutsche Regierung die nationale Kriegsbegeisterung schürte, war ihr längst klar, dass in einem langen Krieg die Ernährung der Bevölkerung nicht gesichert wäre. Als die deutschen Truppen nach ersten Siegen in Belgien und Frankreich von der französischen und englischen Armee gestoppt wurden und der Krieg in Schützengräben erstarrte, wurde das Versorgungsproblem Wirklichkeit. Selbst propagandistische Schlagwörter wie „Heimatfront" und „Hungerblockade" – gemeint war die englische Blockade der Nordsee –, die den Krieg mit all seinen Folgen zur nationalen Aufgabe stilisierten, konnten nicht darüber hinwegtäuschen, dass die Zivilbevölkerung litt. Seit 1915 schränkte die Regierung immer mehr den freien Lebensmittelverkauf ein und regelte vor allem die Brot- und Getreideversorgung über Lebensmittelkarten. Da die Mengenzuweisungen nicht ausreichten, versuchten sich die Menschen selbst zu versorgen: So legten sich viele Städter Kleingärten oder „Fensterplantagen" zu, hielten (sogar in den Wohnungen!) Hühner, Kaninchen oder so genannte „Pensionsschweine". Dennoch: die allgemeine Versorgungslage verschlechterte sich mit jedem weiteren Kriegsjahr.

Auch der Nachschub, die Versorgung der Truppen mit Waffen, bereitete zunehmend Schwierigkeiten, da in den Rüstungsbetrieben Arbeitskräfte fehlten. Um das Problem zu lösen, wurden diese Lücken immer mehr durch Arbeiterinnen gefüllt. Viele Frauen waren auf solche Verdienstmöglichkeiten angewiesen, denn zum einen gab es in „weiblichen Berufen" seit Kriegsbeginn kaum noch Beschäftigungsmöglichkeiten, zum anderen mussten sie, da ihre Männer an der Front kämpften, ihre Familien allein ernähren. Klagen über die Doppelbelastung von Beruf und Familie trafen auf wenig Verständnis: Für die Reichsregierung zählte nur der Rüstungsnachschub, für die Industriellen der finanzielle Gewinn. Auch die Frauenverbände orientierten ihr Engagement stärker am Wohl „des Vaterlandes" als an dem der einzelnen Frau. Es kam zwar immer wieder zu Protestaktionen, aber eine politische Wirkung hatten sie nicht, zumal Frauen noch kein Wahlrecht besaßen.
Mit nationalen Parolen zogen 1914 tausende kriegsbegeisterter Deutscher gegen den Feind. Behielt der „Geist von 1914" seine Antriebskraft oder ging er in den Kriegsjahren verloren – im Kampf ums Überleben an und hinter der Front?

M1 **Schlange stehen vor einer Rationierungsstelle,** Foto, um 1917

1 Überlege, welche gesellschaftlichen Gruppen unter den Auswirkungen des Krieges besonders schwer litten (Darstellungstext, M1, M4).

2 Erster Weltkrieg – „Schrittmacher der Frauenemanzipation"? Setze dich kritisch mit dieser These auseinander. Ziehe dafür M2, M3, M4 und M5 heran.

M2 **Frauen müssen ihren Lebensunterhalt verdienen,** Postkarte, 1917

M3 Männerarbeit – Frauenarbeit

Nach dem „Notgesetz" vom August 1914 konnten z. B. Arbeitsschutzbestimmungen den jeweiligen Bedürfnissen der Kriegswirtschaft angepasst werden. Für die in Rüstungsbetrieben tätigen Frauen legte deshalb die Militärführung in Hannover im Dezember 1916 fest:

Durch übertriebene Vorsicht dürfen die dringenden Aufgaben der Kriegswirtschaft nicht gefährdet werden. Wo jeweils die richtige Grenze liegt zwischen den Bedürfnissen der Industrie einerseits und guten Sitten andererseits, ist im einzelnen Falle von der zuständigen Gewerbeaufsichtsbehörde zu prüfen ... In besonderen Notfällen kann die Frauenarbeit, deren Verwendung möglichst zu fördern ist – auch vor dem Dampfkessel, im Fuhrbetrieb, bei der Montage und Installation – vorübergehend noch weiter (über 11 Stunden hinaus) ausgedehnt werden. Ausreichende Sitzgelegenheit ist für Frauen besonders wichtig. Arbeit in Arbeitshose ist zu gestatten.

Richtlinien des stellvertretenden Generalkommandos des X. Armeekorps, Hannover, für die Arbeit in Rüstungsbetrieben, Dezember 1916. Zit. nach Amrei Stupperich, „Arbeit in Arbeitshose ist zu gestatten", in: Praxis Geschichte, H. 3/1995, S. 40.

M4 „Jammerbrief" aus der Heimat

Obwohl Militär- und Zivilbehörden den „nationalen Geist" beschworen, konnten sie Briefe wie diesen, den eine Frau aus Sachsen am 5. 3. 1917 ihrem kriegsgefangenen Mann schickte, nicht verhindern:

Die Not wird immer schlimmer, weil es hier bei uns nichts mehr gibt ... Schlecht stehts mit uns, da wir nichts mehr zu Essen haben ... Seit 14 Tagen habe ich das Mittagessen von der Volksküche[1] und zwar 2 Portionen und da essen 5 Mann davon. Bei mir ist gerade wie wenn mir in Hals geschissen ist so hungert mich den ganzen Tag. Sollte nun der Mist nicht bald ein Ende nehmen oder muss man selbst noch Waffe in der Hand nehmen, damit die Kinder wenigstens aus der Welt kommen, denn das Elend kann ich nicht mehr ertragen. Mich dauern blos die armen Kinder, die sehen mich nur egal an und kann ihnen nicht helfen.

Zit. nach Ute Daniel, Arbeiterfrauen in der Kriegsgesellschaft, Göttingen (Vandenhoeck & Ruprecht) 1989, S. 149 f.

1 zentrale Essenausgabe, unterstand der Gemeindeverwaltung

M5 Werden sie auch wie Männer entlohnt?

Die Übersicht vergleicht den Tageslohn (in Mark) von Arbeitern und Arbeiterinnen im Ersten Weltkrieg. Durchschnittstagesverdienst in den beiden letzen vollen Wochen des Monats:

	Arbeiter	Arbeiterinnen	Vergleich (Spalte 2 zu 1)
	in Mark	in Mark	in %
Sept. 1914	5,13	1,93	37,6
März 1915	5,86	2,24	38,2
März 1916	6,97	3,01	43,2
März 1917	9,03	4,05	44,9
März 1918	11,47	5,35	46,6
März 1919	14,52	6,00	44,4

Zusammengestellt nach Ute Daniel, Arbeiterfrauen in der Kriegsgesellschaft, Göttingen (Vandenhoeck & Ruprecht) 1989, S. 112.

M6 Feldpost – vom Freund oder Feind?

Neu im Ersten Weltkrieg war der Einsatz von Propagandamitteln. Die britische Frontpropaganda begann 1916 mit einer Serie ausgewählter Feldpost deutscher Gefangener, die – was die deutschen Militärs bis 1918 verschwiegen – an der Westfront mithilfe von Flugzeugen und Ballons verbreitet wurde. Handschriftlicher Text des Briefes im Umschlag:

Geschrieben Sonntag d. 8.10.16. Geliebtes Paulchen! Dein liebes Paket mit Inhalt habe ich erhalten, was ich im letzten Brief schon bemerkt habe, sehr gefreut habe ich mich über das Bild ich danke dir sehr für alles. Liebes Paulchen, ich werde dir nach dem Kriege alles wieder recht machen, nur wenn du etwas für mich schickst um Gotteswillen keine Lebensmittel denn hier habe ich mehr als du dort hast, ich wollte ich könnte dir die Hälfte abgeben, also behalte das Essbare nur für dich und die Kinder. Liebes Paulchen, wenn du solltest einmal einen englischen Gefangenen sehen dann hasse ihn nicht, denn es sind sehr nette Leute, ich habe von ihnen bis heute noch kein böses Wort gehört. Liebes Paulchen, ich bin gesund und munter und hoffe auch dasselbe von euch allen. In der Hoffnung, dass der Krieg bald ein Ende hat, verbleibe ich dein dich liebender August. Es küßt dich und die Kinder dein August. Gruß an Mutter. Vielen Dank für die Zigaretten. Gruß an alle Bekannten.

Klaus Kirchner, Flugblatt-Propaganda im 1. Weltkrieg, Bd. 1: Flugblätter aus England 1914 – 1918, Erlangen (Verlag D+C) 1985, S. 22.

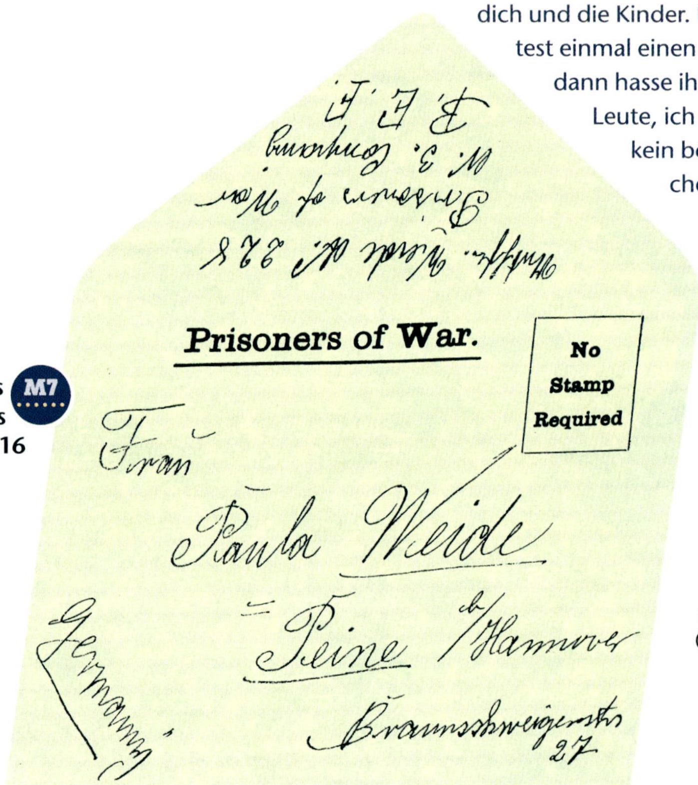

M7 Umschlag eines „Propagandabriefes" aus dem Jahr 1916

3 Erkläre, weshalb die Heeresleitung verbot, Briefe wie M4 an den Adressaten weiterzuleiten.

4 Erarbeite die Informationen, die M6 enthält. Überlege, welche propagandistische Absicht mit dem „Einsatz" des Briefes verbunden war.

5 Erarbeite, welche Kräfte dem „Geist von 1914" in den folgenden Kriegsjahren entgegenwirkten und stelle Vermutungen über die Folgen für die Lage Deutschlands an.

Darstellungen auf Feldpostkarten untersuchen

Post im Krieg

Historiker schätzen, dass 28,7 Milliarden Postsendungen aller Art in den Jahren 1914 bis 1918 portofrei zwischen Front und Heimat befördert wurden, wobei die Zahl derer von der Heimat an die Front größer war als die in die andere Richtung. Die große Zahl beweist das Interesse an allem, was mit dem Kriegsgeschehen im Zusammenhang stand. Dessen waren sich Regierung und Oberste Heeresleitung bewusst. Zensur, Kontrolle (Postüberwachungsstellen) wurden – nicht immer erfolgreich – eingesetzt, um die Informationen über die Lage an der Front zu filtern. Auch Bilder (z. B. Fotos) auf Feldpostkarten wurden für die nationale Kriegspropaganda genutzt.

Arbeitsschritte Darstellungen auf Feldpostkarten untersuchen

1. Schritt: Einzelheiten erfassen
– Welche Personen, Gegenstände sind dargestellt? In welcher räumlichen Beziehung stehen sie zueinander?
– Was für ein Hintergrund wurde gewählt (Landschaft, Innenraum, „Kulisse“ usw.)?
– Welche Bildelemente verweisen auf das Thema „Krieg“?
– Welche Aussagen werden schriftlich vermittelt?

2. Schritt: Bildelemente in einen Zusammenhang bringen
– Lassen sich die Einzelheiten in einen Sinnzusammenhang bringen?
– Welche Aussage – über das Bildmotiv und das Thema Krieg – ergibt sich vorläufig?
– Welche Fragen sind noch offen?

3. Schritt: Zusätzliche Informationen nutzen
– Welche Informationen enthält die Bildunterschrift?
– Gibt es Hinweise auf Adressat und Zielsetzung der Abbildung?

4. Schritt: Aussage und Absicht des Bildes erschließen und kritisch werten
– Führe die Ergebnisse der Arbeitsschritte zusammen und erläutere, welche Botschaften die Darstellung dem Betrachter vermitteln sollte. Achte auf Einzelheiten.
– Überlege, welche Absicht mit der Darstellung und dem Medium Feldpostkarte verbunden war.
– Meinst du, dass die Botschaft bei den Adressaten ankam? Begründe.

M1 **Artillerie in Beobachtung des Feindes**, Feldpostkarte, 1916

M2 **Des Kriegers Herz wird hoch beglückt/ Vom Brief, den zarte Hand ihm schickt,** Feldpostkarte, 1915

1 Teilt die Klasse: Eine Hälfte untersucht – in Einzel- oder Partnerarbeit – M1, die andere Hälfte M2 mithilfe der Arbeitsschritte.
2 Stellt die Ergebnisse anschließend der Klasse vor.
3 Vergleicht: Wo gibt es zwischen M1 und M2 Übereinstimmungen, wo Unterschiede in Bezug auf Aussage und Absicht der Darstellungen?

Spurensuche – der „Schülerwettbewerb Deutsche Geschichte"

Forschen am Wohnort

Alle zwei Jahre schreibt die Körber-Stiftung in Hamburg einen Wettbewerb aus, der Schüler auffordert, zu einem vorgegebenen Thema in der Geschichte ihres Wohn- oder Schulortes möglichst selbstständig zu forschen. Die besten Arbeiten werden nicht nur mit attraktiven Preisen belohnt, sondern auch mit einem Empfang beim Bundespräsidenten, der Schirmherr des Wettbewerbs ist. Außerdem gibt es die Möglichkeit, am vielseitigen Veranstaltungsangebot der Körber-Stiftung (Seminare, Reisen usw.) teilzunehmen.

Tipps für die Teilnahme

1. Fordert Anfang September bei der Körber-Stiftung, 21027 Hamburg, das Heft SPUREN SUCHEN an, in dem das aktuelle Thema und die Teilnahmebedingungen erläutert werden, oder fragt in der Schule, ob dort die Ausschreibung vorliegt.
2. Sammelt in eurer Umgebung, z. B. in der Familie, in der Nachbarschaft, in Bibliotheken und Archiven Materialien zum Wettbewerbs-Thema .
3. Beschreibt anschaulich euer Beispiel.
4. Geht bei der Bearbeitung des Themas nach den Arbeitsschritten zur Methode „Projektarbeit" vor (siehe S. 161).
5. Fertigt abschließend einen Arbeitsbericht an und schildert darin vor allem, was euch an eurem Thema besonderes interessiert hat, in welchen Schritten ihr vorgegangen seid und was euch beim Forschen besonders leicht oder besonders schwer gefallen ist.
6. Wichtig für die Wettbewerbsteilnahme: die Zeitplanung. Da die Ausschreibung im September erfolgt und der Beitrag spätestens Ende Februar eingeschickt werden muss, ist der Zeitrahmen für Recherche, Auswertung und Präsentation eng gesteckt. Hier gilt es, klug zu planen und Termine einzuhalten.

Übrigens: Wenn ihr euren Beitrag eingesandt habt, beginnt die Arbeit der Jury. Alle Arbeiten werden mindestens zweimal bewertet: in einer regionalen Jury und dann von der zentralen Jury, an der Experten aus der ganzen Bundesrepublik beteiligt sind. Erst nachdem beide ihre Urteile gefällt haben, erfährst du das Ergebnis – meist Anfang Oktober.
Solltest während eurer Arbeit unerwartete Schwierigkeiten auftreten, könnt ihr euch beim Wettbewerbsteam der Körber-Stiftung Rat holen. Außerdem werden Workshops (zu Beginn des Wettbewerbs) angeboten, in denen ihr Anregungen und Tipps bekommt.

Internet-Tipp
Über das aktuelle Programm der Körber-Stiftung könnt ihr euch im Internet unter folgender Adresse informieren: http://www.geschichtswettbewerb.de

M1 Schülerinnen vor dem Langemarck-Denkmal, Foto, 1998

M2 Wie wir vorgingen – ein Arbeitsbericht

Im Rahmen des Wettbewerbs „Denkmal: Erinnerung – Mahnung – Ärgernis“ reichten drei Schülerinnen (Klasse 9) aus Rheine einen Beitrag ein über ein Denkmal, das 1934 vor ihrer Schule auf Initiative des damaligen Direktors errichtet worden war. Es sollte an die Schüler erinnern, die in der Schlacht von Langemarck im 1. Weltkrieg gefallen waren. In ihrem Arbeitsbericht, der hier auszugsweise vorgestellt wird, ist zu lesen:

Schon vor Wettbewerbsbeginn hatten wir (drei … Schülerinnen des Gymnasiums Dionysianum) uns überlegt, am Wettbewerb der Körber-Stiftung teilzunehmen. Als dann die Teilnahmebedingungen ins Haus flatterten, waren wir von dem Thema … angenehm überrascht. Uns allen kam spontan der Einfall, etwas über das Langemarck-Denkmal … zu schreiben. Wir kamen sofort auf die Idee, da wir die Diskussionen um das Langemarck-Denkmal … gut in Erinnerung hatten … Nachdem wir … das Thema festgelegt hatten, besorgten wir uns Literatur zu der Thematik. Dabei arbeiteten wir Bücher über die Schlacht von Langemarck, den 1. Weltkrieg im Allgemeinen und die Verbindung der Nationalsozialisten zum 1. Weltkrieg durch …

Nach einigen Überlegungen legten wir fest, folgendes Material zu besorgen:
1. Aus dem Schularchiv …
a.) die gesamte Langemarck-Akte …,
b.) alle Jahresberichte von 1933–90,
c.) die Protokolle der Lehrerkonferenzen von 1933/34,
d.) nach Genehmigung des Direktors Teile der Privatakte des Schulleiters …
2. Wir drei gingen mehrmals ins Stadtarchiv Rheine. Nach mehrmaligem Suchen fanden wir
a.) Artikel der Tageszeitung über die Einweihungsfeier,
b.) einige Fotos von der Einweihungsfeier,
c.) einige Fotos vom Langemarck-Denkmal.
3. Wir gingen zum Archiv unserer Ortszeitung …

Bei einem weiteren Treffen – etwa einen Monat später – überlegten wir uns, dass wir unsere Materialsuche durch die Befragung von Zeitzeugen abrunden wollten …
I Persönlich wollten wir über das Langemarck-Denkmal im Allgemeinen und besonders die Einweihungsfeier [folgende Personen] interviewen …
II Durch ein Interview per Brief befragten wir …
III Durch eine Meinungsumfrage unter den Schülern des Dionysianum wollten wir Wissen/Meinung zum/über das Langemarck-Denkmal herausfinden. Bei der Auswertung der Meinungsumfrage half uns ein Freund mit seinem Computer aus …

Nachdem dann … alles Material gesammelt war, verteilten wir die einzelnen Kopien/Interviews etc. nach Themen geordnet auf kleine Stapel und verstauten alles in Mappen. Gemeinsam überlegten wir dann, in welchem Stil wir die Arbeit schreiben sollten … Hiernach erstellten wir unsere Gliederung. Dies war wohl der schwerste Teil unserer Arbeit … Nachdem wir alles ausgearbeitet hatten, überarbeiteten wir die Arbeit … Anschließend tippte jeder zu Hause für sich … die Arbeit ab, klebte die Fotos ein usw. …

(Wir) stießen … durch Zufall auf eine kleine Sensation … Wir konnten beweisen, dass eine jahrelang angenommene, recht gut ins Zeitbild … passende Tatsache, nämlich das angebliche Manipulieren bei der Auswahl der Namen der Gefallenen, schlichtweg falsch war. Bis wir das jedoch herausgefunden hatten, bedurfte es einer mühevollen Kleinarbeit …

Unser Arbeitsklima war durchweg positiv, natürlich hatte man mal mehr und mal weniger Lust zu forschen … Am meisten Spaß gemacht hat die Meinungsumfrage …, am wenigsten das Tippen.

Körber-Archiv SDG 931074, Elking, Karen/Huesmann, Veronika/Thörner, Andrea, Das Langemarck-Denkmal im Spiegel der Zeiten, S. 8–13.

1 Überprüfe, ob M2 den Vorgaben der Ausschreibung entspricht.

2 Sind die Autorinnen den Arbeitsschritten der „Projektarbeit“ (S. 161) gefolgt?

Imperialismus und Erster Weltkrieg – Überblick und offene Fragen

Was trieb den Imperialismus an?

Die Motive und Gründe, die herangezogen wurden, um Eroberung und Besitz von Kolonien zu propagieren oder zu rechtfertigen, fasst die Geschichtswissenschaft unter folgenden „Antriebskräften" zusammen:

- Die Industrialisierung bot in Europa die technischen und finanziellen Mittel, um große Gebiete als Kolonien in Besitz zu nehmen.
- Aus ihr ergab sich außerdem der wachsende Bedarf an Rohstoffen und Absatzmärkten.
- Die Kolonien boten Siedlungsraum für die in den Industrieländern schnell wachsende Bevölkerung.
- Wichtige Gründe waren das Machtinteresse und das Sicherheitsbedürfnis der Industriestaaten gegenüber anderen Großmächten.
- Der Imperialismus stellte auch den Versuch dar, innenpolitische Spannungen abzumildern: Zum einen wurde nationalistisches Bewusstsein gefördert, zum anderen den Menschen vermittelt, die Kultur Europas, die politischen und religiösen Ansichten seien allen anderen überlegen und sie selbst Teil dieser „hochwertigen" Gemeinschaft.
- Das Überlegenheitsgefühl wurde durch die Behauptung verstärkt, dass die „weiße Rasse" der „farbigen" überlegen sei.
- In dem Wunsch, „die armen Wilden" zu missionieren, finden sich als Antriebskräfte wieder: Den Einheimischen sollten christlicher Glaube und europäische Kultur vermittelt werden, aber z. B. über Schulbildung auch die Werte, die von dem jeweiligen Mutterland oder seiner Regierung für wichtig erachtet wurden.

Wie regierten die „neuen Herren"?

Die Grenzen der Kolonien wurden im Wesentlichen in Verhandlungen festgelegt, nicht mit den einheimischen Herrschern abgestimmt. Deshalb blieben angestammte Rechte und Besitzungen von Volksgruppen, Großfamilien oder Einzelnen genauso unberücksichtigt wie verwandtschaftliche und traditionelle kulturelle Bindungen. Aufstände, z. B. der Hereros, wurden mit militärischer Gewalt niedergeschlagen.

Die Kolonialregierungen bauten entweder einen Verwaltungsapparat mit europäischen Beamten auf oder sie setzten Einheimische, die Achtung und Ansehen genossen, ein. Wichtigstes Ziel der Kolonialregierung war die „effektive Nutzung" der Kolonien – das bezog sich sowohl auf das Land (z. B. Rohstoffe, landwirtschaftliche Erzeugnisse) wie auf Tier und Mensch (z. B. Arbeitskraft).

Die Folgen dieser massiven Eingriffe – in Gesellschaft, Kultur, Wirtschaft, Lebens- und Naturräume – waren so schwer wiegend, dass sie diese ehemaligen Kolonien noch heute prägen (z. B. Bürgerkriege, Militärdiktaturen, ökologische Probleme, Armut, Analphabetismus).

Wettkampf um Kolonien – um welchen Preis?

Die Rivalitäten der imperialistischen Staaten um Gebiete in Afrika und Asien verstärkten die Spannungen in Europa. Die Rüstungsausgaben stiegen; Großbritannien und das Deutsche Reich sahen sich als direkte Konkurrenten und unterstellten jeweils dem anderen Kriegsabsichten.

Unter solchen Belastungen brach das Bündnissystem zusammen, das Bismarck in Europa aufgebaut hatte.

Die Politik Kaiser Wilhelms II. führte das Deutsche Reich immer mehr in die Isolation und die anderen Großmächte – in wechselnden Partnerschaften – enger zusammen. Die Lage in Europa verschärfte sich durch Nationalitätenkonflikte auf dem Balkan. Als im Juni 1914 das österreichisch-ungarische Thronfolgerehepaar in Sarajewo einem Attentat zum Opfer fiel und Österreich Serbien am 28. Juli den Krieg erklärte, schloss sich sein Bündnispartner, das Deutsche Reich, an.

Am 4. August 1914 begann der Erste Weltkrieg.

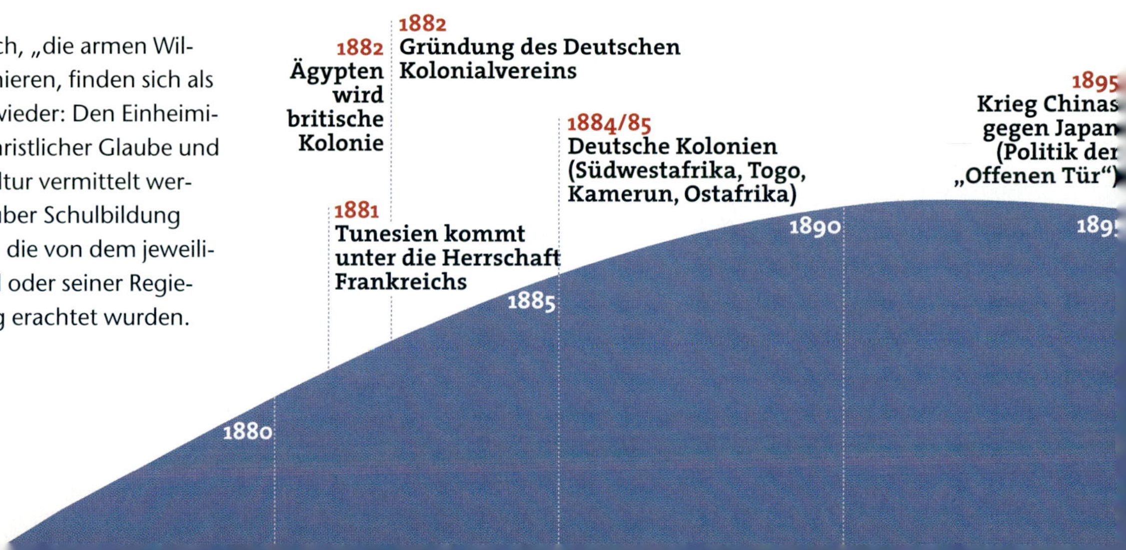

Wir wiederholen zentrale Begriffe und Methoden

M1 Karikatur zum Imperialismus, 1975

1 Erschließe M1 mithilfe der Arbeitsschritte S. 103. Ziehe deine Kenntnisse aus diesem Kapitel heran.

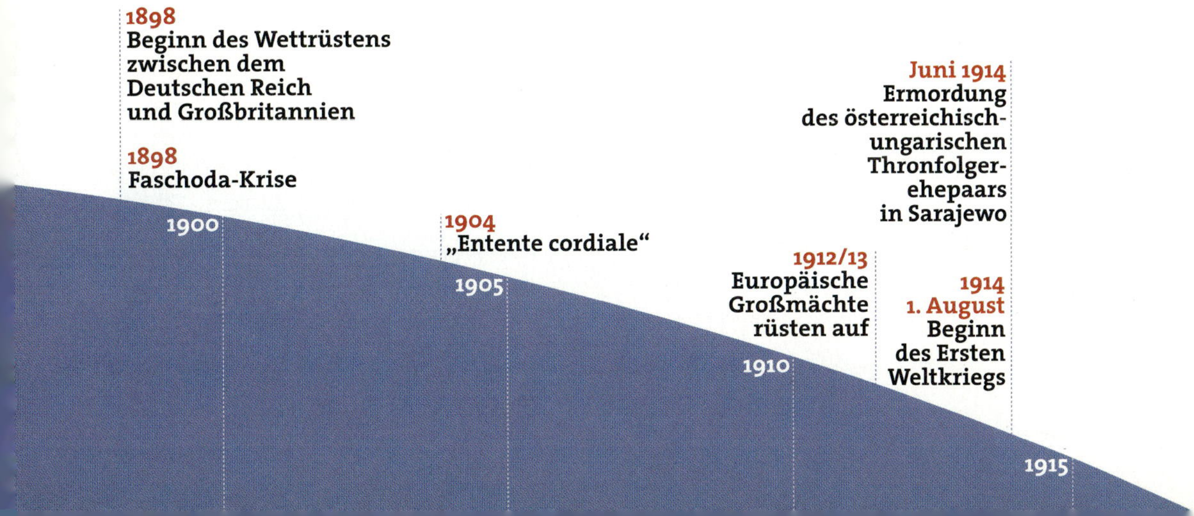

Das Deutsche Reich auf der Weltausstellung 1900

Sehen und gesehen werden

Die deutsche Ausstellung auf der Londoner Weltausstellung 1851 schnitt in der Beurteilung der Besucher nur mittelmäßig ab: Offensichtlich, so ein Kritiker, hätten Bürokraten sie konzipiert, wodurch der „heitere Tempel der Industrie in ein verdrießlich bestaubtes Archiv von Zollvereinsakten verwandelt wurde".
Auf der Pariser Weltausstellung 1900 zeigte sich das Deutsche Reich in einem anderen Licht. Die Zeitschrift „Die Pariser Weltausstellung in Wort und Bild" lobte: „Es ist nicht glitzernder Prunk, nicht gleißende Pracht, ... aber es ist auch nicht das stillbescheidene, schüchterne und weltfremde Gretchenwesen, das uns entgegentritt. Es ist die gesunde, kraftstrotzende Hausmutter Germania, schön und stattlich, sauber gekleidet".
Hatten bis zur Mitte des 19. Jahrhunderts regionale oder nationale Industrieausstellungen die Aufgabe, ein „Gesamtbild des Gewerbefleißes" zu liefern, so wurden sie, als die Industrie im Windschatten des Imperialismus ihre Interessen und Beziehungen auf die ganze Welt ausdehnte, abgelöst von den Weltausstellungen. Besonders attraktiv fanden die Besucher, dass hier auf engem Raum aktuelle technische Erfindungen und Konstruktionen im internationalen Vergleich zu sehen waren. Doch sie konnten sich beim Rundgang durch die Abteilungen und Pavillons nicht nur über technisches und wirtschaftliches Know-how informieren: Weltausstellungen waren immer auch Medien und Multiplikatoren der industriellen Kultur und sie wurden von den vertretenen Ländern zugleich genutzt, um ihr politisches Image zu pflegen.
Wie präsentierte sich das Deutsche Reich auf der Weltausstellung in Paris dem internationalen Publikum: Was erschien repräsentativ für Wirtschaft, Kultur und Politik? Und wie sollte die Inszenierung in Paris auf das heimische Publikum wirken?

Weltausstellungen heute – Infos sammeln und vergleichen

Weltausstellungen sind auch heute Orte, an denen sich Länder international präsentieren wollen. Informiere dich z. B. anhand der Ausstellungen in Sevilla, Hannover, Singapur (im Internet, in der Presse, bei Besuchern, in Ausstellungskatalogen usw.), wie sie diese Absicht umsetzen und wie die Ergebnisse vom Publikum und in den Medien bewertet werden. Vergleiche mit der Weltausstellung 1900.

M1 **Neugotische Kunstuhr** (Höhe: 4,85 m), Lithographie, 1899. Die Uhr wurde in der weltweit größten Uhrenfabrik Junghans in Schramberg hergestellt, die aufgrund ihrer arbeitsteiligen, maschinellen Produktion zu den modernsten ihrer Zeit zählte. Das Schnitzwerk der Uhr zeigt u. a. zukunftsweisende Figuren, die Elektrizität, Telefon und Telegraf verkörpern. Die Uhr erhielt auf der Weltausstellung in Paris 1900 einen „Grand Prix".

M2 „Ein riesenhafter Erfolg“

Im Sammelband der „Pariser Weltausstellung in Wort und Bild“ ist folgender Beitrag abgedruckt:

Was man noch vor einem halben Jahre nicht für möglich gehalten hätte, es ist plötzlich eingetreten – die französische Presse preist in Ausdrücken höchsten Lobes Erzeugnisse deutscher Industrie! ... Man kann es fast täglich in den maßgebenden Pariser Zeitungen lesen. Emile Gautier, der geistvolle Plauderer des Figaro, beginnt einen Artikel über die deutsche chemische Ausstellung mit den Worten: „Nicht erst seit gestern wissen diejenigen, die Augen haben zum Sehen, dass die Weltausstellung von 1900 eine Verherrlichung der deutschen Industrie ist! Man hat diese Vernünftigen nicht ernst nehmen wollen ... Selbst hartnäckigste Zweifler müssen bekehrt sein, wenn sie einen Rundgang durch die deutsche Ausstellung gemacht haben.

Auf den ersten Blick sieht man, dass unsere Nachbarn mit voller Kraft für das Gelingen ihrer Ausstellung gearbeitet haben, sie haben weder Geld noch Mühe, weder Zeit noch Geist gespart und die ihrer Rasse eigene Zähigkeit und Ausdauer kamen ihnen ebenso zugute wie die Genauigkeit und Exaktheit, mit der sie alles Begonnene zu Ende führen. Jedermann hat sein Bestes gegeben – vom Kaiser bis zum Arbeiter, und alle waren dabei für die nationale Einigkeit begeistert.“

Georg Malkowsky u.a., Die Pariser Weltausstellung in Wort und Bild, Berlin (Kirchhoff & Co) 1900, S. 93. Bearb. d. Verf.

1 Erarbeite anhand von M1, M2 und M4, welche Bereiche der industriellen Kultur die deutschen Aussteller auswählten und welche Botschaften sie vermitteln sollten.

2 Untersuche M2 nach Wertungen über
a) das Deutsche Reich und seine Bewohner,
b) Frankreich und seine Bewohner.

3 Zeige, wie Friedrich Naumann in M3 die Ausstellung wertet. Ziehe dabei dein Wissen aus den Kapiteln 5 und 7 heran.

4 Der Historiker Christoph Cornelißen behauptet, dass die Deutschen auf Weltausstellungen immer wieder versuchten, „Zeichen ihres Machtanspruchs unter den europäischen Großmächten zu setzen“. Nimm zu dieser These – bezogen auf Paris 1900 – kritisch Stellung.

M3 Über die Weltausstellung Paris 1900

Der Volkswirtschaftler Friedrich Naumann veröffentlichte 1909 Texte über Ausstellungen, weil er, wie er im Vorwort schreibt, sie für „die besten Gelegenheiten zum Gewinnen eines Verständnisses für moderne Arbeit“ hielt. Über die Pariser Ausstellung schrieb er:

Die Absicht der Ausstellung, soweit man bei dem großen Jahrmarkt von einer idealen Absicht sprechen darf, ist, die Lebensentwicklung der herrschenden industriell-kapitalistischen Kultur vor Augen zu führen, der Kultur des sieghaften weißen Mannes, der sich zum Herren aller Erdteile macht ... Nun ist aber Kultur ein allgemeiner Begriff. Die wirklichen Träger der Ausstellung sind teils Unternehmer, teils staatliche Behörden. Der Unternehmer spielt die erste Rolle ... und zwar der Unternehmer als Kaufmann ... Ausstellung, Darstellung, Auswahl, alles entspringt dem Wunsche: ich will verkaufen! Wir haben das Schaufenster der industriellen Welt vor uns, nicht diese Welt selbst. Weit dahinten, irgendwo in der Provinz oder im Ausland, liegen die Fabriken, da gibt es Ruß, Qualm, Schweiß, Mühe. Hier aber ist das alles abgewaschen ... Um sich aber die Arbeit zur Ausstellung hinzuzudenken, dazu gehört mehr Kenntnis des Volkslebens, als es die meisten Ausstellungsbesucher haben. Es entsteht deshalb im Beschauer leicht eine Art Kulturrausch. Er ... lässt sich von dem schönen Gefühle tragen, dass wir es so herrlich weit gebracht haben, wir! Wer sind die „wir“? Keineswegs die allein, ... die Geld genug haben, an der großen Handelsparade des Kapitalismus vorbeizupilgern.

Friedrich Naumann, Weltausstellung. In: ders.: Ausstellungsbriefe, Berlin (Buchverlag der „Hilfe“) 1909, S. 66 ff.

M4 Was zu sehen war

Aus dem Inhaltsverzeichnis des Sammelbandes der „Pariser Weltausstellung in Wort und Bild“:

Architektur; Bergbau und Metallurgie (Hüttenwesen); Chemie, Einzelne Nationen; Elektrizität; Feuilleton; Handelspolitik, Sozialpolitik, Wohlfahrtseinrichtungen, Hygiene; Heer und Flotte; Kolonien; Kunst und Kunstgewerbe; Land- und Forstwirtschaft, Garten- und Weinbau, Vieh- und Fischzucht; Musikinstrumente; Organisation; Fotografie; Schaustellungen; Spiele und Spielzeug; Textilindustrie; Verkehrswesen.

Georg Malkowsky, u.a., Die Pariser Weltausstellung in Wort und Bild, Berlin (Kirchhoff & Co) 1900, S. IXff.

Artikel 1

(1) Die Würde des Menschen ist unantastbar. Sie zu achten und zu schützen ist Verpflichtung aller staatlichen Gewalt.

(2) Das deutsche Volk bekennt sich darum zu unverletzlichen und unveräußerlichen Menschenrechten als Grundlage jeder menschlichen Gemeinschaft, des Friedens und der Gerechtigkeit in der Welt [...]

Artikel 2

(1) Jeder hat das Recht auf die freie Entfaltung seiner Persönlichkeit, soweit er nicht die Rechte anderer verletzt und gegen die verfassungsmäßige Ordnung oder das Sittengesetz verstößt.

(2) Jeder hat das Recht auf Leben und körperliche Unversehrtheit. Die Freiheit der Person ist unverletzlich. In diese Rechte darf nur aufgrund eines Gesetzes eingegriffen werden.

Artikel 3

(1) Alle Menschen sind vor dem Gesetz gleich.

(2) Männer und Frauen sind gleichberechtigt. Der Staat fördert die tatsächliche Durchsetzung der Gleichberechtigung von Frauen und Männern und wirkt auf die Beseitigung bestehender Nachteile hin.

(3) Niemand darf wegen seines Geschlechts, seiner Abstammung, seiner Rasse, seiner Sprache, seiner Heimat und Herkunft, seines Glaubens, seiner religiösen oder politischen Anschauungen benachteiligt oder bevorzugt werden. Niemand darf wegen seiner Behinderung benachteiligt werden.

Artikel 4

(1) Die Freiheit des Glaubens, des Gewissens und die Freiheit des religiösen und weltanschaulichen Bekenntnisses sind unverletzlich.

(3) Niemand darf gegen sein Gewissen zum Kriegsdienst mit der Waffe gezwungen werden [...]

Artikel 5

(1) Jeder hat das Recht seine Meinung in Wort, Schrift und Bild frei zu äußern und zu verbreiten und sich aus allgemein zugänglichen Quellen ungehindert zu unterrichten. Die Pressefreiheit und die Freiheit der Berichterstattung [...] werden gewährleistet. Eine Zensur findet nicht statt.

Artikel 8

(1) Alle Deutschen haben das Recht sich ohne Anmeldung oder Erlaubnis friedlich und ohne Waffen zu versammeln.

(2) Für Versammlungen unter freiem Himmel kann dieses Recht durch Gesetz [...] beschränkt werden.

Artikel 9

(1) Alle Deutschen haben das Recht Vereine und Gesellschaften zu bilden.

(2) Vereinigungen, deren Zweck oder deren Tätigkeit den Strafgesetzen zuwiderlaufen oder die sich gegen die verfassungsmäßige Ordnung oder gegen Gedanken der Völkerverständigung richten, sind verboten.

Artikel 10

(1) Das Briefgeheimnis sowie das Post- und Fernmeldegeheimnis sind unverletzlich.

(2) Beschränkungen dürfen nur aufgrund eines Gesetzes angeordnet werden.

Artikel 11

(1) Alle Deutschen genießen Freizügigkeit im ganzen Bundesgebiet.

Artikel 12

(1) Alle Deutschen haben das Recht Beruf, Arbeitsplatz und Ausbildungsstätte frei zu wählen. Die Berufsausübung kann durch Gesetz [...] geregelt werden.

(2) Zwangsarbeit ist nur bei einer gerichtlich angeordneten Freiheitsentziehung zulässig.

Artikel 12 a

(1) Männer können vom vollendeten achtzehnten Lebensjahr an zum Dienst in den Streitkräften, im Bundesgrenzschutz oder in einem Zivilschutzverband verpflichtet werden.

(2) Wer aus Gewissensgründen den Kriegsdienst mit der Waffe verweigert, kann zum Ersatzdienst verpflichtet werden.

Artikel 13

(1) Die Wohnung ist unverletzlich.

(2) Durchsuchungen dürfen nur durch den Richter, bei Gefahr im Verzuge auch durch die in den Gesetzen vorgesehenen anderen Organe angeordnet und nur in der dort beschriebenen Form durchgeführt werden [...]

Artikel 14

(1) Das Eigentum und das Erbrecht werden gewährleistet. Inhalt und Schranken werden durch die Gesetze bestimmt.

(2) Eigentum verpflichtet. Sein Gebrauch soll zugleich dem Wohl der Allgemeinheit dienen.

(3) Eine Enteignung ist nur zum Wohle der Allgemeinheit zulässig [...]

Artikel 15

Grund und Boden, Naturschätze und Produktionsmittel können zum Zweck der Vergesellschaftung durch ein Gesetz, das Art und Ausmaß der Entschädigung regelt, in Gemeineigentum [...] übergeführt werden [...]

Artikel 16

(1) Die deutsche Staatsangehörigkeit darf nicht entzogen werden [...]

(2) Kein Deutscher darf an das Ausland ausgeliefert werden.

Artikel 16 a
(1) Politisch Verfolgte genießen Asylrecht.
(2) Auf Absatz 1 kann sich nicht berufen, wer aus einem Mitgliedsstaat der Europäischen Gemeinschaften oder aus einem Drittstaat einreist, in dem die Anwendung des Abkommens über die Rechtsstellung der Flüchtlinge und der Konvention zum Schutze der Menschenrechte und Grundfreiheiten sichergestellt ist [...]

Artikel 17
Jedermann hat das Recht sich einzeln oder in Gemeinschaft mit anderen schriftlich mit Bitten oder Beschwerden an die zuständigen Stellen und an die Volksvertretung zu wenden.

Artikel 18
Wer die Freiheit der Meinungsäußerung, insbesondere die Pressefreiheit, die Lehrfreiheit, die Versammlungsfreiheit, die Vereinigungsfreiheit, das Brief-, Post- und Fernmeldegeheimnis, das Eigentum oder das Asylrecht zum Kampfe gegen die freiheitliche demokratische Grundordnung, missbraucht, verwirkt diese Grundrechte. Die Verwirkung und ihr Ausmaß werden durch das Bundesverfassungsgericht ausgesprochen.

Artikel 19
[...] (2) In keinem Fall darf ein Grundrecht in seinem Wesensgehalt angetastet werden.

Artikel 20
(1) Die Bundesrepublik Deutschland ist ein demokratischer und sozialer Bundesstaat.
(2) Alle Staatsgewalt geht vom Volke aus. Sie wird vom Volk in Wahlen und Abstimmungen und durch besondere Organe der Gesetzgebung, der vollziehenden Gewalt und der Rechtsprechung ausgeübt [...]
(4) Gegen jeden, der es unternimmt, diese Ordnung zu beseitigen, haben alle Deutschen das Recht zum Widerstand, wenn andere Abhilfe nicht möglich ist.

Artikel 21
(1) Die Parteien wirken bei der politischen Willensbildung des Volkes mit [...]

Verfassung der Bundesrepublik Deutschland

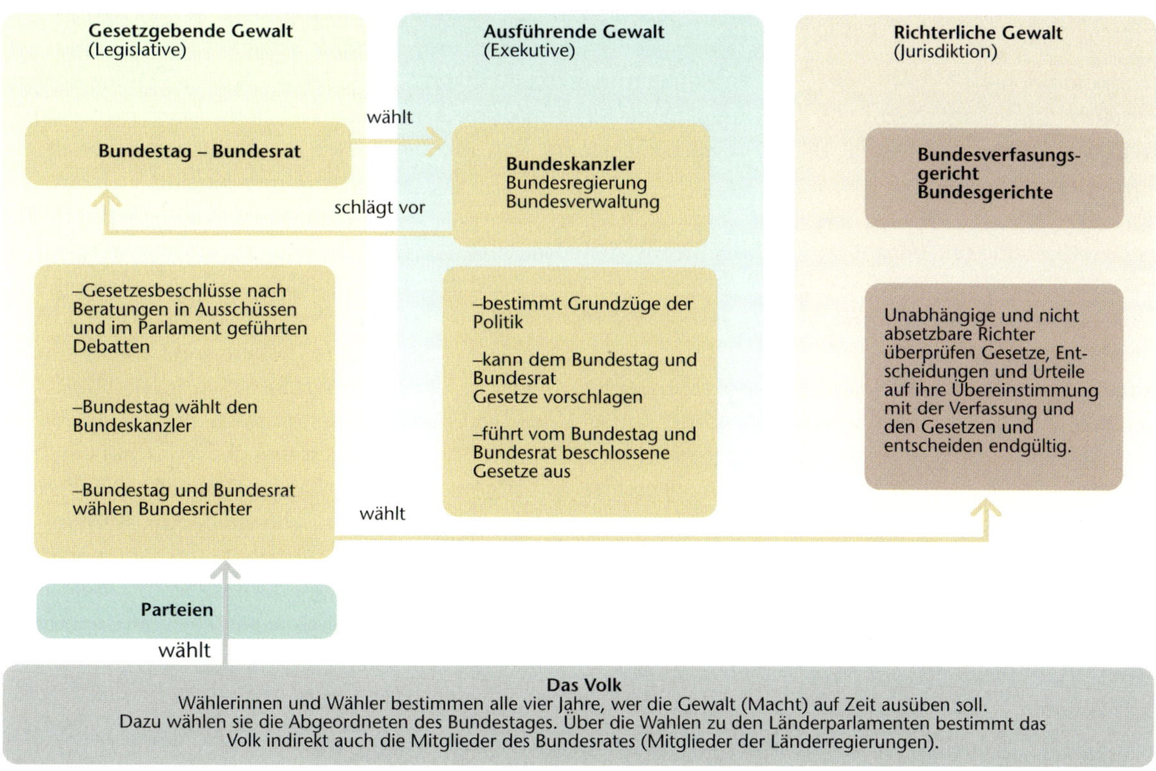

Im Lexikon werden Fremdwörter, historische Begriffe und Ereignisse erläutert, die in den Darstellungstexten dieses Buches vorkommen und mit einem * versehen sind. Die Begriffe, die auf den Themenseiten in Kästen erklärt sind, haben einen Verweis auf die jeweilige Seite.

Absolutismus: siehe S. 45
Annexion Meist gewaltsame, widerrechtliche Eingliedrerung fremden Gebietes in einen Staat.
Antisemitismus: siehe S. 227
Arbeiterbewegung: siehe S. 167
Aufklärung: siehe S. 56
Aufsichtsrat Vereinigung von Personen zur Beaufsichtigung von Aktiengesellschaften, Genossenschaften usw.

Biotechnologie: siehe S. 174
Bundesstaat Zusammenschluss von selbstständigen Einzelstaaten zu einem Gesamtstaat, wobei die Einzelstaaten einen Teil ihrer Rechte in der Gesetzgebung und Verwaltung an den Gesamtstaat übertragen, z. B. die Außen- und Finanzpolitik, einen anderen Teil aber weiter behalten, z. B. die Schul- und Kulturpolitik. Man bezeichnet dieses Gestaltungsprinzip von Staaten als Föderalismus.
Bürger(tum)/Bourgeousie Im Mittelalter und in der Frühen Neuzeit vor allem die freien und vollberechtigten Stadtbewohner; im Wesentlichen die städtischen Kaufleute und Handwerker; im 19. und 20. Jh. die Angehörigen einer durch Besitz, Bildung und Einstellungen gekennzeichneten Bevölkerungsschicht, die sich von Adel und Klerus, Bauern und Unterschichten (einschließlich der Arbeiter) unterscheidet. Zu ihr gehören Besitz- und Wirtschaftsbürger (= Bourgeoisie, also größere Kaufleute, Unternehmer, Bankiers, Manager), Bildungsbürger (Angehörige freier Berufe, höhere Beamte und Angestellte zumeist mit akademischer Bildung), am Rande auch die Kleinbürger (kleinere Handwerker, Kleinhändler, Wirte). Der Begriff „Staatsbürger" dagegen meint alle Einwohner eines Staates ungeachtet ihrer sozialen Stellung, soweit sie gleiche „bürgerliche" Rechte und Pflichten haben (vor Gericht, in Wahlen, in der öffentlichen Meinung). Staatsbürger im vollen Sinn waren lange nur die Männer und nur die Angehörigen der besitzenden und gebildeten Schichten, im 19. Jh. allmähliche Ausweitung auf nichtbesitzende Schichten, im 20. Jh. auch auf Frauen.

Chauvinismus: siehe Nationalismus

Demokraten: siehe S. 194
Denkschrift Amtliche oder an eine Behörde gerichtete Darlegung einer Angelegenheit von öffentlichem Interesse.

Emanzipation Befreiung aus einem Zustand der rechtlichen, politischen und/oder gesellschaftlichen Ungleichheit oder Abhängigkeit. In der Neuzeit wurde Emanzipation aus der Gleichheit aller Bürger vor dem Gesetz begründet und im 19. und 20. Jh. auf die politische und soziale Gleichstellung aller Bürger ausgedehnt.
Entente cordiale Zu deutsch „Das herzliche Einvernehmen": Kolonialer Interessenausgleich zwischen Großbritannien und Frankreich 1904 schafft die Grundlagen für das Bündnis beider Länder gegen die Mittelmächte. 1907 entsprechender kolonialer Ausgleich zwischen Großbritannien und Russland, das damit der Entente beitritt.
Erbuntertänigkeit Völlige Abhängigkeit der Bauern von ihren Grundherrn. In Preußen wurde die Erbuntertänigkeit 1807, in Österreich erst 1848 abgeschafft.
Europa: siehe S. 14

Fabrik: siehe S. 131
Friede(n) Oft nur als Verhalten von Staaten definiert, die gegenseitig auf die Anwendung von Gewalt verzichten; beinhaltet auch das umfassende und andauernde Wohl eines Staates und seiner Bürger in einer legitimen Rechtsordnung. Kennzeichen sind ein länger andauernder Zustand von Gewaltfreiheit in sowie zwischen Staaten bzw. Staatengruppen, die Lösung von Interessengegensätzen auf friedlichem Wege. Die großen Friedensorganisationen des 20. Jahrhunderts sind der Völkerbund und die UNO als Instrumente zur Wahrung und friedlichen Beilegung von zwischenstaatlichen Konflikten.
Frontier Die natürliche Grenze zwischen dem noch freien, unbewohnten und dem bereits kulturell

erschlossenen Land während der Besiedelung v. a. der USA. Der amerikanische Historiker F. J. Turner hob 1893 die besondere Bedeutung dieser ständig sich verändernden Frontier für das soziale und wirtschaftliche Verhalten der nach Westen expandierenden amerikanischen Bevölkerung hervor.

Generalstände In Frankreich vor 1789 die ständige Vertretung des Königreichs durch Geistliche, Lehnsfürsten und Abgeordnete königlicher Städte. Die wichtigsten Aufgaben waren Steuerbewilligung und Vorlage von Beschwerden. Nach 1614 wurden sie erst wieder 1789 einberufen.
Gentechnologie: siehe S. 174
Gewaltenteilung Aufteilung der staatlichen Gewalt in eine gesetzgebende (legislative), gesetzesvollziehende (exekutive) und rechtsprechende (judikative) Gewalt. Sie geht auf die Aufklärung zurück und soll die Konzentration der staatlichen Gewalt in einer Hand verhindern. Als Verfassungsorgane haben sich aus dem Prinzip der Gewaltenteilung das Parlament, die Regierung und das selbstständige Gerichtswesen entwickelt.
Gewerbefreiheit bedeutet, dass jeder grundsätzlich jeden Gewerbebetrieb, in welchem Umfang und mit welchen Produktionsmethoden auch immer, betreiben kann. In vorindustrieller Zeit wurde die gewerbliche Produktion vor allem durch das Zunftwesen stark reguliert. Die Gewerbefreiheit wurde in Europa im 18. und 19. Jh. schrittweise eingeführt. Wichtigste Maßnahme war die Aufhebung der Zünfte.
Gewerkschaften: siehe S. 167

Heiliges Römisches Reich (Deutscher Nation): siehe S. 26

Identität bedeutet völlige Gleichheit, bzw. Übereinstimmung.
Ideologie Das Wort Ideologie ist eine Prägung des ausgehenden 18. Jh. Wertfrei versteht man unter Ideologie ein System von Vorstellungen und Meinungen über Staat und Gesellschaft, das eine größere Gruppe von Menschen als richtig und bestimmend für ihr politisches Handeln anerkennt. Abwertend bezeichnet man als Ideologie ein weltfremdes, rein theoretisches Denken über politische Fragen. Als Ideologie bezeichnet man auch eine Lehre oder Theorie, die im Gewand objektiver Erkenntnis auftritt, tatsächlich aber bestimmte soziale Gegebenheiten, zum Beispiel die Interessen einer Gesellschaftsschicht, rechtfertigen soll.
Imperialismus: siehe S. 235
Industrialisierung: siehe S. 130
Integration: siehe S. 38

Kapital, Kapitalismus: siehe S. 132
Klasse, Klassenkampf: siehe S. 162
Kolonien, Kolonialismus Die Einrichtung von Handelsstützpunkten und Siedlungskolonien in schwächeren Ländern (vor allem außerhalb Europas) sowie deren Inbesitznahme durch überlegene Staaten (vor allem Europas) seit dem Ende des 15. Jahrhunderts bezeichnet man als Kolonialismus. Die Kolonialstaaten verfolgen dabei vor allem wirtschaftliche und militärische Ziele.
Kommunismus Seit dem 19. Jh. Bezeichnung für eine politische Ideologie und Bewegung, die durch eine Revolution die bürgerliche Gesellschaft beseitigen und durch eine klassenlose Gesellschaft ohne Privatbesitz an Produktionsmitteln ersetzen wollen. Die Lehre des Kommunismus wurde vor allem von Karl Marx und Friedrich Engels begründet und stimmt in Teilen mit dem Sozialismus überein.
Konjunktur Periodisch wiederkehrende Schwankungen einer Volkswirtschaft oder der Weltwirtschaft. Ein Konjunkturzyklus besteht in der Regel aus vier Phasen: 1. Aufschwung (Gewinne, Investitionen und Beschäftigung steigen);
2. Hochkonjunktur (hohe Gewinne und Vollbeschäftigung);
3. Abschwung (sinkende Gewinne und Investitionen, mehr Arbeitslose); 4. Konjunkturkrise oder Depression (wenig Investitionen, hohe Arbeitslosigkeit).
Kulturkreis: siehe S. 15

Liberalismus, Liberale: siehe S. 133, S. 194

Manufaktur: siehe S. 49
Menschen- und Bürgerrechte: siehe S. 101
Merkantilismus (von lat. mercatus = Handel) Der Merkantilismus ist die vorherrschende Wirtschaftspolitik im Zeitalter des Absolutismus, die den Handel als entscheidend für die Stärkung der staatlichen Macht betrachtet. Die Überschüsse aus dem Handel mit anderen Staaten sollten dazu dienen, den Reichtum eines Staates zu vergrößern. Im Merkantilismus war man bestrebt, die Ausfuhr zu erhöhen und die Einfuhr zu beschränken. Später hielt man eine zahlreiche, gewerblich geschulte Bevölkerung, die für die Ausfuhr produzieren konnte, für

wichtiger als Goldbesitz. Man versuchte deswegen, Menschen aus anderen Länder im eigenen Staat anzusiedeln und warb besonders qualifizierte Arbeitskräfte an.

Militarismus bedeutet die Durchdringung und das Vorherrschen militärischer Grundsätze und Wertvorstellungen im öffentlichen und privaten Leben.

Mobilität Mit der Einführung des öffentlichen Nahverkehrs (Pferdeomnibusse, Straßenbahnen, Untergrundbahnen usw.) gegen Ende des 19. Jh. wurden die Menschen in den Städten mobiler. Seit der Jahrhundertwende kamen individuelle Beförderungsmittel wie Krafträder, Automoibile, Lastkraftwagen usw. hinzu.

Montankonzern/Montanindustrie Sammelbezeichnung für die Eisen- und Stahlindustrie und den Bergbau. Die Montanindustrie wird auch häufig als Grundstoffindustrie bezeichnet.

Nation, Nationalstaat: siehe S. 206

Nationalismus wird meistens negativ als übersteigerte Form des Nationalgefühls und Überbewertung der eigenen Nation oder als aggressive nationale Interessenpolitik verstanden (frz.: Chauvinismus; engl. Jingoismus); oftmals wird Nationalismus zu einer Ideologie, die den Wert der eigenen Nation verabsolutiert und andere Völker abwertet.

Offene Tür Vor allem von den USA betriebene Form der Außen- und Wirtschaftspolitik. Sie soll den Freihandel für alle Länder garantieren und richtet sich somit gegen die formelle Kolonialreichsbildung durch die europäischen Mächte.

Ökologie: siehe S. 171

Parlament In parlamentarischen Regierungssystemen ist das Parlament das oberste Staatsorgan. Es entscheidet mit Mehrheit über die Gesetze und den Haushalt und kontrolliert oder wählt die Regierung. Das Parlament kann aus einer oder zwei Kammern (Häusern) bestehen. Im Einkammersystem besteht das Parlament nur aus der Versammlung der vom Wahlvolk gewählten Abgeordneten (Abgeordnetenhaus). Im Zweikammersystem tritt dazu ein nach ständischen oder regionalen Gesichtspunkten gewähltes oder ernanntes Haus. Im demokratischen Parlamentarismus herrscht allgemeines und gleiches Wahlrecht. Im Deutschen Reich bestand seit 1871 ein Zweikammersystem : Reichstag und Bundesrat, heute Bundestag und Bundesrat.

Partei In der Politik der Zusammenschluss von Bürgern mit gemeinsamen politischen Vorstellungen und Zielen. Merkmale einer Partei sind: 1. dauerhafte Organisation; 2. Parteiprogramm, in dem die Ziele formuliert sind; 3. Wille zur Beeinflussung der Politik (z. B. über Wahlen) und Teilnahme an der Regierungsgewalt. Parteien in diesem Sinne setzen eine repräsentative Demokratie voraus. Die Parteien entstanden seit der Mitte des 19. Jh. aus Wahlvereinen. Vorläufer waren die politischen Klubs.

Pauperismus (von lat. pauper = arm). Bezeichnung für Massenarmut, insbesondere in der ersten Hälfte des 19. Jh. Der Pauperismus wurde hervorgerufen durch das schnelle Bevölkerungswachstum, dem eine zunächst nur langsam steigende Nahrungsmittelproduktion und ein Mangel an Arbeitsplätzen bzw. Verdienstmöglichkeiten gegenüberstanden. Er endete mit der Industriellen Revolution.

Privilegien: siehe S. 88

Proletariat: siehe S. 162

Propaganda Werbungs- und Beeinflussungsversuche für eine bestimmte Idee, Ideologie, aber auch für Konsumartikel. Propaganda bedient sich der Massenmedien (Presse, Rundfunk, Fernsehen) und will bestimmte politische Meinungen, Einstellungen, Verhaltensweisen oder soziale Leitbilder erzeugen. In modernen Diktaturen verfügt der Staat über die Gesamtheit der Propagandamittel und setzt sie zur Stabilisierung der Herrschaft ein.

Rassismus Pseudo-wissenschaftliche Anwendung der biologischen Unterscheidungen von menschlichen Gruppen gleicher erblicher Merkmale (z. B. der Hautfarbe) auf das gesellschaftlich-politische Leben, wobei die Höher- bzw. Minderwertigkeit verschiedener „Rassen" unterstellt wird. Meist mit Verherrlichung der eigenen und teilweise aggressiver Ablehnung anderer „Rassen" verbunden, mit einem Höhepunkt im nationalsozialistischen Rassenwahn (Antisemitismus).

Reichsunmittelbarkeit Reichsunmittelbar bzw. reichsfrei hießen im Deutschen Reich des Mittelalters und bis 1806 die Reichsfürsten und Städte und Dörfer, die keinem Territorialfürsten unterstanden, sondern nur dem Kaiser.

Restauration Frühere Zustände – z. B. die Ordnung eines Staates – werden wiederhergestellt. Als Epochenbezeichnung für die Jahre 1815–1848 betont der Begriff, dass die staatliche Politik dieser Jahre einige wichtige vor der Französischen Revolution in der Politik geltende Grundsätze wieder zur Geltung bringen wollte.

Revolution: siehe S. 98

Säkularisierung Verweltlichung, d. h., dass die Religion für die Menschen an Bedeutung verliert. Dies ist besonders seit dem 18. Jh. zu beobachten. Säkularisierung bedeutet, aber auch der Übergang von Kirchengut in weltliche Hand, so z. B. während der Französischen Revolution.

Schutzzoll Als wirtschaftspolitische Maßnahme ein Zoll, der die heimische Wirtschaft und ihren Absatz schützen soll. Schutzzollpolitik steht im Gegensatz zur liberalen Freihandelspolitik. Schutzzölle können zum Ziel haben: 1. als vorübergehende Maßnahme den Aufbau eigener Wirtschaftszweige vor zu früher Konkurrenz abzuschirmen und 2. ausländische Konkurrenz eigener bereits entwickelter Wirtschaftszweige zu bekämpfen.

Selbstbestimmungsrecht Das Recht von Völkern und Nationen, ihre Staatszugehörigkeit frei und ohne fremde Einmischung zu bestimmen (Autonomie). Selbstbestimmung schließt Selbstregierung ein. Hervorgegangen ist das Selbstbestimmungsrecht aus den Forderungen der Französischen Revolution 1789, in deren Folge das individuelle Recht des Einzelnen auf Nationen übertragen wurde. Diese Forderungen beherrschten das 19. und beginnende 20. Jh. als politisches Programm.

Senat In Rom gab es schon während der Königszeit einen Senat. Er hatte in der Republik praktisch die Leitung des Staates in der Hand, obwohl er rechtlich kaum Befugnisse hatte. Der Senat verkörperte die gesammelte politische Erfahrung, da in ihm die ehemaligen Magistrate saßen. Der Begriff Senat lebt bis heute weiter: z. B. in Berlin und in den USA heißt die gesetzgebende Körperschaft so.

Sklave Ein rechtlich und wirtschaftlich völlig unfreier Mensch, der Eigentum eines anderen Menschen ist und wie eine Sache verkauft, verliehen und vermietet werden kann. Schon in der Antike weit verbreitet wurde die Sklaverei durch den Kolonialismus neu belebt. Sklaven aus Afrika wurden nach Amerika gebracht und dort als Arbeitskräfte, vor allem auf Plantagen, eingesetzt. Sklavenhandel und -wirtschaft wurden 1815 auf dem Wiener Kongress verboten. In den Südstaaten der USA wurden sie erst mit dem Bürgerkrieg 1861–1865 abgeschafft, in einigen südamerikanischen und arabischen Ländern noch später.

Souveränität Höchste Herrschaftsgewalt in einem Staat und rechtliche Unabhängigkeit eines Staates nach außen. Volkssouveränität ist ein Grundprinzip demokratischer Herrschaft. Alle Staatsgewalt geht vom Volke aus, das seinen Willen direkt oder indirekt durch gewählte Abgeordnete zur Geltung bringt. Die Idee der Volkssouveränität setzte sich zuerst in der Amerikanischen und Französischen Revolution durch. Sie wird nur durch die in der Verfassung festgelegten Menschenrechte beschränkt.

Soziale Frage bezeichnet die Notlage und die ungelösten Probleme vor allem der Industriearbeiter speziell in den frühen Phasen der Industrialisierung. Dazu gehörten: unsichere Arbeitsplätze und häufige Arbeitslosigkeit, niedrige Löhne bei langen Arbeitszeiten, Wohnungselend, fehlende Versorgung bei Krankheit, Invalidität und Tod. Verstärkt wurden die Probleme durch die Trennung von der alten Lebenswelt beim Zug in die Städte und die ungewohnte Fabrikarbeit. Lösungsversuche kamen von einzelnen Reformern und den Kirchen, besonders aber vom Staat (Sozialgesetzgebung) und von den Arbeitern selbst (Organisation und Selbsthilfe).

Sozialimperialismus Besondere Form des Imperialismus, der seine Triebkraft vor allem in dem Versuch herrschender Eliten von Adel, Bürokratie, Militär und Wirtschaft findet, ihre Machtpositionen im Staat zu behaupten und von inneren Auseinandersetzungen um diese Stellung abzulenken.

Sozialismus: siehe S. 163

Sozialpolitik: siehe S. 165

Staatenbund Zusammenschluss von Staaten, wobei die einzelnen Staaten ihre eigenständige Staatsgewalt vollständig behalten. Es gibt aber gemeinsame Einrichtungen, in denen eine gemeinschaftliche Politik für alle Mitgliedsstaaten verbindlich festgelegt wird. Diese zentralen Einrichtungen sind aber eher schwach im Vergleich zur Macht der Einzelstaaten oder auch zu einem Bundesstaat. Beispiel für einen Staatenbund ist der Deutsche Bund 1815–1866.

Staatsformen: siehe S. 20

Stehendes Heer ist ein Heer, das auch in Friedenszeiten unterhalten wird, um jederzeit Kriegsbereitschaft sicherzustellen. Stehende Heere gab es seit dem 17. Jh. Vorher wurden Soldaten für den Krieg angeworben und bei Beendigung des Krieges entlassen. Die stehenden Heere dienten auch dem Ziel der Fürsten, sich von Steuerbewilligungen der Stände für militärische Zwecke unabhängig zu machen und Kriege ohne deren Zustimmung führen zu können. Auch konnten sie eingesetzt werden, um Aufstände niederzuschlagen. Aus diesen Gründen waren sie ein wichtiges Mittel für den Aufbau absoluter Herrschaft.

Toleranz Forderung, die politischen, religiösen und moralischen Meinungen und Handlungen Andersdenkender anzuerkennen, soweit sie nicht die verfassungsmäßigen Rechte anderer einschränken. Toleranz setzte sich seit der Reformation zunächst in religiösen Fragen durch und wurde in der Aufklärung zum Prinzip in politischen und gesellschaftlichen Auseinandersetzungen erklärt.

Verfassung: siehe S. 104

Verlag, Verleger In der hier gebrauchten Bedeutung ein schon lange vor der Industrialisierung bestehender zunftfreier, großer, aber dezentralisierter Gewerbebetrieb (vor allem im Textilbereich), der von Verleger-Kaufleuten geleitet wurde und in dem Heimarbeiter, z. B. ländliche Weber, die unmittelbare Produktion erledigten.

Verwaltung nennt man die Wahrnehmung der Aufgaben des Staates durch Amtsträger. Im Mittelalter gab es Ansätze einer solchen Verwaltung erstmals im Sizilien der normannischen und staufischen Könige. Sie verließen sich nicht mehr bloß auf ihre Vasallen, sondern bevorzugten Amtsträger, die sie einsetzen, besolden und abberufen konnten. In Deutschland zogen die Kaiser Ministeriale und Geistliche als Helfer heran. Eine Verwaltung im modernen Sinn entstand jedoch erst in den Fürstentümern des späten Mittelalters; vom Landesherrn abhängige, juristisch gebildete und oft aus dem Bürgertum stammende Räte verdrängten den Adel als Ratgeber der Fürsten.

Wahl, Wahlrecht Recht des Volkes, in regelmäßigen Abständen durch Wahl von Abgeordneten an der staatlichen Herrschaftsausübung teilzunehmen und diese zu kontrollieren. Unter passivem Wahlrecht versteht man das Recht, als Abgeordneter wählbar zu sein, unter aktivem Wahlrecht das Recht zu wählen. Beim direkten Wahlrecht bestimmt der Wähler unmittelbar den zu Wählenden, etwa den Abgeordneten des Wahlkreises, beim indirekten Wahlrecht werden Wahlmänner gewählt, die dann erst den zu Wählenden bestimmen, etwa bei der Wahl des amerikanischen Präsidenten. Der Kampf um die Ausweitung des Wahlrechts auf alle erwachsenen Bürger, unabhängig von Geschlecht, Rasse oder Einkommen, bestimmte das 19. Jahrhundert, da das Wahlrecht meistens an eine bestimmte Steuerleistung gebunden (Zensus) und auf die Männer beschränkt war. Das allgemeine und gleiche Wahlrecht für Männer und Frauen wurde in vielen Ländern erst nach 1918 eingeführt.

Warschauer Getto Ein von der deutschen Besatzungsmacht 1940 zum „jüdischen Wohnbezirk" erklärtes Stadtviertel in Warschau. In dem 4 km² großen, ummauerten Warschauer Getto wurden über hunderttausende Juden unter unmenschlichen Lebensbedingungen zusammengepfercht. Hunger, Kälte und Seuchen forderten viele Opfer. Ab Juli 1942 wurden über 310 000 Juden aus dem Warschauer Getto in das Vernichtungslager Treblinka deportiert und ermordet. Gegen die beabsichtigte endgültige Räumung setzte sich ab Januar 1943 eine (kaum bewaffnete) jüdische Gruppe zur Wehr. SS- und Polizeiverbände schlugen im April/Mai 1943 den Aufstand nieder. Die verbliebenen 56 000 Bewohner wurden bei den Kämpfen oder danach in Vernichtungslagern getötet. Heute befindet sich an der Stelle des Gettos ein Mahnmal.

Weltmacht: siehe S. 258

Zensur/Zensor Historisch leitet sich der Begriff Zensur vom Amt des römischen Zensors ab. Der Zensor überprüfte im Auftrag des Staates oder der Kirche , ob eine Druckschrift den politischen oder moralischen Vorstellungen derer entsprach, die die Macht ausübten. Aufgrund der Zensur wurden missliebige Bücher verboten oder ihre Verbreitung eingeschränkt. Die Zensur steht im Gegensatz zur Pressefreiheit. Ihre Beseitigung war ein wichtiges Ziel der liberalen, demokratischen und sozialistischen Kräfte seit der Aufklärung.

Zensus: siehe Wahl, Wahlrecht

Zukunft: siehe S. 39

Informationen beschaffen

Eine Bibliothek benutzen (Bd. 1)

1. Schritt: Besuch vorbereiten
Erkundigt euch nach den Öffnungszeiten. Fragt nach Leseausweis und Leihgebühr.

2. Schritt: Titel suchen
Alle Bücher einer Bibliothek sind in einem „Katalog" verzeichnet. Der Katalog ist entweder in einem Schubladenschrank untergebracht oder über einen Computer zugänglich. Erkundigt euch bei eurem ersten Besuch, wie man die Kataloge benutzt. Der Katalog enthält Titel und Signatur (Buchstaben/Zahlenkombination), die nötig sind, um die Bücher im Regal zu finden. Häufig gibt es einen Extrakatalog für CD's, Videos und Kassetten.

3. Schritt: Verschiedene Kataloge benutzen
Es gibt immer einen Autoren- und einen Schlagwortkatalog. Der Autorenkatalog hilft, wenn euch der Autor des Buches oder der CD bekannt ist. Der Schlagwortkatalog erleichtert den Einstieg in ein Thema, z. B. Steinzeit, Ritter, Hexen. Wenn ihr die gewünschten Bücher oder anderen Medien im Katalog gefunden habt, notiert euch die Signaturen.

4. Schritt: Buch ausleihen
Entnehmt die Bücher oder andere Medien dem Regal, wo ihr häufig weitere Bücher/Medien zum selben Thema findet.

Tipp: Informationen festhalten
Bücher und andere Medien müsst ihr nach einer bestimmten Zeit zurückgeben. Notizen aus den Büchern, Fotokopien, Skizzen usw. solltet ihr deshalb nach Stichwörtern ordnen und z. B. in einem Hefter oder auf Karteikarten sammeln.

Eine Internet-Recherche durchführen (S. 22 f.)

1. Schritt: Suchziel festlegen und Adressen bereitstellen
Formuliere das Suchziel nicht zu breit. Ein Suchbegriff wie „Europa" führt zu einer Fülle von Adressen, deren Auswahl und Sichtung viel Zeit kostet. Eine Kombination der Begriffe „Europa" und „Schule" grenzt die Möglichkeiten schon ein. Eine weitere Beschränkung wäre z. B. die Suche nach Projekten an Europa-Schulen.

2. Schritt: Suche durchführen und Informationen auswählen
Am besten wählst du vor der Online-Recherche eine Suchmaschine aus. Grenze die Suchbegriffe ein und bilde Wortfelder zum Thema. Oft hilft auch die fremdsprachige Schreibweise eines Suchbegriffs weiter (Europa – europe). Notiere die „abgehakten" Adressen, um eine unnötige Mehrfachsuche zu vermeiden (Musterformular M3 benutzen!). Kläre, wie du die Informationen sichern willst (z. B. sofort ausdrucken, speichern, über E-Mail schicken lassen, handschriftliche Notizen anfertigen).

3. Schritt: Ergebnisse ordnen und auswerten
Nicht alle Informationen, die du erhältst, sind auf dem neuesten Stand. Achte auf das Datum der letzten Bearbeitung der Webseiten („Infomüll" aussortieren!). Entscheide, wie du die wichtigsten Informationen ordnen willst.

4. Schritt: Ergebnisse bewerten und präsentieren
Die Ergebnisse der Recherche können im Austausch mit den anderen in der Klasse bewertet werden. Was war ergiebig? Wo lagen die Probleme (Zeitaufwand/Ergebnis)? Formen der Präsentation: Dokumentation erstellen (Broschüre, Intranet); Wandzeitung gestalten; Referat halten.

Orte erkunden

Eine Exkursion durchführen (Bd. 1)

1. Schritt: Informationen besorgen
Beschafft euch zunächst Übersichtspläne und Informationsmaterial von der Einrichtung, die ihr besuchen wollt.

2. Schritt: Organisation
Klärt, welcher Termin infrage kommt und ermittelt Fahrzeiten und Fahrpreise der günstigsten Verkehrsmittel. Stellt vor der endgültigen Entscheidung fest, was die Fahrt wohl insgesamt kosten wird.

3. Schritt: Themen in der Schule vorbereiten
Sichtet das Informationsmaterial, entscheidet über die Arbeitsschwerpunkte, teilt euch in Gruppen ein. Jede Gruppe bereitet ein Teilthema vor und bearbeitet es vor Ort. Formuliert Einzelfragen, die ihr bearbeiten wollt. Bleibt aber auch offen für Unbekanntes.

4. Schritt: Orientierung und Entdeckungen
Verschafft euch vor Ort gemeinsam bei einem Rundgang einen ersten Überblick. Die einzelnen Gruppen können als Experten schon Informationen geben.
Anschließend gehen die Gruppen an die Arbeit: Notizen, Skizzen, Fotos (Video?) anfertigen.

5. Schritt: Befunde auswerten und dokumentieren
Wertet eure Arbeitsergebnisse in der Schule aus. Jede Gruppe berichtet. Entscheidet, wie ihr eure Ergebnisse dokumentieren wollt. Einige Anregungen:

– ein Exkursionsbuch anlegen,
– eine Wandzeitung erstellen,
– Spielszenen/Hörspiel produzieren,
– eine Reportage für die Schülerzeitung erstellen.

Eine Erkundung durchführen (Bd. 2)

1. Schritt: Erkundung vorbereiten
– Anschriften ermitteln und telefonisch Kontakt aufnehmen.
– Terminabsprache mit dem Betrieb (Rücksicht z. B. auf Arbeitsbelastung, Wetter).
– Fragen zur Kleidung, zum Verhalten, zur Sicherheit klären.
– Arbeitsmittel zusammenstellen (Fotoapparat, Kassettenrekorder, Skizzenblock u. a.).
– Fragen sammeln, ordnen und einen Fragebogen zusammenstellen.
– Aufgaben verteilen.

2. Schritt: Erkundung durchführen
– Rundgang in der Gruppe durch den Betrieb.
– Alle notierten Fragen stellen.
– Antworten und weitere Beobachtungen notieren.
– Fotos machen; bei Bedarf Lageplan anfertigen.

3. Schritt: Antworten auswerten und Ergebnisse präsentieren
– Fragebogen in Gruppen auswerten.
– Ergebnisse dokumentieren, z. B. Antworten ordnen und, mit Fotos ergänzt, als Wandzeitung gestalten.
– Die Ergebnisse können mit weiteren Bildern, Grafiken und Texten ergänzt werden und zu einem Beitrag für die Schülerzeitung oder Lokalzeitung ausgearbeitet werden.

Tipp: Ein Exemplar an den besichtigten Betrieb schicken!

Ein Museum besuchen (Bd. 2)

1. Schritt: Museumsbesuch vorbereiten
Klärt zunächst die organisatorischen Fragen:
– Wann wollt ihr fahren, wie lange soll der Ausflug dauern (halber Tag, ganzer Tag, im Rahmen einer mehrtägigen Klassenfahrt)?
– Lasst euch vom Museum Informationsmaterial schicken und informiert euch über Verkehrsverbindungen, Öffnungszeiten, Eintrittspreise, Arbeitsräume, Verpflegungsmöglichkeiten, Übersichtspläne oder Arbeitsblätter des Museums. Gibt es Tage mit besonderen Vorführungen?

2. Schritt: Vorerfahrungen und Erwartungen aufschreiben
Schreibe deine Erwartungen an das Museum auf: Welche Museen hast du schon einmal besucht? Was hat dir dabei (nicht) gefallen? Was müsste ein Museum bieten, damit es dir gefällt?

3. Schritt: Themen festlegen und „Expertengruppen" einteilen
Sucht euch Themen, über die ihr euch im Museum informieren wollt (Vorschläge siehe unten). Teilt euch in Gruppen ein und bereitet euer Thema vor (Schulbuch, Lexika). Formuliert Fragen.

4. Schritt: Museumsbesuch durchführen
Verschafft euch einen Überblick über die Ausstellungsstücke (einzeln oder mit einer Führung). Bildet anschließend Gruppen und untersucht die Ausstellungsstücke nach Arbeitsschwerpunkten.

5. Schritt: Ergebnisse präsentieren
Eure Ergebnisse könnt ihr entweder mündlich im Museum präsentieren oder anschließend in der Schule (kleine Ausstellung, Beitrag für die Schülerzeitung).

6. Schritt: Museumsbesuch in der Kritik
Diskutiert darüber, was euch der Museumsbesuch gebracht hat. War er geeignet, um neue Informationen zu sammeln, oder vielleicht eher, um Bekanntes zu veranschaulichen?

Historische Stadtpläne lesen (S. 54 f.)

1. Schritt: Neue und alte Stadtpläne vergleichen
– Stelle fest, welchen Maßstab die Pläne haben und ob sie genordet sind.
– Beschreibe die jeweilige Anlage der Stadt, notiere deine Ergebnisse und vergleiche sie.

2. Schritt: Veränderungen untersuchen
– Fertige eine Fotokopie der beiden Stadtpläne an (eventuell um 10% vergrößern).
– Finde die Stadtmauer auf dem alten Plan und zeichne ihren ungefähren Verlauf in den neuen Plan ein.
– Suche auf dem alten Plan nach Rathäusern, Kirchen, Schlössern und Burgen. Informiere dich, wann diese Gebäude errichtet wurden und ordne sie in einer Liste nach dem Entstehungsjahr. Markiere ihren Standort auf dem neuen Plan und prüfe, ob sie noch existieren.
– Suche auf dem neuen Plan nach dem Hauptbahnhof. Markiere dessen Standort auf dem alten Plan. Prüfe, was sich damals dort befand.

3. Schritt: Ergänzende Informationen beschaffen
– Bücher zur Stadtgeschichte helfen dir bei der Suche nach alten Plänen und nach Angaben zu Gebäuden. Geeignete Literatur findest du in einer Bibliothek (siehe S. 287) oder im Stadtarchiv.

– Auch das Internet kann nützliche Hinweise liefern, wenn du die richtigen Adressen kennst.
– Viele Städte haben ein Stadtmuseum, in dem ein Stadtmodell ausgestellt wird. Ein Stadtmodell ist ein dreidimensionaler Stadtplan. Es eignet sich besonders gut dazu, das ehemalige Aussehen einer Stadt zu veranschaulichen.

4. Schritt: Erkenntnisse vor Ort prüfen
– Zeichne auf dem alten Plan eine Route zu den wichtigsten damals vorhandenen Sehenswürdigkeiten ein.
– Nimm den alten Plan zur Hand und gehe entlang der Route durch die Stadt. Beschreibe, auf welche Schwierigkeiten du stößt.

Interviews führen

Experten befragen (Bd. 2)

1. Schritt: Fragen sammeln
– Notiert alle Fragen, die euch einfallen.
– Stellt sie zu einem Fragenkatalog zusammen. Überlegt dabei, welche sich einem gemeinsamen Thema zuordnen lassen (z. B. Motive für den Klostereintritt, Tagesablauf, Zusammenleben im Kloster usw.).

2. Schritt: Kontakt aufnehmen
– Besprecht, wen und wie viele Personen ihr einladen wollt (z. B. Mönch oder Nonne, junges Ordensmitglied oder Äbtissin).
– Nehmt telefonisch oder brieflich Kontakt auf und übergebt euren Fragenkatalog, damit die Experten sich vorbereiten können.

3. Schritt: Befragung vorbereiten
– Einigt euch mit den Experten auf Termin und zeitlichen Rahmen des Treffens (eine Befragung sollte nicht länger als zwei Stunden dauern!).
– Legt vorher fest, wer die Gesprächsführung übernimmt (Schüler/-in oder Lehrkraft).
– Bereitet den Raum vor (Stuhlkreis, Anordnung der Tische in U-Form)

4. Schritt: Befragung durchführen
– Die Gesprächsleitung begrüßt die Gäste und stellt sie vor. Jeder von euch stellt ein Namensschild vor sich oder nennt seinen Namen, wenn er sich zum ersten Mal meldet.
– Die Gesprächsleitung achtet darauf, dass der Fragenkatalog beantwortet wird. Wenn etwas unklar bleibt, könnt ihr nachfragen.
– Am Ende dankt ihr dem Experten (evtl. mit einem kleinen Geschenk).
– Wenn der Gast einverstanden ist, könnt ihr das Gespräch auf Tonband oder Video aufzeichnen. Für die Auswertung genügt es allerdings, wenn zwei von euch Protokoll führen.

5. Schritt: Antworten auswerten
Überprüft anhand des Fragenkatalogs, welche Antworten ihr erhalten habt. Sind Lücken geblieben? Warum? Diskutiert anschließend in der Klasse, ob sich der Expertenbesuch gelohnt hat.

Texte, Bilder, Karten, Kunstwerke untersuchen

Eine Textquelle analysieren (S. 113 f.)

Siehe Modell zur Quellenanalyse im Buchumschlag.

Textquellen vergleichen (Bd. 2)

1. Schritt: Jede Quelle einzeln erschließen
Siehe Modell zur Quellenanalyse.

2. Schritt: Glaubwürdigkeit der Texte überprüfen
Kläre folgende Fragen:
– Wann sind die Texte geschrieben worden? Wie groß ist der zeitliche Abstand zwischen Ereignis und Bericht? Waren die Autoren Augenzeugen? Wenn nicht: Wen geben sie als Informanten an?
– Ist eine Wertung (durch die Autoren oder deren Informanten) zu erkennen?

3. Schritt: Inhalte vergleichen
Stelle fest,
– welche Informationen übereinstimmen,
– ob es Einzelheiten gibt, die nicht in allen Texten erscheinen bzw. unterschiedlich genau oder ausführlich wiedergegeben werden,
– ob das, was berichtet wird, logisch ist oder Unstimmigkeiten enthält.

4. Schritt: Weitere Informationen sammeln
Um die Aussagen der Texte zu überprüfen bzw. Fragen zu klären, musst du weitere Quellen und wissenschaftliche Informationen (z. B. Lexika, Sachbücher) heranziehen.

5. Schritt: Ergebnisse formulieren
Vergleiche die Notizen aus den einzelnen Arbeitsschritten miteinander. Ergänze dann die Ergebnisse durch Sachinformationen. Nenne die Widersprüche und Unklarheiten, die du bei der Textarbeit festgestellt hast und nicht beseitigen konntest. Prüfe, ob sie für die Wertung der Ergebnisse von Bedeutung sind.

Texte aus Jugendbüchern erarbeiten (Bd. 2)

1. Schritt: Den Text inhaltlich erschließen

– Wovon handelt der Text?
– Wer sind die Hauptpersonen? Vertreten sie bestimmte Berufs- oder Bevölkerungsgruppen oder gesellschaftlich wichtige Ämter?
– Handeln die Personen selbstständig oder führen sie Anweisungen aus?
– Wird das Geschehen aus Sicht der Hauptpersonen dargestellt oder kommen andere Sichtweisen dazu?

2. Schritt: Den historischen Hintergrund prüfen

– Wird die Handlung mit geschichtlichen Daten, Plätzen, Personen oder Ereignissen verbunden?
– Wird die Handlung in größere geschichtliche Zusammenhänge oder Entwicklungen eingebunden?

3. Schritt: Die Darstellungsweise kritisch hinterfragen

– Wird deutlich, welche Vorgeschichte ein Ereignis hat, aus welchen Motiven eine Person handelt, welche Ziele sie verfolgt?
– Wie werden Lebensformen erklärt und gewertet, die in jener Zeit ungewöhnlich waren?
– Sind die Erklärungen für andere Lebensformen überzeugend, können sie (von dir) überprüft werden?

4. Schritt: Die Nähe zu eigenen Erfahrungen messen

– Lassen sich Verbindungen herstellen zwischen den geschilderten Ereignissen und Situationen, die du selbst erlebt hast?
– Kannst du dich in die Personen hineinversetzen und überlegen, wie du in der entsprechenden Situation handeln würdest?
– Fordert der Text dich auf, dein eigenes Denken und Handeln kritisch zu überprüfen?
– Gibt der Text Anlass, sich mit aktuellen Themen auseinander zu setzen?

Eine Bildquelle entschlüsseln (Bd. 2)

1. Schritt: Einzelne Bildelemente erfassen

– Welche Personen und Gegenstände sind dargestellt? Wie sind sie dargestellt (Gestaltung, Größe, Kleidung, Farben)?
– Wo befinden sich die Personen und Gegenstände?

2. Schritt: Bildelemente zusammenfügen

– Lassen sich die Bildelemente in einen sinnvollen Zusammenhang bringen?
– Welche erste Deutung ergibt sich beim Zusammenfügen der Elemente?
– Welche Fragen bleiben offen?

3. Schritt: Zusätzliche Informationen heranziehen

– Wo gibt es weitere Informationen (z. B. Bildunterschrift, weitere Abbildungen, schriftliche Quellen, wissenschaftliche Darstellungen)?
– Was lässt sich über den Künstler bzw. Auftraggeber und seine Absicht herausfinden?

4. Schritt: Gesamtdeutung des Bildes formulieren

– Formuliere mithilfe der Bildelemente und Zusatzinformationen eine zusammenfassende Aussage.
– Bleiben Fragen in der Gesamtdeutung offen?

Bilder vergleichen (Bd. 2)

1. Schritt: Einzelheiten der Bilder erfassen

Sieh dir jedes Bild genau an und erarbeite seine Einzelheiten. Beachte besonders
– die Darstellung von Personen, Gegenständen und Umgebung: Wirken sie „lebensecht"? Gibt es Merkmale, die den Charakter, bestimmte Eigenschaften, Beruf oder die Vermögensverhältnisse erschließen lassen?
– den Aufbau des Bildes: Wie wird der Blick des Betrachters auf das Bildzentrum gelenkt? Wie gestaltet der Künstler den Hintergrund des Bildes? Gibt es eine Verbindung zwischen Vorder- und Hintergrund, zwischen Mittelpunkt und Umgebung?

2. Schritt: Gemeinsamkeiten und Unterschiede erarbeiten

Notiere die Unterschiede, die du zwischen beiden Bildern gefunden hast (Tabelle).

3. Schritt: Die Aussage der Bilder erschließen

Um die unterschiedliche Aussage der Bilder zu verstehen, stellst du „Wer-, wann-, warum-, wozu-...?"-Fragen:
– Wer sind die Personen, die dargestellt sind? Waren sie z. B. arm, berühmt, mächtig oder reich?
– Wie zeigt sich die Einstellung des Künstlers zu den abgebildeten Personen?
– Lebten die abgebildeten Personen wirklich?
– Unter welchen Bedingungen sind die Bilder entstanden? Informationen über Künstler, Auftraggeber und Absicht findest du z. B. in der Bildlegende.

4. Schritt: Gesamtaussage vergleichen

Versuche mithilfe des ersten und dritten Arbeitsschrittes jeweils die Aussage der beiden Bilder wiederzugeben. Mache deutlich, was der Künstler jeweils ausdrücken wollte. Weise insbesondere auf Unterschiede zwischen beiden Bildern hin und finde eine Erklärung.

Historiengemälde deuten (S. 202 f.)

1. Schritt: Das Bild beschreiben
– Welches Ereignis ist dargestellt?
– An welchem Ort spielt sich das Geschehen ab?
– Welche Personen sind zu sehen? Welche stehen im Mittelpunkt?

2. Schritt: Die Entstehung des Bildes untersuchen
– Wer hat es gemalt?
– Wer hat es in Auftrag gegeben?
– Für welchen Zweck wurde es geschaffen?
– Welcher Zeitraum liegt zwischen dem Ereignis und der Entstehung des Bildes?
– Hat der Maler das Geschehen selbst miterlebt?

3. Schritt: Bild und Wirklichkeit vergleichen
– Suche nach Abbildungen (Fotos, Gemälde, Zeichnungen usw.), die das gleiche Ereignis zeigen.
– Ziehe gegebenenfalls schriftliche Informationen und Quellen heran.

4. Schritt: Die Aussage des Bildes erschließen
– Was wollte der Maler dem Betrachter zeigen? Berücksichtige, ob es Abweichungen zwischen Bild- und weiteren Quellenaussagen gibt.
– Welche Wirkung wollte der Künstler beim Publikum erreichen?
– Welche Informationen erhalten wir über das zentrale Thema des Bildes hinaus, die z. B. Aufschluss geben über politische, gesellschaftliche Verhältnisse oder über die Kultur (zur Zeit des dargestellten Ereignisses bzw. des Künstlers).

Fotos analysieren (S. 152 f.)

1. Schritt: Fragen zum Fotografen klären
– Wer hat das Foto angefertigt?
– Lässt sich ein bestimmer Anlass, ein Motiv für die Aufnahme feststellen?
– In wessen Auftrag wurde fotografiert?

2. Schritt: Fragen zum Foto
– Wann ist es entstanden?
– Was ist auf dem Bild dargestellt? Welche Details (Lupe!) könnten wichtig sein?
– Lässt sich ein bestimmtes „Thema" erkennen? Gibt die Bildunterschrift Hilfen?
– Welche Bildtechnik ist zu erkennen (Figuren, Gegenstände, Perspektive, Brennweite, Komposition, Entfernung, Ausschnitt)?
– Wurde das Bild bearbeitet (Montage, Beschnitt, Retusche)?
– Welche weiteren Informationen sind zur weiteren Analyse notwendig?

3. Schritt: Aussage und Deutung
– Wie ist der erste Eindruck?
– Welche Gesamtaussage (Deutung) lässt sich formulieren?
– Welche Fragen bleiben offen?

Darstellungen auf Feldpostkarten untersuchen (S. 273)

1. Schritt: Einzelheiten erfassen
– Welche Personen, Gegenstände sind dargestellt? In welcher räumlichen Beziehung stehen sie zueinander?
– Was für ein Hintergrund wurde gewählt (Landschaft, Innenraum, „Kulisse" usw.)?
– Welche Bildelemente verweisen auf das Thema „Krieg"?
– Welche Aussagen werden schriftlich vermittelt?

2. Schritt: Bildelemente in einen Zusammenhang bringen
– Lassen sich die Einzelheiten in einen Sinnzusammenhang bringen?
– Welche Aussage – über das Bildmotiv und das Thema Krieg – ergibt sich vorläufig?
– Welche Fragen sind noch offen?

3. Schritt: Zusätzliche Informationen nutzen
– Welche Informationen enthält die Bildunterschrift?
– Gibt es Hinweise auf Adressat und Zielsetzung der Abbildung?

4. Schritt: Aussage und Absicht des Bildes erschließen und kritisch werten
– Führe die Ergebnisse der Arbeitsschritte zusammen und erläutere, welche Botschaften die Darstellung dem Betrachter vermitteln sollte. Achte auf Einzelheiten.
– Überlege, welche Absicht mit der Darstellung und dem Medium Feldpostkarte verbunden war.
– Meinst du, dass die Botschaft bei den Adressaten ankam? Begründe.

Karikaturen entschlüsseln (S. 103)

1. Schritt: Den ersten Eindruck festhalten
Notiere, was dir bei der Betrachtung der Karikatur zuerst auffällt. Wie ist deine erste Reaktion?

2. Schritt: Ideen sammeln („Brainstorming")
Sammle alle Ideen und Gedanken, die dir beim Betrachten der Karikatur kommen.

3. Schritt: Die Einzelheiten beschreiben
Welche Personen und Sachverhalte sind zu erkennen? Welche Symbole werden verwendet? Achte auf einzelne Wörter und/oder die Bildunterschrift.

4. Schritt: Die Bedeutung klären
Welche Bedeutung haben die Personen und Gegenstände? Auf welche Bildteile bezieht sich der Text? (Evtl. in einer Tabelle notieren).

5. Schritt: Die Aussage der Karikatur formulieren
Fasse in wenigen Sätzen zusammen: Auf welche Situation, auf welches Ereignis bezieht sich die Karikatur? Was sagt die Karikatur über das Thema aus? Wie ist die Position des Zeichners zum Thema? Welche Wirkung könnte die Karikatur haben?

Symbole deuten (Bd. 2)

1. Schritt: Einzelne Elemente beschreiben
– Was ist dargestellt (Personen, Gegenstände)? Wie sind sie dargestellt?
– Wie lässt sich die Situation beschreiben?

2. Schritt: Zusätzliche Informationen heranziehen
– Welche Hinweise gibt die Bildunterschrift?
– Evtl. Symbollexikon heranziehen.

3. Schritt: Symbolische Bedeutung der Bildelemente klären
– Welche Gegenstände und Handlungen lassen sich symbolisch deuten? Was sollen sie bedeuten?

4. Schritt: Eine Gesamtdeutung formulieren
– Welche Gesamtaussage lässt sich formulieren? Gibt es mehrere Deutungen?

Eine Geschichtskarte lesen (Bd. 2)

1. Schritt: Grundelemente erkennen
Orientiere dich über den dargestellten Raum und das Thema der Karte. Beachte den Maßstab! Kläre mithilfe der Legende, welche Farben und Symbole verwendet werden und welche Bedeutung sie haben.

2. Schritt: Veränderungen untersuchen
Prüfe, welcher Zeitraum dargestellt und in welche Phasen er gegliedert ist. Werden Gründe für die Veränderung deutlich (z. B. Kriege, Katastrophen, Wanderungen, Stadtgründungen o.Ä.)?

3. Schritt: Glaubwürdigkeit prüfen
Wie Textquellen oder Bilder sind auch Karten mit einer bestimmten Absicht verfasst. Prüfe mithilfe ergänzender Informationen, ob die verwendeten Symbole, Farben, Ortsbezeichnungen oder Begriffe geeignet sind, die geschichtliche Entwicklung deutlich zu machen.

4. Schritt: Ergänzende Informationen beschaffen
Sammle Informationen über die abgebildete Region (Lexika, Schul- und Sachbücher, Internet). Du kannst dir auch eine moderne Karte von dem Gebiet beschaffen und z. B. Vermutungen anstellen, wie die Vergangenheit sich auf die Gegenwart auswirkt.

Historische Karten vergleichen (Bd. 2)

1. Schritt: Jede Karte einzeln erschließen
Untersuche jede Karte einzeln:
– Was ist das Thema der Karte (Inhalt, Raum und Zeit)?
– Welche Informationen gibt die Bildunterschrift?
– Ist die Karte genordet?
– Welches Gebiet ist dargestellt, wo ist z. B. Land oder Wasser?
– Welche Zeichen, Symbole, Farben sind zu erkennen? Was könnten sie bedeuten?
– Zu welchem Zweck könnte die Karte angefertigt worden sein; gab es z. B. Auftraggeber?
– Welche Gesamtaussage hat die Karte?
– Welche Fragen sind nur mithilfe weiterer Informationen zu beantworten?

2. Schritt: Gemeinsamkeiten und Unterschiede feststellen
Vergleiche die Einzelheiten der beiden Karten, z. B. die Datierung, die Art der Darstellung, das Land-Wasser-Verhältnis, die Küstenverläufe, die Lage von Inseln. Vergleiche dann die Gesamtaussage beider Karten.

3. Schritt: Ergebnisse auswerten
– Gibt es Veränderungen (z. B. im geografischen Kenntnisstand)?
– Was bedeuten die Veränderungen für das Weltbild in der damaligen Zeit?
– Welche Folgen hatte der veränderte Kenntnisstand (z. B. für die Politik, für die Seefahrt, für die Wirtschaft, die Wissenschaft)?
– Welche weiteren Informationen über die Karten hinaus sind noch vorhanden (z. B. in Begleittexten zu den Karten, in Sachbüchern)?

Kunstwerke entschlüsseln (Bd. 1)

1. Schritt: Künstlerische Auswertung
a) Was ist dargestellt? Aus welchem Material wurde es geschaffen?
b) Wie wirkt das Dargestellte auf dich? Warum gefällt es dir (nicht)? Was wirkt fremd, was kommt dir bekannt vor?
c) Wie bildet der Künstler die Natur ab? Achte auf Einzelheiten des menschlichen Körpers und

der abgebildeten Gegenstände.

2. Schritt: Historische Auswertung

d) Wann, wo und für welchen Zweck ist das Kunstwerk entstanden? Beachte die Bildlegende.

e) Welche Informationen vermittelt das Dargestellte über den Alltag, die Wirtschaft oder die Politik der damaligen Zeit? Beachte die Kleidung, Frisur, Einrichtungsgegenstände, Waffen, Tiere usw.

f) In welcher Beziehung stehen die dargestellten Personen zueinander?

Propaganda-Gegenstände analysieren (S. 259)

1. Schritt: Den Gegenstand beschreiben und die Aussagen analysieren

– Wozu wurde der Gegenstand genutzt?

– Was ist das Thema der Bild- oder Textbotschaften? Ziehe dazu die Methodenseiten xx heran.

2. Schritt: Die Propagandastrategie ergründen

– Gibt es einen Bezug zwischen der „ursprünglichen" Funktion des Gegenstandes und der Botschaft?

– Suche nach Einzelheiten, die darauf abzielen, das (politische) Bewusstsein der Menschen zu beeinflussen.

– An welchen Adressatenkreis richtete sich die Propaganda?

3. Schritt: Weitere Informationen heranziehen

– Nutze Angaben aus der Bildunterschrift oder Informationen aus Lexika, um die ersten Ergebnisse zu überprüfen und zu ergänzen.

4. Schritt: Ziel und (vermutete) Wirkung der Propaganda kritisch werten

– Mache dir anhand deiner Ergebnisse nochmals klar, welchen Zweck die untersuchte Propaganda hatte.

Politische Aussagen untersuchen (S. 164 f.)

1. Schritt: Fragen zum Verfasser (Auftraggeber)

– Von wem und wann wurde die Quelle verfasst bzw. gezeichnet?

– Welche Perspektive nimmt der Autor bzw. Künstler ein?

– Welche Absicht ist zu erkennen?

2. Schritt: Fragen zum Material

– Welche Quellenart liegt vor?

– Welches sind die „Schlüsselbegriffe"?

– Worin besteht die Kernaussage?

– Wird sachlich oder einseitig dargestellt?

– Werden Argumente gebracht?

3. Schritt: Fragen zum Adressaten

– Wer soll erreicht werden (Privatperson, Öffentlichkeit, Nachwelt)?

– Welche Wirkung auf den Adressaten könnte erzielt werden?

4. Schritt: Ergebnisse beurteilen und reflektieren

– Wie können Interessen und Position zusammenfassend formuliert werden?

– Welche Bewertung der Position ist möglich?

– Welche Rolle spielt der eigene Standpunkt bei der Bewertung ?

– Sind weitere Informationen heranzuziehen?

Informationen auswerten und darstellen

Informationen präsentieren (Bd. 2)

1. Schritt: Thema, Ziel und Form des Vortrags klären

– Welches Ziel soll der Vortrag/das Referat haben?

– Für wen wird präsentiert?

– Welche Informationen/Inhalte sollen dargestellt werden?

– Welche Medien können/sollen benutzt werden?

– Welche Zeitvorgabe muss beachtet werden?

2. Schritt: Informationen sammeln und ordnen

– Sammle Material zum Thema (Schul-/Sachbücher, Lexika, Internet).

– Wähle die Informationen aus, die die Vorgaben von Schritt 1 erfüllen.

– Ordne die Informationen so, dass die Zuhörer sie leicht nachvollziehen und eigene Überlegungen anschließen können.

– Bilde Themenblöcke mit Behauptungen oder Fragen als Überschriften.

3. Schritt: Vortrag strukturieren

Jedes Referat, jede Präsentation hat eine Einleitung, einen Hauptteil und einen Schluss. Gliedere deine Präsentation in Einleitung, Hauptteil, Schluss.

4. Schritt: Aussagen und Zusammenhänge visualisieren

– Notiere die wichtigsten Aussagen deines Vortrags.

– Überlege, welches Medium sich anbietet, um die Aussagen den Zuhörern zu verdeutlichen (z. B. Wandtafel, Plakat, OHP-Folie, Beamer).

– Gestalte die Visualisierung so, dass der Inhalt schnell erfasst wird.

5. Schritt: Entwurf überprüfen und Präsentation vorbereiten

Bevor du an die Öffentlichkeit trittst, solltest du die Präsentation üben.

– Schreibe für den freien Vortrag Stichwörter auf Merkzettel. Notiere auch, an welchen Stellen du etwas visualisieren möchtest.

– Überprüfe, ob Thema und Ziel deutlich werden, d.h. die Vorgaben von Schritt 3 und 4 beachtet sind.

– Suche dir eine andere Person, die deine Präsentation vorher ansieht und dir noch ein paar Tipps für die Durchführung gibt. Stoppe die Zeit.

– Plane genügend Zeit für Änderungen ein.

– Sorge dafür, dass alle Materialien und Geräte, die du für die Visualisierung brauchst, bereitstehen.

6. Schritt: Präsentation

– Prüfe, ob alle Medien und Materialien in der richtigen Ordnung sind.

– Trage deinen Vortrag möglichst ruhig vor und halte Blickkontakt mit den Zuhörern.

– Gib deinem Publikum nach dem Vortrag Zeit für Fragen oder für eine Diskussion.

Ein Verfassungsschema interpretieren (S. 79)

1. Schritt: Einzelne Elemente der Abbildung erfassen

– Welche (Fach-)Begriffe werden genannt (z. B. Senat, Wahlmänner)?

– Welche Symbole sind zu erschließen (z. B. Farben, Pfeile)?

2. Schritt: Den Aufbau untersuchen

– Wie ist das Schaubild zu lesen: von unten nach oben, von links nach rechts – oder umgekehrt? Gibt es einen inhaltlich logischen „Einstieg"? Verändert sich die Aussage des Schemas für den Betrachter, je nachdem, welchen Zugang und Weg er wählt?

3. Schritt: Den Inhalt erschließen

– Welche Informationen enthält das Verfassungsschema?

– Gibt es Hilfen, um diese Informationen zu verstehen?

– Wird deutlich, wie die einzelnen Elemente der Verfassung in Beziehung zueinander stehen? (z. B. Wer kann politisch (mit-)bestimmen und wie? Sind alle Elemente einander gleichgestellt oder gibt es z. B. ein „Oben" und „Unten" – mit welchen Konsequenzen?)

– Was bleibt unklar bzw. ungenau, sodass weitere Recherchen notwendig sind?

4. Schritt: Die Aussagekraft bewerten

– Lassen sich anhand des Schemas die Grundprinzipien der Verfassung formulieren?

– Ist es möglich, aus dem Schema „Stärken" und „Schwächen" der Verfassung zu erkennen?

5. Schritt: Den historischen Zusammenhang einbeziehen

– Da ein Verfassungsschema keine Quelle ist, sondern deren wissenschaftliche Interpretation, muss es anhand von weiteren Materialien bzw. Informationen überprüft werden.

Statistiken auswerten und grafisch umsetzen (S. 138 f.)

1. Schritt: Formale Analyse

Zuerst muss nach der Echtheit des Zahlenmaterials und seiner korrekten „Überlieferung" gefragt werden. Im Unterricht wird – abgesehen von eigenen Archivarbeiten – meistens bereits „bearbeitetes" (ausgewähltes und gedrucktes) Material vorgelegt. Deshalb kann sich die Analyse darauf beschränken, Vollständigkeit und erstes Verständnis der Daten in der Darstellung zu überprüfen.

2. Schritt: Inhaltliche Analyse

– Was ist Thema der Statistik?

– Wie ist sie aufgebaut?

– Was ist im Einzelnen dargestellt?

– Welche Aussagen lassen sich formulieren?

– Sind sie untereinander stimmig? (Durch Rundungen können sich Differenzen ergeben).

– Lässt sich eine „Hauptaussage" finden?

– Bleiben Fragen offen?

3. Schritt: Historischer Zusammenhang

Ausgehend vom Thema der Statistik erfolgt eine Einordnung in den geschichtlichen Zusammenhang.

– Gibt es einen Bezug zu anderen Informationen (Materialien)?

– Ergänzen oder widersprechen sie sich?

– Welche weiteren Informationen werden benötigt?

4. Schritt: Bewertung der Aussagekraft

– Ist der Ausschnitt der statistischen Daten zu gering?

– Wird der Sachverhalt zu stark vereinfacht, verzerrt oder vielleicht verfälscht?

– Ist die grafische Darstellung angemessen?

Sich mit anderen auseinandersetzen

Ein Rollenspiel organisieren (Bd. 1)

1. Schritt: Die Ausgangslage auf eine Situationskarte schreiben
Auf der Situationskarte wird festgehalten, welche Situation nachgespielt werden soll. Die Ausgangssituation wird kurz beschrieben. Welche Personen sind an dem Spiel beteiligt? Welche Probleme gibt es?
2. Schritt: Rollen verteilen
Auf den Rollenkarten werden die spielenden Personen beschrieben: Beruf, Eigenschaften, Verhalten und ihre Ziele. Diejenigen, die eine Rolle übernehmen, müssen sich an die Vorgaben ihrer Rollenkarten halten. Sie dürfen aber auch eigene Vorstellungen von der darzustellenden Person einbringen, sofern sie den Vorgaben nicht widersprechen.
3. Schritt: Spiel vorbereiten
Die Spielerinnen und Spieler hängen sich ein Schild mit ihrer Rollenkennzeichnung um. Sie besprechen die Situation (Situationskarte) und die Rollen (Rollenkarten) untereinander.
4. Schritt: Spiel beobachten und auswerten
Sinnvoll ist der Einsatz von Spielbeobachtern, die sich während des Spiels Notizen zu den einzelnen Rollen machen. Sie sollen das Spiel bewerten und ihre Meinung begründen. Wurden die Rollen glaubhaft gespielt? Welche Argumente wurden genannt? Passten sie in die Situation und die Zeit? Was war gut, was könnte verbessert werden?

Eine Diskussion führen (S. 84)

1. Schritt: Gruppen bilden für verschiedene Positionen
Stellt das Thema vor und teilt die Klasse in mehrere Gruppen (mindestens zwei), die gegensätzliche Ansichten (pro–kontra) haben oder unterschiedliche Interessen vortragen.
2. Argumente/Gegenargumente
Die Gruppen stellen mithilfe von Quellen und Informationsmaterial Argumente und Gegenargumente zusammen. Letztere sind wichtig, um auf die Argumente des Diskussionspartners angemessen zu reagieren.
3. Gruppensprecher bestimmen
Bestimmt für jede Gruppe mindestens einen Gruppensprecher und setzt Beobachter ein, die die Diskussion verfolgen.
Legt gemeinsam fest, welcher Gruppensprecher was und wie vorträgt. Schreibt die einzelnen Argumente auf Karteikarten, sodass sie bei Bedarf schnell zur Hand sind.
4. Die „Talkrunde" durchführen
Platziert nach einer festgelegten Vorbereitungszeit im Klassenzimmer die Diskussionsgruppe und die Beobachter. Legt den Zeitrahmen für die Diskussionsrunde fest (ca. 20 Minuten). Sie kann entweder moderiert werden (Schüler, Lehrer) oder ohne Moderation stattfinden.
5. Beobachter/Publikum einweisen
Es gibt zwei Varianten der Diskussionsrunde, die sich in der Aufgabenstellung für die Beobachter unterscheiden:
Variante A: Die Beobachter haben die Aufgabe, je ein Mitglied der „Talkrunde" zu beobachten und sein Gesprächsverhalten anhand eines vorher vereinbarten Rasters zu bewerten (z. B. beteiligt sich gut – beteiligt sich kaum; ist bei der Sache – hört nicht zu; redet überzeugend – macht unverständliche Aussagen).
Variante B: Die Beobachter schreiben die Argumente auf, die sie für wichtig halten (von allen Gesprächsteilnehmern).
6. Die Diskussionsrunde öffnen
Nach Ende der „Talkrunde" dürfen alle Schüler mitdiskutieren bzw. Fragen stellen.
7. Diskussion und Beobachtungen auswerten
Bei Variante A teilen die Beobachter ihrem jeweiligen „Talkrunden"-Mitglied ihre Ergebnisse mit; er bzw. sie nimmt dazu Stellung.
Bei Variante B werden im Plenum nochmals die wesentlichen Ergebnisse der Diskussion zusammengefasst.

Projektarbeit

Ein historisches Thema erforschen (S. 161)

1. Vorbereitung
– entsprechend dem thematischen Rahmen Ideen sammeln und vorstellen; Problem, Ziel und Zielgruppe benennen
– Themen auflisten, Kleingruppen bilden und den Themen zuordnen
2. Durchführung
– die Themen auf Eignung prüfen: Ist das Thema zu bearbeiten? Gibt es Materialien (Quellen)? Wo sind Fundorte wie Bibliothek, Museum, Archiv (Stadt, Kirchenamt usw.)?
Ist Lehrerhilfe erforderlich?
– das weitere Vorgehen planen: Zeit- und Arbeitsplan erstellen,

Arbeit verteilen, Material beschaffen, ordnen
– Leitfragen überprüfen, eventuell anpassen
– vereinbaren: Arbeitsberichte schreiben oder ein Projekttagebuch führen

3. Auswertung und Präsentation:
– Materialien auswerten und Gliederung entwerfen
– den aktuellen Stand der „Forschung" vorstellen
– die Form der Ergebnisrepräsentation festlegen (Aufsatz, Wandzeitung, Referat, Videofilm usw.)
– Ergebnisse aufbereiten und vorstellen
– Projektergebnisse auf ihre Bedeutung hin überprüfen, für die Menschen in ihrer Zeit, für euch heute

4. Projekterfahrungen erörtern und bewerten
– die Ergebnisse der einzelnen Arbeitsgruppen (z. B. mithilfe eines gemeinsam entwickelten Beurteilungsrasters) bewerten – eventuell auch mithilfe eures Lehrer oder eurer Lehrerin.
– Abschließend sollte jeder Projektteilnehmer und jede Projektteilnehmerin sich über die eigenen Erfahrungen mit der Methode „Projektarbeit" äußern. Sprecht darüber, was gut geklappt hat, was nicht, und sucht nach Gründen dafür.

Die mit → Lex. versehenen Begriffe werden im Lexikon näher erklärt.